Management-Reihe Corporate Social Responsibility

Reihenherausgeber
René Schmidpeter
Dr. Jürgen Meyer Stiftungsprofessur für Internationale Wirtschaftsethik und CSR
Cologne Business School (CBS) Köln, Deutschland

Weitere Bände in dieser Reihe
http://www.springer.com/series/11764

Lizenz zum Wissen.

Sichern Sie sich umfassendes Wirtschaftswissen mit Sofortzugriff auf tausende Fachbücher und Fachzeitschriften aus den Bereichen: Management, Finance & Controlling, Business IT, Marketing, Public Relations, Vertrieb und Banking.

Exklusiv für Leser von Springer-Fachbüchern: Testen Sie Springer für Professionals 30 Tage unverbindlich. Nutzen Sie dazu im Bestellverlauf Ihren persönlichen Aktionscode C0005407 auf *www.springerprofessional.de/buchkunden/*

Springer für Professionals.
Digitale Fachbibliothek. Themen-Scout. Knowledge-Manager.

- Zugriff auf tausende von Fachbüchern und Fachzeitschriften
- Selektion, Komprimierung und Verknüpfung relevanter Themen durch Fachredaktionen
- Tools zur persönlichen Wissensorganisation und Vernetzung

www.entschieden-intelligenter.de

Springer für Professionals

Reinhard Altenburger · Roman H. Mesicek
(Hrsg.)

CSR und Stakeholder-management

Strategische Herausforderungen und Chancen der Stakeholdereinbindung

Herausgeber
Reinhard Altenburger
Department Business
IMC University of Applied Sciences Krems
Krems
Österreich

Roman H. Mesicek
Department Business
IMC University of Applied Sciences Krems
Krems
Österreich

ISSN 2197-4322　　　　　　　　　　　　ISSN 2197-4330 (electronic)
Management-Reihe Corporate Social Responsibility
ISBN 978-3-662-46559-2　　　　　　　　ISBN 978-3-662-46560-8 (eBook)
DOI 10.1007/978-3-662-46560-8

Die Deutsche Nationalbibliothek verzeichnet diese Publikation in der Deutschen Nationalbibliografie; detaillierte bibliografische Daten sind im Internet über http://dnb.d-nb.de abrufbar.

Springer Gabler
© Springer-Verlag Berlin Heidelberg 2016
Das Werk einschließlich aller seiner Teile ist urheberrechtlich geschützt. Jede Verwertung, die nicht ausdrücklich vom Urheberrechtsgesetz zugelassen ist, bedarf der vorherigen Zustimmung des Verlags. Das gilt insbesondere für Vervielfältigungen, Bearbeitungen, Übersetzungen, Mikroverfilmungen und die Einspeicherung und Verarbeitung in elektronischen Systemen.
Die Wiedergabe von Gebrauchsnamen, Handelsnamen, Warenbezeichnungen usw. in diesem Werk berechtigt auch ohne besondere Kennzeichnung nicht zu der Annahme, dass solche Namen im Sinne der Warenzeichen- und Markenschutz-Gesetzgebung als frei zu betrachten wären und daher von jedermann benutzt werden dürften.
Der Verlag, die Autoren und die Herausgeber gehen davon aus, dass die Angaben und Informa-tionen in diesem Werk zum Zeitpunkt der Veröffentlichung vollständig und korrekt sind. Weder der Verlag noch die Autoren oder die Herausgeber übernehmen, ausdrücklich oder implizit, Gewähr für den Inhalt des Werkes, etwaige Fehler oder Äußerungen.

Lektoratskontakt und Coverfoto: Michael Bursik

Gedruckt auf säurefreiem und chlorfrei gebleichtem Papier

Springer Berlin Heidelberg ist Teil der Fachverlagsgruppe Springer Science+Business Media
(www.springer.com)

Vorwort des Reihenherausgebers: Stakeholderorientierung als Treiber unternehmerischer Wertschöpfung

Unternehmen leben von der Qualität ihrer Stakeholder, seien es die MitarbeiterInnen, Kunden, Zulieferer und Investoren. So hilft es einem Unternehmer nichts, ein hervorragendes Geschäftsmodell zu entwickeln, wenn er nicht die richtigen Zulieferer gewinnt oder die MitarbeiterInnen sein erfolgsversprechendes Geschäftsmodell nicht mittragen. Eine der einflussreichsten Theorien in der Betriebswirtschaftslehre ist daher die Stakeholder Theorie. Ausgehend vom traditionellen Modell der primären Stakeholder des Unternehmens: „Investoren", „MitarbeiterInnen", „Kunden" und „Zulieferer" wurde diese Theorie in den letzten Jahren kontinuierlich weiterentwickelt. So gelten heute auch Personengruppen als „externe" Stakeholder, die nicht in einem unmittelbaren Vertragsverhältnis mit dem Unternehmen stehen, aber das Unternehmen dennoch beeinflussen können (z. B. NGOs, Medien, Staat) oder vom Unternehmenshandeln direkt betroffen sind (Anwohner, Mitbewerber, Zivilgesellschaft). Das Netzwerkmodell geht sogar noch einen Schritt weiter und sieht auch die Mitarbeiter der Zulieferer des Zulieferers oder die Kunden der Kunden des Unternehmens als zu berücksichtigende Faktoren an. Aus dieser Perspektive gewinnen daher auch das Supply Chain Management, das Customer Relationship Management, das Personalmanagement sowie das Beschaffungsmanagement an Bedeutung. Der Stakeholderansatz wird so zu einem verbindenden Element der betriebswirtschaftlichen Disziplinen.

Zudem zeigt sich, dass durch die steigende Transparenz, die verstärkte öffentliche Diskussion zum Thema Nachhaltigkeit sowie durch verstärkten Wettbewerbsdruck, einseitig an den Shareholder Value ausgerichtete Managementmodelle regelmäßig zu suboptimalen Ergebnissen führen – sowohl für die Mitarbeiter, für die Kunden, aber insbesondere auch für die Shareholder selbst. So erzielten viele Unternehmen, die sich dem reinen Shareholder Value Modell unterworfen hatten oftmals unterdurchschnittliche Renditen. Und einstige Advokaten des „reinen" Shareholder Value Ansatzes haben bereits öffentlich ihren Irrtum eingestanden. Und auch die Investoren bzw. Shareholder selbst haben längst erkannt, dass der Stakeholderansatz auch ihren eigenen Nutzen optimal fördert. Denn in modernen Stakeholder-orientierten Managementansätzen, geht es nicht mehr darum die Interessen eines Stakeholders über die Interessen der anderen zu stellen. Vielmehr richtet sich das Unternehmen einem gemeinsamen Ziel aus: die Wertschöpfung, sowohl für das Unternehmen und alle beteiligten Stakeholder, als auch für die Gesellschaft als Ganzes zu steigern. Nachhaltige Unternehmen, die es verstehen die verschiedenen Interessen der

Stakeholder in Einklang zu bringen, werden auch für ihre Shareholder das optimale Ergebnis erreichen. Der Stakeholderansatz ist somit eng mit dem Nutzen der Shareholder verbunden. Und der vermeintliche Gegensatz zwischen Stakeholdern und Shareholdern löst sich durch das Ziel der gemeinsamen Wertschöpfung für Unternehmen und Gesellschaft – den sogenannten Shared Value – auf.

Es ist daher nicht verwunderlich, dass in nachhaltigkeitsorientierten Unternehmen das Interesse an Instrumenten und Ansätzen des Stakeholdermanagements stetig zunimmt. Insbesondere die positive Integration der unterschiedlichen Interessen der Stakeholder fördern die Innovation, die Mitarbeiteridentifikation und die Reputation des Unternehmens und sichern damit den nachhaltigen Geschäftserfolg. Die Stakeholderorientierung wird so zum Treiber der unternehmerischen Wertschöpfung! In der Management Reihe Corporate Social Responsibility schafft die vorliegende Publikation mit dem Titel „CSR und Stakeholdermanagement" das notwendige Grundwissen für die Integration des Stakeholdermanagement-Ansatzes in die Corporate Social Responsibility Strategie des Unternehmens. Darauf aufbauend stellt das Buch konkrete Instrumente für ein modernes, nachhaltigkeitsorientiertes Stakeholdermanagement dar und unterlegt diese mit erfolgreichen Beispielen aus der Praxis. Alle LeserInnen sind herzlich eingeladen, die in der Reihe dargelegten Gedanken aufzugreifen und für die eigenen beruflichen Herausforderungen zu nutzen sowie mit den Herausgebern, Autoren und Unterstützern dieser Reihe intensiv zu diskutieren. Ich möchte mich last but not least sehr herzlich bei den Herausgebern Prof. Dr. Reinhard Altenburger und DI Roman H. Mesicek, bei Michael Bursik und Janina Tschech vom Springer Gabler Verlag für die gute Zusammenarbeit sowie bei allen Unterstützern der Reihe aufrichtig bedanken und wünsche Ihnen, werte Leserinnen und Leser, nun eine interessante Lektüre.

Prof. Dr. René Schmidpeter

Inhaltsverzeichnis

Verantwortung für Stakeholdereinbindung 1
Roman H. Mesicek

Gesellschaftliche Verantwortung und Stakeholdermanagement 13
Reinhard Altenburger

Stakeholder Relations. Nachhaltigkeit und Dialog als strategische Erfolgsfaktoren 29
Klaus Lintemeier und Lars Rademacher

Stakeholder Relation Management als Kern der Führungsaufgabe 59
Friedhelm Boschert

Reverse Stakeholder Engagement – Ethik-basiert statt machtorientiert 71
Barbara Coudenhove-Kalergi und Gabriele Faber-Wiener

Relevanz von Stakeholdereinbindung im Nachhaltigkeitsassessment – Die Nachhaltigkeitsprofilmatrix 93
Clemens Mader und Anna-Theresa Leitenberger

Das Stakeholder-Management der AUDI AG 109
Peter F. Tropschuh und Antonia Wadé

Stakeholdermanagement bei der Flughafen München GmbH – gesellschaftliche Akzeptanz als strategischer Erfolgsfaktor 121
Hans-Joachim Bues, Vera Valerie Stelkens und Monica Streck

Gelebtes Stakeholdermanagement in der RZB-Gruppe 137
Walter Rothensteiner und Andrea Sihn-Weber

OMV Resourcefulness und Stakeholder Management 159
Sonja Böhme, Simone Alaya, Jasmine Böhm und Franziska Richter

Energiezukunft als gemeinsame Verantwortung wahrnehmen 175
Franz Benedikt Zöchbauer

Stakeholder-Engagement: Für Österreichs Glasrecyclingsystem so wichtig wie Glascontainer 187
Monika Piber-Maslo und Harald Hauke

Nachhaltigkeitsresearch: Anforderungen an CSR und Stakeholdermanagement in Unternehmen 205
Reinhard Friesenbichler

Der WWF und seine Arbeit mit Unternehmen 221
Thomas Kaissl

Smart Engagement: State of the Art Stakeholder Engagement 241
John Aston

Die Herausgeber

Prof. Dr. Reinhard Altenburger seit 2009 Professor für Strategisches Management, Nachhaltiges Management und CSR im Department Business der IMC Fachhochschule Krems. Der Fokus seiner Forschung liegt in den Themenfeldern „CSR und Innovation" sowie nachhaltige Geschäftsmodelle und der Verbindung von gesellschaftlicher Verantwortung und Unternehmensstrategie. Studium der Betriebswirtschaft und Wirtschaftspädagogik sowie Doktoratstudium der Sozial- und Wirtschaftswissenschaften an der Wirtschaftsuniversität Wien; Dissertation über die Funktionen des Top-Managements in Strategieprozessen; Langjährige Tätigkeit als Projektleiter und Fachexperte in den Bereichen Vertriebsstrategie, Unternehmensplanung, Controlling und Innovationsmanagement im Sparkassen- und Bankensektor und als Unternehmensberater; Fachbuchautor; zahlreiche Vorträge bei internationalen Konferenzen.

DI Roman H. Mesicek, leitet seit 2012 den Masterstudiengang „Umwelt- und Nachhaltigkeitsmanagement" im Department Business der IMC Fachhochschule Krems. Seine Schwerpunkte in Lehre und Forschung sind Prinzipien und Herausforderungen einer Nachhaltigen Entwicklung, Corporate Social Responsibility und Stakeholdermanagement, sowie Social Entrepreneurship. Im Jahr 2010 beteiligte er sich am Wirtschaftsmagazin enorm, dessen Österreich Ausgabe er als Gesellschafter betreut und seit 2005 ist er Mitbetreiber des Musiklabels KONKORD. Nach seinem Studium der Verfahrenstechnik an der Technischen Universität Graz war er als geschäftsführender Gesellschafter der Firma Sustainability.TV und wissenschaftlicher Mitarbeiter am Sustainable Europe Research Institute (SERI) in Wien tätig. Von 2003 bis 2011 war er als Geschäftsführer von respACT – austrian business council for sustainable development, der österreichischen Unternehmensplattform für CSR und Nachhaltige Entwicklung, für deren Aufbau in Österreich verantwortlich.

AutorInnenverzeichnis

Simone Alaya OMV Aktiengesellschaft, Wien, Österreich

Reinhard Altenburger IMC Fachhochschule Krems, Krems, Österreich

John Aston Astoneco management, Fraggle Rock Farm, Carrigaholt, Co. Clare, Ireland

Jasmine Böhm OMV Aktiengesellschaft, Wien, Österreich

Sonja Böhme OMV Aktiengesellschaft, Wien, Österreich

Friedhelm Boschert International Institute for Leadership and Meditation, Wien, Österreich

Hans-Joachim Bues Flughafen München GmbH, München, Deutschland

Barbara Coudenhove-Kalergi Center for Responsible Management, Wien, Österreich

Gabriele Faber-Wiener Center for Responsible Management, Wien, Österreich

Reinhard Friesenbichler rfu, Wien, Ostenriech

Harald Hauke Austria Glas Recycling GmbH, Wien, Österreich

Thomas Kaissl WWF Österreich, Wien, Österreich

Anna-Theresa Leitenberger Faculty of Sustainability, Leuphana University Lüneburg, Lüneburg, Deutschland

Klaus Lintemeier Lintemeier Stakeholder Relations, München, Deutschland

Clemens Mader Faculty of Sustainability, Leuphana University Lüneburg, Lüneburg, Deutschland

Roman H. Mesicek IMC Fachhochschule Krems, Krems, Österreich

Monika Piber-Maslo Austria Glas Recycling GmbH, Wien, Österreich

Lars Rademacher h_da Hochschule Darmstadt, Dieburg, Deutschland

Franziska Richter OMV Aktiengesellschaft, Wien, Österreich

Walter Rothensteiner Raiffeisen Zentralbank Österreich AG, Wien, Österreich

Vera Valerie Stelkens Flughafen München GmbH, München, Deutschland

Monica Streck Flughafen München GmbH, München, Deutschland

Peter F. Tropschuh Corporate Responsibility, Politik, AUDI AG, Ingolstadt, Deutschland

Antonia Wadé Corporate Responsibility, Politik, AUDI AG, Ingolstadt, Deutschland

Andrea Sihn-Weber Raiffeisen Zentralbank Österreich AG, Wien, Österreich

Franz Benedikt Zöchbauer VERBUND AG, Wien, Österreich

Verantwortung für Stakeholdereinbindung

Stakeholderbegriff und Praxis im Kontext der Nachhaltigkeits- und CSR-Debatte

Roman H. Mesicek

Zusammenfassung

In den vergangenen Jahren konnte insbesondere im Kontext von Begriffen und Konzepten rund um Stakeholdermanagement mehrere Veränderungen wahrgenommen werden. Unter anderem ist der Begriff Stakeholder beziehungsweise Anspruchsgruppe in der Unternehmenspraxis angekommen und der Umgang mit Stakeholdern verändert sich weg von einem instrumentellen hin zu einem normativen, gesellschaftlich wünschenswerten, Zugang. Der vorliegende Artikel beschreibt die wirtschaftswissenschaftliche Debatte und erläutert die Rolle, die der Stakeholdertheorie in einem modernen Verständnis von Corporate Social Responsibility (CSR) zukommt. Weiters werden Ethischer und Instrumenteller Zugang zu Stakeholderbeziehungen im Kontext der Unternehmensmotive für gesellschaftliche Verantwortung diskutiert. Am Ende steht ein Ausblick welchen unternehmerischen und gesellschaftlichen Nutzen Stakeholdereinbindung liefern kann.

1 Einleitung

Die Art und Weise wie Unternehmen wirtschaften unterliegt einem laufenden Wandel. Und auf dem Weg von der produktorientierten Industriegesellschaft zur dienstleistungsbasierten Wissensgesellschaft haben sich in den vergangenen Jahrzehnten auch Management-

R. H. Mesicek (✉)
Department Business, University of Applied Sciences Krems, Piaristengasse 1,
3500 Krems, Österreich
E-Mail: roman.mesicek@fh-krems.ac.at

modelle und Stile verändert, wurden weiterentwickelt und wieder verworfen. Spätestens mit der Publikation des „Grünbuchs CSR" der Europäischen Union im Jahr 2001 wurde in Europa die Art und Weise wie Unternehmen Gewinne erwirtschaften in der öffentlichen Debatte um den Aspekt der sozialen und ökologischen Verantwortung – Corporate Social Responsibility (CSR) – erweitert und damit auch die verstärkte wissenschaftliche Debatte zu diesem Thema eingeläutet. Dabei kommt dem Stakeholderbegriff bzw. dem Umgang mit den Anspruchsgruppen immer mehr eine zentrale Rolle zu.

In den vergangenen Jahren konnten insbesondere im Kontext von Begriffen und Konzepten rund um Stakeholdermanagement mehrere Veränderungen wahrgenommen werden:

- Der Begriff Stakeholder beziehungsweise Anspruchsgruppe ist in der Unternehmenspraxis angekommen.
- Das Bewusstsein bei Unternehmen für die Tatsache, dass zu den Stakeholdern eine Vielzahl von Einzelpersonen oder Gruppen zu zählen ist, ist gewachsen.
- Der Umgang mit Stakeholdern verändert sich weg von einem instrumentellen hin zu einem normativen, gesellschaftlich wünschenswerten, Zugang.

Im folgenden Beitrag sollen kurz einige der Entwicklungsschritte aufgezeigt werden die zu unserem gegenwärtigen Verständnis von gesellschaftlicher Verantwortung von Unternehmen und der Integration des Stakeholderkonzepts geführt haben. Die oben angesprochenen Veränderungen werden im Text ebenfalls weiter erläutert, es wird auf die aktuellen Ausprägungen von Stakeholderbeziehungen und die Motive der Unternehmen dafür reflektiert. Ausgangspunkt der folgenden Betrachtungen ist dabei in der Regel das Unternehmen bzw. die Wirtschaft, wobei sich natürlich die Modelle des Stakeholdermanagement auch auf jegliche andere Organisationen übertragen lassen.

2 Bedeutung gesellschaftlicher Herausforderungen für die CSR-Debatte

Wie kam es dazu, dass gesellschaftliche Verantwortung plötzlich auf der Prioritätenliste der Unternehmen nach oben rückte bzw. rücken sollte. Dazu beigetragen haben sicher die laufend wachsenden globalen sozialen und ökologischen Herausforderungen mit denen die Menschheit konfrontiert ist. Der Klimawandel, ausgelöst durch steigende Emissionen und der damit verbundene Temperaturanstieg, Armut aufgrund von Bevölkerungswachstum bei gleichzeitiger Ressourcenknappheit sowie der Vertrauensverlust der Bevölkerung in die Wirtschaft durch die Finanz- und Wirtschaftskrise um nur drei zu nennen. Diesen zu begegnen ist Aufgabe einer mündigen Gesellschaft und bestimmendes Thema von vielen wissenschaftlichen und politischen Debatten der vergangenen Jahre und auch an der Wirtschaft nicht vorbei gegangen.

Die Zielvorstellung geht dabei auf das Jahr 1987 zurück, in dem die Vereinten Nationen den Bericht „Our Common Future", auch Brundtland-Bericht (Weltkommission für Umwelt und Entwicklung der Vereinten Nationen 1987) genannt, veröffentlichten und darin definierten: *„Dauerhafte Entwicklung ist Entwicklung, die die Bedürfnisse der Gegenwart befriedigt, ohne zu riskieren, dass künftige Generationen ihre eigenen Bedürfnisse nicht befriedigen können."* Um langfristige Existenz zu sichern, müssen dabei die drei Dimensionen Soziales – Ökologie – Ökonomie gleichwertig berücksichtigt werden. Diese als „Nachhaltige Entwicklung" bezeichnete Vision ist inzwischen weit verbreitet und gesellschaftlich akzeptiert.

Auch Unternehmen können ihre Tätigkeit nicht losgelöst von veränderten Rahmenbedingen betrachten und beeinflussen mit ihrer wirtschaftlichen Tätigkeit auf vielfältige Weise das Leben der Menschen und die Umwelt. Unter dem Begriff CSR hat sich deshalb im letzten Jahrzehnt die Fragestellung wofür Unternehmen verantwortlich sind und gemacht werden können und welchen Beitrag diese für eine zukunftsfähige Entwicklung leisten sollen oder müssen stark an Bedeutung gewonnen.

Den geschichtlichen Verlauf (Abb. 1) und die zunehmende Verknüpfung der sozialökologischen mit der wirtschaftswissenschaftlichen Debatte wurde von Schneider (2012) anhand der wesentlichen Meilensteine und Publikationen visualisiert.

Diese Verknüpfung ist dabei für die heute übliche ganzheitliche Betrachtungsweise essentiell. Schneider führt weiter aus, dass CSR und Nachhaltigkeit auch auf der unternehmerischen Ebene untrennbar miteinander verbunden sein sollten.

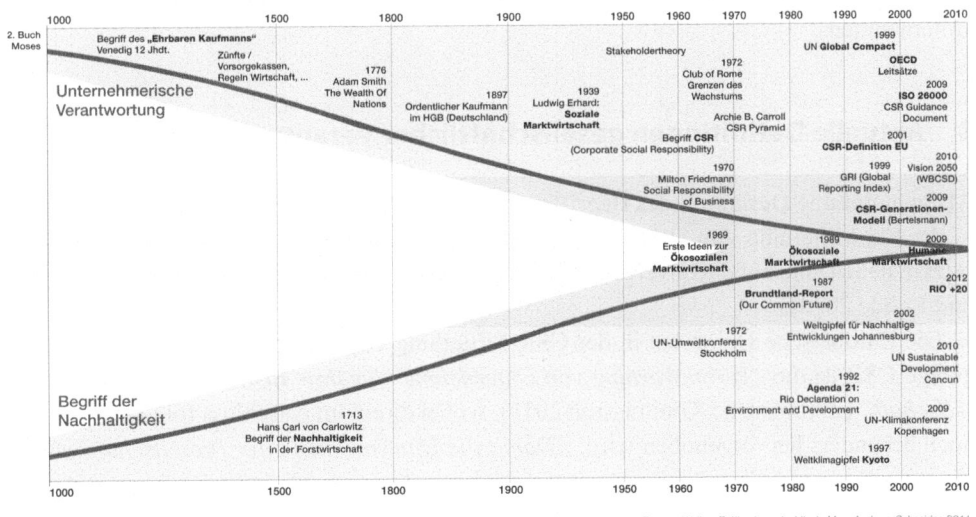

Abb. 1 Geschichtliche Entwicklung CSR und Nachhaltigkeit. (Walker, Lorentschitsch und Schneider in Schneider (2012))

Betrachten wir dazu zunächst die Entwicklung des Konzepts der gesellschaftlichen Verantwortung von Unternehmen. Die Auseinandersetzung mit CSR wurde erstmals von Caroll (1991) vertieft, der die gesellschaftliche Verantwortung von Unternehmen in vier Bereiche gliedert:

- *Economical Responsibilities*, die ökonomische Verantwortung, das heißt ertragreich zu wirtschaften.
- *Legal Responsibilities*, die gesetzliche Verantwortung, also die gesetzlichen Bestimmungen befolgen.
- *Ethical Responsibilities*, die ethische Verantwortung erfordert von Unternehmen fair und ethisch zu handeln.
- *Philantropic Responsibilities*, die philanthropische Verantwortung beschreibt gesellschaftliches Engagement im Sinne des Gemeinwohls.

Die Gliederung kann auch so interpretiert werden, dass die ersten beiden Ebenen von einem Unternehmen eingehalten werden müssen, um bestehen zu können (gesellschaftlich gefordert). Die dritte Ebene des ethischen Handelns ist notwendig, um gesellschaftlich akzeptiert zu sein, sie ist jedoch nicht zwingend erforderlich (gesellschaftlich erwartet) und die vierte Ebene ist rein freiwillig, jedoch gesellschaftlich gewünscht (Müller und Schaltegger 2009).

In der Weiterentwicklung des Ansatzes von Caroll hat sich heute die Diskussion von der Frage der Verwendung von Gewinnen von Unternehmen im philanthropischen Sinn für gesellschaftliche wertvolle Projekte hin zu der Frage wie Unternehmen ihre Gewinne erwirtschaften verschoben (Beschorner 2003). In einem modernen Verständnis des Konzeptes geht es somit in der Praxis um die Auseinandersetzung mit dem Kerngeschäft des Unternehmens.

3 Aktuelle Definitionen gesellschaftlicher Verantwortung

Als gemeinsame Definition des Begriffes CSR haben sich mit den Definitionen von CSR in der EU-Mitteilung von 2011 und in der ISO 26000 aktuell zwei Referenzen durchgesetzt in denen eine hohe Konvergenz beim Verständnis von CSR zu festzustellen ist (Loew und Rohde 2013).

Die Europäische Union hat in der CSR Mitteilung von 2011 folgende Definition vorgelegt: CSR ist die *„Verantwortung von Unternehmen für ihre Auswirkungen auf die Gesellschaft"* (Europäische Kommission 2011), wobei direkt im Anschluss folgender Absatz noch besonders hervorgehoben wird: *„Damit die Unternehmen ihrer [gesellschaftlichen] Verantwortung in vollem Umfang gerecht werden, sollten sie auf ein Verfahren zurückgreifen können, mit dem soziale, ökologische, ethische, Menschenrechts- und Verbraucherbelange in enger Zusammenarbeit mit den Stakeholdern in die Betriebsführung und in ihre*

Kernstrategie integriert werden. Auf diese Weise soll die Schaffung gemeinsamer Werte für die Eigentümer/Aktionäre der Unternehmen sowie die übrigen Stakeholder und die gesamte Gesellschaft optimiert werden; sollen etwaige negative Auswirkungen aufgezeigt, verhindert und abgefedert werden." (Europäische Kommission 2011)

Aufgezeigt werden soll an dieser Stelle, dass sowohl die Betrachtung des Kerngeschäfts des Unternehmens sowie die Einbeziehung der Stakeholder in der aktuellen Debatte rund um das Thema die höchste Aufmerksamkeit bekommt. Die Forderung Verfahren zur sozialen und ökologischen Verantwortung zu etablieren entspricht dabei dem gegenwärtigen Verständnis, dass es sich dabei um ein Managementkonzept handelt, das integrativ im Unternehmen verankert werden muss.

Die zweite etablierte Definition stammt von der International Standardisation Organisation (ISO) in der ISO 26000, in welcher „Social Responsibility" definiert wird als *„Verantwortung einer Organisation für die Auswirkungen ihrer Entscheidungen und Aktivitäten auf die Gesellschaft und Umwelt durch transparentes und ethisches Verhalten, das zur nachhaltigen Entwicklung, Gesundheit und Gemeinwohl eingeschlossen, beiträgt, die Erwartungen der Anspruchsgruppen berücksichtigt, anwendbares Recht einhält und im Einklang mit internationalen Verhaltensstandards steht, und in der gesamten Organisation integriert ist und in ihren Beziehungen gelebt wird"* (ISO 26000 2010).

Auch diese Definition stellt den ganzheitlichen Zugang und die Einbindung der Stakeholder in den Mittelpunkt, wobei in der Norm in der Folge den Prozessen zur Umsetzung in Unternehmen das Hauptaugenmerk zukommt.

4 Stakeholdertheorie als Kern moderner CSR

Größtenteils parallel zur Entwicklung des Konzepts CSR wurde der Begriff des Stakeholders in der betriebswissenschaftlichen und Managementliteratur seit den 60-er Jahren diskutiert (Crane und Matten 2007). Er sollte zum Ausdruck bringen, dass es für ein Unternehmen neben den Aktionären und Eigentümern noch weitere Gruppen von Personen oder Organisationen gibt, die im Zusammenhang mit der Unternehmenstätigkeit berechtigte Ansprüche und Interessen haben. Dabei wurde der Begriff des Stakeholders von Freeman im wesentlichen mit *„Any group or individual who can affect or is affected by the achievment oft he organization's objectives."* (Freeman 1984) bis heute festgelegt. Eine deutsche Definition des Begriffes die weite Verbreitung gefunden hat wurde zuletzt durch die Norm gesellschaftliche Verantwortung von Organisationen mit *„Stakeholder beziehungsweise Anspruchsgruppe werden Einzelpersonen oder Gruppen, bezeichnet, die ein Interesse an einer Entscheidung oder Tätigkeit einer Organisation haben."* (ISO 26000 2010) veröffentlicht. Hier findet sich auch die vielfach verwendete Übersetzung von *Stakeholder* mit *Anspruchsgruppe*.

Die von Freeman begründete *Stakeholder-Theory* (deutsch unterschiedlich mit Stakeholdertheorie oder Stakeholderkonzept übersetzt) stellt nunmehr ein Strategiekonzept dar, mit welchem die Zusammenhänge zwischen betrieblicher Organisation und gesellschaftlicher Umwelt untersucht werden (Beschorner et al. 2004). In den vergangenen Jahrzehnten wurde dieser Ansatz von Freeman von einer Vielzahl an Autoren aufgegriffen, um unterschiedliche Aspekte erweitert und hat Eingang in unterschiedlichste Managementmodelle und Praxisleitfäden zum Umgang mit Stakeholdern gefunden. Ungericht (2012) spricht in diesem Zusammenhang auch von einem „neuen Bild von Unternehmen" das sich in den letzten Jahrzehnten durchzusetzen begonnen hat was unter anderem durch globalisierte Wertschöpfungsketten und schnelleren Informationsaustausch dazu geführt hat, dass Stakeholder höherer Managementaufmerksamkeit bedürfen.

Am Prominentesten und auch mit am meisten Auswirkungen für Unternehmen ist dies durch die starke Bedeutung die den Stakeholdern in der Definition der Europäischen Union und der ISO 26000 im Zusammenhang mit deren gesellschaftlicher Verantwortung gegeben wurde erfolgt.

Auch die Global Reporting Initiative (GRI) hat in der G4 Leitlinie zur Nachhaltigkeitsberichterstattung insbesondere mit der Einführung des Prinzips der Wesentlichkeit (englisch „*Materiality*") einen weiteren Schritt gesetzt, die Bedeutung der Stakeholder im Unternehmenskontext zu steigern. So definiert GRI wesentliche Aspekte als solche, *„die die wichtigen wirtschaftlichen, ökologischen und gesellschaftlichen Auswirkungen der Organisation widerspiegeln oder die Beurteilungen und Entscheidungen der Stakeholder maßgeblich beeinflussen."* (Global Reporting Initiative 2013) Was wiederum dazu führt, dass Unternehmen sich vor der und für die Erstellung des Berichts mit diesen und deren Ansprüchen auseinandersetzen müssen.

GRI legt im selben Dokument übrigens auch die derzeit umfangreichste Definition für den Begriff Stakeholder zur Verwendung von Unternehmen mit „*Stakeholder sind als juristische oder natürliche Personen definiert, bei denen davon ausgegangen werden kann, dass sie in beträchtlichem Maße von Aktivitäten, Produkten und Dienstleistungen der Organisation betroffen sind und von deren Handlungen davon ausgegangen werden kann, dass sie die Fähigkeit der Organisation in Bezug auf die erfolgreiche Umsetzung von Strategien und die Erreichung von Zielvorgaben beeinflussen können. Dies umfasst auch juristische oder natürliche Personen, die aufgrund von Gesetzen oder internationalen Vereinbarungen berechtigte Ansprüche gegenüber der Organisation haben."* (Global Reporting Initiative 2013) vor.

5 Management oder Engagement

Für den Umgang mit Stakeholdern hat sich im englischen der Begriff Stakeholdermanagement etabliert der in den letzten Jahren immer öfter durch die Bezeichnung Stakeholderengagement ersetzt wird. Beide stehen für unterschiedliche Herangehensweisen an den Kontakt mit den Anspruchsgruppen. Denn obwohl in der gelebten Unternehmenspraxis die Grenzen zwischen dem gesellschaftlich motivierten *Ethischen Zugang* und dem marktorientierten *Instrumentellen Zugang* zu CSR und Stakeholderbeziehungen oft verschwimmen lassen sich nach Faber-Wiener doch die assoziierten Denkmodelle und Strömungen zu den beiden Zugängen sehr wohl identifizieren (Faber-Wiener 2013).

Ethische Zugänge zeigen eine intensive Auseinandersetzung mit der Normativen Stakeholder Theorie, welche die Interessen der Anspruchsgruppen um ihrer selbst willen und nicht nur zur besseren Erfüllung übergeordneter Ziele in der Unternehmensführung berücksichtigt. Die Umsetzung verlangt unter anderem eine Auseinandersetzung mit Moraltheorien wie der Pflichtenethik und Gerechtigkeits-Theorien. Auch Konzepte die auf die Orientierung auf das Gemeinwohl der Gesellschaft fokussieren beziehungsweise die das Ziel einer Nachhaltigen Entwicklung in den Mittelpunkt stellen zählen zu dieser Gruppe.

Grundlegend bei obiger Herangehensweise ist, dass Unternehmen in intensivem Kontakt mit ihren Anspruchsgruppen stehen, dessen Notwendigkeit auch eine Studie von Pleon Kothes-Klewes bereits im Jahr 2005 belegte. Das allgemein gestiegene Bedürfnis nach Transparenz der Öffentlichkeit betrifft insbesondere die Bereiche Umweltpolitik eines Unternehmens sowie die Themen Gesundheits- und Arbeitsschutz sowie Sozialstandards und in Folge auch wirtschaftsethische Fragestellungen. Corporate Governance als wirtschaftlich und ethisch verantwortliche Unternehmensführung fordert mehr als die Hälfte der Stakeholder ein (Global Stakeholder Report 2005).

Instrumentelle Zugänge wiederum streben Wettbewerbsfähigkeit und langfristige Gewinnmaximierung als zentrales Ziel an. Shareholder Value nach Friedman (1970) ist dazu zu zählen ebenso wie das von Porter und Kramer (2006) eingeführte Konzept des *Shared Value*. Im Kern des Konzepts steht die Lösung gesellschaftlicher Herausforderungen mit unternehmerischen Mitteln, wobei ein Nutzen sowohl für das Unternehmen als auch für die Gesellschaft entstehen soll.

In Bezug auf Stakeholderbeziehungen werden mit Stakeholderengagement meist werteorientierte, ethische Zugänge gleichgesetzt und mit Stakeholdermanagement vor alle machtorientierte, instrumentelle Ausgestaltung der Beziehungen.

6 Veränderung der Unternehmensmotive

Wie wohl die wissenschaftliche und politische Debatte sowie Normen und Leitfäden starken Einfluss auf die Entwicklung der Managementpraxis in Unternehmen hat macht es doch in einer ganzheitlichen Betrachtung Sinn zu identifizieren, wie sich der unternehmerische Zugang zu CSR und damit auch dem Umgang mit Stakeholdern empirisch betrachtet verändert hat. Untersucht man die Herangehensweise von Unternehmen an diese Themen etwas differenzierter, so lassen sich nach Friesl (2008) als Treiber vor allem drei Motive identifizieren.

Nach wie vor ist der Druck von Anspruchsgruppen als *Defensives Motiv* in vielen Fällen ein Grund sich mit dem Thema der eigenen Verantwortung für die wirtschaftliche Tätigkeit stärker auseinanderzusetzen. Auch wenn dabei das Unternehmen die Kritik an Produkten oder Geschäftsfeldern nicht unmittelbar selbst verschuldet hat, muss es darauf reagieren. Beispiele für solche Antriebsfaktoren sind der Druck durch Nicht-Regierungsorganisationen oder Interessensvertretungen von Arbeitnehmerinnen und Arbeitnehmern, die Normierung und Regulierung einzelner Produkte oder ganzer Geschäftszweige und zum Beispiel Anforderungen aus der Wertschöpfungskette durch Kunden. Das so unter Druck geratene Unternehmen kommt nicht umhin, die dadurch oftmals zum ersten Mal wahrgenommenen Ansprüche beziehungsweise neu erkannten Stakeholdergruppen einer Analyse zu unterziehen und in den Dialog zu treten. In der Praxis zeigt sich jedoch, dass dieser erzwungene defensive Beziehungsaufbau mit vielen Herausforderungen verbunden ist. Zum einen ist die Beziehung zu den Anspruchsgruppen durch den auslösenden Vorfall schon angespannt. Zum anderen bleibt in Krisensituationen oft nicht die Zeit für einen langsamen, vertrauensbasierten Beziehungsaufbau. Meist wird in solchen Fällen über die Public Relations (PR) Abteilung Krisenkommunikation umgesetzt, welche darauf abzielt die unmittelbaren, kurzfristigen Auswirkungen abzuschwächen. Erst danach sollten strukturiert und langfristig die Stakeholderbeziehungen neu gestaltet werden.

Neben dieser in der Regel von außen angeregten defensiven Auseinandersetzung aufgrund des Drucks von Stakeholdern mit dem Thema Verantwortungsübernahme sind die stärker durch die Unternehmenswerte und -strategie getriebenen *gesellschaftlichen und marktorientierten Motive* zu nennen.

Unter ersteren können insbesondere ethische Zugänge verstanden werden, die den Fokus auf die Richtigkeit der Geschäftstätigkeit des Unternehmens setzen und dieses als verantwortlichen Teil der Gesellschaft etablieren wollen. Nach Faber-Wiener (2013) wird in diesem Fall die Verantwortlichkeit als Verpflichtung gesehen und die Aktivitäten des Unternehmens als ein Beitrag zur Erreichung einer „guten" Gesellschaft.

Besonders hervorzuheben ist in diesem Zusammenhang auch die Veränderte Wahrnehmung von Konsumentinnen und Konsumenten der Wirtschaftstreibenden. So zeigen Befragungen deutlich, dass verantwortliches Handeln der Unternehmen an Bedeutung gewonnen hat und auch wahrgenommen wird. 76 % der Befragten der deutschen Studie von Lunau und Wettstein (2004) gaben an, dass es eine Grundaufgabe von Unternehmen sei, auch etwas für beziehungsweise gegen gesellschaftliche Probleme wie Armut, Kriminalität und Bildung zu tun. Einer österreichischen Studie des IMAS-Instituts aus dem Jahr 2005 zufolge wünschen 69 % der österreichischen Bevölkerung mehr Informationen darüber, ob sich die Herstellerfirma eines Produktes ethisch bzw. verantwortungsbewusst gegenüber der Gesellschaft verhält.

Als *marktorientierte Motive* gelten wiederum in der Regel Maßnahmen zur Erreichung ökonomischer Ziele durch die Übernahme gesellschaftlicher Verantwortung. Hierbei wird CSR als das Instrument zur Zielerreichung gesehen. Bei diesen instrumentellen Zugängen beruht die Verantwortungsübernahme auf Freiwilligkeit (Faber-Wiener 2013). Beispiele dafür wären Risikominimierung entlang der Wertschöpfungskette, Markenwert und Reputation sowie Produkt- und Dienstleistungsinnovationen durch Impulse von außen. In sich zunehmend verändernden sozialen und ökologischen Rahmenbedingungen wird die Bedeutung von Stakeholdern insbesondere für letzteren Punkt – der Entwicklung von Prozess, Produkt- oder Dienstleistungsinnovationen – in Zukunft noch wachsen (Altenburger 2013).

7 Ausblick

Dass Stakeholdereinbindung durchaus im Sinne und zum Nutzen der Betriebe ist zeigen Kourula and Halme (2008) in der Analyse (Abb. 2) von zwanzig ausgewählten Kooperationen zwischen Unternehmen und ausgewählten Anspruchsgruppen.

Angewendet auf die Art und Weise der Einbindung von Anspruchsgruppen kann aus dieser Betrachtung gefolgert werden, dass eine ausführliche, integrative Auseinandersetzung mit den Ansprüchen der Stakeholder den Unternehmen insbesondere in Bezug auf den Betrieb einen Nutzen bringt (Mayr 2010). Dies umfasst Bereiche wie Effizienzsteigerung, Reputation und Markenwert des Unternehmens. Gleichzeitig kann aber auch für die Anspruchsgruppen ein Nutzen abgeleitet werden, der vor allem den Gewinn an Einfluss betrifft.

Folgt man des Weiteren der Argumentation von Altenburger (2013) die CSR als unternehmerische Innovationsquelle aufzeigt so wird dies auch in der Analyse von Kourula and Halme bestätigt, die zeigt, dass der Nutzen für Unternehmen – und Übrigens auch Gesellschaft – steigt, je intensiver die Auseinandersetzung stattfindet. Für diesen Grad an Zusammenarbeit ist der gesellschaftlich motivierten Ethischen Zugang als Voraussetzung anzusehen.

Die Stakeholdereinbringung ist somit in einem modernen unternehmerischen Verständnis von gesellschaftlicher Verantwortung nicht mehr weg zu denken und wird sich neben der Auseinandersetzung mit dem Kerngeschäft als eine der Herausforderungen der strategischen, zukunftsorientierten Unternehmensführung in den kommenden Jahren weiter etablieren.

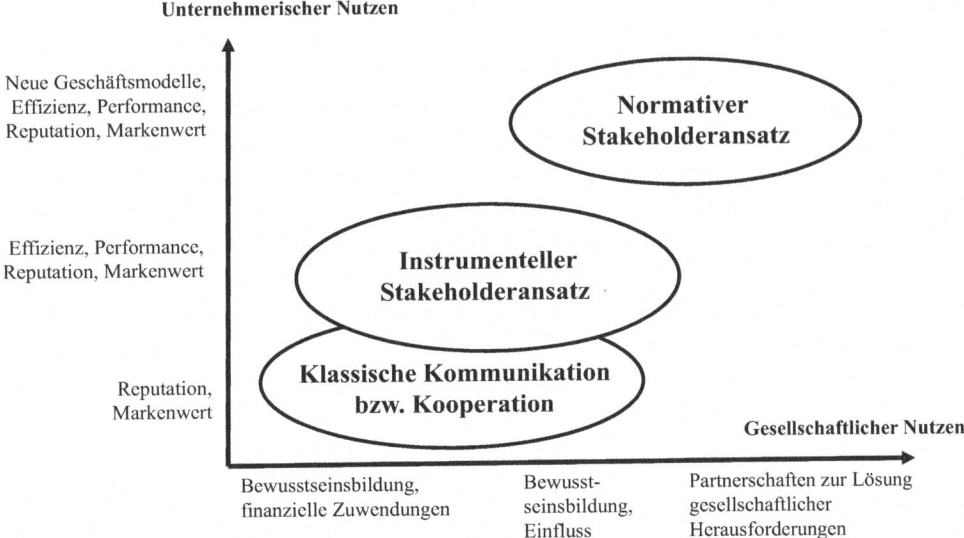

Abb. 2 Unternehmerischer und Gesellschaftlicher Nutzen durch Stakeholdereinbindung. (Eigene Abbildung nach Kourula and Halme (2008))

8 Überblick über die Beiträge in diesem Band

Als Herausgeber möchten Kollege Reinhard Altenburger und ich mit dem vorliegenden Buch einen Beitrag zum Stand der sehr spannenden und laufenden Veränderungen unterworfenen Debatte zu Stakeholdermanagement beziehungsweise Stakeholderengagement leisten. Die Beiträge spannen den Bogen von der grundsätzlich wissenschaftlichen Betrachtung des Themas über die gelebte Praxis in ausgewählten deutschen und österreichischen Unternehmen und am Ende legen auch noch Anspruchsgruppen von Unternehmen selbst deren Sicht dar.

Nach der Betrachtung der Entwicklung des Stakeholderbegriffs im Kontext der Nachhaltigkeits- und CSR-Debatte in diesem einführenden Beitrag geht Reinhard Altenburger in seinem Beitrag auf die strategische Dimension von Stakeholdermanagement und die sich damit ergebenden Herausforderungen und Chancen ein.

Klaus Lintemeier und Lars Rademacher legen mit ihrer Studie eine Standortbestimmung des Stakeholder Managements in den deutschsprachigen Ländern vor. Darauf aufbauend zeigen sie auf, welche Bereiche in Zukunft für Unternehmen an Bedeutung gewinnen werden und sehen Stakeholder Engagement als zunehmend integralen Bestandteil von Geschäfts- und Management-Prozessen in Unternehmen.

Friedhelm Boschert geht in seinem Beitrag der Frage nach, welche Bedeutung der Persönlichkeit von Führungskräften, insbesondere ihrer Fähigkeit zum Aufbau von Vertrauen in Stakeholderbeziehungen zukommt und welche Ansatzpunkte die Führungskräfte für die Gestaltung von diesen Beziehungen haben.

Im Beitrag von Barbara Coudenhove-Kalergi und Gabriele Faber-Wiener werden der Ethik-basierte und machtorientierte Zugang in Stakeholderbeziehungen gegenübergestellt und fünf Prinzipien für Involvement statt Management von Anspruchsgruppen vorgestellt die diese als Subjekt in den Mittelpunkt stellen statt sie als Objekte zu instrumentalisieren.

Clemens Mader und Anna-Theresa Leitenberger stellen die Nachhaltigkeitsprofilmatrix als Methode für das Nachhaltigkeitsassessment von Unternehmen vor und beschreiben die Relevanz der Stakeholdereinbindung in diesem Konzept.

Peter F. Tropschuh und Antonia Wadé beschreiben in ihrem Beitrag die Entwicklung und Organisation des Stakeholder-Managements bei Audi. Insbesondere gehen sie dabei auf die angewendeten Prinzipien der Inklusion, Wesentlichkeit und Reaktivität ein.

Achim Bues, Vera Stelkens und Monica Streck beschreiben die Bedeutung von gesellschaftlicher Akzeptanz als strategischer Erfolgsfaktor bei dem Flughafen München. Sie geben einen Einblick in die Ermittlung der Stakeholder und die angewendeten Dialogformen und schließen mit den Chancen und Herausforderungen die sich aus dem Thema für das Unternehmen ergeben.

Der Beitrag von Walter Rothensteiner und Andrea Sihn-Weber stellt den Zusammenhang zwischen der Nachhaltigkeitsstrategie der RZB-Gruppe und die Rolle des Stakeholdermanagements vor. Besonderes dargestellt wird dabei das Konzept der Wesentlichkeit als Instrument zur Identifizierung und Priorisierung relevanter Themen.

Die Nachhaltigkeitsstrategie der OMV und die Prozesse und Dialogformen zur Stakeholdereinbindung werden von Sonja Böhme, Simone Alaya, Jasmine Böhm und Franziska Richter vorgestellt. Besondere Ziele des Unternehmens sind dabei unter anderem die Sicherung der license-to-operate, aktives Risikomanagement sowie Reputationsmanagement unter dem Dach eines gesellschaftlich verantwortlich handelnden Unternehmens.

Franz Zöchbauer geht in seinem Beitrag darauf ein, wie Stakeholder-Involvierung Werte für das österreichische Energieunternehmen VERBUND schafft. Das Vertrauen der Stakeholder wird von dem Unternehmen als zentraler Erfolgsfaktor gesehen als Beispiel für die Einbindung wird die Live-Simulation als Format für eine stärkere Involvierung vorgestellt.

Monika Piber-Maslo und Harald Hauke beschreiben die Erfolgsformel der Austria Glas Recycling „Dialog mal Kooperation" mit der das zielgerichtete Zusammenwirken aller Stakeholder des Unternehmens aus Verwaltung, Wirtschaft und Gesellschaft erreicht werden soll. Sie geben Einblick in Strategie und Umsetzung des Stakeholdermanagement und stellen ausgewählte Maßnahmen vor.

Reinhard Friesenbichler geht in seinem Beitrag auf die Anforderungen an CSR und Stakeholdermanagement in Unternehmen aus der Sicht von Nachhaltigkeits-Ratingagenturen ein. Er stellt das Konzept des Nachhaltigen Investments grundlegen vor und geht besonders auf die Rolle von Anspruchsgruppen im Nachhaltigkeitsresearch ein.

Thomas Kaissl und Theresa Gral vom WWF stellen die Zusammenarbeit einer Nichtregierungsorganisation mit Unternehmen vor und legen die prinzipiellen Anforderungen des WWF an die Wirtschaft in Kooperationen offen. Ergänzt wird dieser Beitrag durch drei Beispiele aus der deutschsprachigen Praxis.

Im abschließenden Beitrag stellt John Aston das Konzept des Smart Engagegement beruhend auf dem Stakeholder Engagement Standard vor und gibt in mehreren Fallbeispielen Einblicke in die Herausforderungen die sich bei der Anwendung für Unternehmen stellen.

Literatur

Altenburger R (2013) Gesellschaftliche Verantwortung als Innovationsquelle. In: Altenburger R (Hrsg) CSR und Innovationsmanagement. Springer Gabler, Wiesbaden

Beschorner T (2003) Wirtschaft und Ethik – Kein notwendiger Gegensatz. Einblicke Nr. 38. Carl von Ossietzky Universität, Oldenburg

Beschorner T, Lindenthal A, Behrens T (2004) Unternehmenskultur II. Zur kulturellen Einbettung in Unternehmen. In: FUGO – Forschungsgruppe Unternehmen und gesellschaftliche Organisation, Universität Oldenburg (Hrsg), Perspektiven einer kulturwissenschaftlichen Theorie der Unternehmung. Marburg, S 273–308

Carroll AB (1991) The pyramid of corporate social responsibility – toward the moral management of organizational stakeholders, Business Horizons

Crane A, Matten D (2007) Corporate social responsibility: readings and cases in a global context. Routledge, London

Europäische Kommission (2001) Europäische Rahmenbedingungen für die soziale Verantwortung der Unternehmen. Grünbuch. Generaldirektion für Beschäftigung und Soziales, Luxemburg

Europäische Kommission (2011) Communication from the Commiccion to the Council and the European Parliament – a renewed EU strategy 2011–14 for corporate social responsibility. Brüssel

Faber-Wiener G (2013) Responsible Commmunication – Wie Sie von PR und CSR-Kommunikation zu echtem Verantwortungsmanagement kommen. Springer-Gabler, Wiesbaden

Freeman RE (1984) Strategic management: a stakeholder approach. Pitman, Boston.

Friedman M (1970) The social responsibility of business is to increase its profits. The New York Times Magazine, New York

Friesl C (2008) Erfolg mit Verantwortung – Die strategische Kraft von CSR. Facultas, Wien

Global Reporting Initiative (2013) G4 Leitlinien zur Nachhaltigkeitsberichterstattung. Amsterdam

Global Stakeholder Report (2005) In: Pleon Kohtes-Klewes (Hrsg) Unternehmen Verantwortung. Bonn

ISO 26000 (2010) Leitfaden zur gesellschaftlichen Verantwortung. (Guidance on social responsibility, Lignes directrices relatives à la responsabilité sociétale) International Organization on Standardization

Kourula A, Halme M (2008) Types of corporate responsibility and engagement with NGOs – an exploration of business and societal outcomes. Corp Gov 8(4):557–570

Loew T, Rohde F (2013) CSR und Nachhaltigkeitsmanagement. Institute for Sustainability, Berlin

Lunau Y, Wettstein F (2004) Die soziale Verantwortung der Wirtschaft. Haupt, Bern

Mayr S (2010) Stakeholdermanagement in der Unternehmenskrise. Springer Gabler, Wiesbaden

Müller M, Schaltegger S (2009) Corporate Social Responsibility – Trend oder Modeerscheinung. Oekom, München

Porter M, Kramer M (2006) Strategy and society: the link between competitive advantage and corporate social responsibility. Harv Bus Rev 84(12):78–92, 163 (Dec)

Schneider A (2012) Reifegradmodell CSR – eine Begriffserklärung und Abgrenzung. In: Schneider A, Schmidpeter R (Hrsg) Corporate social responsibility. Verantwortungsvolle Unternehmensführung in Theorie und Praxis. Springer-Gabler, Wiesbaden

Ungericht B (2012) Strategiebewusstes Management – Konzepte und Instrumente für Nachhaltiges Handeln. Pearson, München

World Commission on Environment and Development (1987) Our common future. Oxford University Press, Oxford

DI Roman H. Mesicek leitet seit 2012 den Masterstudiengang „Umwelt- und Nachhaltigkeitsmanagement" im Department Business der IMC Fachhochschule Krems. Seine Schwerpunkte in Lehre und Forschung sind Prinzipien und Herausforderungen einer Nachhaltigen Entwicklung, Corporate Social Responsibility und Stakeholdermanagement, sowie Social Entrepreneurship. Im Jahr 2010 beteiligte er sich am Wirtschaftsmagazin enorm, dessen Österreich Ausgabe er als Gesellschafter betreut und seit 2005 ist er Mitbetreiber des Musiklabels KONKORD. Nach seinem Studium der Verfahrenstechnik an der Technischen Universität Graz war er als geschäftsführender Gesellschafter der Firma Sustainability.TV und wissenschaftlicher Mitarbeiter am Sustainable Europe Research Institute (SERI) in Wien tätig. Von 2003 bis 2011 war er als Geschäftsführer von respACT – austrian business council for sustainable development, der österreichischen Unternehmensplattform für CSR und Nachhaltige Entwicklung, für deren Aufbau in Österreich verantwortlich.

Gesellschaftliche Verantwortung und Stakeholdermanagement

Strategische Herausforderungen und Chancen

Reinhard Altenburger

> *To create value for stakeholders, executives must understand that business is fully situated in the realm of humanity. Businesses are human institutions populated by real live complex human beings. Stakeholders have names and faces and children.*
> *Freeman, et al. 2010*

Zusammenfassung

Globale Herausforderungen erfordern für die Entwicklung von Lösungsansätzen eine verstärkte Zusammenarbeit von Unternehmen mit ihren Stakeholdern. Das Zusammenspiel der drei Entwicklungen – sich verknappende Ressourcen, radikale Transparenz und steigende Erwartungen der verschiedenen Stakeholdergruppen – werden den zukünftigen Wettbewerb maßgeblich beeinflussen. Die Beziehungen zu den verschiedenen Stakeholdergruppen wurden in vielen Unternehmen auch in der Vergangenheit gestaltet. Neu ist aber die Intensität und Breite der Anstrengungen von Unternehmen sowie die immer stärkere gesellschaftliche Forderung nach ethischem und verantwortungsbewusstem Verhalten als auch die Komplexität und Dynamik der Interaktion zwischen Unternehmen und Netzwerken. Stakeholdermanagement erfordert auch die verstärkte Auseinandersetzung mit den Partnern in der Wertschöpfungskette. Die strategische Auseinandersetzung mit der Vielfalt unterschiedlicher Sichtweisen, die Diskussion ethischer Einstellungen und Prioritäten sowie die kritische Analyse unterschiedlicher gesellschaftlicher und ökologischer Herausforderungen, in den einzelnen Ländern kann wesentlich zur Kompetenzsteigerung im Umgang mit globalen Problemen von

R. Altenburger (✉)
Department Business, University of Applied Sciences Krems, Piaristengasse 1, 3500 Krems, Österreich
E-Mail: reinhard.altenburger@fh-krems.ac.at

Unternehmen beitragen. Stakeholder werden zunehmend als Ressource verstanden und damit als wesentliche Quelle für die strategische Ausrichtung und die Prozesse eines Unternehmens erkannt. Die Aufgabe von Unternehmen verschiebt sich dadurch in die Gestaltung von Rahmenbedingungen, welche die Stakeholder dazu motiviert, ihre Ressourcen in den Wertschöpfungsprozess eines Unternehmens einzubringen.

1 Herausforderungen an das Stakeholdermanagement

Globale Herausforderung wie Ressourcenknappheit, Digitalisierung, Armut, demografische Verschiebungen oder Umweltprobleme erfordern für die Entwicklung von Lösungsansätzen eine verstärkte Zusammenarbeit von Unternehmen mit ihren Stakeholdern. Nach Laszlo und Zhexembayeva (2011) wird das Zusammenspiel der drei Entwicklungen – sich verknappende Ressourcen, radikale Transparenz und steigende Erwartungen der verschiedenen Stakeholdergruppen – den zukünftigen Wettbewerb maßgeblich beeinflussen und damit auch, wo die zukünftigen Ertragsquellen für Unternehmen liegen und welche Wachstumschancen sich daraus ergeben. Die Forderung nach Transparenz insbesonders von Konsumenten, NGOs und Medien und die häufig kontroverse Sichtweise zu sensiblen Themenfeldern wie Klimawandel, Arbeitsbedingungen oder die Verwendung von Konfliktmineralien erfordern eine intensive Kommunikation und damit auch einen oftmals erheblichen Ressourcenaufwand von Unternehmen. Dazu kommt eine zunehmende kritische Betrachtung von Unternehmen und deren Geschäftsmodellen insbesondere in der Folge der Finanz- und Wirtschaftskrise von 2008/2009. Die veränderte Rolle der Unternehmen in der Gesellschaft führt auch zur Diskussion der zukünftigen Wertgenerierung (Eccles und Serafeim 2013), bei der immaterielle Werte – zu denen auch die Qualität der Stakeholderbeziehungen zählt – verstärkt diskutiert werden.

Die Vielzahl an gesellschaftlichen und ökologischen Herausforderungen, denen sich Unternehmen aller Branchen gegenübersehen, erfordern eine verstärkte Diskussion des Themas Verantwortung und die Einbindung von Stakeholdern (Freeman 1984). Die Nichtberücksichtigung wesentlicher Interessen von Stakeholdern wie Eigentümern, Mitarbeitern, Kunden oder Lieferanten kann – in Extremfällen – sogar die Existenz eines Unternehmens gefährden (Freeman et al. 2010). Das Überleben von Unternehmen kann dann beispielsweise auch davon abhängen inwieweit eine Übereinstimmung zwischen den Werten der Gesellschaft und seiner Manager gegeben ist und inwieweit die Erwartungen der Stakeholder an das Unternehmen und die gesellschaftlichen Probleme übereinstimmen. Eine Auseinandersetzung mit der Zukunft des Unternehmens wird daher ohne Einbindung von Stakeholdern für viele Unternehmen immer weniger zielführend.

Wesentliche Impulse für die Gestaltung der Stakeholderbeziehungen kommen auch aus der Diskussion um die gesellschaftliche Verantwortung von Unternehmen, der globalen Diskussion um die Ursachen und Folgen der Finanz- und Wirtschaftskrise und der Debatte um die Zukunft des Kapitalismus. Dabei stehen immer die beiden Fragen *„Wie weit reicht die gesellschaftliche Verantwortung von Unternehmen?"* und *„Verantwortung bedeutet*

Verantwortung wofür und wem gegenüber?" im Zentrum der Auseinandersetzung mit verschiedenen Stakeholdergruppen.

Die Stakeholder-Thematik wird in einer Vielzahl an wissenschaftlichen Disziplinen wie dem Strategischen Management, der Organisationswissenschaft, CSR, Nachhaltigkeitswissenschaften, Business Ethics und Systemwissenschaft thematisiert. Aus diesen unterschiedlichen Fachgebieten mit ihren unterschiedlichen Sichtweisen und Grundannahmen resultieren aber auch wesentliche Impulse für das Verständnis von Stakeholderbeziehungen und die Umsetzung und die Weiterentwicklung des Stakeholdermanagements/-engagements angesichts neuer oder sich verändernder Herausforderungen.

Die Beziehungen zu den verschiedenen Stakeholdergruppen wurden in vielen Unternehmen auch in der Vergangenheit gestaltet. Neu ist aber die Intensität und Breite der Anstrengungen von Unternehmen sowie die immer stärkere gesellschaftliche Forderung nach ethischem und verantwortungsbewusstem Verhalten sowie die Komplexität und Dynamik der Interaktion zwischen Unternehmen und Netzwerken (Elkington 1998). Diese Intensität hat in zahlreichen Branchen wie der Chemieindustrie, der Automobilindustrie und Banken nach der Finanz- und Wirtschaftskrise noch deutlich zugenommen. In zahlreichen Branchen kann auch eine steigende Professionalisierung einzelner Stakeholdergruppen (z. B. Verbraucherschutz- und Umweltorganisationen, Kunden oder Lieferanten) festgestellt werden. Dies bedingt aber auch zum einen höhere Anforderungen an die Unternehmen in welcher Form Stakeholderbeziehung behandelt werden und in welcher Tiefe Inhalte diskutiert werden und zum anderen den Aufbau von tragfähigen Kommunikationsbeziehungen auch bei sensiblen Themen, bei denen nicht unmittelbar oder mittelfristig eine Lösung für das Unternehmen und die Stakeholder gefunden werden kann. Dies kann bedeuten, das ein Unternehmen den Umgang mit Zielkonflikten transparent macht – beispielsweise welche Schritte in welchem Zeitraum unternommen werden, mit welchen Partnern strategische Partnerschaften eingegangen werden und welche Zwischenziele erreicht oder nicht erreicht werden.

Stakeholdermanagement erfordert auch die verstärkte Auseinandersetzung mit den Partnern in der Wertschöpfungskette. Dabei stehen Fragen wie *„Wer sind die Eigentümer unserer Zulieferer?"*, *„Wie produzieren diese Zulieferer?"*, *„Unter welchen Bedingungen wird bei diesen Zulieferern gearbeitet?"*, *„Welche Materialen werden bei diesen eingesetzt?"*, *„Inwieweit wird die Umwelt dadurch verschmutzt?"* und auf der anderen Seite *„An wen liefern wir unsere Produkte und Dienstleistungen?"*, *„Wie hoch ist der Recyclinganteil unserer Produkte?"*, *„Was passiert am Ende des Produktlebenszyklus?"* im Fokus. Die strategische Auseinandersetzung mit der Vielfalt unterschiedlicher Sichtweisen, die Diskussion ethischer Einstellungen und Prioritäten sowie die kritische Analyse unterschiedlicher gesellschaftliche und ökologische Herausforderungen, in den einzelnen Ländern kann wesentlich zur Kompetenzsteigerung im Umgang mit globalen Problemen von Unternehmen beitragen.

Die Stakeholdertheorie fokussiert auf zwei wesentliche Fragen: Was ist der Zweck eines bestimmten Unternehmens und welche Verantwortung haben Manager gegenüber den Stakeholdern (Freeman 1994). Im Fokus stehen die Prozesse wie Beziehungen mit den Stakeholdern gestaltet werden und Fragen die sich durch die Professionalisierung zahlreicher Stakeholdergruppen und sich verändernde Rahmenbedingungen regelmäßig neu stellen und die neue Antworten erfordern. Dazu kommen noch eine Vielzahl an sozialen und ethischen Herausforderungen, welche die kontinuierliche Weiterentwicklung des Stakeholderansatzes erforderlich machen (Freeman et al. 2007; Freeman et al. 2010). Die besondere Bedeutung der Werke Freeman's liegt im fundierten Herausarbeiten der strategischen und ethischen Vorteile einer authentischen Interaktion mit den zahlreichen Stakeholdern einer Organisation. In dieser Sichtweise können strategische und ethische Themen und Anliegen nicht getrennt werden, da der Fokus auf einer Wertgenerierung für alle Stakeholder liegen soll (Noland und Phillips 2010).

In den letzten Jahrzehnten haben sich im Stakeholder-Management verschiedene Schulen und Theorieansätze entwickelt. Nach Donaldson und Preston (1995) können drei grundlegende Ansätze bzw. Sichtweisen unterschieden werden:

- Die *instrumentelle Sichtweise* geht davon aus, dass Stakeholder-Management zum Erreichen der Unternehmensziele wie Wertsteigerung, Marktanteilsausweitung oder Steigerung der Rentabilität beitragen kann.
- *Deskriptive Ansätze* (versuchen) die unternehmerische Realität und die Beziehung Unternehmen – Stakeholder abzubilden und zum Teil auch zu erklären.
- Bei der *normativen Sichtweise* ist der Zusammenhang zwischen Stakeholdermanagement und Performance des Unternehmens nicht wesentlich. Moralische oder philosophische Prinzipien des Managements stehen im Mittelpunkt der Analyse welche auch Anleitungen für das Stakeholdermanagement auf Basis von moralischen/philosophischen Prinzipien formuliert.

Zu den „institutionalisierten Stakeholder" die einen hohen unternehmensseitigen Betreuungsgrad aufweisen, zählen die Kunden, Lieferanten, Eigentümer und Mitarbeiter. In den letzten Jahren hat sich das Spektrum relevanter Stakeholder-Gruppen jedoch um „gesellschaftliche Stakeholder" (zum Beispiel: Nichtregierungsorganisationen) erweitert. Diese sind oftmals schwieriger zu identifizieren und deren Informationsbedürfnisse aufwendiger zu ermitteln. Abhängig von der Legitimität, Relevanz und Expertise der Stakeholder sind geeignete Informationsformen zu gestalten bzw. auch eine Einbindung in operative Prozesse zu überlegen (Heger und Bürgel 2013).

Die Komplexität des Stakeholdermanagements wird dann wesentlich erhöht, wenn das Unternehmen in verschiedenen Regionen weltweit tätig ist, da hier oftmals erhebliche Unterschiede beispielsweise in Hinblick darauf, welche gesellschaftlichen und ökologischen Themen Priorität haben (z. B. Zugang zu sauberem Wasser, Bildung, Korruption) zutage treten können. Unternehmen sind daher gefordert, sich mit den kulturbedingten Unterschieden und die dadurch erforderliche differenzierte Gestaltung der Stakeholderbeziehungen auseinanderzusetzen. Auch die Identifikation der relevanten Stakeholder in den jeweiligen Regionen weltweit kann erheblich differieren und auch die Entwicklung passender Interaktionsformen muss die kulturellen und lokalen Bedingungen berücksichtigen.

2 Gestaltung der Stakeholderbeziehungen als Managementaufgabe

Die intensive Auseinandersetzung mit der Beziehung von Unternehmen zu seinen Stakeholdern wird global durch die umfassende Diskussion von Nachhaltigkeitsthemen verstärkt. Laut einer weltweit durchgeführten CEO Studie (UN Global Compact und Accenture 2013)

- glauben 67% der befragten CEOs, dass sich die Wirtschaft mit der globalen Herausforderung Nachhaltigkeit ungenügend befasst,
- erwarten 63% der CEOs, dass Nachhaltigkeitsthemen ihre Branche in den nächsten fünf Jahren maßgeblich verändern werden,
- glauben 76% der CEOs, dass die Verankerung von Nachhaltigkeit im Kerngeschäft eine erhebliche Umsatzausweitung und neue Geschäftschancen bewirken wird und
- glauben 81% der CEOs, dass die Reputation in Hinblick auf die Nachhaltigkeit wichtig für die Kaufentscheidungen der Konsumenten ist.

Manager sind sich in zunehmendem Maße bewusst, wie wichtig der aktive Dialog und die intensive Interaktion mit Kunden, lokalen Gemeinschaften, Behörden und politischen Entscheidungsträgern, Investoren, Mitarbeitern und Gewerkschaften sind. CEOs tendieren zunehmend dazu Stakeholder aktiv einzubinden, um die zukünftige Ausrichtung der Unternehmen im Spannungsfeld globaler Herausforderungen besser bewältigen zu können (UNGC und Accenture 2013). Dennoch wurde in einer Studie von Brunswick festgestellt, dass die Stakeholderbeziehungen von 79 % der Unternehmen ad hoc und nicht strategisch geplant gestaltet werden und auch der Erfolg des Stakeholdermanagements nur in 29 % der Unternehmen in Form von spezifischen Kennzahlen (KPIs) gemessen wird (Brunswick 2013). Die Herausforderungen liegen im Verständnis für das (unterschiedliche, manchmal sogar konträre) Verhalten, die Wertvorstellungen und den gesellschaftlichen/ideologischen Hintergrund und dadurch auch die verschiedenen Zielsysteme der Stakeholder (Freeman 1984). Dafür ist die Entwicklung von Management-Kompetenzen auf allen Ebenen erforderlich (siehe dazu den Beitrag von Boschert in diesem Band).

Aufbauend auf den Unternehmenswerten sollten die Grundprinzipien im Umgang mit Stakeholder(gruppen) formuliert und kommuniziert werden. Diese bilden die Basis und den Rahmen für die Stakeholdermanagement-Aktivitäten. Daraus ergeben sich klare Prioritäten für die Verantwortlichen der Stakeholder-Beziehungen. Für international agierende Unternehmen stellt sich die Herausforderung, die zentralen Prinzipien des Stakeholdermanagements mit den lokalen Erfordernissen – wie andere kulturelle Wertesysteme, divergierendes Verständnis von Kommunikation und Interaktion oder auch andere Stakeholdergruppen als im Heimmarkt – in Einklang zu bringen.

Die Einschätzung welche Stakeholdergruppen den größten Einfluss haben werden hat sich in den letzten Jahren bei den CEOs zum Teil deutlich verändert. Bei einer Studie von UN Global Compact und Accenture mit der Frage „Welche Stakeholdergruppen werden in den nächsten 5 Jahren den größten Einfluss haben?" wird die Bedeutung der Konsu-

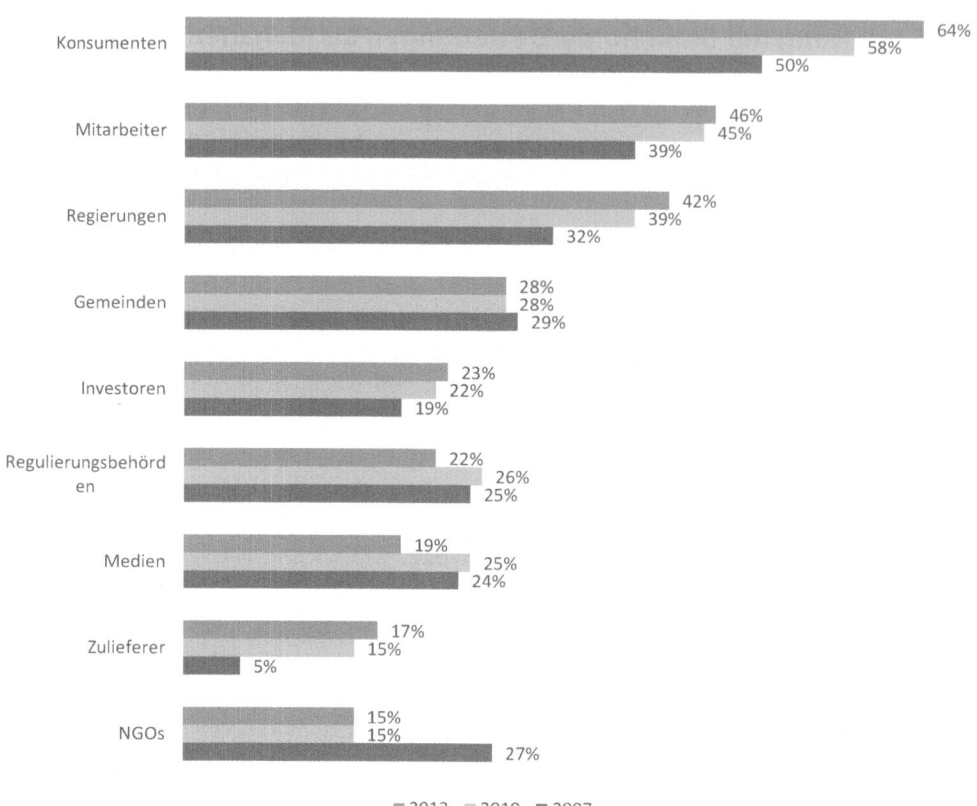

Abb. 1 Einschätzung des Einflusses einzelner Stakeholdergruppen in den nächsten 5 Jahren. (Quelle: UNGC und Accentrure 2013)

menten, der Mitarbeiter aber auch der Regierungen und Zulieferer 2013 deutlich höher als noch 2007 eingeschätzt (siehe Abb. 1).

In den letzten Jahren konnte eine Änderung in der Einschätzung der Bedeutung der Stakeholder festgestellt werden: Stakeholder werden zunehmend als Ressource verstanden und damit als wesentliche Quelle für die strategische Ausrichtung und die Prozesse eines Unternehmens erkannt (AccountAbility 2011). Die Aufgabe von Unternehmen verschiebt sich dadurch in die Gestaltung von Rahmenbedingungen, welche die Stakeholder dazu motiviert, ihre Ressourcen in den Wertschöpfungsprozess eines Unternehmens einzubringen (Sachs und Rühli 2011). Zunehmend wird die Gestaltung der Stakeholderbeziehungen von Unternehmen auch als Chance für den Eintritt in Zukunftsmärkte wie z. B. im Gesundheitsbereich oder Bildung gesehen, da hier die Vielfalt an unterschiedlichen Perspektiven, Zielen und Anforderungen zu qualitativ besseren Lösungen führen kann. Die in diesen Märkten vorherrschenden Besonderheiten und Anforderungen sind häufig komplex und für viele Unternehmen mit den internen Ressourcen nur schwer erfolgreich bewältigbar. Für das Management stellt sich auch die Herausforderung der Gestaltung von

Anreizsystemen für die Stakeholder zu entwickeln, damit Stakeholder ihr Wissen und ihre Kompetenzen in die Interaktion einbringen.

In neueren Ansätzen werden Stakeholderbeziehungen zunehmend als Netzwerkbeziehungen dargestellt. Während das „traditionelle" Stakeholdermodell von diadischen Beziehungen zwischen dem Unternehmen und seinen Stakeholder(gruppen) ausgeht werden bei der Betrachtung von Stakeholderbeziehungen als Netzwerk die Interaktion der Stakeholder und gegenseitige Beeinflussung in die Analyse miteinbezogen. Stakeholder haben nicht nur mit dem Unternehmen Beziehungen, sondern die Stakeholder stehen wiederum in Beziehungen zu anderen Stakeholdern. Diese Perspektive kann dazu beitragen, die organisationale Lernfähigkeit und Wandlungsfähigkeit sowie die Entdeckung von Chancen zu erhöhen (Vandekerckhove und Dentchev 2005). Die Netzwerkbetrachtung unterstützt Unternehmen dabei ein realistischeres Bild der Stakeholderinteraktionen und Machtbeziehungen zu gewinnen (Ungericht 2012) und ihre Informationsflüsse und Interaktionsformen entsprechend zu gestalten. Entscheidend sind dabei nach Rowley (1997) die Netzwerkdichte und Netzwerkzentralität. Je intensiver die Mitglieder eines Netzwerkes miteinander kommunizieren, desto effizienter ist die Kommunikation und desto mehr überlappen sich die Verhaltenserwartungen (Ungericht 2012).

Für den Prozess des Stakeholdermanagements ist ein umfassendes Verständnis für das Verhalten, die Werte und Hintergründe bzw. den gesellschaftlichen Kontext der einzelnen Stakeholder erforderlich (Freeman 1984). Dazu zählt beispielsweise die Frage, welche Rolle und Aufgaben einzelne Stakeholdergruppen in der Diskussion in den von den Unternehmen als relevant angesehenen Themen einnehmen. Das Management ist zunehmend gefordert, die unterschiedlichen Anforderungen der einzelnen Stakeholder-Gruppen auszubalancieren.

Die zeitliche Dimension kann auch ein Schlüsselthema in der Stakeholderbeziehung darstellen wenn Stakeholder in die Entwicklung von Langfristszenarien wie z. B. Mobilität 2030 oder Smart Cities 2050 eingebunden werden. Das frühzeitige Einbinden unterschiedlicher Perspektiven bereichert die Diskussion und lässt Risiken frühzeitig erkennen. Aus dem unterschiedlichen zeitlichen Horizont können sich aber auch konfliktäre Interessen unterschiedlicher Stakeholdergruppen ergeben. Dies betrifft z. B. das kurzfristige Interesse von Kapitalmarktakteuren versus das generationenübergreifende Interesse der Gesellschaft (Müller-Stewens und Lechner 2005).

Eine besondere Chance und Herausforderung liegt in der Identifikation von Lead-Stakeholdern (in Anlehnung an das Lead User Konzept nach von Hippel 1995) – dies sind besonders innovative, motivierte Stakeholder, welche sich besonders früh mit neuen gesellschaftlichen und ökologischen Herausforderungen auseinandersetzen, ihren Bedarf an neuen Problemlösungen früher als andere formulieren, über ein sehr hohes Wissen zu diesen Themen verfügen, oftmals eine hohe Professionalität in der Zusammenarbeit bieten und häufig global vernetzt sind. Aus der Zusammenarbeit mit diesen Lead Stakeholder können Unternehmen insbesondere im Innovationsmanagement aber auch der Risikofrüherkennung wertvolle Impulse erhalten.

Zahleiche Unternehmen stehen aktuell vor den Herausforderungen wie die Erkenntnisse aus der Stakeholder-Interaktion in die verschiedenen Unternehmensbereiche wie z. B. Produktion, Einkauf, Unternehmenskommunikation, Personal oder Informationstechnologie gelangen, um dort auch entsprechende Berücksichtigung zu finden. Dies kann durch die Einbindung von Repräsentanten der einzelnen Fachbereiche in den Stakeholder-Dialog und die Gestaltung der Stakeholderbeziehungen sowie die Definition geeigneter Themenbereiche mit dem Stakeholdermanagement verbessert werden. In einem nächsten Schritt können die relevanten Stakeholder von einzelnen Unternehmensbereichen definiert und analysiert werden und geeignete Formen der Interaktion entwickeln werden.

3 CSR-Diskussion und Stakeholdermanagement

Seit Jahrzehnten wird die Frage wie weit die gesellschaftliche Verantwortung von Unternehmen reichen soll und was konkret unter gesellschaftlicher Verantwortung zu verstehen ist, diskutiert und oftmals sehr unterschiedlich beantwortet. CSR ist ein Cluster-Konzept, das sich mit den Fachgebieten Wirtschaftsethik, Corporate Philanthropy, Corporate Citizenship, Nachhaltigkeit und ökologische Verantwortung oftmals erheblich überlappt.

Bedingt durch die unterschiedlichen kulturellen und disziplinären Hintergründe existieren eine Vielzahl an Corporate Social Responsibility-Definitionen und ein sehr breit gestreutes Verständnis sowohl in der Wissenschaft als auch in den Unternehmen. Für Carrol (1979) umfasst die soziale Verantwortung der Unternehmen die wirtschaftlichen, rechtlichen, ethischen und diskretionären Erwartungen, welche die Gesellschaft an Organisationen zu einem bestimmten Zeitpunkt hat. Matten und Moon (2004) betrachten CSR als ein dynamisches Konzept, dass eingebettet in den jeweiligen gesellschaftlichen, politischen, wirtschaftlichen und institutionellen Kontext ist. Neuere Ansätze der gesellschaftlichen Verantwortung heben auch die Fragen der Corporate Governance hervor (Hanke und Stark 2009).

Die in der europäischen CSR-Diskussion verbreiteten Definitionen sind jene der EU-Kommission und der ISO 26000. „Corporate Social Responsibility" ist laut der Definition der EU-Kommission (2011) *„die Verantwortung von Unternehmen für ihre Auswirkungen auf die Gesellschaft"* während die ISO 26000 Corporate Responsibility als *„Verantwortung einer Organisation für die Auswirkungen ihrer Entscheidungen und Aktivitäten auf die Gesellschaft und Umwelt durch transparentes und ethisches Verhalten ..."* definiert. Wie der Umgang mit gesellschaftlicher Verantwortung erfolgt wird in zahlreichen Entwicklungsmodellen aufgezeigt, die sich an den Zielen der Unternehmen oder auch der Frage wie aktiv/passiv gesellschaftliche Verantwortung von Unternehmen wahrgenommen wird, orientieren. Beispielsweise zeichnet Schneider (2012 und die dort zitierte Literatur) in seinem Reifegradmodell die Entwicklung von einer passiven CSR hin zu einer proaktiven, global orientierten und ganzheitlichen CSR und unterscheidet dabei folgende Stufen:

- CSR 0.0 – passive Übernahme gesellschaftlicher Verantwortung
- CSR 1.0 philantropische CSR, lose CSR-Maßnahmen außerhalb des Kerngeschäfts
- CSR 2.0 unternehmerische und gesellschaftliche Wertschöpfung durch integriertes Management und Systematik – aktive, reflektierte und strategische CSR
- CSR 3.0 Unternehmen als global denkender, lokal agierender, proaktiver politischer Gestalter

Schaltegger (2012) stellt der Diskussion um den „Business Case OF Sustainability" in welchem die Nutzung eines Trends oftmals ohne substanzielle Nachhaltigkeitsleistungen im Mittelpunkt steht dem „Business Case FOR Sustainability" gegenüber, bei dem der ökonomische Unternehmenserfolg durch weitreichende Umwelt- und Sozialaktivitäten erreicht wird. Kurucz et al. (2008) konnten aus einer Vielzahl an Studien vier Hauptargumente bzw. Diskussionsstränge in der Diskussion um den „Business Case for CSR" identifizieren:

- Kosten- und Risikoreduktion
- Erzielung von Wettbewerbsvorteilen
- Legitimität und Reputation sowie
- Erzielen von Win-Win-Situationen von Unternehmen und Gesellschaft (gemeinsame Wertschaffung)

Während sich CSR mit der Frage, welche Verantwortungen ein Unternehmen (in der Gesellschaft) wahrnimmt beschäftigt, setzt sich das Stakeholder-Konzept schwerpunktmäßig mit der Frage, wem gegenüber diese Verantwortung wahrgenommen wird, auseinander. Dadurch ergibt sich auch die enge Vernetzung beider Konzepte in der Theorieentwicklung, aber auch der Umsetzung in der unternehmerischen Praxis (Kakabadze et al. 2005).

Kakabadze et al. (2005) beschreiben den wechselseitigen Zusammenhang von CSR-Literatur und Stakeholdermanagement – während sich die CSR-Literatur schwerpunktmäßig damit befasst, für welche Themen Unternehmen Verantwortung übernehmen, liegt der Fokus der Stakeholder-Theorie und des Stakeholder-Managements darauf, wem gegenüber ein Unternehmen verantwortlich ist. Die wechselseitige Beeeinflussung hat letztendlich zu einer kontinuierlichen Weiterentwicklung beider Fachgebiete geführt.

Als zunehmende Herausforderung stellt sich die Heterogenität von Stakeholdergruppen heraus. Stakeholder werden zunehmend auch mit ihren differenzierten Zielen und Erwartungen verstanden. So kann die Stakeholdergruppe „Kapitalmarkt" beispielsweise in private und institutionelle Investoren, Banken, Ratingagenturen und Finanzanalysten untergliedert werden. Diese Vielfalt sollte dann auch in der Wahl der Interaktionsformen berücksichtigt werden. Dies kann sowohl bei den Kunden und Zulieferern, als auch Medien oder NGOs beobachtet werden, wo unterschiedliche Organisationen, welche der gleichen Stakeholdergruppe zugeordnet werden, differenzierte Ziele verfolgen und unterschiedliche Anforderungen an Unternehmen stellen.

4 Gestaltungsansätze der Stakeholderbeziehungen

Umfassende Chancen bieten die Einbindung von Stakeholdern in die Innovationsprozesse (Altenburger 2013) und das Risikomanagement von Unternehmen. Im sogenannten „Sustainability Sweet Spot" überlappen sich die Stakeholder-Interessen und die Unternehmensziele (Savitz und Weber 2007) und neue Lösungen können entwickelt werden, welche im Interesse der Stakeholder und des Unternehmens sind. Dies bedeutet nicht nur die Chance neue Produkte und Dienstleistungen mit Stakeholdern zu entwickeln sondern auch neue Prozesse zu gestalten, neue Märkte zu erschließen und möglicherweise auch ein neues Geschäftsmodell zu kreieren. Gesellschaftliche Spannungsfelder mit häufig kontroversen Ansichten der verschiedenen Stakeholder können in den Frühphasen des Innovationsprozesses diskutiert werden, nicht erfolgversprechende Lösungsansätze frühzeitig verworfen und Prototypen mit Stakeholdern getestet werden bevor die Markteinführung erfolgt. Im Risikomanagement bietet die vertrauensbasierte Interaktion mit Stakeholdern zur Risikofrüherkennung, z. B. in der Lebensmittel- oder der chemischen Industrie zahlreiche Möglichkeiten. Beispielsweise können dadurch Anforderungen von Kunden, Lieferanten, NGOs frühzeitig wahrgenommen und der Einsatz von kritischen Materialen oder Rohstoffen zeitgerecht vermieden und in der Produkt- und Prozessgestaltung berücksichtigt werden.

Zur Professionalisierung des Stakeholdermanagements wird von Unternehmen und anderen Organisationen der Austausch in nationalen Netzwerken wie „Econsense" (Deutschland) oder „Forum Nachhaltige Entwicklung der Deutschen Wirtschaft e. V." (Deutschland). „respACT" (Österreich) oder internationalen Netzwerken wie dem UN Global Compact oder dem „World Business Council for Sustainable Development" – zum branchenübergreifenden Erfahrungsaustausch zunehmend genutzt.

Zur Verbesserung der Systematisierung und Strukturierung von Stakeholdern kann eine „Stakeholder Map" erstellt werden. Durch diese sollen folgende Fragen beantwortet werden (imug 2007):

- Wer sind die zentralen Stakeholder auf nationaler, EU- und globaler Ebene?
- Wie sind die Stakeholder organisiert?
- Wer sind die zentralen Ansprechpartner?
- Welche zentralen Themen haben diese Stakeholder besetzt?
- Welche Position vertreten die Stakeholder gegenüber diesen Themen?
- Wie lassen sich diese Stakeholder bezüglich Reputation, Medienkompetenz, Themenkompetenz, Vernetzungsgrad, Konfliktpotenzial und Kooperationsfähigkeit einordnen?
- Wie kann die interne Einordnung und Strukturierung dieser Stakeholdergruppen optimiert werden?

Die aus der „Stakeholder Map" gewonnen Erkenntnisse stellen die Grundlage für die Entwicklung strategischer Optionen des Stakeholder-Engagement und einer geeigneten Kommunikationsstrategie dar.

Die Einbindung von Stakeholdern kann in verschiedenen Formen erfolgen (nach Koroula und Halme 2008). Diese können Beratung/Dialog im Rahmen einzelner wesentlicher Fragestellungen, eine längerfristige, fokussierte Forschungskooperation, gemeinsame Mitarbeiteraustauschprogramme (z. B. NGO-Mitarbeiter werden in For-Profit Unternehmen trainiert und/oder Mitarbeiter von Unternehmen werden in gemeinnützige Projekt entsandt und haben hier die Chance neue Sichtweisen auf gesellschaftliche Themen kennen zu lernen), die Nutzung von Innovationschancen im Zuge des Multistakeholder-Dialogs von Zertifizierungen und der Diskussion von Nachhaltigkeitsstandards, langfristige/kontinuierliche Dialoge mit ausgewählten Stakeholdern oder gemeinsame Projekte und strategische Partnerschaften umfassen.

International gibt es nur wenige Rahmenwerke, die sich mit der Gestaltung von Stakeholderbeziehungen auseinandersetzen. Zu den am häufigsten verwendeten zählt der von AccountAbility entwickelt Standard AA 1000 SES (Stakeholder Engagement Standard). Dieser Standard unterscheidet folgende Ebenen des Stakeholder-Engagements:

- Beratende Funktion der Stakeholder
- Stakeholder als Verhandlungspartner
- Einbindung in die Entscheidungsfindung
- Zusammenarbeit in Form von Partnerschaften, gemeinsamer Projekte
- Empowerment – einzelne Entscheidungen werden an Stakeholder delegiert, Stakeholder spielen eine aktive Rolle im Rahmen der Governance

Die Herausforderung an das Stakeholdermanagement besteht in der Entwicklung eines breiten Spektrums an Kommunikationskanälen um den differenzierten inhaltlichen und zeitlichen Anforderungen unterschiedlicher Stakeholder bestmöglich gerecht zu werden. Dabei sollte ein möglichst eigenständiger Ansatz – passend zur Strategie und Kultur des Unternehmens – entwickelt werden und kein Kopieren von Lösungen anderer Unternehmen stattfinden. Für die einzelnen Stakeholder ist auch zu klären, ob die Einbindung in einen Stakeholderdialog oder besser in einer Kleingruppe mit Entscheidungsträgern des Unternehmens, über Onlinekanäle oder einer anderen Form die geeignete Interaktionsform darstellt.

Das unterschiedliche Verständnis von der gesellschaftlichen Verantwortung von Unternehmen bedingt meist auch eine differenzierte Interaktion mit den Stakeholdern. Eine mögliche Form ist die Untergliederung in die Einbeziehungsformen Information – Dialog – Partizipation wie das Beispiel der Deutschen Telekom (Abb. 2) zeigt.

5 Stakeholdermanagement – ein Thema für KMUs?

Die aktuelle Literatur hat einen eindeutigen Fokus auf die Gestaltung von Stakeholderbeziehungen von Großunternehmen, die Bedeutung für KMUs wird kaum thematisiert. Die besonderen Chancen liegen dabei für KMUs in den langjährigen Beziehungen zu

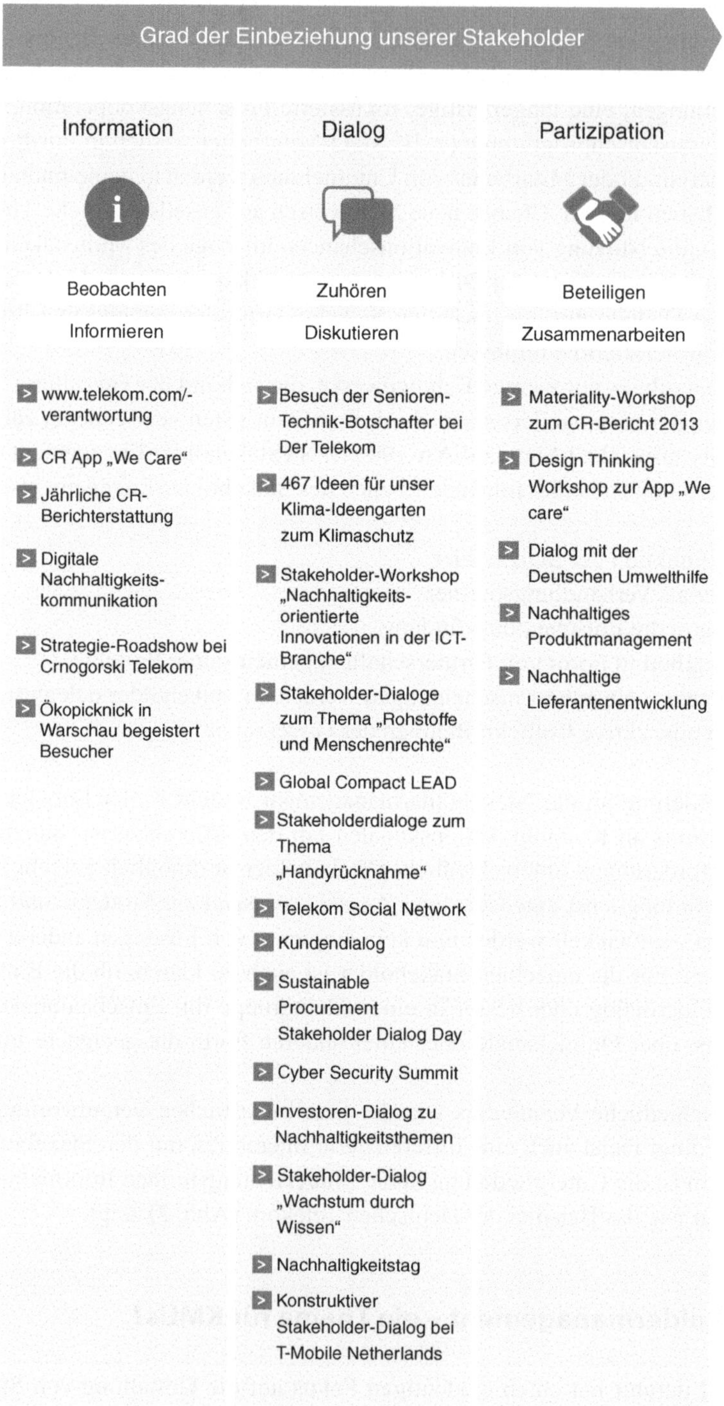

Grad der Einbeziehung unserer Stakeholder

Information	Dialog	Partizipation
Beobachten	Zuhören	Beteiligen
Informieren	Diskutieren	Zusammenarbeiten
> www.telekom.com/-verantwortung	> Besuch der Senioren-Technik-Botschafter bei Der Telekom	> Materiality-Workshop zum CR-Bericht 2013
> CR App „We Care"	> 467 Ideen für unser Klima-Ideengarten zum Klimaschutz	> Design Thinking Workshop zur App „We care"
> Jährliche CR-Berichterstattung	> Stakeholder-Workshop „Nachhaltigkeitsorientierte Innovationen in der ICT-Branche"	> Dialog mit der Deutschen Umwelthilfe
> Digitale Nachhaltigkeitskommunikation	> Stakeholder-Dialoge zum Thema „Rohstoffe und Menschenrechte"	> Nachhaltiges Produktmanagement
> Strategie-Roadshow bei Crnogorski Telekom	> Global Compact LEAD	> Nachhaltige Lieferantenentwicklung
> Ökopicknick in Warschau begeistert Besucher	> Stakeholderdialoge zum Thema „Handyrücknahme"	
	> Telekom Social Network	
	> Kundendialog	
	> Sustainable Procurement Stakeholder Dialog Day	
	> Cyber Security Summit	
	> Investoren-Dialog zu Nachhaltigkeitsthemen	
	> Stakeholder-Dialog „Wachstum durch Wissen"	
	> Nachhaltigkeitstag	
	> Konstruktiver Stakeholder-Dialog bei T-Mobile Netherlands	

Abb. 2 Stakeholder-Einbeziehung bei der Deutschen Telekom. (Quelle: Deutsche Telekom 2014)

Lieferanten, Kunden, regionalen Partnern oder sozialen Einrichtungen. Mit ausgewählten Stakeholdern bieten sich Vertiefungen an, indem bspw. mit den Lieferanten neben Mengen und Lieferkonditionen auch über Fragen gemeinsamer Innovationen diskutiert wird oder von sozialen Organisationen Feedback über zu erwartende Entwicklungen in der Region erhalten wird. Auch sind mittelständische Familienunternehmen gefordert, diese Besonderheiten wie u. a. die regionale Verbundenheit und umfassende Kenntnisse der Region in ihre Stakeholderbeziehungen einfließen zu lassen und sich auch dadurch von Großunternehmen zu unterscheiden.

Der Prozess läuft in KMUs deutlich weniger strukturiert ab, Innovationen sind sehr stark projektorientiert, es gibt meist nur einen groben Fahrplan. Oftmals werden die Stakeholderbeziehungen mit regionalen Entscheidungsträgern, Medien oder Lieferanten bereits intensiv gelebt, ohne als solche bezeichnet zu werden. Die Initiative geht von einigen wenigen Schlüsselpersonen aus, viele Entscheidungen werden ad-hoc getroffen. Das verbindende Element ist häufig eine gemeinsame Wertebasis und/oder ein geteiltes Qualitätsverständnis (Altenburger und Gaißberger 2014). Diese Vorgangsweise hat unter anderem damit zu tun, dass es in KMUs selten eigene CSR-Abteilungen gibt, sondern CSR von engagierten Managern und Mitarbeitern neben ihrer eigentlichen Aufgabe wahrgenommen wird und Vertrauen eine wesentliche Rolle spielt. Eine gezielte, strukturierte Auseinandersetzung kann aber auch für KMUs einen wertvollen Beitrag leisten, da dadurch Stakeholderbeziehungen besser auch für gemeinsame Innovationen genutzt werden können (Altenburger und Gaißberger 2014).

6 Ausblick

Stakeholdermanagement ist kein linearer sondern ein iterativer Prozess in dem Unternehmen lernen, ihre Kompetenzen im Umgang mit Stakeholdergruppen zunehmend zu verbessern und das Verständnis sowie der gegenseitige Respekt gegenüber den Anliegen der Stakeholder sich schrittweise entwickelt. Die Auseinandersetzung mit der langfristigen Ausrichtung des Unternehmens, die Entwicklung nachhaltiger Lösungen und die Erschließung neuer Geschäftsfelder bedeutet, zunehmend eine umfassende Nutzung der Ressourcen der internen und externen Stakeholder. Die Frage nach der strategischen Positionierung von Unternehmen angesichts aktueller gesellschaftlicher Herausforderungen, steigender Komplexität und Unsicherheit kann zukünftig in immer mehr Branchen nur mehr in einem intensiven Diskurs mit den Stakeholdern gefunden werden.

Wenn Unternehmen eine führende Rolle in der Nachhaltigkeitsdiskussion einnehmen wollen und nicht nur auf externen Druck reagieren, sondern Nachhaltigkeit und die damit verbundene gesellschaftliche Verantwortung des Unternehmens als Kernelement ihrer Strategie und damit als Wettbewerbsvorteil sehen, ist ein professionelles Stakeholdermanagement mit entsprechendem Ressourceneinsatz unabdingbar. Die Herausforderung besteht darin, nicht ein Standardmodell des Stakeholdermanagements umzusetzen, sondern die einzigartige kulturelle, organisatorische und auch historische Entwicklung eines Unternehmens herauszuarbeiten (Kakabadze et al. 2005) und darauf aufbauend einen einzigartigen Ansatz zu entwickeln.

Literatur

AccountAbility (2011) AA1000 Stakeholder Engagement Standard 2011. http://www.accountability.org/images/content/3/6/362/AA1000SES%202010%20PRINT.PDF. Zugegriffen: 11. Okt. 2014

Altenburger R (Hrsg) (2013) CSR und Innovationsmanagement. Gesellschaftliche Verantwortung als Innovationstreiber und Wettbewerbsvorteil. Springer Gabler, Berlin

Altenburger R, Gaißberger C (2014) Sustainable Innovation: Evidence from Austrian SMEs. ICSB Proceedings 59th International Council For Small Business World Conference, 11.–14. June 2014 Dublin, ICSR_FinalPapers.pdf. Zugegriffen: 29. Juni 2014

Brunswick (Hrsg) (2013) the future of stakeholder engagement. Views of Senior European Communicators on Current and Future Best Practice. February 2013. Brunswick_Future_of_Stakeholder_Engagement_Report_Feb_2013.sflb.ashx.pdf. Zugegriffen: 2. Okt. 2014

Carroll AB (1979) A three-dimensional conceptual model of corporate social performance. Acad Manage Rev 4:497–505

Deutsche Telekom (2014). Corporate Responsibility Bericht 2013. http://www.cr-bericht.telekom.com/site14/strategie-management/stakeholder-einbeziehung/formate-der-einbeziehung. Zugegriffen: 15. Sept. 2014

Donaldson T, Preston LE (1995) The stakeholder theory of the corporation: concepts, evidence, and implications author(s): Thomas Donaldson and Lee E. Preston. Acad Manage Rev 20(1):65–91

Eccles RG, Serafeim G (2013) The performance frontier: innovating for a sustainable strategy. Harvard Bus Rev 91(5):50–60

Elkington J (1998) Cannibals with forks. Triple bottom line of 21th century business. Capstone, Oxford

Europäische Kommission (2011) Communication from the Commission to the Council and the European Parliament – A renewed EU strategy 2011-14 for Corporate Social Responsibility. Brüssel

Freeman RE (1984) Strategic management. A stakeholder-approach. Cambridge University Press, Boston

Freeman RE (1994) The politics of stakeholder theory. Bus Ethics Quart 4(4):409–421

Freeman RE, Harrison JS, Wicks AC (2007) Managing for stakeholders: business in the 21st century. Managing for stakeholders: survival, reputation, and success. Yale University Press, New Haven

Freeman RE, Harrison JS, Wicks AC, Parmar BL, De Colle S (2010) Stakeholder theory. The state of the art. Cambridge University Press, Cambridge

Hanke T, Stark W (2009) Strategy development: conceptual framework on corporate social responsibility. J Bus Ethics 85:507–516. doi:10.1007/s10551-009-0215-9

Heger W, Bürgel M-A (2013) Stakeholder-Dialog im Nachhaltigkeitsmanagement der Daimler AG. uwf (2013) 21:127–134

von Hippel E (1986) Lead users. A source of novel product concepts. Manage Sci 32:791–805

von Hippel E (1995) The Sources of Innovation. Oxford University Press

IMUG (Hrsg) (2007) Stakeholder Map. Hp_imug_kompetenzen_stakeholder-map-2007.pdf. Zugegriffen: 18. Sept. 2014

ISO 26000 (2010) Guidance on Social Responsibility ISO 26000 (2010) (E)

Kakabadze NK, Rozuel C, Lee-Davies L (2005) Corporate social responsibility and stakeholder approach: a conceptual review. Int J Bus Gov Ethics 1(4):277–302

Kourula A, Halme M (2008) Types of corporate responsibility and engagement with NGOs: an exploration of business and societal outcomes. Corp Gov 8(4):557–570

Kurucz E, Colbert B, Wheeler D (2008) The business case for corporate social responsibility. In Crane A, McWilliams A, Matten D, Moon J, Siegel D (Hrsg) The Oxford handbook of corporate social responsibility. Oxford University Press, Oxford, S 83–112

Laszlo C, Zhexembayeva N (2011) Embeded sustainability. The next big competitive advantage. Stanford Business Books, Stanford

Matten D, Moon J (2004) ‚Implicit' and ‚Explicit' CSR: a conceptual framework for understanding CSR in Europe. ICCSR Research Paper Series (29-2004), University of Nottingham

Müller-Stewens G, Lechner C (2005) Strategisches management. Wie strategische Initivativen zum Wandel führen. 3. Aufl.

Noland J, Phillips RA (2010). Stakeholder engagement, discourse ethics and strategic management. Int J Manage Rev 12(1):39-49

Porter M, Kramer M (2006) Strategy and society: the link between competitive advantage and corporate social responsibility. Harv Bus Rev (Dez. 2006), S. 78–92

Porter M, Kramer M (2011) Creating shared value. Harv Bus Rev (Jan/Feb), S. 62–78

Rowley TJ (1997) Moving beyond dyadic ties: a network theory of stakeholder influences. Acad Manage Rev 22(4):887–910

Sachs S, Rühli E (2011) Stakeholders matter: a new paradigm for strategy in society. Cambridge University Press, Cambridge

Savitz AW, Weber K (2007) The sustainability sweet spot. How to achieve long-term business success. Environ Qual Manage (Winter 2007). doi:10.1002/tqem

Schaltegger S (2012) Die Beziehung zwischen CSR und Corporate Sustainability. In Schneider A, Schmidpeter R (Hrsg) Corporate Social Responsibility. Verantwortungsvolle Unternehmensführung in Theorie und Praxis. Springer – Gabler, Berlin, S 165–176

Schneider A (2012) Reifegradmodell CSR – eine Begriffserklärung und Abgrenzung. In Schneider A, Schmidpeter R (Hrsg) Corporate Social Responsibility. Verantwortungsvolle Unternehmensführung in Theorie und Praxis. Springer – Gabler, Berlin, S 17–38

UN Global Compact, Accenture (Hrsg) (2013) The UN Global Compact-Accenture CEO study on sustainability 2013 architects of a better world. http://www.accenture.com/SiteCollectionDocuments/PDF/Accenture-UN-Global-Compact-Acn-CEO-Study-Sustainability-2013.PDF. Zugegriffen: 18. Sept. 2014

Ungericht B (2012) Strategiebewusstes Management. Konzepte und Instrumente für nachhaltiges Handeln. Pearson Studium, München

Vanderkerckhove W, Dentchev N (2005) A network perspective on stakeholder management: facilitating entrepreneurs in the discovery of opportunities. J Bus Ethics 60:221–232

Prof. Dr. Reinhard Altenburger seit 2009 Professor für Strategisches Management, Nachhaltiges Management und CSR im Department Business der IMC Fachhochschule Krems. Der Fokus seiner Forschung liegt in den Themenfeldern „CSR und Innovation" sowie nachhaltige Geschäftsmodelle und der Verbindung von gesellschaftlicher Verantwortung und Unternehmensstrategie. Studium der Betriebswirtschaft und Wirtschaftspädagogik sowie Doktoratstudium der Sozial- und Wirtschaftswissenschaften an der Wirtschaftsuniversität Wien; Dissertation über die Funktionen des Top-Managements in Strategieprozessen; Langjährige Tätigkeit als Projektleiter und Fachexperte in den Bereichen Vertriebsstrategie, Unternehmensplanung, Controlling und Innovationsmanagement im Sparkassen- und Bankensektor und als Unternehmensberater; Fachbuchautor; zahlreiche Vorträge bei internationalen Konferenzen.

Stakeholder Relations. Nachhaltigkeit und Dialog als strategische Erfolgsfaktoren

Klaus Lintemeier und Lars Rademacher

Zusammenfassung

Der Gestaltungswille von staatlichen und gesellschaftlichen Stakeholdergruppen nimmt zunehmend Einfluss auf unternehmerische Entscheidungen und Investitionen. Die Politik hat das gesellschaftliche Risikomanagement entdeckt und verschärft über ihre Gesetzgebungskompetenz zunehmend die regulatorischen Anforderungen an Unternehmen und Branchen, NGOs legen medienwirksam und mit hoher Kampagnenqualität den Zeigefinger auf Missstände. Substanzielle Inhalte für die Kommunikation mit externen wie internen Stakeholdern werden wichtiger, belastbare Beziehungen zu Stakeholdern sind ein wesentlicher Faktor für den Unternehmenserfolg.

Shareholder sind daher eine wichtige, aber nicht die einzige Stakeholdergruppe für nachhaltigen Geschäftserfolg. Eine zukunftssichere und nachhaltige Strategie muss heute vielmehr die Aufgabe erfüllen, die Ansprüche aus Politik, Gesellschaft, Wirtschaft und Wissenschaft abzuwägen und mit den Unternehmenszielen in Einklang bringen. Unternehmen und Institutionen stehen deshalb vor einer Doppelaufgabe: 1) Welche (neuen) Prozesse zur Beteiligung und Partizipation von externen und internen Stakeholdern müssen etabliert werden? 2) Wie könnten interaktive und kommunikative Innovationen aussehen, die über den Informationsaustausch und einfachen Dialog mit Stakeholdern hinausgehen und Mehrwert schaffen?

K. Lintemeier (✉)
Lintemeier Stakeholder Relations, Am Waldspitz 1, 81375 München, Deutschland
E-Mail: klaus.lintemeier@lintemeier.de

L. Rademacher
h_da Hochschule Darmstadt,
Max-Planck-Str.2,
64807 Dieburg, Deutschland
E-Mail: lars.rademacher@h-da.de

Diesen Herausforderungen geht die vorliegende Studie nach, für die rund 100 Stakeholderverantwortliche aus Deutschland, Österreich und der Schweiz befragt wurden. Der Beitrag gibt erstmals Einblicke in die Strukturen des Stakeholder Managements, zeigt dessen inhaltliche und methodische Schwerpunkte auf, beschreibt Tätigkeitsfelder und das Selbstverständnis der Verantwortlichen und zeigt Formen der Integration interner wie externer Stakeholder auf.

1 Einleitung

Kaum etwas verändert sich so grundlegend wie die unternehmenspolitische Landkarte. Das Management in Unternehmen und Institutionen agiert in einem immer stärkeren Maße in einer vernetzten Welt von Interessen und Einflussmöglichkeiten. Über die primären Stakeholder wie Anteilseigner, Kunden, Zulieferer und Mitarbeiter hinaus treten sekundäre und tertiäre Stakeholdergruppen verstärkt mit regulatorischen, gesellschaftspolitischen und ethischen Ansprüchen an die Unternehmen heran.

Der Gestaltungswille von staatlichen und gesellschaftlichen Stakeholdergruppen nimmt zunehmend Einfluss auf unternehmerische Entscheidungen und Investitionen: Die Politik hat das gesellschaftliche Risikomanagement entdeckt und verschärft über ihre Gesetzgebungskompetenz zunehmend die regulatorischen Anforderungen an Unternehmen und Branchen, NGOs zeigen medienwirksam und mit hoher Kampagnenqualität Missstände auf.

Zugleich verändert sich die Art und Weise der Meinungsbildung grundsätzlich und in Windeseile: Klassische Medien verlieren zunehmend ihre Bedeutung als Leitmedien. Meinungsbildung wird direkter, digitaler und dezentraler. Transparenz und Dialog stehen auf der Tagesordnung. Substanzielle Inhalte für die Kommunikation mit externen wie internen Stakeholdern werden entscheidend, belastbare Beziehungen zu Stakeholdern werden zu einem wesentlichen Faktor für den Unternehmenserfolg.

Eine zukunftssichere und nachhaltige Strategie muss heute die Aufgabe erfüllen, die Ansprüche aus Politik, Gesellschaft, Wirtschaft und Wissenschaft abzuwägen und mit den Unternehmenszielen in Einklang zu bringen. Die so genannte „Lizenz zum Handeln" ist auf den Dialog mit allen relevanten Anspruchsgruppen und Meinungsführern angewiesen. Stakeholder erwarten nicht nur Informationen über Aktivitäten von Unternehmen, sie wollen vielmehr in Diskussions- und Entscheidungsprozesse eingebunden werden.

Als Howard R. Bowen 1953 über die „Responsibilities of a Businessman" schrieb, war der Begriff des Stakeholders kaum bekannt und wurde von ihm auch nicht verwendet. Aber dass wirtschaftliches Handeln stets einen Rahmen von Verantwortlichkeiten aufspannt und der gesellschaftlichen Einbettung und Legitimation bedarf, war Bowen bereits klar. Mittlerweile hat sich das Bild komplett gewandelt: Selbst langjährige Befürworter einer bevorzugten Shareholder-Orientierung, wie der Wirtschaftswissenschaftler und Unternehmensberater Fredmund Malik (2011), halten mittlerweile eine einseitige Fokussierung auf Anteilseigner für einen Managementfehler.

Diese Umstellung auf die Stakeholder-Perspektive ist durchaus überraschend: Zwar hat sich der Begriff des Stakeholders in den 1990er Jahren sehr schnell eingebürgert, wurde aber als deskriptiv missverstanden. Anspruchsgruppen, so die deutsche Übersetzung, werden meist nur als Zielgruppen interpretiert, die Erwartungen haben und entsprechend dieser Erwartungen informiert werden müssen. Über Angebotsstruktur und Neuerungen, über Geschäftsmodell und Wachstum, über verantwortliches unternehmerisches Handeln, über die Situation der Arbeitnehmer oder über den geplanten Standortabbau. Doch wer Stakeholder Management so versteht, versteht es grundsätzlich falsch. Es handelt sich im Gegensatz zu diesem Verständnis um einen normativen Ansatz, der ein ganz spezifisches Verhältnis von Unternehmen und ihren Anspruchsgruppen vor Augen hat. Freeman (1984, 2004) sagt vielmehr, dass Stakeholder konstitutiv für den Erfolg der Organisation sind. Sie einzubinden und mit ihnen zu kooperieren ist – je nach Organisationstyp und Stakeholder-Struktur – der entscheidende Faktor für den Organisationserfolg, nicht eine mögliche Alternative, sondern *conditio sine qua non*. Doch bevor dieses Verständnis sich ausbreiten konnte, verhinderte in den 1990er Jahren der Shareholder Value-Ansatz von Alfred Rappaport (1995) eine intensivere Diskussion des Stakeholder-Paradigmas und verdrängte es zunächst von der Managementagenda.

Der Stakeholder-Ansatz hingegen besagt nicht nur, dass wesentlich mehr Beteiligte im Spiel sind, die auch berücksichtigt werden müssen. Der Ansatz geht deutlich weiter: Die Interessen dieser Beteiligten sind alle gleich relevant. Keiner sollte grundsätzlich bevorzugt werden (Donaldson und Preston 1995, S. 68). Und bei näherer Betrachtung ist das auch plausibel. Denn warum sollte ein Interesse, das ein Kunde an mir äußert, per se mehr Bedeutung oder Status haben als ein Interesse, das ein Anwohner meiner Fabrik oder ein Vertreter einer Gewerkschaft formuliert? Nur weil Unternehmen von Kunden oder Investoren Geld oder Mittel erhalten, ergibt sich daraus eben keine natürliche Vorrangstellung in puncto Legitimation – so überraschend diese Erkenntnis auch sein mag. Freeman hat dieses Modell vor allem nach der Jahrtausendwende zu einem Managementmodell (Freeman et al. 2007) für „turbulente Zeiten" ausgearbeitet. Auslöser einer verstärkten Stakeholder-Orientierung sind für ihn die fortschreitende Globalisierung und Deregulierung der Märkte. Auch neue technologische Entwicklungen und die gestiegene Bedeutung des Umweltschutzes gehören dazu. Diese Veränderungen resultieren für Freeman in einer Destabilisierung des Managements.

Gesellschaft und Unternehmen haben die gleiche Stoßrichtung, ein Agieren gegen gesellschaftliche Wertevorstellungen gefährdet die Organisation. Umgekehrt lassen sich Erfolgspotenziale nur einlösen, wenn Stakeholderinteressen langfristig in die Unternehmensstrategie integriert werden. Denn Stakeholderinteressen, so Freeman, nähern sich im Lauf der Zeit immer mehr an. Damit ist eine weitere Entwicklung vorgezeichnet: Wenn Stakeholderinteressen konvergieren, werden die betreffenden Stakeholder sich quasi natürlich zusammenfinden und im worst case Allianzen gegen mich bilden. Nimmt die gesellschaftliche Schwungkraft der kooperierenden Akteure dann zu, könnten sie auch beispielsweise auf den Gesetzgeber einwirken, um ihre Interessen durchzusetzen. Und das ist in den meisten Fällen die am wenigsten wünschenswerte Option, weil dadurch Handlungsspielräume der Unternehmung eingeschränkt werden. Daraus folgt, dass Unternehmen diese Stakeholderinteressen von sich aus aufgreifen und in ihre Geschäftsprozesse integrieren müssen. Unterbleibt dieses proaktive Vorgehen, wird das Unternehmen gegebenenfalls durch immer neue staatliche Vorgaben zum Handeln gezwungen. Aus dem Managen der Stakeholder wird also mittelfristig ein Management *für* Stakeholder (Freeman et al. 2007). Das wäre dann wohl der fundamentalste Schwenk, den das Management heute nachzuvollziehen hätte.

Durchgesetzt hat sich das Stakeholder-Verständnis in den letzten 20 Jahren vor allem in der Unternehmenskommunikation. Diese Funktion ist bereits traditionell dafür zuständig, das Innen- und Außenverhältnis von Organisationen zu beobachten und zu beeinflussen, beispielsweise indem neue und künftig wichtige Themen frühzeitig identifiziert werden (Issues Management). Hierbei geht es auch darum, aufkommende Ansprüche, die das gegenwärtige Netz der Erwartungshaltungen an ein Unternehmen verändern können, zu identifizieren und passende Kommunikationsstrategien zu entwickeln. Solche Modelle sind bereits früh im Kommunikationsmanagement entworfen worden. Grunig und Hunt (1984) sprechen in ihrem prägenden Werk zwar von „publics", nicht von Stakeholdern, deklinieren aber die unterschiedlichen Informationsmodelle vom einseitig asymmetrischen Modell bis zum zweiseitig symmetrischen Modell, dem Dialog auf Augenhöhe durch. Im Kommunikationsmanagement war aus arbeitsökonomischer Perspektive stets klar, dass solche Dialogmodelle nur etwas für spezifische Situationen sein können – beispielsweise für Krisen. Denn wie sollte es zu leisten sein, mit unterschiedlichen Stakeholdergruppen permanent im Dialog zu sein? Doch diese Haltung gerät zunehmend unter Druck.

Einerseits wird eine Organisation, die Dialog nicht einübt, sich auch in Krisensituationen kaum so zügig umstellen können, dass der Dialog auf Anhieb gelingt. Wir haben dafür eine Vielzahl von Beispielen bis hin zum Kommunikationsdesaster von BP im Fall der Ölkatastrophe im Golf von Mexiko 2010. Und selbst wenn Szenarien für solche Fälle existieren – etwa in der Touristik- oder Luftfahrtindustrie, wo im Bedarfsfall ganze Abteilungen die Unternehmenskommunikation beim Einrichten situativer Callcenter unterstützen –, können nur die dringendsten Informationsbedürfnisse bedient werden. Es zeigt sich: Wenn Dialogstrukturen nur als Einzel- oder Sonderfallmaßnahme angeboten werden, kann kein echter Dialog entstehen. Der Stakeholder-Ansatz ist also auch als Paradigma der Kommunikation bislang nicht wirklich umgesetzt. Auf der Ebene der Situationsanalyse und Umfeldrecherche greifen Stakeholder-Modelle zwar, auf der Ebene des fortdauernden Dialogs als Modell des Kommunikationsmanagements dominieren jedoch bislang situative Modelle. Ein dauerhafter Dialog, der voraussetzen würde, dass das Ergebnis nicht von vornherein feststeht und dass von Stakeholdern auch gelernt werden kann, lässt sich nur in seltenen Fällen und begrenzt auf einzelne Stakeholdergruppen erkennen.

Es kommt aber gerade darauf an, den Dialog mit Stakeholdern nicht nur als situativen Resonanzraum zu begreifen, sondern neue Interaktionsmodelle mit Stakeholdern und für Stakeholder zu entwickeln, die dem gesellschaftlichen Auftrag der Unternehmung gerecht werden und zugleich den Stakeholder als integralen Bestandteil des eigenen Geschäftsmodells auch in den Wertschöpfungsprozess integrieren. Aus Markenperspektive gehen Schultz et al. (2005) davon aus, dass Markterfolg sich künftig daran bemessen lässt, wie umfassend es gelingt, Stakeholderinteressen zu integrieren. Wir sprechen von einer umfassenden Stakeholder Integration (Heugens et al. 2002, Plaza-Úbeda et al. 2007, 2010).

2 Methodische Aspekte der Studie zur Stakeholder Integration

Die Studie „Stakeholder Integration", deren Ergebnisse wir nachfolgend darstellen, ist eine Standortbestimmung des Stakeholder Managements in den deutschsprachigen Ländern. Sie beschreibt erstmalig den gegenwärtigen Diskussions- und Arbeitsstand des Stakeholder Managements in rund 100 Unternehmen in Deutschland, Österreich und der Schweiz (DACH-Region). Die Studie (Lintemeier und Rademacher 2013) gibt Einblicke in die organisatorischen Strukturen des Stakeholder Managements, zeigt dessen inhaltliche und methodische Schwerpunkte auf, beschreibt Tätigkeitsfelder und das Selbstverständnis der Verantwortlichen und analysiert Formen der Integration interner wie externer Stakeholder.

Für die Studie „Stakeholder Integration" wurden insgesamt 98 Stakeholder-Verantwortliche in deutschen, österreichischen und Schweizer Unternehmen befragt. Insgesamt 15 % der Teilnehmer gehören dem Top-Management an, 32 % der zweiten Führungs- oder Kaderebene. 30 % der Teilnehmer sind Abteilungs- oder Projektleiter, und rund zwölf Prozent gaben an, Referenten oder Experten für Stakeholder-Themen innerhalb ihrer Organisation zu sein. An der Studie haben sowohl Entscheider aus dem Management als auch Mitarbeiter aus operativen Einheiten teilgenommen.

Für einen ausgewogenen Vergleich haben Unternehmen mit 500, zwischen 500 und 2500, zwischen 2500 und 10.000 und über 10.000 Mitarbeiter zu jeweils fast genau 25 % an der Studie teilgenommen. Die Umsatzgröße verteilt sich zu je rund einem Viertel auf Unternehmen mit bis zu 100 Mio. €, bis 500 Mio., bis fünf Milliarden Euro und über fünf Milliarden Euro Jahresumsatz.

Das Sample deckt eine gleichmäßige Verteilung von Unternehmens- und Rechtsformen ab. 29 % der Antworten kommen aus einer strategischen Managementholding, rund drei Prozent aus einer Finanzholding und 33 % aus Konzerngesellschaften. Das übrige Drittel von Nennungen entfällt auf Geschäftsbereiche (14 %), Vertriebsgesellschaften (4 %) und sonstige Unternehmensformen (15 %). Eine ähnliche Verteilung findet sich bei den Angaben zur Rechtsform: Knapp ein Drittel der befragten Unternehmen sind börsennotierte (börsenkotierte), weitere 19 % nicht börsennotierte (börsenkotierte) Aktiengesellschaften. Das letzte Drittel verteilt sich auf die Rechtsformen GmbH und GmbH & Co. KG.

3 Zum aktuellen Stand der Stakeholder Integration in der DACH-Region

Zu den interessantesten Erkenntnissen unserer Studie zählt diese: Mittelständische Unternehmen sind Pioniere des Stakeholder Managements. Sie messen dem Stakeholder Management die größte Bedeutung bei. Eine an den Interessen und Ansprüchen von Stakeholdern ausgerichtete Unternehmensführung und Kommunikationspolitik wird an Bedeutung zunehmen. Das ist die zentrale Aussage der in Deutschland, Österreich und der Schweiz durchgeführten Befragung unter Verantwortlichen für Stakeholder Management, Unternehmenskommunikation, CSR und Nachhaltigkeitsmanagement.

3.1 Zur künftigen Bedeutung des Stakeholder Managements

Insgesamt 90 % der befragten Unternehmen geben an, dass die Relevanz eines systematischen Dialogs mit Anspruchsgruppen auf der Agenda der Geschäftsleitung als hoch oder sehr hoch einzuschätzen ist. 78 % rechnen damit, dass in den kommenden Jahren die Bedeutung einer Ausrichtung von Management-Prozessen an Stakeholderinteressen weiter zunehmen wird. Und rund 85 % gehen davon aus, dass die Bedeutung des Stakeholder-Themas nicht nur in ihrem eigenen Unternehmen steigt, sondern auch gesellschaftspolitische Prozesse der Interessenartikulation und Meinungsbildung dadurch stärker geprägt werden. Die Digitalisierung der Kommunikation verstärkt die Vernetzung und Position von Stakeholdern.

Die Gründe dafür liegen im Aufkommen einer Mündigkeit und Souveränität jener Stakeholdergruppen, die bislang ihre Ansprüche gegenüber Unternehmen und Institutionen weder argumentativ fundiert noch organisiert geltend machen konnten.

Aus den neuen Kommunikationsmöglichkeiten entsteht eine Anspruchsmacht, die strategische Entscheidungen (zum Beispiel Investitionen in Infrastrukturmaßnahmen, Markteinführung eines neuen Produkts) erschweren oder sogar verhindern kann. Die Ansprüche werden nicht mehr nur von meinungsbildenden Stakeholdern wie „der Politik", „den Medien", „den Banken" oder „den NGOs" formuliert, sondern von Anwohnern, Eltern, Bürgermeistern, Investoren, Vereinen, Lehrern, Ärzten, Ratingagenturen. Neben den primären Stakeholdern (Kunden, Investoren, Lieferanten, Mitarbeitern) treten vermehrt sekundäre und tertiäre Stakeholder mit klaren Positionen und überzeugenden Argumentationen auf.

Darüber hinaus wird eine verantwortungsvolle, nachhaltige und integre Unternehmensführung nicht mehr nur allgemein als gesellschaftliches Ideal betrachtet, sondern als unternehmerische Notwendigkeit. Das vermeintliche Spannungsfeld zwischen Nachhaltigkeit und Effizienzsteigerung stellt sich heute als Bedingung für Wettbewerbsvorteile dar.

Diese Bedeutungszuschreibung unterscheidet sich je nach Umsatzvolumen. Nur rund 13 % der Unternehmen mit über fünf Milliarden Euro Jahresumsatz glauben, dass die Bedeutung „stark zunehmen" wird (fast 80 % geben an, dass die Bedeutung mindestens „zunimmt").

Bei Unternehmen unter 100 Mio. € Jahresumsatz sind es hingegen 50 %, die einen „starken" Bedeutungszuwachs von Stakeholder Management sehen (85 % sagen mindestens „zunehmen").

Der Grund für den hohen Bedeutungszuspruch liegt in dem zunehmenden Druck, den Stakeholdergruppen inzwischen auch auf kleine und mittlere Unternehmen (KMU) ausüben. Während um die Jahrtausendwende vor allem große Player angegriffen wurden, sind es heute zunehmend die so genannten Hidden Champions, klassische Business-to-Business-Unternehmen, die auf der Watchlist kritischer Stakeholdergruppen stehen. Gegenstand der öffentlichen Kontrolle sind dabei nicht mehr nur Unternehmen aus der Nahrungsmittel-, Finanz-, Energie- oder Automobilbranche, sondern auch Komponentenlieferanten, Lebensmittelzulieferer, Rohstoffunternehmen oder Maschinenbauer.

Dieser Trend wird weiter zunehmen: Das Blickfeld kritischer Stakeholdergruppen erweitert sich von verbraucher- und umweltpolitischen Themenstellungen auf die gesamte Supply Chain von Unternehmen. Wo in der Vergangenheit vor allem kritische Produkt- oder Vertragsfragen im Vordergrund der Debatte standen, werden heute im Sinne eines umfassenden Risiko- und Nachhaltigkeitsmanagements alle Stufen der Wertschöpfung eines Unternehmens nach ökologischen, ethischen und nachhaltigen Kriterien überprüft. Dazu passt auch, dass NGOs inzwischen sogar öffentlich proklamieren, ihre Angriffe nicht mehr nur auf Großkonzerne zu richten, sondern bewusst auf kleine Betriebe und Zulieferbetriebe auszuweiten. Die dezentrale Organisation erschwert die Steuerung von Stakeholder-Beziehungen.

3.2 Wer das Stakeholder Management im Unternehmen verantwortet

Das Stakeholder Management wird in den befragten Unternehmen auf drei unterschiedliche Arten organisiert: „stand alone", „dialogorientiert" und „strategienah". Insgesamt 43 % der Unternehmen verteilen die Zuständigkeiten für das Management von Stakeholder-Beziehungen auf mehrere Bereiche, ohne eindeutige Zuweisung einer inhaltlichen Verantwortlichkeit. 25 % ordnen es der Unternehmenskommunikation zu – unter den Unternehmen, die das Stakeholder Management nur einem Unternehmensbereich zuweisen, ist dies die größte Gruppe. Es folgen die organisatorische Zuordnung zum Vorstandsbüro (8 %), als eigenständiger Bereich „Stakeholder Relations" (7 %), als Aufgabenbereich der Bereiche Public & Corporate Affairs (5 %), als Aufgabenbereich der Abteilung Strategie/Unternehmensentwicklung (5 %) oder als Aufgabenbereich von Nachhaltigkeit und CSR (2 %).

Insgesamt zeichnet sich ein heterogenes Bild der organisatorischen Verankerung in den befragten Unternehmen ab: Rund die Hälfte ordnen die Verantwortung für das Anspruchs- und Beziehungsmanagement nicht eindeutig zu und verteilen die Zuständigkeiten auf verschiedene Organisationseinheiten. Die andere Hälfte verankert es zu einem Großteil in Kommunikationsfunktionen. Nur wenige (13 %) integrieren es in strategienahe Bereiche wie Vorstandsbüro, Strategie- oder Unternehmensentwicklung.

Unternehmen werden die Frage nach einer zentralen oder dezentralen Organisation des Stakeholder Managements und der damit verbundenen Abgrenzung zu bereits etablierten Unternehmensbereichen in den kommenden Jahren für sich beantworten müssen. Die Ergebnisse zeigen drei grundlegende Optionen auf.

1. **Unternehmen organisieren Stakeholder Management als eigenständigen Bereich.**
   Mit nur rund sieben Prozent ist diese Gruppe vergleichsweise klein. Die befragten Unternehmen geben keinen Hinweis darauf, ob die Einrichtung eines eigenständigen Bereiches abhängig ist von der Anzahl der Mitarbeitenden (z. B. in großen Unternehmen), der Branche (z. B. in Pharmaunternehmen), dem Umsatz (z. B. in umsatzstarken Unternehmen) oder der organisatorischen Verankerung des Stakeholder Managements (z. B. als C-Level-Funktion).
   Der Grund dafür liegt in der erst langsam beginnenden Professionalisierung des Stakeholder Managements. Amerikanische Unternehmen, die beispielsweise ihren Europasitz in Deutschland, Österreich oder der Schweiz haben, weisen proportional häufiger eine eigenständige Abteilung für Stakeholder Management auf. Erfahrungen in den USA zeigen, dass eine gezielte Bündelung der Prozesssteuerung in einer eigenen Unternehmensfunktion für das Stakeholder Management von erfolgskritischer Bedeutung ist.
2. **Unternehmen verankern das Stakeholder Management in dialogorientierten Unternehmensfunktionen.**
   Dieses ist bei rund einem Drittel der befragten Unternehmen der Fall. Diese Entwicklung ist in erster Linie historisch begründet. Sowohl Unternehmenskommunikation als auch Public Affairs oder Corporate Affairs nehmen vor allem dialogische Kommunikationsaufgaben wahr. Der Stakeholder-Ansatz wird zunächst aber nur als eine Erweiterung der Anspruchsgruppen über Medien, Kunden, Mitarbeitende und Kapitalmarkt hinaus verstanden. Weiter unten zeigen wir auf, dass Dialoge als Informationsinstrumente und nicht als Konsultation verstanden werden.
3. **Unternehmen ordnen die Verantwortung für das Stakeholder Management verstärkt strategischen Organisationseinheiten zu.**
   Mit insgesamt 13 % ist das Stakeholder Management Aufgabenbereich des Vorstandsbüros oder der Abteilung Strategie- und Unternehmensentwicklung. In dieser Gruppe erhält das Stakeholder Management eine größere Bedeutung für die Unternehmensführung und wird damit als Managementfunktion etabliert. Hintergrund dieser Zuordnung sind neue Anforderungen an eine gute Corporate Governance. Notwendige Voraussetzung für eine gute Corporate Governance ist, dass sich die Arbeitsbeziehungen zwischen Vorstand, Geschäftsleitung, Aufsichts- und Verwaltungsrat, Prüfungsausschuss (Audit Committee) und Abschlussprüfer durch eine Zusammenarbeit auszeichnen, die durch transparente Regeln und eine intensive Stakeholder-Kommunikation geprägt ist. Grundlegende Regeln und Aspekte werden in der Geschäftsordnung des Aufsichts- und Verwaltungsrates festgeschrieben.

Die Zusammenarbeit zwischen den Aufsichtsgremien und der Geschäftsleitung erweitert sich zudem auf Themenstellungen wie Marktentwicklung, Nachhaltigkeitsansprüche und Reputationsrisiken. Der Bedarf hierfür steigt insbesondere mit zunehmender Internationalisierung der Aufsichtsräte (IDW 2012). Ein systematisches Stakeholder Management benötigt ein Analyse- und Planungsinstrument, das laufend gepflegt und aktualisiert werden muss – beispielsweise durch auf Stakeholder Management ausgerichtete Softwarelösungen.

3.3 Die Ressourcensituation des Stakeholder Managements

Ein Indikator für die Relevanz von Unternehmensfunktionen ist deren finanzielle Ausstattung oder die personelle Besetzung mit Vollzeitstellen. Rund 40 % der befragten Unternehmen haben eine Vollzeitstelle für das Stakeholder Management eingerichtet. Weitere 40 % der befragten Unternehmen statten das Stakeholder Management mit zwei bis fünf Stellen aus.

Unternehmen mit einem höheren Jahresumsatz tendieren dazu, mehr Ressourcen für das Stakeholder Management zur Verfügung zu stellen. Die größten personellen Kapazitäten finden sich in Konzerngesellschaften (rund 33 %), strategischen Management Holdings (29 %) oder in eigenständigen Geschäftsbereichen (14 %). Finanz- und Zwischenholdings haben ebenso wenige Vollzeitstellen für das Stakeholder Management wie Vertriebsgesellschaften. Letzteres fällt besonders für die Schweiz auf, wo vor allem multinationale Konzerne mit eigenen Vertriebsniederlassungen vertreten sind. Ein systematisches Stakeholder Management wird in den Vertriebseinheiten nicht durchgeführt. Die Verantwortung dafür verbleibt zumeist auf Seiten der Konzernholding im Ausland.

Rund zehn Prozent der Unternehmen mit nur einer Vollzeitstelle haben einen Jahresumsatz von über fünf Milliarden Euro (4,16 Mrd. Schweizer Franken) und beschäftigen mehr als 10.000 Mitarbeitende. Bei ihnen ist das Stakeholder Management entweder Bestandteil einer übergeordneten Unternehmensfunktion, oder es ist als zeitlich befristete Projektaufgabe vorgesehen.

Vergleicht man insgesamt die Anzahl der Vollzeitstellen des Stakeholder Managements mit denen von Kommunikations- und Public-Affairs-Abteilungen, so ist die Besetzung mit einer bis maximal fünf Stellen vergleichsweise gering.

Die steigende Relevanz des Stakeholder Managements hat sich bisher noch nicht wesentlich auf die personelle Ausstattung ausgewirkt. Stakeholder Management bedeutet für die Befragten in erster Linie Information und Koordination.

Die Rolle der Stakeholder-Verantwortlichen spiegelt eine grundsätzliche Informations- und Koordinationsfunktion des Stakeholder Managements wider: 54 % der Stakeholder-Verantwortlichen sind für die interne Steuerung der nach außen gerichteten Stakeholder-Beziehungen zuständig, 52 % verantworten Maßnahmen der Stakeholder-Kommunikation, wie beispielsweise Stakeholder-Dialoge, Delphi-Studien und Sonderformate wie Newsletter oder Projektinformationen. 45 % sind für ein aktives Stakeholder Management auf der Grundlage inhaltlicher Themenstellungen verantwortlich: zum Beispiel für soziale Verantwortung, Nachhaltigkeitsmanagement, Klimaschutz, Strategie- und Wertevermittlung oder politische Interessenvertretung. 31 % verfügen über keine zentrale Verantwortung für die Planung und Umsetzung eines integrierten Stakeholder Managements. Die Funktion eines Dienstleisters für die Identifizierung von Stakeholdern haben 20 % der Bereiche.

Der Aufgabenbereich des Stakeholder Managements in den befragten Unternehmen umfasst damit vorrangig die Planung und Umsetzung von taktischen Stakeholder-Programmen. Zwei Gründe sind dafür ausschlaggebend:

- Das Stakeholder Management ist bislang weder auf ein systematisches Beziehungsmanagement noch auf ein aktives Key Stakeholder Management ausgerichtet. Im Gegensatz dazu gehören die systematische Gestaltung von Kundenbeziehungsprozessen und die aktive Kundenpflege zum Grundrepertoire jedes Vertriebsbereiches. Die Beziehungen zwischen Unternehmen und Kunden sind dort langfristig ausgerichtet. Kundenbeziehungen werden gepflegt, was sich maßgeblich auf den Unternehmenserfolg auswirken soll.
- Die Verantwortlichen für das Stakeholder Management konnten ihren Beitrag zum Unternehmenserfolg noch nicht vermitteln oder unter Beweis stellen. Systematische Stakeholder-Kommunikation hat aus der Perspektive interner Stakeholder (Vorstand, Geschäfts- und Bereichsleitung) zwar die Tendenz, risikominimierend zu wirken und darüber hinaus die Reputation positiv zu beeinflussen, aber die Effekte sollen unregelmäßig sein und keinen direkten und kurzfristigen Einfluss auf den Unternehmenserfolg haben.

Aus dieser Sichtweise ergibt sich ein Anspruch an Stakeholder-Verantwortliche in Unternehmen: Sie müssen sich von den rein kommunikativen und operativen Aufgabenstellungen lösen. Diese sind wichtig, reichen aber nicht aus, um Akzeptanz und Durchsetzungskraft unternehmerischer Entscheidungen zu erhöhen.

3.4 Die Analysemethoden im Stakeholder Management

Zu den Kernaufgaben eines Stakeholder Managements gehören die Analyse, die Steuerung und das Management von Stakeholderansprüchen und Stakeholder-Beziehungen. Um diese Aufgaben erfüllen zu können, ist ein stärker integriertes Vorgehen notwendig, in dem die Verantwortlichkeiten für das Management von internen und externen Stakeholdergruppen klar und eindeutig geregelt sind.

Die vorherrschenden Analysemethoden sind allerdings nicht für die Steuerung von Stakeholder-Beziehungen geeignet.

Der Einsatz analytischer Tools ist über alle Branchen und Unternehmensgrößen fast gleichstark auf Medienbeobachtung und Befragung ausgerichtet. Analytische Methoden wie das Stakeholder Mapping (eine inhaltlich-visuelle Darstellung der Positionen und Netzwerke von Stakeholdern) oder Strukturen wie ein Key Stakeholder Management kommen bei den wenigsten Unternehmen zum Einsatz. Stattdessen werden das kontinuierliche Monitoring der Meinungsführerlandschaft (57%), klassische Befragungen (52% extern, 50% intern) und Medienbeobachtungen (51%) von den befragten Unternehmen vorrangig eingesetzt (Abb. 1).

Der Grund dafür liegt darin, dass sich in den Presse- und Medienstellen Analysetools und Verfahren etabliert haben, die auch für das Stakeholder Monitoring genutzt werden. Die Ergebnisse zeigen, dass in den befragten Unternehmen primär Methoden der Presse- und Medienarbeit und der Meinungsbefragung zum Einsatz kommen. Mit Stakeholder Relations sind vor allem Media Relations gemeint.

Für die Stakeholder-Analyse gibt es demnach Spielraum für Innovationen – und zukunftsweisende Analysemethoden sollten Antworten auf diese Fragen liefern:

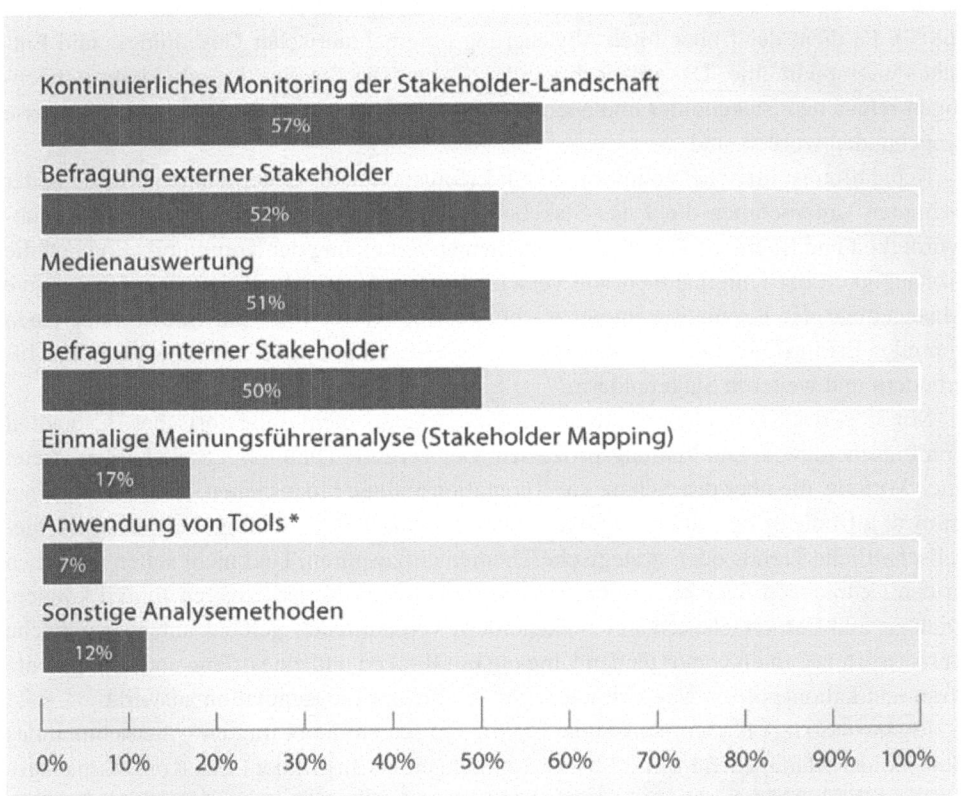

* wie: CRM, Design Thinking, fög Reputationsmonitor, Management-Review, Regelmässige Befragungen, Research/Recherche, Stakeholdermap

Abb. 1 Angewandte Analysemethoden der Stakeholder-Abteilungen

- Wer sind die wesentlichen internen und externen Stakeholdergruppen und Meinungsführer des Unternehmens?
- Wie relevant sind diese Stakeholder aktuell und zukünftig?
- Welche inhaltlichen Positionen und Ansprüche vertreten diese Stakeholder?
- Wie und wodurch verändern sich Positionen und Ansprüche über die Zeit?
- Von wem und wie werden diese Stakeholder beeinflusst?
- Welchen Einfluss hat das Stakeholder Management auf die Position der Stakeholder?

3.5 Wozu Stakeholder Management vorrangig betrieben wird

Das Management von Stakeholderansprüchen erweitert die Durchsetzungskraft unternehmerischer Vorhaben. In 68 % der befragten Unternehmen wird Stakeholder Management eingesetzt, um zukünftige Risiken präventiv abzusichern oder zu minimieren. In 65 % der befragten Unternehmen ist es eine Maßnahme zur Steigerung der Reputation. Das Stakeholder Management hat seine größte Bedeutung im (eher defensiven) Risikomanagement (68 %). Es dient der frühzeitigen Absicherung unternehmerischer Gestaltungs- und Entscheidungsspielräume. Das gilt insbesondere, wenn die für eine Entscheidung notwendigen relevanten Stakeholder und Meinungsführer frühzeitig in die Diskussionsprozesse eingebunden worden sind.

Reputation ist branchenübergreifend ein Erfolgsfaktor für Unternehmen. Für 65 % der befragten Unternehmen dient das Stakeholder Management der Steigerung von Glaubwürdigkeit und Loyalität. Durch die zunehmende Vernetzung der Kommunikation und die Abhängigkeit der Unternehmen von verschiedensten Anspruchsgruppen wird das aktive Management der Reputation immer wichtiger. Ein „Guter Ruf" hat Einfluss auf einen zentralen Erfolgsindikator von Unternehmen: die Loyalität von Kunden, Aktionären, Mitarbeitern und weiteren Stakeholdern.

Mit 38 % der Nennungen ist das Stakeholder Management obligatorischer Bestandteil von Entscheidungs- und Planungsprozessen. Der vertiefte Dialog mit Stakeholdern bietet auch Vorteile, die über den Schutz vor Reputationsrisiken hinausgehen: Als Frühwarninstrument hilft die offene und transparente Interaktion mit Stakeholdern, beispielsweise gesellschaftliche Trends oder strategische Themen aufzuspüren. Und nicht selten entstehen in den Gesprächen neue Ideen, die im Unternehmen zu Veränderungen führen können. Dialoge und Partnerschaften mit Stakeholdern verdeutlichen gelebte unternehmerische Verantwortung, einen vorsorgenden Umgang mit Risiken und eine offene und transparente Kommunikationspolitik, was sich wiederum positiv auf die Reputation auswirkt.

Ergänzend zu den oben genannten Funktionen setzen die befragten Unternehmen das Stakeholder Management mit 37 % der Nennungen als Instrument des Konfliktmanagements und mit 21 % der Nennungen als Instrument des Projektmanagements ein. Ein fehlender Einbezug von Kritikern oder Projekt-Stakeholdern hätte zur Folge, dass ein Vorhaben sich verzögern oder gegebenenfalls scheitern würde.

3.6 Die Relevanz des Stakeholder Managements variiert nach Branchen

Die Bedeutung des Stakeholder Managements unterscheidet sich in den untersuchten Branchen teilweise erheblich. Für die Branchen Handel (92 %), Pharma (71 %), Banken/Versicherungen (72 %) und Energie (68 %) spielt das Management von Stakeholder-Beziehungen die größte Rolle. In den Branchen Technologie (56 %) und Pharma (57 %) ist das Stakeholder Management obligatorischer Bestandteil im Entscheidungs- und Planungsprozess.

Worin liegt der Grund für diese Unterschiede?

Banken und Versicherungen Für Banken und Versicherungen ist Stakeholder Management in erster Linie Beziehungsmanagement und Management der Unternehmensreputation. Diese Schwerpunktsetzung hat zwei Gründe. Zum einen beruht die Dienstleistung auf einer persönlichen Beziehung zum Kunden. Zum anderen wird das Stakeholder Management als Bestandteil der CSR-Aktivitäten von Banken vornehmlich als Marketinginstrument eingesetzt. Durch die aktuelle Wirtschafts- und Finanzkrise wird sich die Ausgangssituation von Banken und Versicherungen radikal verändern. Politische Stakeholdergruppen greifen durch die Forderung nach einer Trennung von Investment- und Geschäftsbanken in Geschäftsmodelle der Branche ein. Kritische Anspruchsgruppen hinterfragen zunehmend die Geschäftstätigkeiten von Banken.

Versicherungsunternehmen kämpfen derzeit vor allem um den guten Ruf der Lebensversicherung, gleichzeitig verunsichern sinkende Erträge bei Lebensversicherungen die Anleger. Diese und andere Themen zeigen, dass das Stakeholder Management als Instrument des Konfliktmanagements für Banken und Versicherungen künftig weiter an Bedeutung gewinnen wird.

Energie Die energiepolitischen Debatten in allen drei untersuchten Ländern spiegeln die Rolle des Stakeholder Managements als Konfliktmanagement- und Lobbying-Instrument wider: Die Energiebranche setzt das Stakeholder Management vor allem für die Einbindung kritischer Interessengruppen ein. Die Energieversorger hatten sich in den letzten Jahren marktwirtschaftlich aufgestellt und positioniert. Für den nun anstehenden nachhaltigen Umbau des Energiesystems sowie für die dringend benötigten Investitionen in die Infrastruktur (dezentrale Energieerzeugung, Netze) brauchen sie eine neue Akzeptanz in der Bevölkerung sowie verlässliche politische Rahmenbedingungen. Dafür bedarf es neuer Formen der Partizipation und Integration von Stakeholdern, denn eine einseitige Konzentration auf rein politische Stakeholdergruppen ist kontraproduktiv (Abb. 2).

Technologie Unternehmen der Technologiebranche kennen das Stakeholder Management vor allem als Instrument des Projektmanagements. Stakeholder werden hier im Rahmen größerer Projekte (z. B. bei der Umstellung einer IT-Infrastruktur) aktiv in die Projektorganisation eingebunden, um frühzeitig Widerstände zu identifizieren und um einen reibungslosen Prozessverlauf zu garantieren.

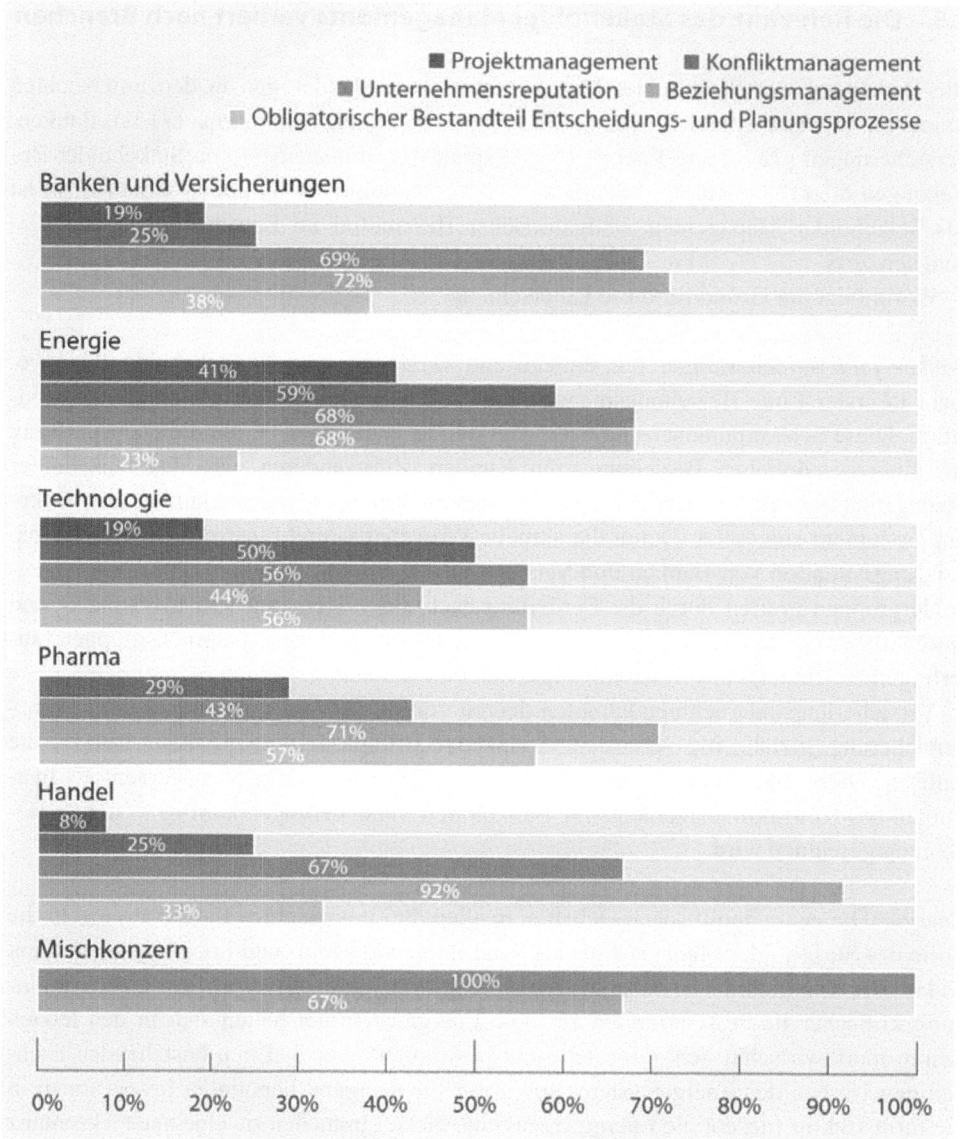

Abb. 2 Bedeutung des Stakeholder Managements in verschiedenen Branchen

Pharma Unternehmen aus der Pharmabranche haben langjährige Erfahrungen im Multi-Stakeholder Management. So sind sie bei der Medikamentenzulassung auf die Zusammenarbeit mit zahlreichen Stakeholdergruppen angewiesen. Die meisten Medikamente durchlaufen eine zentrale Zulassung bei der europäischen Arzneimittelagentur (European Medicines Agency, EMA), der Marktzugang (Market Access) für innovative Arzneimittel ist durch komplizierte Vorschriften und Erstattungsverfahren sowie das ausgeprägte Interesse der allgemeinen Öffentlichkeit und von Verbraucherverbänden gekennzeichnet.

Inhaltlich ist für die Pharmaindustrie vor allem das Thema Bezahlbarkeit von Arzneimitteln von strategischer Bedeutung: So soll in Deutschland das Arzneimittelmarkt-Neuordnungsgesetz (AMNOG) eine Balance zwischen Innovation und Bezahlbarkeit bei Arzneimitteln schaffen. Allein zu diesem Themenkomplex muss mit einer Vielzahl von Stakeholdern über den Zusatznutzen eines Medikaments diskutiert und verhandelt werden: Stakeholdergruppen wie das IQWIG (Institut für Qualität und Wirtschaftlichkeit im Gesundheitswesen), der gemeinsame Bundesausschuss (G-BA) und der Spitzenverband Bund (SpiBu) sind Teil dieses Diskurses und damit Teil des Stakeholder Managements für Pharmaunternehmen.

Speziell in dieser Branche kommt hinzu, dass gesetzliche Regelungen und Vorschriften bestimmen, dass das Stakeholder Management elementarer Bestandteil von Entscheidungs- und Planungsprozessen ist.

Handel Der Handel hat durch sein Geschäftsmodell traditionell große Erfahrungen im Management komplexer Stakeholder-Beziehungen. Er ist quasi der Knotenpunkt unterschiedlicher Stakeholderinteressen und deshalb auf einen Ausgleich angewiesen. Die Kommunikation und Zusammenarbeit mit der Politik, den Zulieferern, Verbrauchervertretern, Konsumenten und weiteren Stakeholdern ist für Handelsunternehmen erfolgskritisch. Die Handelsbranche steht im Hinblick auf nachhaltiges Handeln unter besonderer Beobachtung von Öffentlichkeit und Konsumenten. Verstärkte Verbrauchersensibilisierung seitens der Politik und der Bildungsinstitutionen beschleunigen einen Bewusstseinswandel und verändern die Anspruchshaltung von Konsumenten. Das Nachhaltigkeitsengagement umfasst vor allem Themenfelder, bei denen der Handel auf Partner angewiesen ist. Hierzu zählen die Transportlogistik sowie der Ausbau und die Vermarktung nachhaltiger Sortimente.

Für Mischkonzerne und Verbände zeigt sich ein ähnliches Bild. Beide nutzen das Stakeholder Management fast ausschließlich für das Management persönlicher Stakeholder-Beziehungen sowie für das Reputationsmanagement. In Konglomeraten steht die Funktion als Finanzholding im Vordergrund. Die Beziehungen zu finanziellen Stakeholdern (u. a. Banken, Investoren, Analysten, Wirtschaftsprüfer, Börsen) sind zumeist persönlicher Natur.

Verbände bestehen im Kern aus einem Zusammenschluss von Stakeholdern mit komplementären Interessenlagen. Der Schwerpunkt ihrer Tätigkeiten besteht einerseits in einem Intra-Stakeholder Management mit dem Ziel der Formulierung einer gemeinsamen Position sowie andererseits in der Interessenvertretung und dem Lobbying gegenüber politischen Stakeholdern.

Die Ergebnisse der Studie zeigen, dass in den untersuchten Unternehmen Stakeholder vorrangig über Geschäftsthemen informiert werden (42 %). Eine Partnerschaft mit Stakeholdern, durch die Lösungen für kritische oder strategische Themenstellungen gemeinsam entwickelt werden, stellt die Ausnahme bei den vier unterschiedlichen Formen der Stakeholder Integration dar (12 %). Insgesamt 22 % der befragten Unternehmen holen vor Entscheidungen ein Feedback von Stakeholdern ein, und rund 23 % kooperieren in Teilfragen bei wichtigen Entscheidungen und Planungen mit ihren Stakeholdern und Meinungsführern.

Warum aber hat die Informationsfunktion einen solchen Vorrang? Vier Gründe sind unseres Erachtens dafür ausschlaggebend:

1. Die meisten Stakeholder-Dialoge sind fast ausschließlich Konfliktdialoge. Unternehmen setzen das Instrument des Dialogs erst in und für Konfliktsituationen ein. Wenn der Konflikt beendet wurde, endet zumeist auch der Dialog mit den Stakeholdern. Dialoge sind noch kein elementarer Bestandteil des Kommunikationsmanagements von Unternehmen.
2. Der Umgang mit kritischen Stakeholdern ist mit hoher Unsicherheit auf Unternehmensseite verbunden: „Warum sollen wir uns mit ihnen austauschen, wenn sie uns sowieso nur kritisch und wenig konstruktiv gegenüberstehen?" oder „Wie können wir mit ihnen überhaupt sinnvoll reden, wenn sie ihrer Position öffentlichkeitswirksam Nachdruck verleihen?" Diese Fragen sind Ausdruck einer grundlegenden Skepsis im Management gegenüber Sinn und Zweck weitergehender Stakeholder Integration.
3. Die Kommunikation mit Stakeholdern folgt einem Zielgruppenverständnis. Zielgruppen sollen über Aktivitäten des Unternehmens vornehmlich informiert und emotional angesprochen werden. Sie sollen nicht an Geschäftsaktivitäten beteiligt oder bei Entscheidungen konsultiert werden. Das würde ihrer Rolle als Zielgruppe widersprechen.
4. Die Arbeitsweise der Unternehmenskommunikation ist informationsorientiert. Das Inventar an Methoden und Instrumenten beschränkt sich auf Mitteilungen, Konferenzen, Hintergrundgespräche, Exklusivinterviews. Hier steht die Informationsfunktion im Vordergrund der Kommunikation. Eine prozessorientierte interaktive Arbeitsweise mit Stakeholdern und Meinungsführern findet nur in Ausnahmefällen statt. Symptomatisch für diese Arbeitsweise ist die Jahresplanung eines Kommunikationsressorts: Eckpunkte und Meilensteine der Masterplanung bilden Endprodukte wie Geschäftsbericht, Mitarbeiterzeitung, Newsletter oder Events und Veranstaltungstermine.

3.7 Zum Stand der Stakeholder-Integration nach Branchen

Innerhalb der Branchen unterscheiden sich die Formen der Stakeholder Integration teilweise erheblich. Die Branchen mit den etabliertesten Partnerschaften sind Banken und Versicherungen, die Energiebranche und der Handel (Abb. 3).

Banken und Versicherungen Stakeholder werden verstärkt an den Geschäftsaktivitäten und an den Branchenthemen beteiligt. Der Anteil der Integrationsformen Kooperation und Partnerschaft von 44 % zeigt, dass das Stakeholder Management von Banken und Versicherungen im Branchenvergleich auf eine transparente und persönliche Kommunikationspolitik setzt.

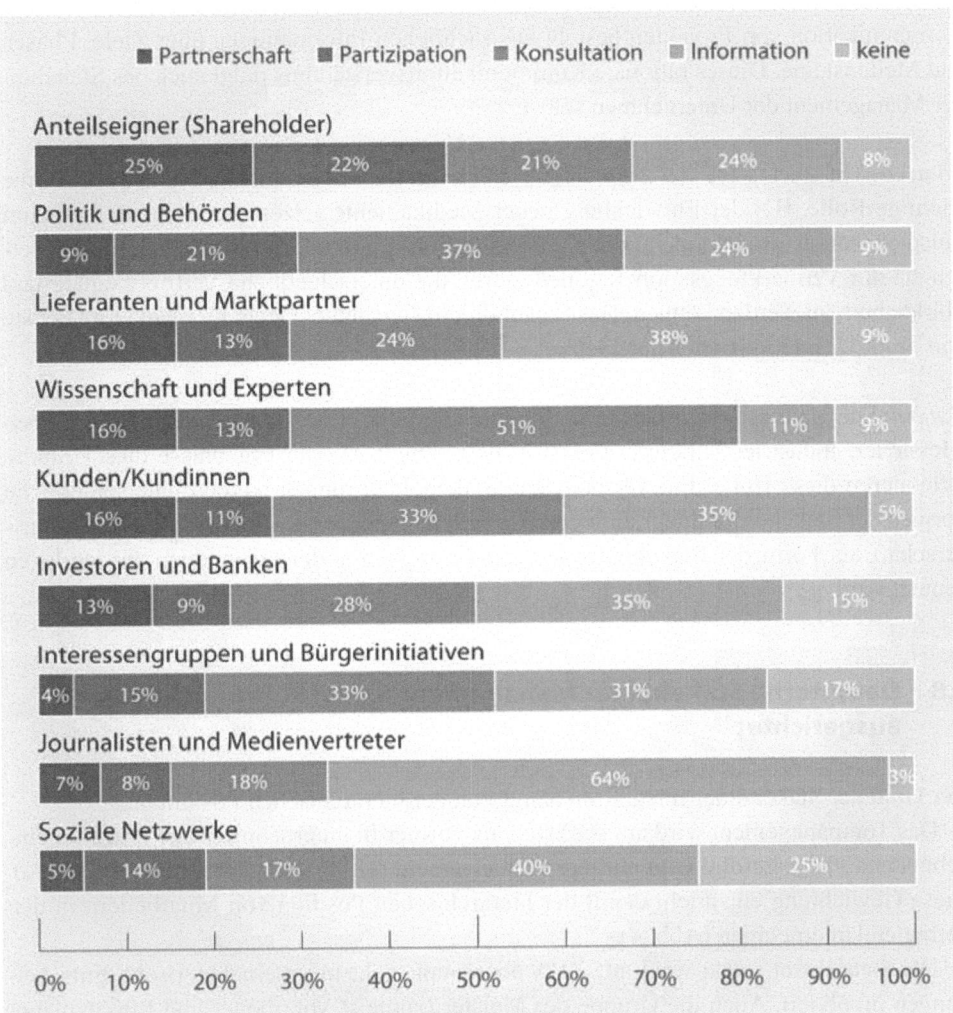

Abb. 3 Integrationsformen für externe Stakeholder

Energie Die radikalen Veränderungen im Energiemarkt führen zum einen dazu, dass die Versorgungsunternehmen direkte und persönliche Formate der Stakeholder-Kommunikation nutzen. Zum anderen überwiegt mit über 40 % die Information über Geschäftsaktivitäten und Zukunftsvorhaben. Eine breite Akzeptanz in der Bevölkerung für Veränderungen der Energielandschaft und Investitionen in die Energiezukunft wird auf stärkere Formen der Stakeholder Integration angewiesen sein

Technologie Die Informationsfunktion übertrifft mit über 80 % der Nennungen alle anderen Formen. Das Ergebnis verdeutlicht, dass sich die Unternehmenskultur von technologieorientierten Unternehmen auf das Stakeholder Management insgesamt auswirkt: Die

Kommunikation von Projekten besteht aus sachlichen Informationen über Ziele, Phasen und Meilensteine. Dieses rationale Kommunikationsverständnis prägt auch das Stakeholder Management der Unternehmen selbst.

Pharma Mit über 40 % der Nennungen spielt die Kooperation mit Stakeholdern eine wichtige Rolle. Bei der Entwicklung neuer Medikamente setzen die Unternehmen zum Beispiel stärker auf Kooperationen mit Forschungsunternehmen. Darüber hinaus setzen sie auf Vermarktungskooperationen, durch die unterschiedliche Vertriebskanäle und Märkte bedient werden können. Das Stakeholder Management steht hier ganz im Dienste von Produkt- und Vertriebsstrategien.

Handel Die Handelsbranche ist eine Schnittstelle unterschiedlicher Stakeholdergruppen (Hersteller, Industrie, Zulieferer/Logistik, Konsumenten). Die Ergebnisse dieser Studie reflektieren diese Rolle: Für verschiedene Stakeholdergruppen werden unterschiedliche Formen der Stakeholder Integration genutzt. Im Branchenvergleich fällt auf, dass die Partnerschaft als Form der Stakeholder Integration mit 25 % der Nennungen am stärksten genutzt wird.

3.8 Das interne Stakeholder Management ist auf Führungskräfte ausgerichtet

Der Grad der Stakeholder Integration hängt von der hierarchischen Position ab.

Das Topmanagement wird am stärksten als Partner in unternehmerische Prozesse eingebunden (39 %), gefolgt vom mittleren Management (18 %) und von Teamleitern (11 %). Diese Gewichtung entspricht damit der hierarchischen Position von Mitarbeitern in den befragten Unternehmen (Abb. 4).

Der Betriebsrat selbst wird mit 19 % überhaupt nicht in unternehmerische Entscheidungen involviert. Auch die Gruppe der Meister (zumeist Vorarbeiter und Einsatzplaner in technischen Fachabteilungen) wird zu über 40 % noch nicht einmal über Geschäftsaktivitäten informiert. Angestellte und gewerbliche Mitarbeiter werden zu jeweils rund 40 % informiert. Gewerbliche Mitarbeiter werden allerdings insgesamt weniger eingebunden als angestellte Mitarbeiter.

Die geringe Einbindung von Stakeholdern, die nicht zum Management respektive Kader gehören, hat zwei Gründe:

1. In Unternehmen wird die Gruppe der Meister von der Personalabteilung nicht als Führungskraft betrachtet. Ihr Kompetenzprofil beschränkt sich auf technisches und handwerkliches Expertenwissen. Vorgesetzte in vorrangig planerischen und operativ-technischen Aufgabenbereichen mit zumeist breiter Führungsspanne benötigen für ihre Tätigkeit nach diesem Verständnis keine Informationen über Geschäftsentwicklungen, noch müssen sie an Unternehmensentwicklungen beteiligt werden. Wer aber nicht

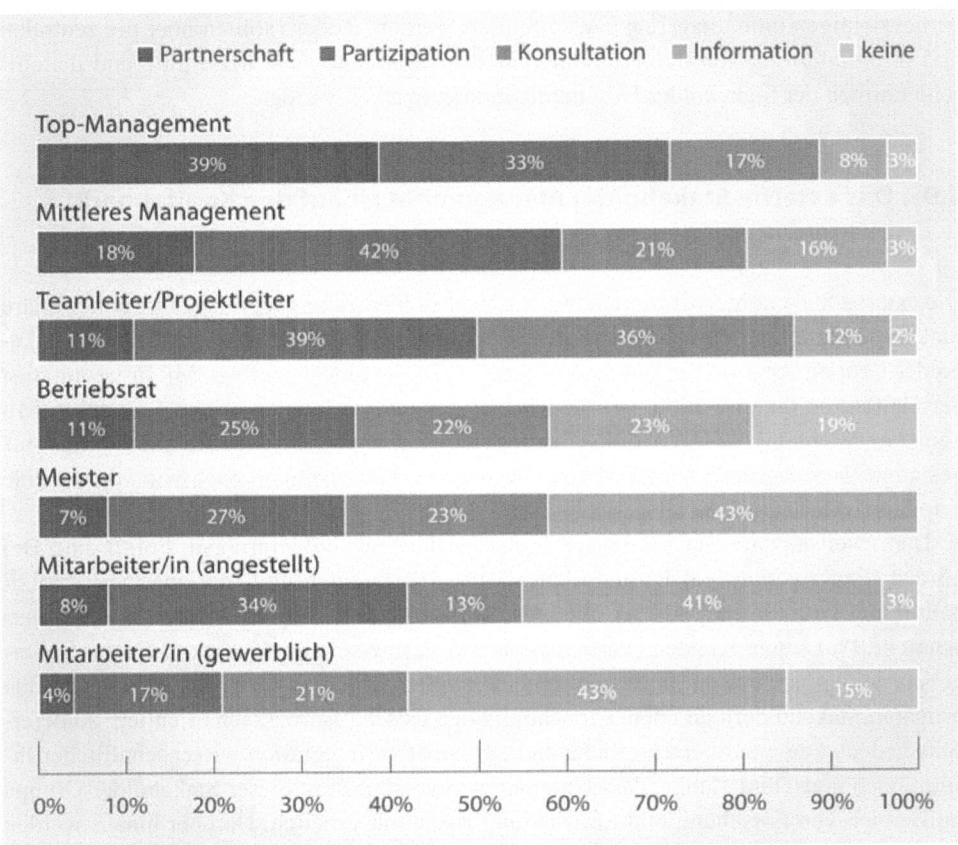

Abb. 4 Integrationsformen für interne Stakeholder-Gruppen

informiert oder eingebunden wird, kann gegenüber seinen direkten Mitarbeitern keine Auskunft geben.
2. Der Fokus der internen Kommunikation liegt auf der ersten und zweiten Führungsebene sowie auf einer zentralen, event- und mediengestützten Mitarbeiterkommunikation. Die interne Kommunikation von Unternehmen richtet sich sehr allgemein an zwei Zielgruppen: Mitarbeiter und Führungskräfte. Die interne Kommunikation verfügt noch über geringes methodisches Wissen, wie weitere interne Stakeholder (u. a. Meister, Facharbeiter, Blue-Collar Worker, Leiharbeitskräfte, Betriebsrat, Projektleiter) erreicht und angesprochen werden sollten.

In Prozessen strategischer und struktureller Veränderung verengt sich die Perspektive von Mitarbeitern auf ihre direkten Vorgesetzten. Die Vermittlung von Strategien oder die Auseinandersetzung mit Veränderungsthemen beruht auf Dialogen und persönlichen Erfahrungen. Die interne Kommunikation steht vor einer doppelten Herausforderung: Die Themen und Inhalte der Kommunikation müssen die Sichtweisen der internen Stakeholder berücksichtigen und alltagsrelevant formuliert werden. Zudem sollten über die zentralen und informationsorientierten Kommunikationsinstrumente neue dezentrale und dialogische Formen der Stakeholder-Kommunikation entwickelt werden.

3.9 Das externe Stakeholder Management ist auf den Kapitalmarkt ausgerichtet

Die externe Stakeholder-Kommunikation richtet sich vorrangig an finanzielle und primäre Stakeholdergruppen. Partnerschaftliche Beziehungen werden am stärksten mit der Stakeholder-Gruppe der Anteilseigner und Aktionäre (Shareholder) gepflegt. Mit insgesamt fast der Hälfte von ihnen wird ein partnerschaftlicher und partizipativer Dialog geführt. Mit keiner anderen Stakeholder-Gruppe ist dies auch nur annähernd der Fall. Dieses Ergebnis bestätigt, dass das Stakeholder Management vieler Unternehmen nach wie vor auf eine Kapitalmarktorientierung ausgerichtet ist.

Den zweitstärksten Integrationsgrad weisen die Stakeholdergruppen Politik und Behörden (Partizipation und Partnerschaft = 30 %), Lieferanten und Marktpartner (Partizipation und Partnerschaft = 29 %), Wissenschaft und Experten (Partizipation und Partnerschaft = 29 %) sowie Kunden (Partizipation und Partnerschaft = 27 %) auf. Dieses Teilergebnis zeigt einerseits auf, dass Unternehmen einem Modell folgen, das sich eng an den primären Stakeholdern und den wertschöpfenden Geschäftsprozessen orientiert. Andererseits bedeutet eine partnerschaftliche und partizipative Integration wissenschaftlicher Institutionen und Think Tanks, dass Unternehmen verstärkt mit dieser Stakeholder-Gruppe im Bereich von Forschung und Entwicklung zusammenarbeiten. Darüber hinaus werden mit wissenschaftlichen Einrichtungen oft Studien durchgeführt oder Gutachten in Auftrag gegeben. Unternehmen verwenden die Studienergebnisse wiederum vor allem für ihre Kommunikation mit kritischen Stakeholdergruppen oder um ihre Position in politischen Meinungsbildungsprozessen argumentativ zu untermauern. Ihre Positionen und Thesen werden in der Auseinandersetzung durch Studienergebnisse und Expertenmeinungen gestützt (Third-Party-Endorsement).

Partnerschaften oder die Partizipation mit Investoren (22 %), Interessengruppen (19 %), sozialen Netzwerken (19 %) oder Journalisten (15 %) – und damit relevanten Meinungsmachern – gibt es hingegen eher selten. Dieses Studienergebnis macht ein Risiko deutlich: Unternehmen pflegen genau mit den Interessen- und Anspruchsgruppen noch keine ausgeprägte partizipative und partnerschaftliche Beziehung, die unternehmerische Entscheidungen, Investitionsvorhaben und sogar die Zukunftsfähigkeit von Geschäftsmodellen direkt beeinflussen können.

3.10 Stakeholder Management braucht ein verbindliches Leitbild

Unternehmen haben meist keine klaren Ziele, was ihr Stakeholder Management bewirken soll. Es gibt kaum Differenzierungen zwischen den unterschiedlichen Teilaufgaben. Primäres Ziel ist mit 65 % der Nennungen die Steigerung der Akzeptanz für unternehmerische Vorhaben. Zu 58 % hat Stakeholder Management das Ziel, Konflikte im Vorfeld eines Vorhabens zu identifizieren und zu bewältigen. Rund 56 % nutzen das Stakeholder Management, um ihre Interessen- und Anspruchsgruppen über ihre CSR-Politik und Nachhaltigkeitsaktivitäten zu informieren. Fast gleichbedeutend ist mit 54 % der Nennungen die Aufgabe, Trends und Schlüsselthemen zu identifizieren respektive die Expertise und Kompetenzen der verschiedenen Stakeholder zu nutzen. Mit rund 48 % der Nennungen verfolgt das Stakeholder Management das Ziel, eine offene und wertebasierte Unternehmenskultur zu fördern.

Die formulierten Ziele liegen in ihrer Relevanz recht nahe beieinander. Keines der Ziele hebt sich von einem anderen Ziel im besonderen Maße ab. Stakeholder Management ist damit in seiner Zielsetzung breit aufgestellt. Ein Vergleich dieser Antworten mit den bereits diskutierten Studienergebnissen zeigt, dass die Nutzung der Expertise von Stakeholdern mit 59 % der Nennungen zwar ein wichtiges Ziel ist, dass aber Experten und Wissenschaftler kaum eingebunden werden. Gleiches gilt für das Nachhaltigkeitsthema: Während die Information über Nachhaltigkeitsaktivitäten mit 56 % der Nennungen ein zentrales Ziel des Stakeholder Managements darstellt, sind Interessengruppen kaum Teil eines partizipativen oder gar partnerschaftlichen Austauschs.

Die Ergebnisse belegen, dass Stakeholder Management im deutschsprachigen Raum noch kein Leitbild für die strategische Unternehmensführung ist. Einzelne isolierte Aufgabenstellungen werden bereits aktiv umgesetzt, es fehlt jedoch an einer integrierten Vorgehensweise. Der Erfolg eines integrierten Stakeholder Managements liegt darin, dass es auf der Grundlage bereits bestehender Strukturen im Unternehmen die Integration möglichst vieler unterschiedlicher Anforderungen erreicht. Über den Begriff des Anspruchs könnten bekannte Forderungen nach Nachhaltigkeit, Verantwortung, Qualität, Umweltschutz und Arbeitssicherheit in Unternehmensziele und Strategien einbezogen werden (Abb. 5).

3.11 Die wichtigsten Instrumente der Stakeholder Integration

Der einfache, zumeist jährlich stattfindende Stakeholder-Dialog ist mit 80 % die mit Abstand am weitesten verbreitete Maßnahme für die Integration von Stakeholdern. Der situative Dialog als Instrument der Bürgerbeteiligung wird mit 36 % der Nennungen deutlich weniger umgesetzt. Es kann vermutet werden, dass Bürgerdialoge in der Regel umgesetzt werden, weil diese obligatorischer Bestandteil gesetzlich vorgeschriebener Beteiligungsverfahren sind.

Durch Stakeholder-Dialoge erreichen Unternehmen zugleich mehrere Ziele:

- Zum einen treten sie in eine inhaltliche Auseinandersetzung, die intern weitergeführt und für Veränderungen und Innovationen genutzt werden kann. Ein Beispiel dafür ist die Erarbeitung von CSR/CR-Strategien: Durch die Integration von relevanten Stakeholdern können Themen weiter ausgearbeitet und in Standards und Policies überführt

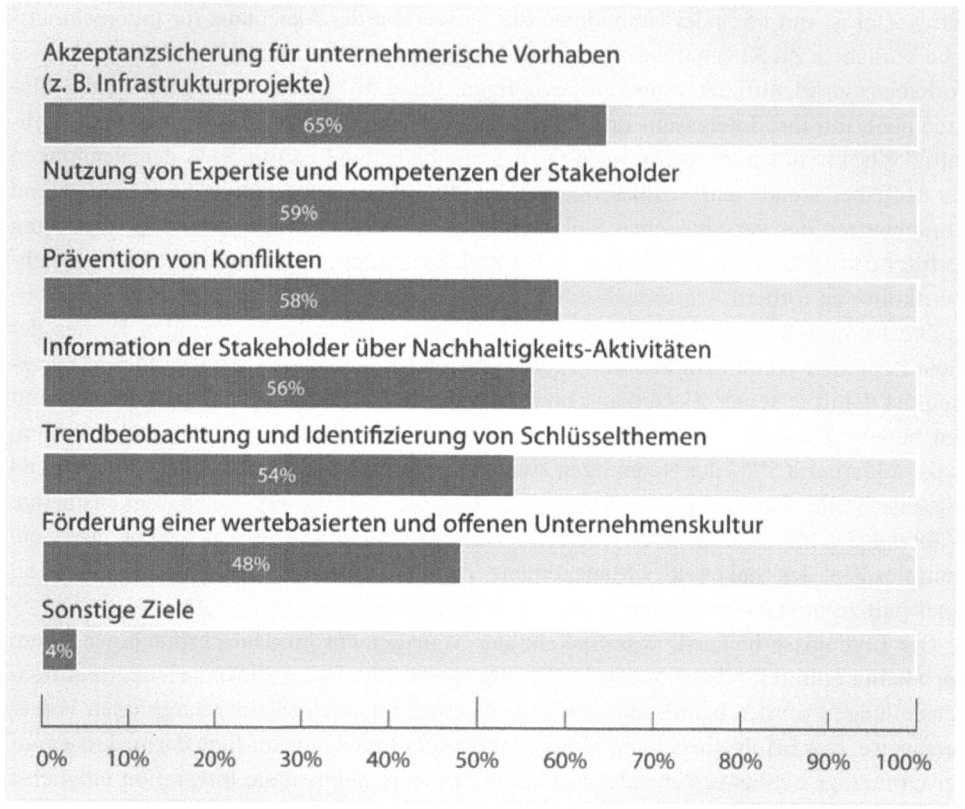

Abb. 5 Ziele der Massnahmen des Stakeholdermanagements (Mehrfachnennungen möglich)

werden, die zum Beispiel Antworten auf die folgenden Fragen geben: „Wie gehen wir künftig mit den Community Relations an unseren Standorten um?" und „Wie können wir unsere Supply Chain stärker an Nachhaltigkeitskriterien ausrichten?".
- Zum anderen bieten Multi-Stakeholder-Dialoge die Möglichkeit, unterschiedliche Stakeholdergruppen gleichzeitig an einen Tisch zu bekommen (NGOs, Think Tanks, Kunden, Experten im eigenen Unternehmen, Management). Auf diese Weise entstehen Plattformen, die nach erfolgreicher Zusammenarbeit auch zu strategischen Allianzen weiterentwickelt werden können (Abb. 6).

Der Vergleich mit den Ergebnissen zur Stakeholder Integration weist gleichzeitig auf einen Widerspruch hin. So konnte gezeigt werden, dass externe Stakeholder großteils nur informiert werden. Stakeholder-Dialoge sind hingegen ein Format, das stark auf Interaktion, Austausch und prozessorientiertes Arbeiten ausgelegt ist mit dem Ziel, Stakeholder einerseits zu informieren, andererseits aber, um ihr Feedback zu erhalten und dies in den Prozess der Erarbeitung mit einfließen zu lassen. Die weiteren Maßnahmen des Stakeholder Managements sind der.

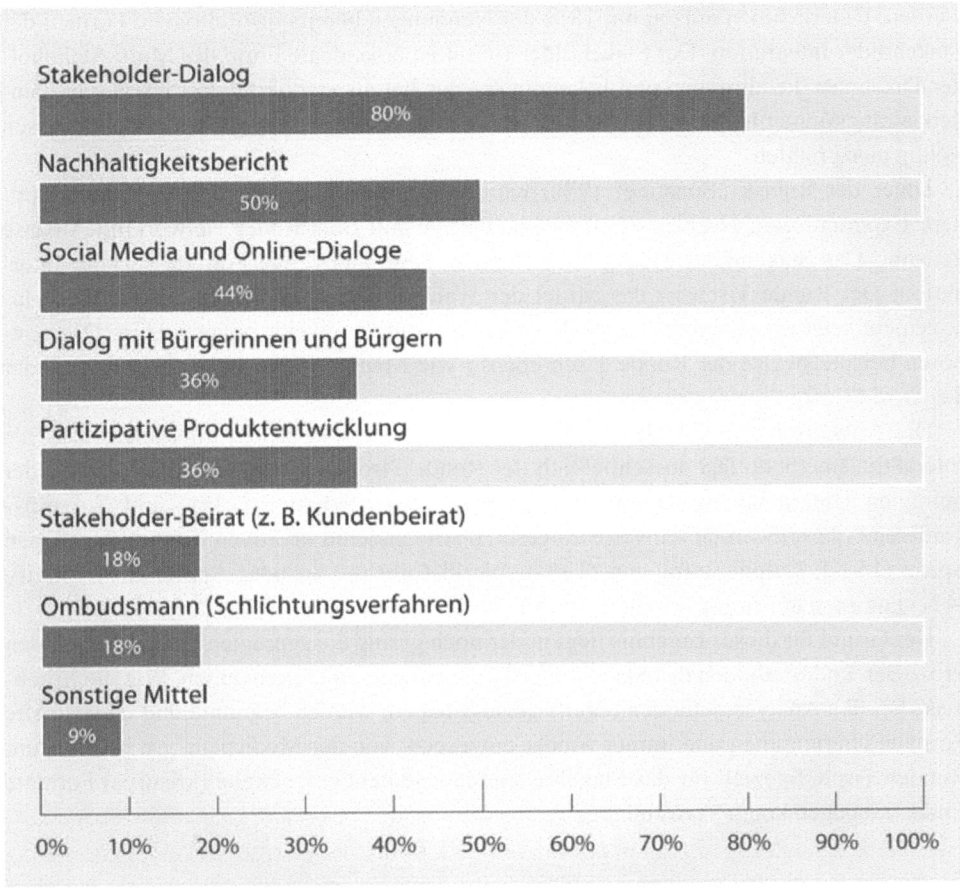

Abb. 6 Mittel und Massnahmen der Stakeholder Integration (Mehrfachnennungen möglich

Nachhaltigkeitsbericht (50%), Social Media und Online-Dialoge (44%), die partizipative Produktentwicklung (36%), der Ombudsmann im Rahmen von Schlichtungsverfahren (18%) und der Stakeholder-Beirat als institutionelle Form der Stakeholder Integration (18%).

Der Wert für den Nachhaltigkeitsbericht zeigt mit 50% der Nennungen, dass das Stakeholder Management häufig als eine Erweiterung der Berichterstattung betrachtet und nicht als ein strategisches Management-Instrument begriffen wird. Die Marketing-Funktion dominiert die Management-Funktion. Gegenstand der Berichterstattung sind einzelne Nachhaltigkeitsprojekte (u. a. Bildung, Ökologie, Soziales Engagement, Corporate Volunteering), nicht aber die Neuausrichtung von Geschäftsprozessen an Nachhaltigkeitskriterien (Supply Chain-Perspektive).

Es ist anzunehmen, dass die Berichterstattung über Nachhaltigkeitsthemen die bisherige Marketing-Ausrichtung verringern und das integrierte Reporting zunehmen wird, in der die Nachhaltigkeitsthemen substanzieller Bestandteil des Geschäftsberichts sein werden. Unternehmen nutzen mit 18 % der Nennungen bereits institutionelle Formen der Stakeholder Integration: Der Stakeholder-Beirat ist eine ideale Form des Multi-Stakeholder-Diskurses. Erfahrungen und Erkenntnisse aus bereits etablierten Formaten wie Kundenbeiräte können helfen, die Arbeit eines Stakeholder-Beirats inhaltlich und strategisch richtig auszurichten.

Unter der Rubrik „Sonstige" (9 %) wurden Formate wie gemeinsame Arbeitsgruppen, Expertenforen, Nachbarschaftsbeirat, Partnership Board oder Networking-Anlässe genannt. Das Stakeholder Management braucht neue innovative Formen sozialer Interaktion: Der Runde Tisch ist das Mittel der Wahl. Ein professionelles Stakeholder Management setzt unterschiedliche Methoden und Formate jeweils zielgenau ein: Dazu gehören beispielsweise der Runde Tisch ebenso wie Mediation, Delphi-Befragungen oder das World Café.

Die Antworten der Stakeholder-Verantwortlichen verdeutlichen allerdings, dass als Interaktionsmethode fast ausschließlich der Runde Tisch zum Einsatz kommt (70 % der befragten Unternehmen). Die Interaktionsmethoden Mediation (23 %) und Zukunftskonferenz (22 %) werden teilweise eingesetzt. Alle anderen kreativen Formate wie Open Space (15 %), Delphi-Befragung (13 %), World Café (12 %) oder Appriciative Inquiry (4 %) kommen nur in Einzelfällen zum Einsatz.

Der Grund für dieses Ergebnis liegt in der noch gering ausgeprägten Erfahrung mit den Prozessen und Methoden des Stakeholder Managements in Unternehmen. Wie die Ergebnisse bei den Analysemethoden bereits gezeigt haben, werden bekannte und eingespielte Formate übernommen und immer wieder eingesetzt: von der Medienanalyse bis hin zum Runden Tisch. Speziell für das Stakeholder Management entwickelte (kreative) Formate finden hingegen kaum Verwendung.

3.12 Verbindliche Regelwerke unterstützen das Stakeholder Management

Die Anforderungen politischer und gesellschaftlicher Stakeholdergruppen sind normativer Natur. Für Unternehmen, die ihre „License to operate" in einem globalen Wirtschaftssystem bewahren wollen, empfiehlt es sich, diesen normativen Rahmen zu berücksichtigen. Die Integration von Regelwerken und Policies in die Geschäftsprozesse ist zum einen ein Zeichen für die Glaubwürdigkeit des Nachhaltigkeitsmanagements von Unternehmen. Zum anderen fördert sie den offenen und aufrichtigen Dialog mit Stakeholdern.

Eine zunehmende Zahl von Unternehmen lässt sich bereits nach den Standards zum Umwelt- und Qualitätsmanagement (ISO 14001) zertifizieren. Die Unternehmen reagieren damit auf die steigenden normativen Ansprüche, die aus Markt, Gesellschaft und Politik an sie herangetragen werden. Die Mehrzahl der befragten Unternehmen verwendet eigene Richtlinien und interne Policies für ihr Nachhaltigkeitsmanagement (46 % der befragten Unternehmen). Genannt werden insbesondere die folgenden Richtlinien und Managementsysteme: Leitbilder, UN Global Compact, Umweltleitlinien, ISO 14001,

Führungsgrundsätze, CRM-Systeme, Compliance-Richtlinien, Sullivan Principles, Best-Practice-Manual, Community Relations Standard. Allerdings gibt es auch einige wenige Stimmen, die Regelwerke als nicht notwendig betrachten. Die befragten Unternehmen setzen zu 42 % am stärksten den Code of Conduct als Richtlinie ein. Es folgt mit 35 % die GRI-Standard für die Erstellung von Nachhaltigkeitsberichten. Die ISO-Norm 26000 wird von zehn Prozent der Befragten, der Prüfungsstandard Account-Ability 1000 (AA 1000) von acht Prozent der befragten Unternehmen eingesetzt.

Auffallend an diesem Ergebnis der Studie ist, dass Unternehmen vor allem auf freiwillige Selbstverpflichtungen setzen. Die Richtlinien und Standards sind nicht bindend. Mit der Verabschiedung und Verankerung von Richtlinien und Standards wird das Ziel verfolgt, die Reputation und Glaubwürdigkeit gegenüber den Stakeholdern weiter zu stärken. Ein systematisches und integriertes Nachhaltigkeitsmanagement sollte diese Themenbereiche und Handlungsfelder abdecken:

- Labour and Human Rights
  - z. B. UN Global Compact, Community Relations Standard
- Environment, Health and Safety
  - z. B. EHS Guideline, ISO 14001
- Business Integrity Policy
  - z. B. Procurement Policy, Code of Conduct, Ethics/Anti-Corruption/Compliance, Third Party Verifications
- Stakeholder Management
  - z. B. AA 1000 SES (Stakeholder Engagement Standard)

Die konsequente Orientierung am Stakeholder-Ansatz und die Implementierung von verbindlichen Regeln und Standards entlang der Wertschöpfungskette würde zur Weiterentwicklung und Systematisierung des Stakeholder Managements beitragen. Mit der Verankerung von prüfungsfesten Regelwerken wäre eine Initialzündung für die Optimierung des internen Nachhaltigkeitsmanagements verbunden.

Fragestellungen des Stakeholder Engagements Standards AccountAbility 1000 (AA 1000 SES)

- Findet eine umfassende Identifikation und Priorisierung von Stakeholdern statt?
- Gibt es ein wirkungsvolles Stakeholder Management, und ist dieses in die CR-Organisation und -Strategie integriert?
- Werden Nachhaltigkeitsthemen und daraus abgeleitete Handlungsfelder in fundierten und systematischen Vorgehensweisen entwickelt unter Einbeziehung von Stakeholder-Anforderungen?
- Sind wirksame und dokumentierte Prozesse und klare Zuständigkeiten für Reaktionen auf Stakeholder-Anfragen und Nachhaltigkeitskrisenfälle vorhanden?
- Wird der Kommunikationsprozess mit Stakeholdern zugänglich gestaltet, und bezieht er die für Nachhaltigkeit relevanten Bereiche des Unternehmens mit ein?

4 Zehn Thesen zur Zukunft des Stakeholder Managements

Die Mehrheit der befragten Unternehmen gibt an, dass die heutige Praxis des Stakeholder Managements vor allem informationsorientiert ist. Partnerschaftsmodelle wie Konsultationen oder Kooperationen mit ausgewählten Stakeholdern werden zu weniger als fünf Prozent angewandt.

Der Blick in die Zukunft zeigt ein völlig anderes Bild: Stakeholder-Verantwortliche prognostizieren oder befürworten mit 87 % der Nennungen eine stärkere Ausrichtung des Stakeholder Managements auf eine konsultations- und integrationsorientierte Praxis. Stakeholder Management soll keine Pflichtübung, keine Marketing-Aufgabe mehr sein, sondern zunehmend zum integralen Bestandteil von Geschäfts- und Management-Prozessen werden (Porter und Kramer 2011).

These 1: Der Stakeholder-Ansatz geht über das Reputationsmanagement hinaus. Dialoge und Partnerschaften mit Stakeholdern bieten zahlreiche Vorteile, die über den Schutz vor Reputationsrisiken hinausgehen. Als Frühwarninstrument hilft die Auseinandersetzung mit Stakeholdern, gesellschaftliche Entwicklungen zu erkennen. Durch Konsultationen und Kooperationen entstehen neue Ideen und Lösungsansätze, die in Unternehmen zu Innovationen führen können. Die Expertise der Anspruchsgruppen kann Unternehmen wertvolle Erkenntnisse liefern. Beispielsweise sind NGOs viel früher über gesellschaftliche und politische Trends in den Ländern informiert, in denen Unternehmen Vertriebsniederlassungen oder Produktionsstätten betreiben.

These 2: Die frühzeitige Einbindung von Stakeholdern optimiert Unternehmensprozesse. Das Stakeholder Management ist keine einmalige Projektaufgabe, sondern eine interne Management-Aufgabe. Sie reicht von der Analyse der Stakeholder und ihrer Positionen über die Entwicklung innovativer Einbindungsformen bis zur Verankerung eines Key Stakeholder Managements. Eine Stakeholder Integration ist beispielsweise wichtig bei Konsultationen im Vorfeld großer Investitionsvorhaben, bei Foren zur gemeinsamen Priorisierung und Ausarbeitung von geschäftsrelevanten Themen oder als Sparring zur inhaltlichen Ausgestaltung von Selbstverpflichtungen (u. a. Code of Conduct, Corporate Governance Kodex, Community Relations Standard).

These 3: Das Stakeholder Management wird sich stärker an der Supply Chain ausrichten. Das Stakeholder-Modell stellt einen Managementansatz zur Verfügung, mit dem Chancen und Risiken entlang der Wertschöpfungskette systematisch erfasst werden können. Viele Corporate-Responsibility-Themen sind heute zwar bereits Bestandteil von Geschäftsprozessen. Eine Verschränkung der einzelnen Nachhaltigkeitsthemen auf einer übergeordneten Ebene kann durch Stakeholder Management aber noch verstärkt werden. Die Verantwortung für die Lieferkette ist seit längerer Zeit in der Diskussion, eine systematische Umsetzung findet aber bislang nur in Ausnahmefällen statt. Für die Ausrichtung des Stakeholder Managements auf die Supply Chain ist der bisherige Bottom-up-Ansatz im Nachhaltigkeitsmanagement nicht mehr sinnvoll. Er wird durch einen Top-down-Ansatz ersetzt werden müssen.

These 4: Die Organisation des Stakeholder Managements wird sich professionalisieren. Die Schnittstellenproblematik wird komplexer. In der Regel ist die Verantwortung für das Stakeholder Management auf die Abteilungen CSR/CR oder Sustainability Management beschränkt und damit auch inhaltlich auf Nachhaltigkeitsthemen begrenzt oder fokussiert. Eine stärkere Integration des Stakeholder Managements in die Geschäftsprozesse wird die Anzahl der Schnittstellen deutlich erhöhen: Einkauf, Unternehmensentwicklung, Vorstandsbüro, Unternehmenskommunikation, Human Resources Management, Marktforschung. Da die Steuerungs- und Koordinationsaufgabe des Stakeholder Managements an Bedeutung gewinnen wird, bestünde eine Lösung in der Bildung einer entsprechenden Stabsabteilung mit angemessener finanzieller und personeller Ausstattung.

These 5: Unternehmen werden ihre Entscheidungen und Vorhaben stärker als bisher erklären und begründen. Erst durch die Auseinandersetzung mit den Ansprüchen und Erwartungen von internen und externen Stakeholdern werden die wirtschaftlichen Interessen von Unternehmen zu einer überzeugenden Story. Auf diese Weise bauen Unternehmen eine souveräne Gesprächsposition auf und gewinnen dadurch Akzeptanz und Durchsetzungskraft. Sie benötigen eine Sprache, die sich nicht auf betriebswirtschaftliche, technische und rechtliche Argumente beschränkt, sondern den Nutzen (Stakeholder Value) ihrer Vorhaben aus der Perspektive der Stakeholder erklärt.

These 6: Unternehmen werden ihre Leitbilder inhaltlich an die Stakeholder-Orientierung anpassen. Interne wie externe Stakeholder, die den übergeordneten Sinn und Zweck einer Organisation nicht verstehen oder erkennen, werden Zweifel an der gesellschaftlichen Werteorientierung hegen. Unternehmenswerte bieten einen idealen Anknüpfungspunkt für die Glaubwürdigkeit des Nachhaltigkeitsmanagements. Die Compliance-Diskussion hat beispielsweise den Unternehmenswert Integrität gestärkt. Die Verantwortung für Gesellschaft, Umwelt und das Unternehmen sollte als Ziel im Mission Statement formuliert werden. Es ist zu überprüfen, inwieweit die Werte und Prinzipien in aktuellen Leitbildern eine im Geschäftsmodell verwurzelte Stakeholder-Orientierung reflektieren.

These 7: Das Stakeholder Management wird sich von der Fokussierung auf kritische Anspruchsgruppen verabschieden. Die Nachhaltigkeitsabteilungen in Unternehmen kümmern sich in der Regel um taktische Stakeholder wie Bürgerinitiativen, Bildungseinrichtungen, Umweltverbände oder NGOs, andere Abteilungen um strategische Stakeholder wie Anteilseigner, Lieferanten, Kunden und Mitarbeiter. Dies ist punktuell, sporadisch, krisenhaft. Stattdessen wird das Stakeholder Management sich professioneller, systematischer und koordinierter aufstellen und organisieren müssen, um die Stakeholder-Perspektive als Grundlage und integralen Bestandteil von Geschäftsmodellen zu etablieren. Das ist ebenso ein ökonomischer wie ein ethischer Imperativ.

These 8: Die Unternehmenskommunikation wird sich von der Medienzentrierung lösen. Die strategische Neuausrichtung der Unternehmenskommunikation auf einen Dialog mit allen relevanten Stakeholdern erfordert neue Kompetenzen und Plattformen sowie optimierte Organisationsstrukturen jenseits von Medienarbeit und Lobbying. Diese Aufgabe macht eine Neubestimmung der Rolle von Kommunikation erforderlich: Am Ende einer Entscheidung gerufen, wird Kommunikation auf die reine Umsetzung reduziert. So kann sie ihre Planungs- und Steuerungsaufgabe nicht wahrnehmen. Kommunikation braucht Einfluss. Erst dann kann sie ihre Empfehlungs- und Umsetzungskraft voll entfalten.

These 9: Die interne Stakeholder-Kommunikation tritt aus dem Schatten der externen Kommunikation. Aus Stakeholder-Perspektive steht die interne Kommunikation vor zwei großen Herausforderungen: Zum einen vor der Aufgabe, dezentrale und dialogische Kommunikationsformate zu entwickeln, zum anderen vor dem Anspruch, ein differenzierteres Modell der internen Stakeholdergruppen auszuarbeiten.

These 10: Normative und strategische Fragen der Unternehmensführung werden konvergieren. Stakeholder sind nicht nur Mitglieder von Gruppen, sondern Individuen mit eigenen Zielen, Ansprüchen und Biografien. Die Autoren John F. McVea und R. Edward Freeman sprechen in ihrem gemeinsamen Essay von 2005 bildlich von „A Names-and-Faces Approach to Stakeholder Management". Stakeholder werden nicht mehr als abstrakte oder anonyme Gruppen betrachtet, sondern als Persönlichkeiten. Unternehmen beeinflussen Menschen durch ihre Handlungen und bewirken Veränderungen. Die ethische Legitimation von Unternehmensstrategien stellt eine Voraussetzung für den Aufbau langfristiger und wertschöpfender Stakeholder-Beziehungen dar.

Literatur

Account Ability (2011) AA1000 Stakeholder Engagement Standard 2011 (AA1000SES). http://www.accountability.org/about-us/publications/aa1000-1.html. Zugegriffen: 18. Aug. 2013
Bowen HR (1953) Social responsibilities of the businessman. Harper and Brothers, New York
Donaldson T, Preston LE (1995) The stakeholder theory of the corporation: concepts, evidence, and implications. Acad Manage Rev 20(1):65–91
Freeman RE (1984) Strategic management: a stakeholder approach. Pitman, London
Freeman RE (2004) The stakeholder approach revisited. Z Wirtsch- Unternehm (zfwu) 5(3):228–241
Freeman RE (2007) Managing for stakeholders. http://papers.ssrn.com/sol3/papers.cfm?abstract_id=1186402. Zugegriffen: 18. Aug. 2013
Freeman RE, Harrison JS, Wicks AC (2007) Managing for stakeholders: survival, reputation, and success. Yale University Press, New Haven
Grunig JE, Hunt TT (1984) Managing public relations. Wadsworth Inc Fulfillment, New York

Heugens PPMAR, van den Bosch FAJ, van Riel CBM (2002) Stakeholder integration: building mutually enforcing relationships. Bus Soc 41(1):36–60

IDW Institut der Wirtschaftsprüfer in Deutschland e. V. (2012) Positionspapier zur Zusammenarbeit zwischen Aufsichtsrat und Abschlussprüfer. Düsseldorf

Lintemeier K (2012) Das Stakeholder Cockpit®. In Lintemeier Stakeholder Relation (Hrsg.): Magazin ANSPRUCH Energiewende 2.0. München, S 10–13

Lintemeier K (2013) Unternehmenskrisen und Stakeholder- Beziehungen. In: Ansgar Thiessen (Hrsg) Handbuch integriertes Krisenmanagement. Springer, Wiesbaden, S 55–70

Lintemeier K, Rademacher L (Hrsg) (2013) Stakeholder Relations. Nachhaltigkeit und Dialog als strategische Erfolgsfaktoren. MHMK University Press, München

Malik F (2011) Strategie. Navigieren in der Komplexität der Neuen Welt. Campus, Frankfurt a. M.

McVea JF, Freeman RE (2005) A names-and-faces approach to stakeholder management: how focusing on stakeholders as individuals can bring ethics and entrepreneurial strategy together. J Manage Inq 14(1):57–69

Plaza-Úbeda JA, de Burgos-Jiménez J, Vazquez-Brust DA, Liston-Heyes C (2007) The "win-win" paradigm and stakeholder integration. Bus Admin 18:487–499

Plaza-Úbeda JA, de Burgos- Jiménez J, Carmona-Moreno E (2010) Measuring stakeholder integration: knowledge, interaction and adaptational behavior dimensions. J Bus Eth 93(3):419–442

Porter ME (1985) Wettbewerbsvorteile: Spitzenvorteile erreichen und behaupten. Campus, Frankfurt a. M.

Porter ME, Kramer MR (2011) Created shared value. Harv Bus Rev. http://hbr.org/2011/01/the-big-idea-creating-shared-value. Zugegriffen: 18. Aug. 2013

Rappaport A (1995) Shareholder Value. Ein Handbuch für Manager und Investoren. Schaeffer-Poeschel, Stuttgart

Riede M (2012) Determinanten erfolgreicher Stakeholderdialoge: Erfolgsfaktoren von Dialogverfahren zwischen Unternehmen und Nichtregierungsorganisationen. Kassel University Press, Kassel

Sachs S, Rühli E (2011) Stakeholders matter: a new paradigm for strategy in society. Cambridge University Press, Cambridge

Schramm E (2012) Stakeholder-Involvement zur Bewältigung von Biodiversitätskonflikten. Ein Leitfaden. In: BiK-F Knowledge Flow Paper Nr. 5

Schultz M, Antorini YM, Csaba FF (Hrsg) (2005) Corporate branding: purpose/people/process. Copenhagen Business School, Copenhagen

Weder F (2009) Unternehmenskommunikation und PR. UTB, Stuttgart

Wieland J (Hrsg) Die Stakeholder-Gesellschaft und ihre Governance. Management, Netzwerke, Diskurse. Metropolis, Marburg

Wolf A (2005) Dynamisierung der Stakeholderansprüche und ihre Auswirkungen auf Unternehmen: Beispiel Münchener Rückversicherungs-Gesellschaft. Bayreuth (MBA-Arbeit)

Klaus Lintemeier Partner und Gründer der Strategieberatung Lintemeier Stakeholder Relations, hat 25 Jahre Berufserfahrung in Unternehmen und in der Beratung, darunter als Leiter Unternehmenskommunikation und Pressesprecher der Stadtwerke Hannover AG (enercity) und als Geschäftsführender Gesellschafter bei Deekeling Arndt Advisors in Communications GmbH. Seit 2012 ist Klaus Lintemeier zudem Consulting Partner bei Johanssen + Kretschmer Strategische Kommunikation GmbH in Berlin. Seine Schwerpunkte liegen in der strategischen Beratung von Führungspersönlichkeiten, im Stakeholder Management, Change Management sowie im Krisenmanagement. Klaus Lintemeier ist Autor zahlreicher Publikationen zum Stakeholder Management. Zuletzt erschien der Expertenband „Stakeholder Relations. Nachhaltigkeit und Dialog als strategische Erfolgsfaktoren".

Lars Rademacher Jahrgang 1972, Professor für Public Relations am Fachbereich Media der Hochschule Darmstadt; davor leitete er den Studiengang Medienmanagement an der MHMK in München und forscht u.a. zu NGO-Kommunikation, Stakeholder Management, Corporate Social Responsibility und Organizational Learning. Vor seiner akademischen Laufbahn war Rademacher sechs Jahre Berater, anschließend leitete er die Kommunikation des Science Centers „phaeno" in Wolfsburg und war Pressesprecher in der Konzernkommunikation der BASF.

Stakeholder Relation Management als Kern der Führungsaufgabe

Friedhelm Boschert

Zusammenfassung

Die wesentliche Führungsaufgabe liegt im Gestalten von Beziehungen zu den Stakeholdern. Und zwar so, dass diese ihren bestmöglichen Beitrag zur Wertschöpfung des Unternehmens einzusetzen bereit sind. Dazu bedarf es eines ehrlichen, fortlaufenden, strukturierten und langfristigen Dialogprozesses zwischen Unternehmen und Stakeholdern bzw. der Führungskraft und den Stakeholdern, in dessen Zentrum der Aufbau von Vertrauen steht. Als Rahmen für einen solchen Dialog-Prozess eignen sich die fünf Schritte des Scharmerschen „Presencing", nicht nur für die Anbahnung und Einleitung der Stakeholder Beziehungen, sondern auch als laufender Regelkreis über die Lebensdauer der Beziehungen hinweg. Authentizität, Wertschätzung und Berechenbarkeit gelten als die wesentlichen Führungseigenschaften für den Aufbau von Vertrauen – und damit auch als die Erfolgsfaktoren eines wirksamen Stakeholder Relation Management. Die Führungskräfte-Entwicklung muss aus diesem Grund sehr viel stärker als bisher auf die Entwicklung der Fähigkeiten zur Selbstreflexion setzen.

1 Einführung

Im Rahmen der Corporate Social Responsibility bildet das Stakeholder Relation Management eines der Kernstücke. Während das umfassender definierte Stakeholder *Engagement* den Gesamtprozess der Einbeziehung von Stakeholdern in die unternehmerischen Kommunikations- und Entscheidungsprozesse beschreibt, kann das Stakeholder *Relation-*

F. Boschert (✉)
International Institute for Leadership and Meditation, Herrengasse, 6-8, 1010 Wien, Österreich
E-Mail: friedhelm.boschert@gmail.com

Management als die strukturierte und planmäßige Gestaltung der Beziehungen zu den Stakeholdern des Unternehmens gesehen werden, ohne die das Unternehmen seiner gesellschaftlichen Verantwortung nicht nachkommen kann.

Das Gleiche gilt für die Führungskraft. Ohne Stakeholder Relation Management kann die Führungskraft ihrer eigentlichen Führungsverantwortung nicht nachkommen. Denn: „Führung ist in allererster Linie das Gestalten von Beziehungen" (Boschert 2011, S. 73 ff). Nicht mehr, aber auch nicht weniger. Und zwar dergestalt, dass die Beteiligten, die Stakeholder also, ein Höchstmaß Ihrer Potenziale für das Unternehmen einzusetzen bereit sind. Und damit ihren bestmöglichen Beitrag zur Wertschöpfung des Unternehmens in Form von Arbeit, Kapital, Zeit, Ressourcen, Kaufkraft, Wohlmeinung leisten. Das werden sie regelmäßig dann tun, wenn – aus ihrer Sicht – die Qualität ihrer Beziehung zum Unternehmen und den handelnden Personen stimmt. Und wie in jeder zwischenmenschlichen Beziehung hängt auch hier die Qualität des Zusammenwirkens von Stakeholdern und der Führungscrew des Unternehmens entscheidend vom Ausmaß des Vertrauens ab.

Im Nachfolgenden wird zunächst der Frage nachgegangen, warum über die Mitarbeiter hinaus auch die Stakeholder zwingend im Fokus einer jeden Führungskraft im Unternehmen stehen müssen. Welche Bedeutung damit der Persönlichkeit der Führungskraft, insbesondere ihrer Fähigkeit zum Aufbau von Vertrauen in Beziehungen zukommt. Welche Ansatzpunkte die Führungskraft für die Gestaltung von Beziehungen hat. Und last but not least welche Schlussfolgerungen sich damit für die Ausbildung und die Entwicklung von Führungskräften ableiten lassen.

2 Führung umfasst die Stakeholder und nicht nur die Mitarbeiter

„Die Stakeholder sind zurück" – so könnte man die Entwicklung in den Unternehmen während der letzten Jahre kennzeichnen. Zurück im Fokus des Managements, zurück mit Gestaltungsansprüchen und auch ausgestattet mit gesellschaftlicher und staatlicher Rückendeckung. In den 30 Jahren des Finanzkapitalismus seit Mitte der 80er dominierten die Shareholder das Geschehen im Unternehmen. Der Kapitalmarkt war das Maß aller Dinge, die Kapitalgeber drängten mit ihren daraus resultierenden Ansprüchen die Verfolgung der Interessen weiterer Beteiligter an den Rand. Mit Ausbruch der Finanzkrise hat sich das Paradigma grundlegend gewandelt.

Nehmen wir den Staat als einen der Key-Stakeholder: Galt er noch im Shareholder Value Zeitalter beinahe als Gegner von Unternehmen und Banken, den es auf breiter Front zurückzudrängen galt, so änderte sich das Bild mit einem Male schlagartig. In der Krise war der Staat der letzte und einzige Garant der Stabilität, bewahrte Banken und das Finanzsystem vor dem Kollaps, gewährte Unternehmen Zuschüsse zur Überbrückung von Absatzflauten, breitete mit großzügigen Konjunkturprogrammen ein Fangnetz unter die angeschlagene Wirtschaft. Und verfügte mit einem Male über ein deutlich zur Schau getragenes Selbstbewusstsein, das ihn „auf Augenhöhe" mit Banken und Unternehmen verhandeln ließ. Und in dessen Gefolge sich auch die bis dato weiter abseits stehenden Interessengruppen wieder Gehör verschaffen.

Die Unternehmen sind also wieder da angelangt, wo sie vor den 80er Jahren schon waren – mitten in der Gesellschaft. Mit einer Verantwortung der Gesellschaft und nicht nur dem Kapitalmarkt gegenüber. Und einer dazu gehörenden veränderten Auffassung von Funktion und Rolle des Managements. Hatte die gegen Ende der 90er Jahre noch gelautet: „The notion that the board must somehow balance the interests of stakeholders against the interests of other shareholders fundamentally misconstructs the role of directors", so das Statement on Corporate Governance des amerikanischen "Business Roundtable" (in Malone 2004, S. 172). So würde das heute wohl kaum noch durchgehen. Eher die Haltung des gleichen Gremiums zur Rolle der Führungskräfte aus den siebziger Jahren des vorigen Jahrhunderts, als sie erklärten „… that one job of managers was to balance the legitimate claims of all the constituencies of a business: shareholders, customers, employees, communities, suppliers, and society at large" (zit. in Malone 2004, S. 172).

Klingt erstaunlich modern. Die Einbindung der Stakeholder also ist gefordert und legitim – und die Führungskräfte? Sie müssen wohl oder übel (wieder) lernen, damit umzugehen: die unterschiedlichen Welten all der unterschiedlichen Stakeholder zu verstehen, in ihre Überlegungen mit einzubeziehen, zu kommunizieren, die Interessen zu balancieren. Doch dabei muss all das nicht per Verordnung erfolgen. Auch ohne einen äußeren Zwang gibt es schon ausreichend Argumente, die die Einbeziehung der Stakeholder in die Führungsaufgabe als ratsam erscheinen lassen.

So lässt sich beispielsweise die Qualität von Entscheidungen oder das Design von Projekten durch die Einbeziehung der Sichtweisen und Interpretationen der externen Stakeholder deutlich verbessern. Denn letztlich ist der Zweck des Unternehmens auf die Schaffung von Kunden- resp. Stakeholder-Nutzen ausgerichtet. An Bedarfen und Erwartungen vorbeizielende Entscheidungen und Ausrichtungen können durch eine verbesserte „Rundum-Sicht" – gerade in frühen Entscheidungsphasen – weitgehend vermieden werden. Frühzeitige Einbindung der Stakeholder sichert dem Unternehmen auch deren Unterstützung im Laufe der Umsetzung der Entscheidungen oder der Projektdurchführungen. Wer erst nach vollendeten Tatsachen mit der Bitte um Unterstützung gefragt, wird wenig geneigt sein, sich einzubringen.

Pohl und Tolhurst verweisen auf das organisationale Lernen, das durch die Einbeziehung von Stakeholdern – insbesondere kritisch eingestellten – verbessert werden könne. "Getting involved with independent and critical opinion leaders is also a very effective way of initiating processes of learning and change within the organization" (Pohl und Tolhurst 2010, Pos. 853). Der Lernprozess in der Organisation dürfte hierbei nicht nur aufgrund der Berücksichtigung der Bedürfnisse von Stakeholdern, beispielsweise der Kunden, sondern vor allem auch durch die Möglichkeiten intensiver Reflexionsprozesse gefördert werden. Richtig eingebunden können externe Stakeholder qualitativ bessere Beiträge zur kritischen Eigenbeschau und damit zur Weiterentwicklung des Unternehmens leisten als externe Beratungsunternehmen. Zum einen haben die Stakeholder i. d. R. ein Interesse an einer langfristigen Zusammenarbeit, zum anderen sehen sie das Unternehmen als Vehikel zur Durchsetzung ihrer je eigenen Interessen. Gerade diese Möglichkeit, Nutzen aus und mit dem Unternehmen zu erhalten, macht die Stakeholder-Einbindung so wertvoll, weil sie so mit ganzem Herzen bei der Sache sind. Erfolgt dann seitens des Unternehmens eine ehrliche und authentische Einbindung – kein Feigenblatt! – werden Stakeholder zu wichtigen Impulsgebern (… und Mitwirkenden, s. hierzu auch Ramaswamy und Gouillart 2010), die das Unternehmen permanent auf den Prüfstand stellen und so Ausgangspunkt und Wegweiser von Veränderungsprozessen sein können.

Gehen wir davon aus, dass zukünftiges Wirtschaften stärker in Netzwerken erfolgen wird (s. u. a. Hamel 2009), dann müssen sich auch die Formen der Koordination in und zwischen Unternehmen ändern. Hamel verweist darauf, dass die bislang vorherrschenden „win-loose-Beziehungen" den zukünftigen Anforderungen nicht mehr gerecht sein werden. Die Gewinner-Verlierer-Sichtweise auf Transaktionen mag manchmal kurzfristig gerechtfertigt sein, garantiert jedoch keine längerfristige Zusammenarbeit. Erst wenn beide Seiten langfristig gewinnen, Mehrwert bzw. Mehrnutzen für beide Seiten schaffen, erst dann wird sich eine stabile, auf Vertrauen aufbauende Zusammenarbeit ergeben können (s. auch Porter und Kramer 2011). Führungskräfte werden hier neue Sichtweisen entwickeln und ihr Verhaltensrepertoire ändern müssen.

Aber auch in anderer Hinsicht stellt das Wirtschaften in Netzwerken neue Herausforderungen an das Management. Nämlich in Bezug auf den Umgang mit Macht. Durch die Einbeziehung der Stakeholder, manchmal auch gefördert durch eine gesetzliche Pflicht zu deren Einbindung, könnte man von einer Machtverschiebung vom Management hin zu den Stakeholdern ausgehen. Verordnete Mitwirkung, gelebte Mitbestimmung beschneidet die Macht des Managements – aber nur in der alten „win-loose-Perspektive". Eine andere Sicht vertritt Scharmer, für den die „Macht … im Netzwerk der Beziehungen (liegt)". Macht in dieser Perspektive „… wird zu der Fähigkeit, dieses Netzwerk zu mobilisieren" (Scharmer 2013, S. 307). Das Beispiel der Mobilisierung der Öffentlichkeit durch Umweltgruppen mag ein augenfälliger Beleg hierfür sein. Doch auch umgekehrt kann das Management durch eine kluge und vorausschauende Netzwerk-Mobilisierung Macht ausüben. Initiativen zur nachhaltigen Einbindung von Stakeholdern, das Schaffen vertrauensvoller Beziehungen zu Stakeholder-Gruppen, das Setzen von Themen und Begriffen – all das dient der Netzwerk-Mobilisierung und kann damit als Gestaltung der Machtbasis verstanden werden. Vor allem im Sinne einer „Mehrheitsbeschaffung" für die eigenen Projekte und Pläne. Stakeholder Relation Management somit auch ein Instrument der fallweisen Machtbeschaffung.

Zusammenfassend kann daher festgehalten werden, dass Führungskräfte – gleich welcher Hierarchiestufe – es sich zukünftig nicht mehr leisten können, ihre Führungsaufgabe alleine im Hinblick auf Ihre Mitarbeiter zu sehen. Zum einen sind die Stakeholder zurück auf der Bühne des Unternehmens, zum anderen braucht der organisationale Wandel und das Arbeiten in Netzwerken zwingend sowohl die Sicht als auch die Mitarbeit der Stakeholder. Die Führungsaufgabe erstreckt sich also auf die Gestaltung der Beziehungen zu den Stakeholdern, das wird sich die Führungskraft nicht mehr heraussuchen können. Zielrichtung muss sein, den Beziehungen eine stabile und nachhaltige Qualität zu geben. Wovon diese bestimmt wird, sehen wir im Folgenden.

3 Die Qualität der Beziehungen zu den Stakeholdern wird von Vertrauen bestimmt

Kann man als Stakeholder einem Unternehmen oder einer Organisation vertrauen? Denn schließlich möchte man als Stakeholder Produkte oder Handlungen bzw. kurz: den Nutzen ja dauerhaft von der Institution erhalten und nicht von ständig wechselnden Personen abhängig sein. Wie aber kann Vertrauen in eine Organisation entstehen? Nun, im Prinzip auf dem gleichen Wege wie dies zwischen Menschen geschieht. Immer wenn das Handeln des Anderen aufgrund eigener Erfahrungen als beständig und dauerhaft angesehen wird, entsteht so etwas wie die Grundannahme beständigen Verhaltens. Teilt das Unternehmen heute mit, dass es nun ernst macht mit dem Umweltschutz und noch am nächsten Tag die giftige Brühe aus der Fabrik sich in den Fluss ergießt, dann trägt das kaum zum Aufbau von Vertrauen bei. Vertrauen entsteht dann, wenn eine gefestigte Persönlichkeit (oder Organisation) dem Anderen Beständigkeit signalisiert *und* sich dieses Signal im Laufe der Zeit immer wieder durch gleiches Verhalten bestätigt. Der Andere bzw. das Unternehmen wird mit jeder erfüllten Vorhersage abschätzbarer, was dem Stakeholder den Aufbau eigener Perspektiven ermöglicht. Damit rückt die Persönlichkeit der Führungskraft in den Mittelpunkt der Betrachtungen. Sie vor allem determiniert das Maß an Vertrauen und damit die Qualität der Beziehungen zu den Stakeholdern.

Im zwischenmenschlichen Bereich speist sich Vertrauen vor allem aus Merkmalen der Persönlichkeit des jeweils Anderen. Dabei sind es vor allem jene Ausprägungen der Persönlichkeit, die geeignet sind, Erwartungen zu stabilisieren. Dazu gehören in erster Linie Authentizität, Wertschätzung und Berechenbarkeit. *Authentizität* besitzt und strahlt aus, wer nicht nach einem Rollenmodell, sondern aus dem tiefen Kern seiner Persönlichkeit heraus handelt. Dessen äußere Haltung seiner inneren Haltung entspricht und damit „ehrliche Beständigkeit" vermittelt. Bei der *Wertschätzung* wird der andere als Person anerkannt, seine Existenz geachtet und nicht nur seine Leistung oder seine Rolle. *Berechenbarkeit* heißt, nach bestimmten konstanten Mustern zu agieren. Selbstgewählte oder vereinbarte Regeln mit einem hohen Maß an Selbstdisziplin einzuhalten. Wir kommen auf diese Kernelemente des Vertrauens nachher unter Prinzipien des Stakeholder Relation Managements noch einmal zurück. Doch wenden wir uns zunächst den Voraussetzungen im „Inneren" einer Führungskraft zu.

4 DER DIALOG-PROZESS BEGINNT INNEN

Das Stakeholder Relationship Management im Sinne einer strukturierten Gestaltung der Beziehungen zu den Stakeholdern umfasst weit mehr als bloß ein Bündel an Kommunikationsmaßnahmen. Vielmehr geht es um die Gestaltung eines fortlaufenden, strukturierten und langfristigen Dialogprozesses zwischen Unternehmen und Stakeholdern bzw. der Führungskraft und den Stakeholdern. Modelle für einen strukturierten Dialog mit den Stakeholdern beginnen üblicherweise mit der Phase 1 „Exploration and Consultation" (s.

Pohl und Tolhurst 2010, Fig. 2.3., Pos. 897) oder „Exploring and Engaging" (in http://collectiveleadership.com/en/skills/dialogic-change-model.html). Hier geht es richtigerweise darum „understanding the context, understanding stakeholders' different viewpoints, engaging them into preparatory conversations, raising energy for action, building the case for change" (http://collectiveleadership.com/en/skills/dialogic-change-model.html). Doch bevor die Führungskraft nach außen schaut, um den Kontext zu verstehen, sollte sie zuerst nach innen schauen, in sich hinein und ihre eigene Haltung klären.

Warum ist das gerade für einen Dialogprozess mit den Stakeholdern so wichtig? „… the success of an intervention depends on the interior condition of the intervener", fasst Bill O'Brien, der frühere CEO von Hanover Insurance seine Erfahrungen mit Veränderungsprojekten zusammen (zit. in Scharmer 2009, S. 27). Ist sich die Führungskraft nicht klar über ihre Motive, ihre Grundannahmen, ihre Einstellungen, kurz über ihre Haltung den Stakeholdern und dem Stakeholder-Dialog gegenüber, dann wird es im späteren Verlauf des Dialogs an Authentizität, Wertschätzung und Berechenbarkeit fehlen. Vertrauen wird dann so jedenfalls nicht aufgebaut werden können. Wir werden auch gleich sehen, warum.

Neben den Mitarbeitern und Eigentümern als den internen Stakeholdern sind die Kunden und Lieferanten die wichtigsten Gruppen der externen Stakeholder. So richtig heterogen wird die Stakeholderschaft dann allerdings erst durch die Einbeziehungen der lokalen Gemeinde, der Öffentlichkeit und Presse sowie der Interessengruppen wie Umweltschutz, Konsumentenschutz und Arbeitnehmerschutz. Gerade die Mitglieder der letztgenannten Gruppen unterscheiden sich in ihrer Lebenswirklichkeit und –auffassung zumeist sehr deutlich von der des Managements. Zusammenarbeit und Vertrauen jedoch erfordern ein Grundverständnis der Haltung des Gegenübers. Mehr noch: ein echter Dialog kann nur dann beginnen, wenn es beiden Seiten gelingt, eine gemeinsame Wahrnehmung herzustellen, ein geteiltes Verständnis für die Interpretation der Wirklichkeit. Wie kann der Manager eines Kunststoffproduzenten die Besorgnisse der Anrainer einer Fabrikerweiterung verstehen, wenn er nicht die Bedeutung von naturnahen Grünflächen für das Wohlergehen der Anwohner versteht, wenn er nicht die Perspektive einer Mieterfamilie in einer Wohnsiedlung einzunehmen vermag, deren einzig große Grünfläche in der ganzen Umgebung nun wegfallen soll?

Otto Scharmer hat in seiner „U-Theory" genau an diesem Punkt angesetzt. „Wir wissen viel darüber, was Führungskräfte tun. Wie Führungskräfte arbeiten … Aber wir wissen wenig über den Entstehungspunkt von Handlung …". (Scharmer und Käufer 2008, S. 4). Er hat dies den „blind spot of leadership" genannt. Jene innerste Quelle, aus der die Haltung entsteht, die die Wahrnehmung, das Denken und Verhalten bestimmt. Dieser Teilbereich der Persönlichkeit ist erst in jüngster Zeit in den Blickwinkel des Forscherinteresses und der Führungslehren gerückt. „Directing attention toward where it needs to go is a primal task of leadership" (Goleman 2013, S. 209), bringt Goleman die Sache auf den Punkt. Und diese Aufmerksamkeitslenkung hat ihren Ursprung in der Quelle ihres Handelns, in ihrer Haltung. Will die Führungskraft also einen echten Dialog mit den Stakeholdern beginnen, muss sie sich ihrer „blind spots", ihrer eigenen weißen Flecken in der Wahrnehmung und Interpretation der Wirklichkeit bewusst werden. Nur so wird sie zu einem tieferen Verständnis der Lebenswirklichkeit ihrer Stakeholder kommen und in der Lage sein, eine gemeinsame Wahrnehmung, ein geteiltes Verständnis herzustellen.

Wesentliche Voraussetzungen für das Verständnis des Anderen sind die Fähigkeit zum Perspektivenwechsel und die Fähigkeit des Hineinspürens. Ersteres setzt natürlich voraus, sich seiner eigenen Sichtweisen bewusst zu sein. Kein so einfaches Unterfangen, wie vielleicht mancher anzunehmen meint. Dazu muss man z. B. in der Lage sein, nicht sofort zu urteilen, nicht sofort sich eine Meinung zu bilden. Dinge mal einfach stehen und wirken lassen. Da tun sich gerade Manager erfahrungsgemäß sehr schwer damit, da es diametral ihrem Weltbild („Macher") und ihren einstudierten Rollen („Entscheider", „Beurteiler") gegenübersteht. Da wird die Sozialisation des Managers zum Hindernis im Stakeholder-Dialog – sofern man sich eben nicht in einem strukturierten Prozess zuerst einmal nach innen wendet und in einer Selbst-Reflexion für sich die Dinge klärt (über die Schritte einer Selbstreflexion siehe Boschert 2011).

Das Hineinspüren heißt, die andere Lebenswirklichkeit in all ihren Facetten zu erfassen und zu verstehen. Mit offenem Geist und Herz an die Stakeholder herantreten und sie nicht nur als sozio-ökonomische Größen in Tabellen, Übersichten und Reports kennenzulernen. Hineintauchen in die Welt der Stakeholder. Das muss nicht gleich in einem mehrtägigen Aufenthalt bei den Stakeholdern münden (allerdings haben solche „learning journeys" einen immensen Erkenntnisgewinn). Ein Hineintauchen in die Welt der Anderen ist auch möglich im Dialog. So fern die Führungskraft eines kann: ZUHÖREN! „… In a stakeholder dialogue, the participants' listening skills are more important than the way in which they express their views" (Pohl und Tolhurst 2010, Pos. 1055). Aber wiederum genau das fällt Führungskräften sehr schwer. Zuhören sei passiv, geführt werde durch das Wort, mit schweigendem Zuhören könne man ja nichts vermitteln, so das gängige Credo der Mehrheit der Führungskräfte. Leider falsch. Dieser Irrglaube entwickelte sich mit der Zeit zum Führungsfehler Nummer eins, dem Nicht-Zuhören-Können.

Zuhören als angewandte Achtsamkeit, als Fokussierung auf die Person und Worte des Gegenüber. Edgar Schein, der inzwischen über 70jährige Doyen der Organisationspsycho-logie und – kultur hat 2013 gewissermaßen als „… culmination and destillation of my 50 years of work…" (Schein 2013, S. 119) ein kleines Buch verfasst, das sich mit der besseren Gestaltung von Organisationen befasst. Sein überraschender Ansatzpunkt – und gleichzeitig auch der Titel des Buches: „Humble Inquiry. The Gentle Art of Asking instead of Telling" (Schein 2013). Das verständnis- und hingebungsvolle Zuhören im Rahmen einer „Kunst des klugen Fragens" also. Dem hier eindeutig Priorität vor dem Vortragen, den Anweisungen, den langatmigen Erläuterungen und den großen Reden eingeräumt wird. Führungskräfte sollten sich eine Tafel mit einer zwar älteren, nichtsdestotrotz hochaktuellen Aussage auf den Besprechungstisch stellen: „Wo das Hören verkümmert, tritt allmählich Distanz ein" (Kirchner 1994, S. 52). Und gerade die Stakeholder sind schnell auf und davon, zumindest geistig.

Das Verstehen der Welt des anderen durch einen Perspektivenwechsel, das „sich-in-den-anderen-hineinversetzen-können", die Welt durch die Brille des anderen sehen lernen, sind weitere Schritte bei der Gestaltung der Beziehungen zu den Stakeholdern. Und immer sind Zielrichtungen mit diesen Schritten verbunden. Eine nach außen gerichtete, d. h. ein Verständnis für die Lebenswirklichkeit und die Erwartungen der Stakeholder zu gewinnen. Und eine nach innen, auf die eigene Haltung gerichtete: nämlich Person, Aufgabe und Rolle der Führungskraft selbst aus einer anderen Perspektive, der eines Dritten, des Stakeholders zu beleuchten. „Wozu brauchen Sie mich?", „Welche Kriterien sind für Sie für die Beurteilung meines Beitrages zu Ihrem Erfolg maßgebend?", „Welche zwei Veränderungen in meinem Aufgabenbereich wären für Sie von größter Bedeutung?". Das sind Fragen, mit denen ein „Stakeholder-Interview" im Rahmen eines „Presencing-Processes" eingeleitet wird (siehe https://www.presencing.com/tools/stakeholder-interviews). Fragen, die über den Sachinhalt hinaus auch das Ziel haben, das eigene Selbstverständnis der Führungskraft als Vorbedingung für den Eintritt in die Stakeholder Relations zu überprüfen.

5 Der „U-Prozess" als Rahmen für die Gestaltung der Beziehungen zu den Stakeholdern

Als Rahmen für das Handeln der Führungskraft und des Unternehmens im Hinblick auf die Stakeholder kann der „U-Prozess" von Otto Scharmer wesentliche Hilfestellungen bieten. Scharmer definiert fünf Schritte („5 Bewegungen", Scharmer 2013, S. 384 ff.) im Ablauf von Innovations- und Veränderungsprozessen. Diese lassen sich als gedanklicher Rahmen ohne weiteres als Handlungsfolge auf die Gestaltung der Beziehungen zu den Stakeholdern eines Unternehmens anwenden. Die Schritte (vgl. Scharmer 2013, S. 385, Abb. 21.1.) umfassen:

1. *Die gemeinsame Intentionsbildung*: Was ist unsere gemeinsame Absicht?; Was treibt uns an?; Was ist unser Herzblut, das wir in die gemeinsame Sache stecken?
2. *Gemeinsame Wahrnehmung*: Haben wir die gleiche Sichtweise hinsichtlich der Ausgangs-Situation, der Problemstellung, der Akteure?; Wie erkunden wir das Feld der Zusammenarbeit?
3. *Gemeinsame Willensbildung*: Was müssen wir loslassen an Altem?; Worin spüren wir den Kern unserer Zusammenarbeit?, Lassen wir eine gemeinsame Vision entstehen; Welches Bild haben wir von uns in 10 Jahren?
4. *Gemeinsames Erproben*: Was könnten wir unmittelbar in die Praxis umsetzen?, Welchen ersten Teilschritte könnten wir als Prototypen modellieren?
5. *Gemeinsame Gestaltung*: Welche Räume und Infrastrukturen schaffen wir, um unsere Zusammenarbeit zu institutionalisieren?, Wie kann die „Sichtweise des Ganzen" auch in Zukunft einfließen?

Die fünf Schritte des U-Prozesses eignen sich nicht nur für die Anbahnung und Einleitung der Stakeholder Beziehungen, sondern können auch als laufender Regelkreis die gesamten Beziehungen begleiten. In einem größeren Rahmen von Veränderungen durch CSR auf

Meso- und Makro-Ebene wiederum könnte der U-Prozess eingesetzt werden, „... create the profound innovation and transformative change needed in the realm of corporate sustainability and responsibility." (van Pabst und Visser 2012, S. 1). Oder konkreter: um mit der Weiterentwicklung auf CSR 2.0 auch die gesamte Wirtschaft zu transformieren.

Obwohl eine gewisse Institutionalisierung erforderlich und unvermeidlich sein wird, lebt der Prozess sehr stark von Persönlichkeiten bzw. Persönlichkeitsmerkmalen. Ebenso wie der Führungsprozess, der sich nur sehr begrenzt institutionalisieren lässt, kann der Stakeholder-Relation-Prozess nicht auf eine Abteilung „Stakeholder Relations" verlagert werden. Stakeholder Relation Management ist der Kern der Führungsaufgabe und damit auch Teil der Haltung einer Führungskraft, die wiederum die Qualität der Stakeholder-Beziehungen bestimmt.

6 Die Haltungen im Umgang mit den Stakeholdern

Vom Ablauf des Stakeholder Relation Management zu unterscheiden ist die Art und Weise des Umgangs mit Stakeholdern. Um eine besondere Vertrauensbeziehung aufbauen zu können, muss die Führungskraft authentisch, in erster Linie aber wertschätzend und berechenbar sein.

Wertschätzung heißt, eine Person als Mensch zu achten und zu respektieren. Nicht seine Leistung, nicht seine Rolle. Die Person gewissermaßen „pur". Wertschätzung zeigt sich daher vor allem im Umgang mit den Stakeholdern. „Wir sind – aus neurobiologischer Sicht – auf soziale Resonanz und Kooperation angelegte Wesen" (Bauer 2007, S. 21). Und genau hier liegt der Grund, warum die Wertschätzung so elementar für die Qualität der Beziehungen zwischen Unternehmen/Führungskraft und den Stakeholdern ist. Eine gleichberechtigte Beziehung kann nur entstehen, wenn der andere sich ernst genommen fühlt, spürt, dass man sich mit seiner Person und seiner Meinung ernsthaft auseinandersetzt. Den anderen so wie er ist, akzeptiert – und sich nicht gleich einen anderen Gegenüber wünscht.

Die Berechenbarkeit einer Führungskraft zeigt sich in der Konsequenz ihres Handelns, in der Entschlossenheit, einen einmal gewählten Weg auch durchzuhalten. Sie drückt letztlich das Maß an Selbstdisziplin aus, die eine Führungskraft aufzubringen im Stande ist. Ohne Selbstdisziplin keine Konsequenz, ohne Konsequenz keine Berechenbarkeit für die Stakeholder. Denn diese bauen ja ihre eigenen Perspektiven auf den Erwartungen, die sie an das Unternehmen und deren Führungskräfte haben, auf. Und müssen dazu abschätzen können, mit welcher Wahrscheinlichkeit Worte und Taten auch morgen noch gelten. Ohne diese Abschätzbarkeit, ohne Berechenbarkeit ist der Aufbau nachhaltiger Beziehungen schlicht und einfach nicht denkbar. „…authentic leaders are effective in leading others because followers look for consistency between their leader' true selves – as expressed in values, purpose, or voice – and their behaviours" (Sparrowe 2005, S. 423). Und genau aus diesem Grunde beginnt das Stakeholder Relation Management „innen", bei der Haltung der Führungskraft.

7 Schlussfolgerungen für die Führungskräfte-Entwicklung

CSR erfordert ein Stakeholder Relation Management, das wiederum neue Anforderungen an die Führungskräfte stellt. Befasst sich die herkömmliche Führungskräfte-Entwicklung in erster Linie mit den Beziehungen zu den Mitarbeitern, so muss der Fokus zukünftig in zweifacher Hinsicht erweitert werden. Das Führungsverständnis wird auf die verschiedenen Gruppen der Stakeholder ausgeweitet werden, zum anderen erfordert gerade dieses erweiterte Führungsverständnis höhere Kompetenzen in Empathie und im Verstehen anderer Lebenswirklichkeiten.

Die rein mitarbeiterbezogenen Führungskräfte-Schulungen werden der neuen Wirklichkeit nicht mehr gerecht werden. Die Führungskraft muss lernen, die Stakeholder insgesamt in ihren Führungshorizont zu integrieren. Das kann keineswegs nur auf die „oberen" Führungsetagen beschränkt sein, auf die die Verantwortung für die Beziehungen zu Stakeholdern sehr gerne abgeschoben wird. Das umfasst insbesondere die mittlere und untere Führungsebenen, die sich diesem neuen Fokus stellen müssen. Hier gilt es im Rahmen der Führungskräfte-Ausbildung, das Führen externer Personen und Gruppen erfahrbar zu machen. Und dabei zu sehen, dass Führung in diesem Sinne mit der klassischen Mitarbeiter-Führung nur noch wenig zu tun hat. Beziehungsmanagement ist gefragt, Führung aus der Hierarchie heraus wird nicht mehr funktionieren. An deren Stelle tritt noch mehr Überzeugungsarbeit, aufgebaut auf einem Grundverständnis des jeweiligen Stakeholders.

Die Führungskräfte-Entwicklung wird diesen Perspektiven nur noch begrenzt kognitiv vermitteln können (daran übrigens kranken heute die meisten Führungs-Seminare, die in der Regel viel zu kopflastig aufgebaut sind und damit die Teilnehmer und deren Führungswirklichkeit gar nicht mehr erreichen). Es wird also verstärkt darum gehen, die Stakeholder-Beziehung schon im Training erleb- und erfahrbar zu machen (s. auch Audia 2012, S. 2). Learning Journeys, d. h. kurze Aufenthalte bei und mit den Stakeholdern, zielen auf das Eintauchen in die Welt des anderen, um dessen Lebenswirklichkeit in möglichst vielen Facetten zu verstehen. Eine Woche Mitarbeit bei wichtigen Kunden oder Lieferanten, bei letzteren speziell in Schwellenländern, einige Tage zusammen mit einer Umweltgruppe ein Projekt ausarbeiten oder die Mitarbeit in einem Sozialprojekt. Damit sollen Denken und Fühlen für andere Lebenswirklichkeiten geöffnet werden und erlauben, das Unternehmen und sich selbst aus der Perspektiven eines relevanten Dritten, des Stakeholders eben, zu verstehen.

Als wesentliche Vorbedingung für die Gestaltung vertrauensvoller Beziehungen hatten wir Authentizität, Wertschätzung und Berechenbarkeit genannt. Führungskräfte-Entwicklung muss daher sehr viel stärker als bisher auf die Entwicklung der Fähigkeiten zur Selbstreflexion setzen. Nicht Training von Führungssituationen, von Mitarbeiter-Gesprächen und Konfliktlösungen sollte im Vordergrund stehen, sondern das Training, mit sich selbst umgehen zu lernen, sich selbst zu verstehen, sich selbst zu führen. Nach „innen" gerichtetes Reflexions-Training, das über ein besseres Selbstverständnis geradewegs zu einem besseren Verständnis der anderen, der Stakeholder, führt. Und damit Stakeholder Relation Management nicht nur möglich, sondern vor allem auch wirksam macht.

Literatur

Audia PG (2012) Train your people to take others' perspectives. Harv Bus Rev 90(11):26
Bauer J (2006) Warum ich fühle, was du fühlst – Intuitive Kommunikation und Spiegelneuronen. Heyne, München
Boschert F (2011) Sich selbst führen. Und dann die anderen. Edition Bambus, Klosterneuburg
Goleman D (2013) Focus – the hidden driver of excellence. Harper, New York
Hamel G (2009) Moonshots for management. Harv Bus Rev 87(2):91–98
Kirchner B (1994) Benedikt für Manager, 1 Aufl. Dr. Th. Gabler Verlag, Wiesbaden
Malone Th (2004) The future of work. Harvard Business Review Press, Boston
Porter M, Kramer M (2011) Creating shared value. Harv Bus Rev Jan-Feb 2011 Reprint
Pohl M, Tolhurst N (2010) Responsible business – how to manage CSR strategy successfully. Wiley, New York
Ramaswamy V, Gouillart F (2010) Building the co-creative enterprise. Harv Bus Rev 88(10):100–109
Scharmer OC, Käufer K (2008) Führung vor der leeren Leinwand. Zeitschrift für Organisations-Entwicklung Nr. 2/2008, S. 4–11
Scharmer OC (2009) Theory U – leading from the emerging future. Berrett-Koehler, San Francisco
Scharmer OC (2013) Theorie U – Von der Zukunft her führen. Carl-Auer-Systeme Heidelberg
Schein EH (2013) Humble inquiry. The gentle art of asking instead of telling. Berrett-Koehler, San Franscico
Sparrowe RT (2005) Authentic leadership and the narrative self. Leadersh Quart 16:419–439
Van Pabst JA, Visser W (2012) Theory U and CSR 2.0: alignment of two conceptual approaches to create profound innovation and transformative change in corporate sustainability and responsibility. http://ssrn.com/abstract=2009341 Zugegriffen: 09.02.2014

Dr. Friedhelm Boschert Geboren 1959 in Oberkirch/Deutschland. Lehre Bankkaufmann, Studium Betriebswirtschaft (FH Pforzheim und Leeds), Studium Volkswirtschaft (Universität Freiburg/Brsg). Mehrere Führungs-positionen im genossenschaftlichen Bankwesen in Deutschland, gefolgt von einer Professur für Bankwirtschaft an der FH in Berlin. Vorstand eines Bank-Consulting-Unternehmens in Wien, Bereichsleiter einer Großbank in Hamburg, Vorstandsvorsitzender der Ärztebank in Wien. Dazwischen mehrfach im Bereich Mikrofinance in Entwicklungsländern tätig. Von 2005 bis 2013 Vorstandsvorsitzender eine in Osteuropa tätigen internationalen Bankengruppe. 2011 Buch: „Sich selbst führen. Und dann die anderen". Lektor an der FH Krems für Unternehmensführung sowie CSR. Derzeit tätig als Strategie-Berater für „Stakeholder-orientierte Geschäftspolitik" sowie als Führungskräfte-Coach für intuitives Führen.

Reverse Stakeholder Engagement – Ethikbasiert statt machtorientiert

Barbara Coudenhove-Kalergi und Gabriele Faber-Wiener

Zusammenfassung

Stakeholder Engagement wird zunehmend wichtiger, nicht zuletzt aufgrund der jüngsten Entwicklungen im Reporting und in der Kommunikation. Social Media und GRI G4 zwingen zu echtem Involvement und Dialog. Gleichzeitig wird in der derzeitigen Praxis vorwiegend machtorientiertes oder opportunistisches Stakeholder Management betrieben. Dies kann in der Folge statt zu Kooperation der Stakeholder zu Zynismus, Misstrauen und Widerstand führen.

Der vorliegende Artikel bringt eine kurze Analyse der derzeitigen Stakeholder Management-Ansätze und deren Kommunikation, befasst sich mit den Auswirkungen und den damit verbundenen kritischen Fragen und plädiert letztlich für den normativ-kritischen Ansatz von Peter Ulrich.

Dieser Ansatz basiert auf der Annahme, dass alle Stakeholder gleich berücksichtigenswert sind. Das heißt es geht um Rechte – um „Stakes" – und weniger darum, welchen Nutzen der jeweilige Stakeholder dem Unternehmen bietet. Gelingt dieser Ansatz, wird ein Unternehmen und seine CSR-Aktivitäten von den Stakeholdern intrinsisch motiviert wahrgenommen und sein Anliegen dementsprechend als ernsthaft und integer gewertet.

Der Artikel zeigt auf, wie ethisch basiertes Stakeholder Management umgesetzt werden kann, worauf dabei zu achten ist und was im Unternehmen geändert werden muss, um bei Stakeholdern glaubwürdig und damit legitimiert zu sein.

B. Coudenhove-Kalergi (✉) · G. Faber-Wiener
Center for Responsible Management, Pulverturmgasse 17/18, 1090 Wien, Österreich
E-Mail: b.coudenhove-kalergi@responsible-management.at

G. Faber-Wiener
E-Mail: g.faber-wiener@responsible-management.at

1 Einleitung

> Nicht das Recht des Stärkeren, sondern die Stärkung des Rechts schützt die Interessen aller am besten. (Hans-Dietrich Genscher, deutscher Politiker)

Stakeholder Engagement, also strategischer Dialog und Auseinandersetzung mit Mitarbeitern, Lieferanten, Eigentümervertretern oder NGOs hat in den letzten Jahren weiter an Relevanz gewonnen, vor allem seit neue Formen der Kommunikation – wie beispielsweise Social Media – zu mehr und offener Interaktion zwingen.

Hinzu kommt die neue Entwicklung im Reporting: Nach den internationalen Vorgaben der Global Reporting Initiative (GRI) müssen spätestens ab 2017 alle Unternehmen, die nach diesem Standard ihre nicht-finanziellen Aktivitäten berichten, auch deklarieren, welchen Zugang zum Stakeholder Management sie haben und wie sie Stakeholder bei der Auswahl ihrer Themen und Aktivitäten ausgesucht, involviert, befragt und konsultiert bzw. einbezogen haben.

Gleichzeitig macht sich aber auch Kritik am derzeit praktizierten Stakeholder Management breit. Eine der Kritikpunkte ist die Instrumentalisierung von Stakeholdern, und zwar von beiden Seiten – seitens der beteiligten Unternehmen als auch deren Gegenüber. Ein weiterer Knackpunkt ist das Thema Macht – konkret der Vorwurf, dass die derzeitigen Ansätze als opportunistisches Power-Game missbraucht werden, von Stakeholdern getrieben, deren Relevanz und Einbindung lediglich durch ihre Macht das Unternehmen zu beeinflussen bestimmt wird. Der dritte Kernpunkt ist die Form der Interaktion – zumeist handelt es sich nach wie vor um Stakeholder Information oder asymmetrischen Dialog, d. h. primär die Einholung von Stakeholder-Feedback, nicht aber um Dialog oder Diskurs auf Augenhöhe, mit dem Ziel gemeinsame Lösungen und Werte zu schaffen (Details s. Kap. 4 u. 5).

Diese Fragen werden derzeit, genau 30 Jahre nach Begründung der Stakeholder Theorie durch Edward R. Freeman, international diskutiert – und kein geringerer als Freeman selbst fordert eine Revidierung und Weiterentwicklung. Er fokussiert mittlerweile auf Management FÜR Stakeholder und nicht Stakeholder Management, mit der Argumentation, dass Ethik und Werte inkludiert werden müssten. Dies erfordere eine andere Haltung und ein anders Leadership-Verständnis, nämlich „Ethical Leadership" (Freeman et al 2007, Details s. Kap. 5).

Der vorliegende Artikel bringt eine kurze Analyse der derzeitigen Stakeholder Management-Ansätze und deren Kommunikation, befasst sich mit den Auswirkungen und den damit verbundenen kritischen Fragen und plädiert letztlich für den normativ-kritischen Ansatz von Peter Ulrich (Ulrich 2008).

2 Stakeholder Management heute[1]

> Wir sind nicht nur verantwortlich für das, was wir tun, sondern auch für das, was wir nicht tun
> Molière, französischer Dramatiker

---

[1] In dieser Arbeit wurde bewusst der Begriff „Stakeholder Engagement" verwendet. „Stakeholder Management" steht nach Auffassung der Autorinnen für das machtorientierte Konzept und wurde auch so verwendet.

Die derzeitigen Zugänge zu Stakeholder-Management lassen sich grob in drei Richtungen unterscheiden:

- Die meisten Unternehmen bzw. Organisationen wählen einen **machtorientierten Zugang**, der das Leistungsergebnis des Unternehmens in den Mittelpunkt stellt. D. h. die Auswahl der Stakeholder wird aufgrund deren Einflussmöglichkeiten getroffen bzw. danach wer dem Unternehmen nützen oder schaden kann, und weniger wer welche Ansprüche hat.
- Dem gegenüber steht der von Peter Ulrich (Universität St. Gallen) definierte **normativ kritische Zugang**. Dieser basiert auf der Annahme, dass alle Stakeholder gleich berücksichtigenswert sind. D. h. es geht um Rechte – um „Stakes" – und weniger darum, welchen Nutzen der jeweilige Stakeholder dem Unternehmen bietet.
- Ein dritter, sehr häufiger, Zugang, ist der **opportunistische Zugang**: D. h. Unternehmen geben Ansprüche und Gleichbehandlung auf und versuchen, alle Interessen so weit wie möglich zu integrieren.

Beim machtstrategischen Konzept des Stakeholder Managements werden diejenigen als Stakeholder bezeichnet, die ein Einflusspotenzial gegenüber dem Unternehmen haben. Beim normativ-kritischen Konzept werden alle Gruppen als Stakeholder bezeichnet, die gegenüber dem Unternehmen legitime Ansprüche haben, sei es durch vertragliche Vereinbarungen oder allgemeine moralische Rechte (Ulrich 2008).

Aus unternehmensethischer Perspektive – so auch das Urteil von Ulrich – ist nur das normativ-kritische Konzept zu akzeptieren, bei dem die Stakeholder nicht Objekt der Organisation sind wie im machtstrategischen Konzept, sondern zum Subjekt und somit zu einem wichtigen Teil der Organisation werden (s. Abb. 1).

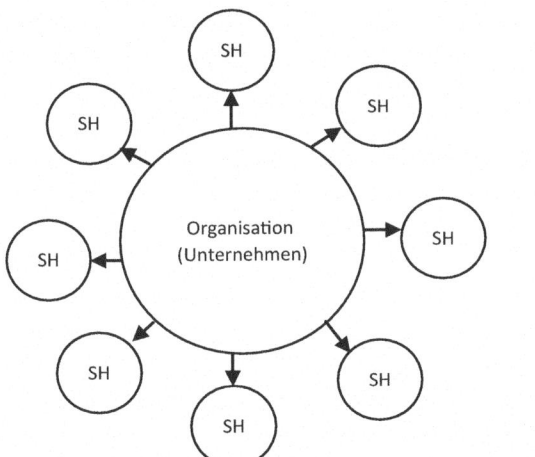
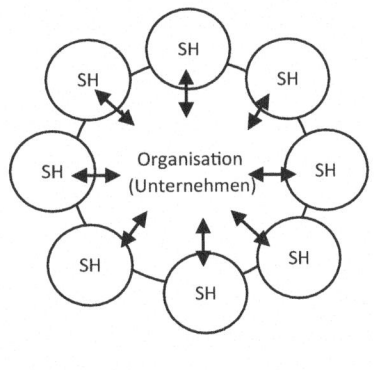

Abb. 1 Stakeholder Konzepte. (Quelle: Faber-Wiener 2013)

Einen Mittelweg zwischen den beiden Zugängen versucht der Leitfaden ISO 26000, die Stakeholder als *„Organisationen oder Personen, die ein oder mehrere Interessen an Entscheidungen oder Aktivitäten einer Organisation haben ..."* definiert. Wichtig dabei ist, dass *„Interesse"* bei ISO 26000 als *„Basis einer Forderung"* definiert wird. Die *„Identifizierung und Einbringung der Anspruchsgruppen"* ist somit auch eine der zwei Kern-Praktiken der ISO 26000 (neben *„Anerkennung der gesellschaftlichen Verantwortung"*) (ISO 2010, zitiert in Faber-Wiener 2013). Damit ist zwar eine Berücksichtigung der Stakeholderinteressen gegeben, nicht aber in diskursiver Form, d. h. in einer mit Regeln unterlegten Auseinandersetzung zur Lösung von Problemen und zum Treffen von Entscheidungen. Dies ist auch bei der Implementierung zu beobachten, bei der machtpolitische Überlegungen wiederum eine größere Rolle spielen, wie an der Frageliste zur Stakeholder-Identifikation zu erkennen ist (ISO 2010).

Die beschriebenen drei Ansätze reflektieren auch völlig unterschiedliche Ethik-Strömungen – eine Tatsache die den handelnden Akteuren zumeist nicht bewusst ist. Der machtorientierte Zugang repräsentiert im Großen und Ganzen die Ethik-Strömung des Egoismus mit Eigeninteresse als treibender Kraft, der normativ-kritische Ansatz steht für die Pflichtenethik des Immanuel Kant, und der opportunistische Ansatz steht für den Utilitarismus, eine Ethik-Richtung die grundsätzlich zu den konsequentialistischen Strömungen zählt und nach dem Nützlichkeitsprinzip handelt, d. h. eine Handlung danach als gut bewertet, wenn deren Folgen für das Wohlergehen aller Betroffenen optimal sind.

Diese Unterschiede der ethischen Zugänge gehen mit starken geographischen und kulturellen Unterschieden im Stakeholder Management einher. Im angloamerikanischen Raum wird ein starker Fokus auf die Umsetzung bzw. Form und Organisation des Stakeholder-Dialoges gelegt. Das reflektiert auch die unterschiedlichen Kommunikationstheorien zwischen Europa und USA, bei denen sich die US-Ansätze eher mit der Organisation der Kommunikation befassen (z. B. Grunig und Hunt 1984), während die europäischen Zugänge eher die Frage nach der gesellschaftspolitischen Funktion von Kommunikation stellen (Faber-Wiener 2013).

Dieser angloamerikanische, instrumentalistische Zugang hat sich mittlerweile auch hier stark verbreitet. Das Ergebnis: Stakeholder Management bzw. Stakeholder Engagement wird als Instrument, als Tool, als Event gesehen und nicht mit Haltung, Prinzipien, Rechten und Werten gleichgesetzt.

Fazit:

Der überwiegende Teil des Stakeholder Managements wird heute nach dem machtorientierten oder opportunistischen Zugang durchgeführt. Dies kann im schlechtesten Fall statt zu Kooperation der Stakeholder zu Zynismus, Misstrauen und Widerstand führen, vor allem wenn das Stakeholder Engagement instrumental und oberflächlich angewandt und dementsprechend als nicht echt angenommen wird (Koch 2011). Stakeholder bekommen dann das Gefühl, benutzt und instrumentalisiert, nicht als eigenständiges Subjekt sondern als Objekt betrachtet und behandelt zu werden.

Ein Schlüssel dabei ist die Kommunikation, die mit dem Stakeholder Management untrennbar verbunden ist. Sie ist Gegenstand des nächsten Abschnitts.

3 Stakeholder Kommunikation heute

Verantwortung leben heißt verantwortlich kommunizieren
Matthias Karmasin, Medien- und Kommunikationswissenschaftler

Die Kommunikation mit den Stakeholdern ist ein zentraler Bestandteil von Stakeholder Engagement – de facto IST Stakeholder Engagement Kommunikation. Die Ziele der Unternehmen sind dabei heute vielschichtig: Die Bandbreite reicht von Information über Reputationssteigerung bis hin zur Durchsetzung von Maßnahmen.

Morsing/Schultz haben 2006 – in Anlehnung an die Kommunikationsmodelle von Grunig/Hunt – drei Kommunikationsstufen für Stakeholder Kommunikation skizziert: Stakeholder Information, Stakeholder Response und Stakeholder Involvierung (Grunig und Hunt 1984; Morsing und Schultz 2006). Diese drei Strategien wurden von Faber-Wiener 2013 um eine vierte Ebene, nämlich Stakeholder Diskurs erweitert und auf ihre Auswirkungen auf Rollen und Aufgaben von Stakeholdern und Unternehmen hin untersucht. Das Ergebnis zeigt untenstehende Tabelle. (Faber-Wiener 2013, s. Tab. 1)

Wie am Anteil der Umsetzung zu sehen ist, dominiert in der derzeitigen Praxis die Einwegkommunikation bzw. die asymmetrische Zweiwegkommunikation, nicht aber Dialog oder Diskurs. Dies ist auch ein Ergebnis von Morsing/Schultz aus 2006. Ihr Résumé: „ ... *there is only little evidence that two-way communication processes are the norm currently being practised*" (Morsing und Schultz 2006).

Mit der Entscheidung für Einwegkommunikation, d. h. ohne aktives Involvement der Stakeholder in Botschaft und Wahl der Kommunikationsmittel besteht das Risiko einer „self-fulfilling prophecy": Unternehmen publizieren die Information, die sie selber wichtig finden, sie sind stolz darauf, was präsentiert wird, und sind daher der Ansicht, dass dies auch das sei, was andere Stakeholder hören wollten (O'Connor und Shumate 2008; Morgan 1999).

Die Folge: geringere Glaubwürdigkeit bei den Rezipienten, die wiederum dazu führen kann, dass Unternehmen ihre Kommunikation verstärken, allerdings weiterhin primär auf Einwegkommunikation oder bestenfalls asymmetrische Zweiwegkommunikation setzen. Eine „Überdosis" von eindimensionaler Kommunikation kann allerdings den nachteiligen Effekt verstärken, wie Untersuchungen zeigen. Je mehr ein Unternehmen durch Einwegkommunikation seine ethischen und sozialen Ambitionen publiziert, desto wahrscheinlicher ist es, dass dies kritische Stimmen anzieht. Dies wird auch als das „self promoter's paradox" bezeichnet.

Diese aktive Bewerbung wünschenswerter Qualitäten kann jedoch umso mehr Skepsis hervorrufen, vor allem dann, wenn ein Unternehmen zuvor mit negativer Reputation stigmatisiert war oder wenn es gleichzeitig durch konträre Aktivitäten (z. B. Skandal im Haus) ein Legitimitätsproblem erfährt. Die Öffentlichkeit traut Organisationen nicht, die ihr soziales Engagement übertrieben darstellen (Watts und Holme 2000). Bei übertriebener Darstellung ist es sogar möglich, dass Konsumenten glauben, das Unternehmen hätte

Tab. 1 Stakeholder Kommunikationsstrategien. (Quelle: Morsing und Schultz 2006, erweitert durch Faber-Wiener 2013 (Erweiterung grau unterlegt))

	Stakeholder Information Strategy (informieren)	Stakeholder Response Strategy (Feedback einholen)	Stakeholder Involvement Strategy (Feedback + Dialog)	Stakeholder Discourse Strategy (gemeinsame Lösungen)
Kommunikationsmodell (Grunig und Hunt 1984)	Einwegkommunikation, umfassende Mitteilungen	Asymmetrische Zweiwegkommunikation, incl. Feedback	Symmetrische Zweiwegkommunikation, Mediation	Symmetrische Zweiwegkommunikation (Diskurs), (Habermas 1981)
Stakeholder Fokus	Information über CSR-Bemühungen	Betonung, dass Unternehmen ethisch und gesellschaftlich verantwortlich handelt	Gemeinsame Schaffung von CSR Bemühungen	Werden nach ihren Rechten („Stakes") ermittelt und laufend involviert
Rolle der Stakeholder	Stakeholder Einfluss auf Befürworter- oder Gegnerschaft reduziert	Stakeholder reagieren auf unternehmerische Aktivitäten	Stakeholder sind involviert, nehmen teil und schlagen Aktivitäten vor	Stakeholder sind Ideengeber, kritischer Spiegel, Partner, Innovationsbringer
Identifikation des CSR-Fokus	Entschieden durch Top Management	Entschieden durch Top Management, verifiziert durch Feedback, Umfragen, Dialoge, Netzwerke und Partnerschaften	Verhandelt in Interaktion mit den Stakeholdern	Verhandelt durch Diskurs mit Stakeholdern als Teil von Ethik- u. Wertemanagement
Aufgabe der strategischen Kommunikation	Information von Stakeholdern über positive CSR Entscheidungen und Aktionen	Demonstration für Stakeholder wie Unternehmen ihre Anliegen integriert	Einladung und Aufbau von regelmäßigem, systematischem und pro-aktiven Dialog mit Stakeholdern, z. B. Opinion Leadern, Kritikern, Medien etc	Wie Involvement plus aktives Einbringen von Business Ethik und gesellschafts-politischer Aspekte (Spiegel-Funktion)
Aufgabe im Unternehmen (Corporate Communication)	Ansprechende Botschaften formulieren	Identifikation der wichtigen Stakeholder	Beziehungen aufbauen	Beziehungen aufbauen, Brückenfunktion, Einbringen von Business Ethik
Charakteristik	Mitteilen und verlautbaren	Argumentieren	Sich austauschen	Gemeinsames Handeln

Tab. 1 (Fortsetzung)

	Stakeholder Information Strategy (informieren)	Stakeholder Response Strategy (Feedback einholen)	Stakeholder Involvement Strategy (Feedback + Dialog)	Stakeholder Discourse Strategy (gemeinsame Lösungen)
Ziel/Zweck	Aufklärung	Erziehung	Konsens	Einigung, Einverständnis
Anteil bei Umsetzung[a]	50 %	20 %	15 %	Derzeit nicht eruierbar
Vorherrschende Medien	Pressemitteilungen, Eigenpublikationen	Persönliche Kommunikation, Veranstaltungen	Persönliche Kommunikation, Veranstaltungen, E-Mails	Persönliche Kommunikation, Social Media, direkter, regel-geleiteter Diskurs
Vorherr-schende Ansicht	Zweiwegkommunikation wird nicht gebraucht = Störung des Funktionszusammenhangs	Zweiwegkommunikation = Förderung von Reputation, Bestätigung der Linie, leichte Adaptierungen möglich	Zweiwegkommunikation = Förderung von Vertrauen und Reputation, Bestätigung der Linie, leichte Adaptierungen	Diskurs = ergebnisoffen Kommunikation = neutral (Brücke)
Hierarchien	Steil	Flacher	Flach	Schlank
Management-Rollen (Mintzberg 1980)	Entscheider über Ressourcen, Beobachter, Sender	Entscheider über Ressourcen, Sender, Sprecher	Sender, Sprecher, Vorgesetzter	Verhandler, Problemlöser, Vorgesetzter

[a] Vgl. Morsing und Shultz 2006, basierend auf Grunig und Hunt 1984. Die verbleibenden 15 % liegen beim Modell der Publicity, das im Zusammenhang mit Stakeholder Kommunikation aufgrund seiner Eigenschaften und Marketing-Orientierung nicht adäquat ist und daher weggelassen wurde.

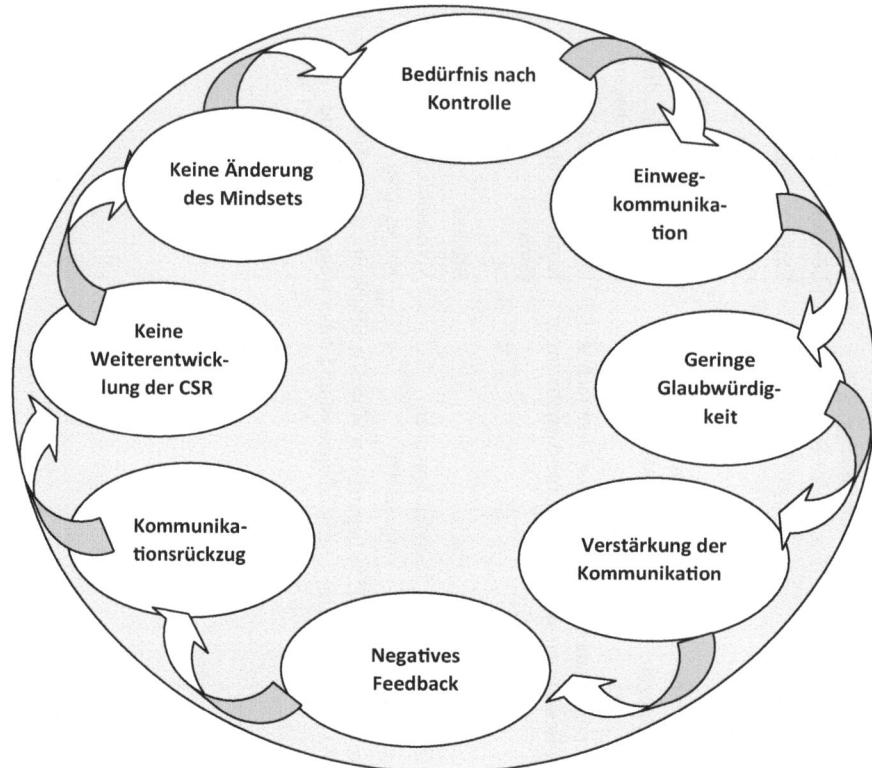

Abb. 2 Negativ-Spirale bei einseitiger CSR-Kommunikation. (Quelle: Faber-Wiener 2013)

etwas zu verbergen bzw. wolle durch CSR-Kommunikation von anderen Dingen ablenken oder negative Aspekte überspielen (Brown und Dacin 1997).

Dies kann zu negativen Reaktionen führen, da es als „Greenwashing" oder „Window Dressing" wahrgenommen wird, vor allem wenn bei kritischen Konsumenten die Befürchtung der versuchten Manipulation entsteht (Schrader et al. 2005) Der logische Schritt aus dieser negativen Konsumenten-Reaktion von Seiten des Unternehmens war in den vergangenen Jahren der Rückgang bzw. Rückzug der aktiven Kommunikation. Dies kann allerdings letztendlich dazu führen, dass Corporate Social Responsibility-Maßnahmen reduziert oder überhaupt gestrichen werden.

Das Ergebnis dieser Glaubwürdigkeits-Negativ-Spirale: keine Änderung des Mindsets von Führungskräften in Richtung verantwortliches Management und infolge keine Weiterentwicklung der Unternehmenskultur in diese Richtung. Dies schließt den Kreis bzw. lässt ihn von neuem beginnen, was zu einer immer geringeren Glaubwürdigkeit von Unternehmen und letztendlich zu Stagnation in der Gesellschaft führt (s. Abb. 2).

Fazit: CSR-Kommunikation verschafft den Unternehmen zwar neue Möglichkeiten der Vertrauensbildung und Profilierung. Sie verpflichtet sie aber auch auf symmetrischere, offenere und diskursivere Kommunikationsformen mit ihren Stakeholdern (Bruhn 2005).

Ein Weg, um aus dieser Negativ-Spirale herauszukommen, ist die Legitimierung durch andere. Und genau das ermöglicht Ethik-basiertes Stakeholder Engagement.

4 Conclusio: Ethik als Basis für Stakeholder Engagement

> Die schlimmste Art der Ungerechtigkeit ist die vorgespielte Gerechtigkeit.
> Platon (427 – 348 od. 347 v. Chr.), lateinisch Plato, griechischer Philosoph

Nach den vorangegangenen Ausführungen der Konsequenzen des derzeitigen Stakeholder Managements sowie der damit verbundenen Kommunikation sowie den Erfahrungen des Center for Responsible Management ist der ethik-basierte Zugang dem machtstrategischen vorzuziehen. Zentral dabei ist es, dass am Beginn des Stakeholder-Managementprozesses nicht die Frage nach den Möglichkeiten und den Potenzialen der Unternehmung, sondern jene nach den Ansprüchen der Anspruchsgruppen steht. D. h. nach der Erfassung der Stakeholder erfolgt die Erfassung ihrer „Stakes", wobei wichtig ist, *„dass die Priorisierung der Ansprüche nicht nur nach zweckrationalen Kriterien erfolgen soll"* (Karmasin und Weder 2008), S. 175, zitiert in Faber-Wiener 2013).

Gelingt das, wird ein Unternehmen und seine CSR-Aktivitäten von den Stakeholdern intrinsisch motiviert wahrgenommen und sein Anliegen dementsprechend als ernsthaft und integer gewertet. Intrinsische Motive beeinflussen Stakeholder positiver (Forehand und Grier 2003), allerdings werden auch extrinsische Motive akzeptiert, vorausgesetzt sie dominieren nicht. Je höher der Wissensgrad und je stärker das Involvement der Stakeholder sind, desto höher ist die Akzeptanz von extrinsischen Motiven und „Win-win-Situationen" (Du et al. 2010). Dies entspricht auch der Meinung von Porter/Kramer, die der Ansicht sind, dass das Engagement für Stakeholder eher glaubhaft sei, wenn das Unternehmen offen zugibt, dass es auch selbst profitiert (Porter und Kramer 2006). Dies verpflichtet zu einer offenen Kommunikation über die eigenen Motive.

Für Karmasin/Weder sind drei Elemente ausschlaggebend für das Gelingen einer nachhaltigen und für beide Partner erfolgreichen Stakeholderbeziehung: Akzeptanz der Stakeholder durch die Organisation, Akzeptanz der kommunikativen Bemühungen der Organisation durch die Stakeholder und Akzeptanz der Stakeholder-Kommunikation in Bezug auf die individuellen Wertesysteme. Diese drei Elemente ermöglichen erst den nachhaltigen Aufbau von Sozialkapital (Karmasin und Weder 2008, s. Abb. 3).

```
  Akzeptanz der Stakeholder durch die Organisation
+ Akzeptanz der kommunikativen Bemühungen der Organisation durch die Stakeholder
+ Akzeptanz der Stakeholder-Kommunikation in Bezug auf die individuellen Wertesysteme
= Aufbau von Sozialkapital (Vertrauen, Reputation, Anschlussfähigkeit an Netzwerke etc.)
```

Abb. 3 Erfolgsfaktoren für nachhaltige und unternehmensethisch korrekte Stakeholder-Beziehung. (Quelle: Karmasin und Weder (2008), Darstellung Faber-Wiener 2013)

Fazit:

Ethisch korrektes, auf die Stakeholderansprüche abgestelltes und nicht auf machtpolitische Überlegungen aufgebautes Stakeholder-Engagement trägt aufgrund der Schaffung von Sozialkapital wie Reputation und Vertrauen für das Unternehmen zu Effizienz bei und ist somit auch wirtschaftlich sinnvoll.

Ein ethikbasiertes Stakeholder Engagement muss sich jedoch an Prinzipien oder Werten orientieren, um nachhaltig wirken zu können und seine Effizienz zu entfalten.

5 Ethikbasiertes Stakeholder Engagement – die Prinzipien

> Handle so, dass du die Menschheit sowohl in deiner Person, als in der Person eines jeden anderen jederzeit zugleich als Zweck, niemals bloß als Mittel brauchst.
> Immanuel Kant, Kategorischer Imperativ, Verdinglichkeitsverbot

Einen stark wertebasierten Zugang beschreibt wiederum Edward Freeman in seinen aktuellen Arbeiten zu „Management for Stakeholders" bzw. „Ethical Leadership". Für ihn sind Beziehungen mit Stakeholdern die Essenz der Geschäftstätigkeit überhaupt: *„Unternehmen sind nur die Vehikel, durch die sich Stakeholder in einem gemeinsam und kooperativen Wertschöpfungsprozess engagieren. Kapitalismus ist damit primär ein kooperatives System von Innovation, Wertschöpfung und Austausch. Es ist de facto die mächtigste Methode sozialer Zusammenarbeit, die wir je erfunden haben"* (Freeman et al. 2007).

Freeman unterteilt „Ethical Leadership" in drei Dimensionen:

1. Unternehmenszweck und Werte:
   Die Grundsatzfrage des WARUM sollte hier am Beginn stehen – sie führt zu Hintergründen, Werten und der Basis jedes Unternehmens und ist Voraussetzung für jegliche Stakeholder-Interaktion.
2. Stakeholder und Prinzipien:
   Hier geht es darum, zuerst die Qualität der Beziehung mit Stakeholdern zu überlegen und zu analysieren und sie mit Prinzipien zu unterlegen, die in der Umsetzung idealerweise für beide Partner – Unternehmen und Stakeholder – gelten.
3. Gesellschaftlicher Kontext und Verantwortung:
   Es ist notwendig, das gesellschaftliche Umfeld genau zu beobachten bzw. durch Stakeholder Engagement – auch und gerade mit kritischen Gruppen – hellhörig und offen zu bleiben.
   Diese drei Dimensionen sind jeweils mit unterschiedlichen Zielen, Voraussetzungen und Fragestellungen verbunden, die als Hilfestellung zur Auseinandersetzung mit Prinzipien auf Unternehmensebene dienen. (s. Abb. 4)

Ethische Prinzipien sind implizit – mitunter auch bereits explizit – die Basis jeder Unternehmens-Stakeholder-Beziehung. Sie können Einflussfaktor und Ergebnis der Verantwortungs-

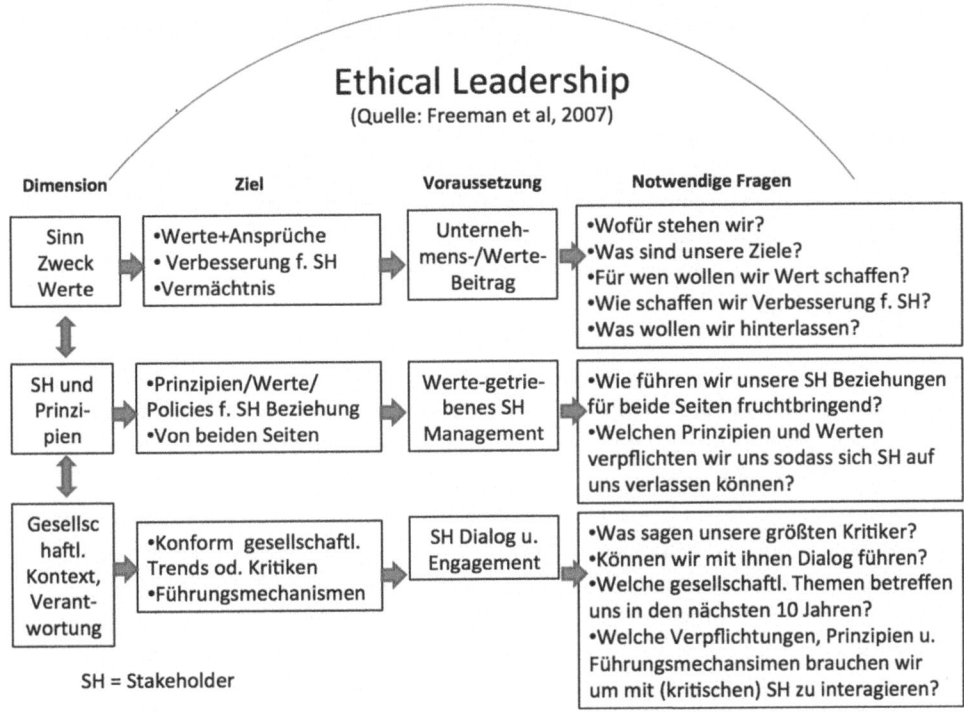

Abb. 4 Ethical Leadership. (Quelle: Freeman et al. 2007, übersetzt und adaptiert durch Autorinnen)

strategie eines Unternehmens hinsichtlich seiner Stakeholder sein – oder beides gleichzeitig. Sie prägen die Kultur eines Unternehmens und somit dessen Geschäftspraktiken.

Diese Prinzipien oder Werte klar zu definieren und im Unternehmen durch Prozesse und Projekte „auszubuchstabieren" ist für ein verantwortungsvolles Management unabdingbar und macht es ethikbasiert. Eine Ethik des Stakeholdermanagements fragt daher nach den moralischen Grundprinzipien, die handlungsanleitend sein sollen (Beschorner und Osmers 2004 in Schmid und Beschorner 2005).

Ethik hat den Vorteil gegenüber einer technischen Herangehensweise an das Stakeholder Engagement – wie Checklisten oder Leitlinien –, dass sie auf Prinzipien als Entscheidungsgrundlage und Handlungsanleitung basiert. Statt umfangreicher Handbücher reichen einige wenige Prinzipien mit einem im Idealfall ähnlichen, aber umso nachhaltigeren Ergebnis.

Die Basis für erfolgreiches Stakeholder Engagement bilden nach der Erfahrung des Center for Responsible Management die Prinzipien Gleichheit, Respekt, Diskursorientierung, Rechenschaftspflicht (Accountability) und Transparenz (Coudenhove-Kalergi 2012). Ausgehend von diesen universellen Prinzipien können Werte abgeleitet werden, die zu einer erfolgreichen Unternehmen-Stakeholder-Beziehung führen.

Die Qualität der Beziehung wird aus der Sicht der Stakeholder an drei Dimensionen festgemacht (Zandvliet und Anderson 2009):

- Verteilung der Vorteile: Wie werden die Vorteile, die man durch die Präsenz und Aktivitäten des Unternehmens erlangen kann, innerhalb der Gemeinschaft verteilt?,
- Verhalten und die Handlungen des Unternehmens: Wie wird das Verhalten des Unternehmens wahrgenommen? und
- Auswirkungen: Wie geht das Unternehmen mit den Auswirkungen seiner Geschäftstätigkeit konkret um?

Um ihre Kraft in der Geschäftspraxis zu entwickeln, müssen diese ethische Prinzipien operationalisiert – also zum Leben erweckt – werden. Wie das Ausbuchstabieren im Stakeholder Engagement-Prozess funktioniert und wie die Werte anhand von beispielhaften Maßnahmen festgemacht werden am Beispiel des Wertes *Respekt*:

Respekt ist ein zentrales Konzept vieler ethischer Theorien. Immanuel Kant argumentiert in seinem moralphilosophischen Werk *Grundlegung zur Metaphysik der Sitten* anhand des kategorischen Imperativs, dass alle Menschen ein Zweck in sich selbst sind und daher eine absoluten Würde besitzen (Kant 1785). Respekt ist für Kant die Anerkennung dieser Würde des Menschen als Selbstzweck und somit moralisch unbedingt gefordert.

Aus der Unternehmensperspektive bedeutet eine respektvolle Werthaltung Offenheit, Unvoreingenommenheit, den Willen, sich mit Themen, die Stakeholder betreffen, auseinander zu setzen, Verständnis sowie Begegnung auf Augenhöhe. Das führt dazu, dass sich die Stakeholder respektiert und ernst genommen fühlen. Operativ bedeutet das, Prozesse zu entwickeln, die diesen Wert „Respekt" unterstützen – etwa Mediations- bzw. kontinuierliche Dialog-Prozesse. Einzelmaßnahmen könnten beispielsweise Empowerment-Projekte für Stakeholder sein. Dies alles lässt Stakeholder auf ein respektvolles Verhalten des Unternehmens schließen – ohne dass das Prinzip Respekt per se in den Mund genommen werden muss. So lassen sich auch die anderen Prinzipien ausbuchstabieren (siehe Abb. 5).

Stakeholder Engagement, das auf diesen fünf ethischen Prinzipen basiert wird generell dazu geeignet sein, Risiken, die durch schlechte Unternehmen-Stakeholder-Beziehungen entstehen, besser zu bewältigen. Durch ihre normative Eigenschaft erhalten sie umso mehr Relevanz bei ethischen und moralischen Fragestellungen in schwierigen Situationen.

Hilfreich für die Umsetzung sind Kontrollfragen, die ein Handeln im Rahmen dieses Frameworks unterstützen. Diese werden in folgender Abbildung dargestellt, dienen primär als Ausgangspunkt für eine eigene Liste und müssen von jedem Unternehmen für die jeweilige Situation adaptiert werden (s. Tab. 2).

Fazit:

Ein Stakeholder Management, das auf den oben beschriebenen fünf Prinzipien basiert und in ein Ethical Leadership integriert ist, garantiert ein „Management for Stakeholder", verbessert die Qualität der Unternehmen-Stakeholder-Beziehung, baut Vertrauen und Glaubwürdigkeit auf und eröffnet Möglichkeiten für echte Kooperation und ist Quelle für Innovation. Diese Vorteile werden im nächsten Abschnitt näher erläutert.

Reverse Stakeholder Engagement – Ethik-basiert statt machtorientiert

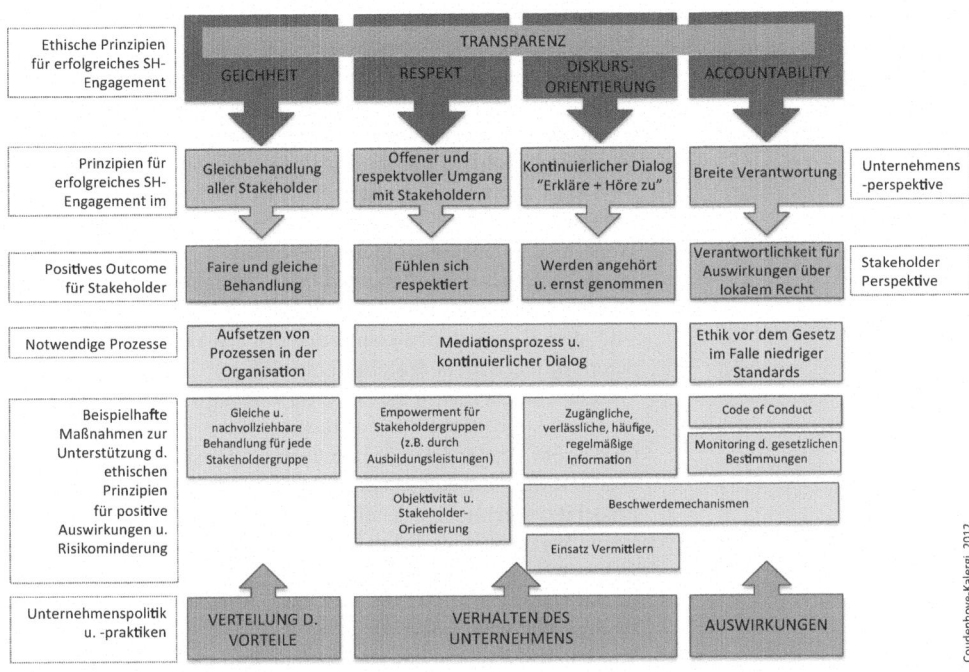

Abb. 5 Operationalisierung ethischer Prinzipien im Stakeholder Engagement-Prozess. (Quelle: Coudenhove-Kalergi 2012)

6 Ethikbasiertes Stakeholder Engagement – die Vorteile

> The more dialogue you create, the better your sustainability performance
> (Elaine Cohen)

Ethikbasiertes Stakeholder Engagement setzt ein Umdenken und eine ernsthafte Auseinandersetzung mit der Rolle und Perspektive der Stakeholder voraus. Gelingt das, ist es eine lohnende Investition, die Unternehmen auf vielen Ebenen hilft.

Die Vorteile eines ethikbasierten Zugangs für Stakeholder Engagement liegen auf der Hand:

Ethikbasiertes Stakeholder Engagement aus der Sicht des Unternehmens

- Erweitert die Perspektiven und schafft einen 360 Grad-Fokus
- Führt zu mehr Know-how und ist Quelle für Innovation
- Schafft Sozialkapital wie Reputation und Vertrauen für das Unternehmen
- Ermöglicht, Kooperationspartner zu finden, die Unternehmen für die Unterstützung in der Gesellschaft benötigen
- Führt vor Augen, wie das Unternehmen von außen gesehen wird

Tab. 2 Kontrollfragen zur Operationalisierung ethischer Prinzipien im Stakeholder Engagement-Prozess. (Quelle: Coudenhove-Kalergi 2012, adaptiert)

Operationalisierung ethischer Prinzipien im Stakeholder Engagement	Was sind die Unternehmenswerte? Wurden sie nur niedergeschrieben oder auch mit Wertemanagement unterlegt? (u.a. Code of Conduct, Code of Ethics etc. als unterstützende Instrumente) Ist ein Stakeholder Engagement-Prozess geplant? Sind klare Ziele für jeden Stakeholder Engagement-Prozess festgelegt? Werden alle Stakeholder gleich behandelt? Ist das Unternehmen offen und unvoreingenommen gegenüber allen Stakeholdergruppen, also auch jenen, die benachteiligt sind, dem Unternehmen keine strategischen Vorteile bringen, deren Anliegen nicht dringlich sind etc? Werden Stakeholder in die Lage versetzt, ihre „Stakes" zu erkennen, zu verstehen und anzusprechen? Gibt es ein Verständnis/ein Bemühen um Verständnis für die Werte, Kultur und Ansichten der verschiedenen Stakeholder? Findet ein regelmäßiger Dialog statt? Ist die Verantwortung für das Stakeholder-Engagement klar zugeteilt? Ist das Unternehmen transparent in seiner Kommunikation? Werden Bedenken angehört? Werden die Aktionen des Unternehmens in einer verständlichen Sprache erklärt? Haben die Stakeholder Zugang zu den Informationen, die sie brauchen und für die sie sich interessieren? Gibt es eine Beschwerdestelle? Werden Beschwerden rasch beantwortet? Stellt das Unternehmen Ethik über herrschendes Recht, falls dieses nicht ausreicht, um die Stakeholder zu beschützen? Etc.

- Hilft, Eskalationen zu vermeiden, die durch überraschenden öffentlichen Druck entstehen könnten
- Hilft dabei, Risiken zu vermeiden und damit Kosten zu sparen
- Hilft, etwaige Wertekonflikte zu erkennen und zu vermeiden bzw. auszuräumen

Damit hat Ethikbasiertes Stakeholder Engagement auch einen klaren Business Case:

- Durch die Einbeziehung der gesellschaftlichen Sicht werden falsche, undurchsetzbare Managemententscheidungen von vornherein verhindert – und Kosten durch Fehl-Maßnahmen gespart.
- Durch selbstkritische Darstellung in der Kommunikation wird die Glaubwürdigkeit und somit Akzeptanz erhöht – und Kosten durch hohe Streuverluste gespart.

- Durch echten Diskurs mit Stakeholdern und den damit verbundenen Regeln und Verpflichtungen wird die Umsetzung von Vorhaben gesichert – und Kosten durch Proteste, Prozesse etc. gespart.

Voraussetzung dafür ist Offenheit für die Umsetzung der Vorhaben in abgeänderter Form aufgrund von im Diskurs erzielten Kompromissen sowie auf der Seite der Stakeholder die Beachtung der Diskursregeln, d. h. u. a. Verbindlichkeit der gemeinsamen erarbeiteten Lösungen.

Dies sind nur einige der möglichen Aspekte, wie sich ethisch korrektes Verhalten auf das Unternehmensergebnis auswirken kann.

Fazit: Ethikbasiertes Stakeholder Engagement hat eine Reihe von Vorteilen und ist eine Investition die sich lohnt. Wie es in der Praxis umgesetzt werden kann, wird im nächsten Abschnitt skizziert.

7 Ethikbasiertes Stakeholder Engagement – die Umsetzung

> Es ist leichter zehn Bände über Philosophie zu schreiben, als einen Grundsatz in die Tat umzusetzen.
> Leo (Lew) Nikolajewitsch Graf Tolstoi (1828–1910), russischer Erzähler und Romanautor

Ethikbasiertes Stakeholder Engagement – basierend auf den in Kap. 5 skizzierten Prinzipien – ist ein Prozess der eng mit anderen Strategieprozessen verknüpft ist und daher nicht isoliert stehen sollte. Es geht dabei sehr rasch an die Grundfragen und Grundfesten eines Unternehmens. Daher braucht ein derartiger Prozess ausreichend Zeit und Ressourcen, um das gewünschte, nachhaltige Ergebnis zu liefern.

Die 13 Schritte der Umsetzung:

1. Identifikation und Klärung von Motivationen, Zielsetzungen und Prinzipien
2. Identifikation der Stakeholder
3. Erfassung und Einordnung ihrer Ansprüche
4. Ethikbasiertes Stakeholder-Mapping (nach Interessen und Ansprüchen, nicht nach ihrer Macht)
5. Unternehmensinternes Training in Dialektik, Logik und kommunikativer Kompetenz incl. Hermeneutik, die Wissenschaft vom Verstehen unter ethischen Regeln.
6. Strategieplanung für den Stakeholder Diskurs
7. Durchführen der gewählten Dialog-Formate unter Berücksichtigung v. a. des Diskurs-Prinzips (ergebnisoffen) und der alterozentrischen Sichtweise sowie der Regeln der Hermeneutik
8. Einordnen und Evaluieren der Inputs der Stakeholder
9. Adaptierung der Strategie
10. Adaptierung und Umsetzung von Maßnahmen

11. Einfließen ins Reporting (z. B. in die Materialitätsmatrix)
12. Evaluierung
13. Fortsetzung eines kontinuierlichen Dialogs

Ein Kernpunkt bei der Umsetzung und der erste, aber gleichzeitig wichtigste Schritt, ist die Identifikation der Stakeholder. Hier bietet das Salience-Modell von Mitchell et al. eine praktikable Methode zur Identifikation der Stakeholder aufgrund ihrer Eigenschaften und Ansprüche. Es kategorisiert Stakeholder nach drei Richtungen: anhand der Kriterien ‚Macht' das Unternehmen zu beeinflussen, ‚Dringlichkeit' der Ansprüche der Stakeholder an das Unternehmen und die ‚Legitimität' der Beziehung des Stakeholders zum Unternehmen. Dabei ist die Kombination der drei Eigenschaften ausschlaggebend für die Bedeutung dieser Stakeholder für ein Unternehmen und dessen Maßnahmen daraus. Der Faktor Dringlichkeit ist dabei ein Schlüsselfaktor, der dem Stakeholder-Ansatz Dynamik verleiht und die Interaktion Unternehmen-Stakeholder bestimmt (Mitchell et al. 1997).

Die so eruierten Ansprüche können in Folge durch einen fokussierten Konsultations-Prozess thematisiert werden. Gleichzeitig muss das Unternehmen auch seine Branchenrisiken in Kontext mit den Stakeholdergruppen setzen sowie die Auswirkungen der Geschäftstätigkeit dahingehend analysieren.

Als Erfolgsfaktoren für normativ-kritisches Stakeholder Engagement haben sich – basierend auf Erfahrung mit und von Unternehmen – folgende herauskristallisiert:

- Pro-aktive und frühe Kontaktaufnahme
- Antizipation und Ansprechen potenzieller Probleme (Krisenvorbeugung)
- Allianzen mit Dritten, Identifikation vertrauenswürdiger und akzeptierter Mittelspersonen
- Berücksichtigung des Zeitfaktors (Stakeholderbeziehungen sind Langfrist-Projekte)
- Entwicklung sozioökonomischer Datenblätter mit Fokus auf benachteiligte Gruppen (soziale und kulturelle Dimensionen erheben)
- Engagement mit Stakeholdern in deren eigener Community

Zusätzlich sollten folgende Faktoren berücksichtigt werden (Coudenhove-Kalergi 2012):

- Klare und transparente Werte für die Geschäftsgebarung sowie klare Prinzipien für Dilemmata-Management: Diese helfen dem Management auch im Alltag, die richtigen Entscheidungen im Interesse des Unternehmens UND der Stakeholder zu treffen.
- Proaktive Kommunikationsstrategie (beispielsweise für Änderungen von Standardprozessen, Projektvorhaben o.ä. vor allem gegenüber den unmittelbar Betroffenen wie Kunden oder Lieferanten): Stakeholder müssen zeitgerecht informiert werden, um zu wissen, was auf sie zukommt.
- Identifikation und Nutzung von In-house Know-how, Lernbereitschaft aus den Erfahrungen der Mitarbeiter: Wissen und Erfahrungen werden auf breiter Basis gemacht. Dieses im ganzen Unternehmen vorhandene Wissen muss nutzbar gemacht werden.

- Empowerment der Mitarbeiter, Verantwortung zu übernehmen, z. B. im Rahmen eines Change Prozesses.
- Einbeziehung von externen Experten zu Fragen von Kultur, Werten, gesellschaftlichen Dynamiken und Unternehmensethik: Externes Wissen kann dem Unternehmen Entscheidungssicherheit geben.

8 Ethikbasiertes Stakeholder Engagement – die Kommunikation

Die Fragen sind es, aus denen das, was bleibt, entsteht.
Erich Kästner (1899–1974)

Der Schlüssel zur ethisch richtigen Kommunikation mit Stakeholdern ist die Glaubwürdigkeit des Kommunikators. Diese setzt sich aus zwei Komponenten zusammen: Kompetenz und Vertrauenswürdigkeit (Faber-Wiener 2013). Vor allem letztere zeigt die Relevanz der Verständigungsorientierung und der von Habermas geforderten Trennung der beiden Kommunikationsziele Verständigung und strategischer Kommunikation (Habermas 1981) Dies bestätigt auch Brugger: *„Ob eine Quelle als vertrauenswürdig eingeschätzt wird oder nicht, hängt davon ab, inwieweit die Rezipienten davon ausgehen, dass es die Absicht des Kommunikators ist, überzeugen zu wollen, um dadurch selbst Vorteile zu erzielen"* (Brugger 2008). Je größer also die Eigennützigkeit und je stärker die Absicht ist, eigene Vorteile zu erzielen, desto schwächer ist das Vertrauen.

Umgekehrt besagt die „Erwartungs-Widerlegungs-Hypothese" von Eagly et al., dass Rezipienten automatisch davon ausgehen, dass ein Kommunikator eine Botschaft in seine Richtung verzerre. Tue er das nicht, nehme die Akzeptanz der Botschaft rapide zu. Kommunikatoren, die ausschließlich positive Botschaften übermitteln, würden als unaufrichtig und weniger kompetent und sachverständig beurteilt als diejenigen, die (selbst)kritisch seien. Die größere Wirksamkeit haben, lt. Eagly et al., zweiseitige Botschaften, d. h. positive und negative in Kombination, wobei die ungünstigen Argumente zuerst angeführt werden sollten (Eagly et al. 1981). Das betont die Relevanz von Selbstkritik und bedeutet, dass auch heikle Themen angesprochen werden müssten, da sie im Bewusstsein der Rezipienten ohnehin vorhanden seien.

Bleiben diese Themen unerwähnt, führt das erwiesenermaßen zu einem Glaubwürdigkeitsdefizit (Mast und Fiedler 2005). Diese Ansicht teilen auch Brugger und Haley: *„Wichtig ist, dass Unternehmen den Zwang zum Positiven überwinden und ihre Schwierigkeiten auf dem Weg zur Nachhaltigkeit und ihre Probleme bezüglich ökologischer und sozialer Fragestellungen thematisieren. Zielführend kann hierbei sein, den Weg und die Anstrengungen zu kommunizieren und nicht marginale Verbesserungen unverhältnismäßig kommunikativ aufzublasen. Auch sollten die durchaus legitimen Eigeninteressen des Unternehmens nicht verschwiegen werden"* (Brugger 2008).

Dies wird auch von Renn und Levine bestätigt. Sie konstatieren, dass Vertrauen sich auf die Erwartungshaltung, dass eine Botschaft wahr und zuverlässig sei, beziehe und dass

Tab. 3 Leit-Prinzipien von Responsible Communication (RC). (Quelle: Faber-Wiener 2013)

Prinzip	Bedeutung
Neutral	RC agiert als Bindeglied zwischen Gesellschaft und Wirtschaft und strebt umfassende, ausgewogene Standpunkte und Kommunikationsinhalte an
Fair	RC verwendet nur Kommunikationsformen und -inhalte, die keiner anderen Partei Schaden zufügen und nach Möglichkeit anderen Personen und Institutionen die Chance geben, ihre Positionen zu vertreten
Ethikbasiert	RC ist der Ethik und Moral verpflichtet, d. h. respektiert ethische Prinzipien, setzt sich aktiv mit Kriterien für gutes und schlechtes Handeln auseinander (z. B. Kritik der praktischen Vernunft von Kant) und bringt sie in Managemententscheidungen und Prozesse sowie in die Formen und Inhalte der Kommunikation ein (Kant 1870)
Vorurteilsfrei	RC agiert und kommuniziert nur nach verstandesgemäßer Würdigung aller relevanten Eigenschaften eines Sachverhaltes oder einer Person, d. h. vertritt keine von vornherein festgelegten Positionen[a]
Logikbasiert	RC agiert nach den Gesetzen und mit den Elementen der Logik, d. h. z. B. mit Begründungen, Argumenten, Definitionen und Beweisen. Sie strebt Lösungen an, die auf diesen Elementen und Gesetzen aufbauen
Objektiv	RC agiert bei der Beschreibung eines Sachverhalts oder in anderen Zusammenhängen stets möglichst unabhängig von Gefühlen, Personen, Organisationen oder Auftraggebern[b]
Ehrlich	RC agiert und kommuniziert ohne Verstellung und verpflichtet sich der Wahrheit.
Transparent	RC ist offene, durchschaubare Kommunikation, die auf freie Information und auf Partizipation beruht
Authentisch	RC basiert auf der Übereinstimmung von Schein und Sein, d. h. die Darstellung nach außen unterscheidet sich nicht von der Realität innen[c]
Partizipativ	RC beteiligt Stakeholder an Entscheidungsprozessen durch aktive, diskursive Einbindung und das Respektieren und Berücksichtigen ihrer Bedürfnisse und Interessen
Proaktiv	RC handelt und kommuniziert initiativ und frühzeitig, noch ehe die Umwelt zu (reaktiven) Maßnahmen zwingt, und ermittelt laufend, in einem proaktiven, diskursiven Prozess, mögliche negative Auswirkungen von Entscheidungen und Aktivitäten, mit dem Ziel, diese zu vermeiden bzw. zu verhindern

Tab. 3 (Fortsetzung)

Prinzip	Bedeutung
Reflexiv	RC unterstellt sein Handeln einem kontinuierlichen Lern- und Reflexionsprozess, bei dem das ethisch korrekte Handeln der Bezugspunkt ist
Innovativ	RC ist offen und sucht stets nach neuen Lösungswegen, Ansätzen und Erkenntnissen

[a] Hier ist vor allem auf das Phänomen des „Ingroup Bias", d. h. der Eigengruppen-Verzerrung zu achten. Diese bezeichnet die Tendenz, die eigene Gruppe zu bevorzugen und die Nichtmitglieder zu benachteiligen. Dieses Phänomen, auch von Taijfel und Turner als „Theorie der sozialen Identität" bezeichnet, beruht auf der Identifikation eines Akteurs mit seiner Gruppe. Sie wird zur Basis für das Selbstwertgefühl und beeinflusst Urteile zugunsten der eigenen Gruppe. Vgl. Tajfel und Turner (1979)

[b] Bei diesem Prinzip der Objektivität ist der Autorin bewusst, dass die objektive Einschätzung einer Sache immer auf der subjektiven Einschätzung des Beobachters basiert (Subjektivität der Objektivität, Kritischer Rationalismus nach Popper). Es ist jedoch wichtig, sie anzustreben und in Kombination mit den anderen Prinzipien (v. a. Elementen der Logik) nach Möglichkeit umzusetzen

[c] Die Sozialpsychologen Michael Kernis und Brian Goldman unterscheiden darin vier Kriterien, die erfüllt sein müssen, damit man *sich selbst als authentisch* erlebt:
Bewusstsein – Ein authentischer Mensch kennt seine Stärken und Schwächen ebenso wie seine Gefühle und Motive für bestimmte Verhaltensweisen. Erst durch diese Selbstreflexion ist er in der Lage, sein Handeln bewusst zu erleben und zu beeinflussen.
Ehrlichkeit – hierzu gehört, der realen Umgebung ins Auge zu blicken und auch unangenehme Rückmeldungen zu akzeptieren.
Konsequenz – Ein authentischer Mensch handelt nach seinen Werten. Das gilt für die gesetzten Prioritäten und auch für den Fall, dass er sich dadurch Nachteile einhandelt. „Kaum etwas wirkt verlogener und unechter als ein Opportunist." Wright (2008)

der Kommunikator Kompetenz und Ehrlichkeit demonstriere, indem er genaue, objektive und komplette Informationen liefere (Weder 2010).

Für die Umsetzung der Kommunikation empfiehlt es sich, die 13 Leit-Prinzipien von Responsible Communication (RC) heranzuziehen (Faber-Wiener 2013). Diese sind in der folgenden Abbildung dargestellt. (s. Tab. 3).

9 Schlussfolgerung

Gelingendes ethikbasiertes Stakeholder-Engagement basiert auf den fünf Prinzipien Gleichheit, Respekt, Diskursorientierung, Rechenschaftspflicht (Accountability) und Transparenz. Das bedingt letztlich Involvement statt Management und stellt Stakeholder als Subjekt in den Mittelpunkt statt sie als Objekte zu instrumentalisieren oder sie opportunistisch zu bedienen.

Ethikbasiertes Stakeholder Engagement bedeutet im kommunikativen Zugang Diskurs statt asymmetrischem Dialog – die höchste Form der ethisch korrekten Auseinandersetzung.

Stakeholder-Dialog bzw. -Diskurs ist ein Schlüssel zum Erfolg und „proof of concept" der gelebten Werte eines Unternehmens. Er muss alterozentrisch und diskursbasiert sein, um nachhaltig zu wirken und dadurch auch effizient zu sein. Effizient wird er vor allem dann, wenn sich beide Partner an die Diskurs-Regeln halten und Bereitschaft für Veränderung und Kompromiss zeigen. Aus diesem Grund sind daher die normativ-kritischen Zugänge den machtstrategischen vorzuziehen.

Stakeholder erwarten dabei nicht dass sich das Management nur nach ihren Erwartungen richtet (opportunistischer Zugang), sondern, dass das Unternehmen mit Integrität und Prinzipien geführt wird, und erkennen intuitiv, was ernst gemeint ist und was nicht.

Nur dann kann es gelingen, dass die Kraft der Stakeholder langfristig wirken kann – sei es in Form von gemeinsamen Innovationsprozessen oder zur Bewältigung scheinbar unbewältigbarer Widersprüche und Konflikte. Zentral dabei ist das Topmanagement eines Unternehmens und seine Fähigkeit und Bereitschaft, visionär zu denken und zu handeln.

Stakeholder-Denken sollte daher von Beginn an in die Unternehmens- und Entscheidungsprozesse mit einbezogen werden. Das garantiert die Inklusion gesellschaftlicher Risikofaktoren und spielt eine Schlüsselrolle für das erfolgreiche und nachhaltige Management des laufenden Betriebes in Unternehmen.

Literatur

Beschorner T, Osmers H (2004) Jenseits einer Unternehmensethik des Stakeholder-Managements: Von der gesellschaftsorientierten Unternehmenslehre zur unternehmensorientierten Gesellschaftslehre. In: Schmidt M, Beschorner T (Hrsg) (2005) Werte und Reputationsmanagement. Rainer Hampp Verlag, München, S 83 ff.

Brown TJ, Dacin PA (1997) The company and the product: corporate associations and consumer product Responses. J Mark 61(1):68–84. (American Marketing Association)

Brugger F (2008) Unternehmerische Nachhaltigkeitskommunikation – Ansätze zur Stärkung unternehmerischer Nachhaltigkeit. Centre for Sustainability Management, Lehrstuhl für Nachhaltigkeitsmanagement, Leuphana Universität, Lüneburg

Bruhn M (2005) Kommunikationspolitik. Vahlen, München

Coudenhove-Kalergi B (2012) Proactive stakeholder engagement as risk management instrument for socioeconomic challenges. A Case Study of EVN in Bulgaria

Crane A, Livesey L (2003) Are you talking to me? Stakeholder communication and the risks and rewards of dialogue". In Andriof et al. (Hrsg) Unfolding stakeholder thinking: relationships, communication reporting and performance. Greenleaf, Austin

Du S, Bhattacharya CB, Sen S (2010) Maximizing business returns to Corporate Social Responsibility (CSR): the role of CSR communication. Int J Manage Rev 12(1):8–19 (Special Issue: Corporate Social Responsibility)

Eagly AH, Chaiken S, Wood W (1981) An attribution analysis of persuasion. In Harvey JH, Ickes WJ, Kidd RF (Hrsg) New directions in attribution research, vol 3, S 37–62

Elkington J (1998) Cannibals with forks: the triple bottom line of 21st century business (The Conscientious Commerce Series). New Society Publishers, Gabriola Island

EU Sprachführer (2006) http://collection.europarchive.org/dnb/20070702132253/europa.eu/abc/eurojargon/index_de.htm. Zugegriffen: 20 Juli 2014

Faber-Wiener G (2013) Responsible Communication. Wie Sie von PR und CSR-Kommunikation zu echtem Verantwortungsmanagement kommen. Springer-Verlag, Wiesbaden

Forehand MR, Grier S (2003) When is honestly the best policy? The effect of stated company intent on consumer scepticism. J Consum Psychol 13(3):349–356

Freeman RE (1984) Strategic management: a stakeholder approach. Pitman, Boston

Freeman RE, Harrison JS, Wicks AC (2007) Managing for stakeholders. Yale University Press, New Haven

Grunig JE, Hunt T (1984) Managing public relations. Rinehart & Winston, New York

Habermas J (1981) Theorie des kommunikativen Handelns. Suhrkamp Verlag, Frankfurt a. M.

International Organization for Standardization (2010) ISO 26000: ‚Guidance on social responsibility'

Kant I (1785/1996) Grundlegung zur Metaphysik der Sitten. Übersetzt als: Groundwork of the Metaphysics of Morals. In Immanuel Kant Practical Philosophy (trans. and ed.: Mary Gregor). Cambridge University Press, New York

Kant I (1870) Kritik der praktischen Vernunft, 1870, Verlag von L. Heimann, Berlin. http://books.google.at/books?id=sKlDAAAAcAAJ&printsec=frontcover&dq=Immanuel+Kants+Kritik+der+praktischen+Vernunft&hl=de&ei=kzplTr2iJcrcsgbpnMX5CQ&sa=X&oi=book_result&ct=result&resnum=4&ved=0CD0Q6AEwAw#v=onepage&q&f=false. Zugegriffen: 19 Juli 2014

Karmasin M, Weder F (2008) Organisationskommunikation und CSR: Neue Herausforderungen an Kommunikationsmanagement und PR. LIT-Verlag, Wien

Koch M (2011) Stakeholder Communication – CSR or PR? A qualitative empirical research on the opportunities and limits of responsible dialogues between Multinational Companies and NGOs. Institut für Kommunikationsmanagement, Wien

Mast C, Fiedler K (2005) Nachhaltige Unternehmenskommunikation. In Michelsen G, Godemann J (Hrsg) Handbuch Nachhaltigkeitskommunikation. Oekom, München

Mintzberg H (1980) The nature of managerial work. Prentice Hall, Englewood Cliffs

Mitchell RK, Agle BR, Wood DJ (1997) Toward a theory of stakeholder identification and salience: defining the principle of who and what really count. Acad Manage Rev 22(4):853–886

Morsing M, Schultz M (2006) Corporate social responsibility communication: stakeholder information, response and involvement strategies. Bus Ethics: A Eur Rev 15(4):323–338

Porter ME, Kramer MR (2006) Strategy and society: the link between competitive advantage and corporate social responsibility. Harv Bus Rev 84(12):78–92

Schrader U, Halbes S, Hansen U (2005) Konsumentenorientierte Kommunikation über Corporate Social Responsibility (CSR) – Erkenntnisse aus Experteninterviews in Deutschland. Lehr- und Forschungsbericht Nr. 54 des Lehrstuhls Marketing und Konsum. Universität Hannover, Hannover

Tajfel H, Turner JC (1979) An integrative theory of social contact. In Austin W, Worchel S (Hrsg) The social psychology of intergroup relations. Brooks/Cole, Monterey

Ulrich P (2008) Integrative Wirtschaftsethik: Grundlagen einer lebensdienlichen Ökonomie. Haupt Verlag, Bern

Watts P, Holme L (2000) Corporate social responsibility: making good business sense. World Business Council for Sustainable Development (WBCSD)

Weder F (2010) Organisationskommunikation und PR. Facultas Verlag, Wien

Wright K (2008) Dare to be yourself. Psychology Today. http://www.psychologytoday.com/articles/200804/dare-be-yourself. Zugegriffen: 20 Juli 2014

Zandvliet L, Anderson M (2009) Getting it right: making corporate-community relations work. Greenleaf Publishing, Sheffield

Mag. Barbara Coudenhove-Kalergi MA beschäftigt sich seit rund 15 Jahren mit dem Thema Verantwortung und Unternehmensethik. Sie gründete gemeinsam mit Gabriele Faber-Wiener das Center for Responsible Management und ist in der Industriellenvereinigung im Bereich Bildung & Gesellschaft für CSR verantwortlich. Davor war sie in leitender Funktionen beim Institut zur Cooperation bei Entwicklungsprojekten ICEP mit einem Fokus auf globale CSR tätig. Die studierte Handelswissenschafterin mit einem postgradualen Abschluss in Responsible Management der Steinbeis Universität Berlin forscht und lehrt in Deutschland und Österreich zum Thema Unternehmensethik und globale Verantwortung.

Gabriele Faber-Wiener MBA, MA; Mitbegründerin und Partner des Center for Responsible Management in Wien. Expertin und Beraterin für Werte- und Ethik-Management mit Spezialfokus Kommunikation und Ethik. Postgraduale Studien in Responsible Management, Business Ethics und CSR. Universitätsdozentin in Österreich und Deutschland (u. a. Steinbeis Hochschule Berlin, Donau Universität Krems, FH Wien, IMC FH Krems), Davor: 25 Jahre Management-Funktionen in Wirtschaft, Zivilgesellschaft, Politik, Beratung (u. a. bei Grayling Austria, Ärzte ohne Grenzen, Greenpeace Österreich, Die Grünen); Autorin von „Responsible Communication – Wie Sie von PR und CSR-Kommunikation zu echtem Verantwortungsmanagement kommen", Co-Autorin des CSR-Standardwerks: „Corporate Social Responsibility – Verantwortungsvolle Unternehmensführung in Theorie und Praxis", beide Publikationen: Springer Verlag. Mitglied des Österreichischen PR-Ethikrats, ehemalige PRVA-Präsidentin.

Relevanz von Stakeholdereinbindung im Nachhaltigkeitsassessment – Die Nachhaltigkeitsprofilmatrix

Clemens Mader und Anna-Theresa Leitenberger

Zusammenfassung

Mader und Leitenberger rücken in ihrem Beitrag zu Nachhaltigkeitsassessment den Themenkomplex der Stakeholdereinbindung ins Zentrum des Interesses. Dabei analysieren sie die Rolle der Stakeholder für ein erfolgreiches Nachhaltigkeitsassessment und stellen dies auch am Beispiel der, von der Autorin und dem Autor entwickelten, Nachhaltigkeitsprofilmatrix (NPM) vor. Die NPM stellt dabei ein neuartiges Assessmenttool dar welches einen systemischen und ganzheitlichen Ansatz für das Assessment von Unternehmen, Regionen oder Initiativen liefert, inhaltlich jedoch durch den Einbezug der Stakeholder, kontextorientiert und individuell angepasst wird. Damit spiegeln sich die Werte der beteiligten und betroffen Akteure in den Ergebnissen wieder.

Der Beitrag dient der Leserin und dem Leser somit als Grundlage für den Einblick in das Nachhaltigkeitsassessment und die Rolle und Potentiale der Stakeholdereinbindung und soll in der praktischen und wissenschaftlichen Arbeit seine Anwendung finden.

1 Einleitung

Angesichts globaler Herausforderungen und zugleich Möglichkeiten welche sich für Unternehmen ergeben, machen sich diese auch zunehmend, teils mehr, teils weniger freiwillig, und begründet Gedanken dazu welchen Beitrag sie zu einer nachhaltigen

C. Mader (✉) · A.-T. Leitenberger
Faculty of Sustainability, Leuphana University Lüneburg, Scharnhorststrasse 1, 21335 Lüneburg, Deutschland
E-Mail: mader@leuphana.de

A.-T. Leitenberger
E-Mail: a.leitenberger@gmail.com

Entwicklung der Gesellschaft, Umwelt und auch Wirtschaft leisten können. Anfangs, und besonders im angelsächsischen Raum als ‚Bürgerpflicht' betrachtet standen soziale und karitative Engagements in der Gesellschaft oft im Vordergrund – dies wurde als ‚Corporate Citizenship' verstanden. Unternehmen verstanden sich dabei noch eher in der Pflicht fehlende soziale oder karitative Engagements des Staates zu ersetzten (Carroll 1999; Stein 2010). Das eigene Geschäftsfeld wurde dabei nur bedingt berücksichtigt. Im Vordergrund standen öffentlichkeitswirksame Engagements für Menschen oder Umwelt. In weiterer Folge entwickelte sich die Debatte weiter zum Sustainability-Diskurs (Stein 2010) welcher ganzheitlich und auch die Rolle des Unternehmens für die Gesellschaft in deren Nachhaltigkeitsaktivitäten betrachtet und reflektiert. Das Unternehmen sieht sich dabei selbst in der Verantwortung durch die eigene Geschäftstätigkeit, Produktion oder Dienstleistung einen positiven Beitrag zu nachhaltiger Entwicklung zu erzielen. Relevant wird in diesem Zusammenhang das sogenannte Stakeholder-konzept, das Anspruchsgruppen-Konzept (Freeman 1984; Stein 2010). Gemäß Freeman (1984) war der Ursprungsgedanke des Stakeholder Konzepts, sich einen strategischen Vorteil durch die Berücksichtigung relevanter AkteurInnen zu sichern. Im Sinne der Nachhaltigkeit geht dieser Ansatz jedoch darüber weit hinaus. Geht es doch um die Berücksichtigung und Einbeziehung von Perspektivenvielfalt, Werten, Wissen und Erfahrungen welche neue, innovative und langfristige Lösungen für komplexe Herausforderungen der Nachhaltigkeit ermöglichen. Auch der Diskurs des humanistischen Wirtschaftens (Pirson und Lawrence 2010; Spitzeck 2011; von Kimakowitz et al. 2011) zeigt die Relevanz des menschlichen Austausches zwischen AkteurInnen als Grundpfeiler für nachhaltiges Wirtschaften. Dies beinhaltet auch die ethische Reflektion welche das gegenseitige Verständnis von Werten einschließt. Mader (2013) macht in diesem Diskurs deutlich dass die aktive Partizipation und demokratische Teilhabe in Prozessen ein Grundpfeiler nachhaltiger Entwicklung und humanistischen Managements ist.

Doch damit nicht ganz genug. Nachhaltigkeit, ganzheitlich betrachtet ist eine komplexe Angelegenheit. Maßnahmen welche auf den ersten Blick sinnvoll erscheinen zeigen in der langfristigen oder auch interdisziplinären Betrachtung oftmals ‚Nebenwirkungen' welche erst mal nicht beabsichtigt, berücksichtigt oder auch absehbar waren. Als nettes Beispiel können hierbei die von der EU verordneten Energiesparlampen sein. Klar spart deren Nutzung durch geringeren Energieverbrauch im Vergleich zu den konventionellen Glühbirnen Energie. Einseitig betrachtet also vielversprechend. Die Praxis hat jedoch gelehrt dass die Roh- und Reststoffe (z. B. Quecksilber) welche sich besonders in der ersten Generation der Energiesparlampen nach deren Einführung, im Abbau und im Recycling als schwierig erwiesen. Unsachgemäße Entsorgung hat Umweltschäden zur Folge und ein Bruch der Lampen in Räumen wurde auch als für die Gesundheit schädlich eingestuft (Die Welt 2012). Um derartige Fehlentscheidungen zu vermeiden ist eine systemische, strategische und ganzheitliche Betrachtungsweise notwendig. Diese wird durch Beurteilungssysteme, in Folge als Assessmentsysteme bezeichnet, ermöglicht.

Dieser Beitrag macht deutlich welche Form von Assessmentsystem für eine ganzheitliche Beurteilung unter Berücksichtigung von Werten und Perspektiven unterschiedlicher

Stakeholdergruppen möglich ist und welche Vorteile und Herausforderungen eine derartige Beurteilung mit sich bringt. Konkret wird dafür ein Tool: Die Nachhaltigkeitsprofilmatrix vorgestellt.

2 Assessmentsysteme für Nachhaltigkeit und die Nachhaltigkeitsprofilmatrix

Barry Ness et al. (2007) haben in ihrem Beitrag in der Zeitschrift ‚Ecological Economics' eine Kategorisierung von Assessmentsystemen für Nachhaltigkeit durchgeführt. Sie gruppieren dabei a. Indikatoren basierte, b. am Produkt orientierte und c. integrierte Systeme.

a. Indikatoren basierte Systeme sind eine Auflistung relevanter, quantitativ messbarer Indikatoren welche wirtschaftliche, soziale oder natürliche Zustände in einer definierten Region darstellen. Harger und Meyer (1996) empfehlen dass diese Indikatoren folgende Eigenschaften wiedergeben: Einfachheit, Quantifizierbarkeit, lassen Trends ableiten, reagieren auf Veränderungen und ermöglichen eine zeitnahe Interpretation von Trends. Fortlaufend gemessene Indikatoren ermöglichen die Beurteilung von vorausschaubaren Trends.
b. Produktorientiertes Assessment fokussiert auf Ströme welche in Verbindung mit Produktions- und Konsumabläufen von Produkten und Services stehen. Dieses Assessment untersucht die Nutzung und Stoffströme unterschiedlicher Arten von Ressourcen und deren Auswirkungen auf die Umwelt, den Menschen und/oder die Wirtschaft. Beispiele sind auch Lebenszyklus oder Energieverbrauchsanalysen bestimmter Produkte.
c. Integrierte Assessmentsysteme werden zur Entscheidungsfindung in vorwiegend politischen Prozessen verwendet. Sie können lokal oder auch global orientiert sein, dienen der Vorabstimmung und stellen etwa Szenarios für Entwicklungsprozesse dar. Viele der integrierten Assessmentsysteme basieren auf Systemanalysen welche die Auswirkungen unterschiedlicher Einflussgrößen aufeinander beurteilen. Sie beziehen soziale, natürliche wie auch wirtschaftliche Größen mit ein und stellen in dieser Form komplexe Systeme in mitunter auch graphischer Form dar.

Auf Basis dieser gültigen Kategorisierung durch Ness et al. (2007) wird deutlich dass es in der Beurteilung der Nachhaltigkeit von Aktionen oftmals zu Kompromissen kommt. Rein Indikatoren basierte Systeme wie sie auch zumeist in Unternehmen, etwa in der Nachhaltigkeitsberichterstattung durch Indikatoren der Global Reporting Initiative, vorkommen sind zwar zeitlich betrachtet mit geringsten Aufwand durchzuführen, haben jedoch wenig Aussagekraft in Bezug auf die Wirkungen der einzelnen Indikatoren aufeinander. Die Indikatoren werden für sich einzeln bewertet und entsprechend beurteilt.

Bei Produktorientiertem Assessment werden Stoffströme dargestellt, jedoch wiederum die einzelnen Stoffe und deren Größen für sich betrachtet. Dabei werden wiederum Querverbindungen nicht beachtet. Zum Beispiel wird bei der Stoffstromanalyse eines Handys nicht auf die sozialen Auswirkungen geachtet. Dies auch zu Berücksichtigen bedarf der Kombination mit integriertem Assessement welches die systemischen Zusammenhänge zwischen, um beim Beispiel zu bleiben, Rohstoffen wie Kobalt, auf die Lebensbedingungen der Mienenarbeiter achtet.

Um eine genaue Beurteilung aller Indikatoren, Systemzusammenhänge und Systemabläufe beurteilen zu können, sowie die Zusammenhänge auch darstellen und sich bewusstmachen zu können, benötigt es schließlich den Einbezug aller Stakeholder welche durch das Produkt oder die Dienstleistung betroffen oder beeinflusst werden. Dies reicht entsprechend in Bereich von Produkten von der Produktion der Rohstoffe, über die Zulieferketten, Produktionsstätten, bis hin zum Vertrieb, Konsum, Entsorgung, Recycling oder weitere In-Wertsetzung des Produktes.

Diese Darstellung macht den Aufwand deutlich und legt vermutlich auch die Gründe dar, weshalb integriertes Assessment in Unternehmen, wo Zeit meist knappes Gut und finanzielle Ressourcen primäre Relevanz haben, nur selten angewandt werden.

Dennoch, Gründe für die Durchführung von Nachhaltigkeitsassessment, und dies unter besonderer Berücksichtigung und Einbeziehung von Stakeholdern gibt es zur Genüge:

- Erkenntnisse zu systemischen Verständnis von Zusammenhängen
- Einbezug von Kompetenzen und Kenntnissen der Stakeholder in die Entscheidungsfindung und Entwicklung des Unternehmens
- Erhöhte Sensitivität zu den Bedürfnissen von Stakeholder
- Bewusstseinsbildung für Unternehmensziele und/oder nachhaltige Entwicklung
- Aktivierung der Stakeholder für Prozesse um gemeinsame Unternehmensziele zu erreichen
- Aufbau von Vertrauen zwischen Unternehmen und Stakeholdern

Zu beachten und möglichst transparent zu halten, ist beim Einbezug von Stakeholdern in die unternehmerische Entwicklung oder Umsetzung von Projekten auch die Erwartungshaltung beider Seiten. Aus regionalen wie auch unternehmerischen Entwicklungsprozessen sind zahlreiche Fälle bekannt im Zuge derer Partizipation von BürgerInnen in regionalen Prozessen zwar groß geschrieben wurde, jedoch nach Umsetzung und Aufnahme der Interessen und Werte der Stakeholder, die Erwartungen bezüglich der Berücksichtigung in der Umsetzung nicht erfüllt wurden (Mader 2009).

In der Literatur werden diverse Herausforderungen bei Nachhaltigkeitsassessment formuliert (vgl. Roca, Searcy 2012; Mitchell 1996). Diese betreffen das oftmals sich unterscheidende, zugrundeliegende Nachhaltigkeitsverständnis, die Intention hinter dem Assessment, die Verwendung der Ergebnisse sowie deren Aussagekraft und Vergleichbarkeit. Folgende Herausforderungen werden aufgeführt:

- Transparenz des zugrunde liegenden Nachhaltigkeitsparadigmas und -verständnisses
- Transparenz der Ziele der Nachhaltigkeitsbegutachtung
- Transparenz der Zielgruppen
- Auswahl der Indikatoren

- Analytische Tiefe und Implementierung
- Anerkennung von normativen Grundlagen und zugrundeliegenden Werten
- Einfluss der anwendenden Personen

Dabei haben Indikatorensysteme grundsätzlich einen normativen Charakter (Krank 2013), welcher Implikationen auf die Entscheidungsfindung zur Folge hat. Diese normative Herangehensweise schafft jedoch auch starre Strukturen welche gerade in Stakeholderprozessen, im Zuge derer unterschiedliche Werte und Perspektiven zum Ausdruck kommen, zu Problemen führen kann. Um den Austausch mit Stakeholdern möglichst effizient und für beide Seiten nutzbringend zu gestalten ist eine strategische Vorgehensweise nötig welche auf Vertrauensbasis eine gemeinsame Vision verfolgt.

2.1 Die Nachhaltigkeitsprofilmatrix

Entsprechend der beschriebenen Vorteile und Herausforderungen der Einbindung von Stakeholdern im Zuge von Nachhaltigkeitsassessment, wurde in enger Zusammenarbeit mit einem großen Fruchtsaftproduzenten sowie mit weiteren KMUs aus der Region Lüneburg, Deutschland, ein Tool – die Nachhaltigkeitsprofilmatrix (NPM) – entwickelt. Die NPM stellt eine Kombination aus Indikatoren basierten, Produkt orientierten und integrativen, systemischen Assessmentmethoden dar.

Die Matrix basiert auf neun Kategorien, deren jeweils drei Indikatoren durch den Dialog mit Stakeholdern definiert, beschrieben und systemisch betrachtet werden um einen ganzheitlichen Blick auf das Untersuchungselement (Unternehmen, Projekt, Initiative, …) zu lenken.

Dabei basiert die NPM auf einem prozessbasierten Nachhaltigkeitsverständnis wie es von Bagheri und Hjorth (2007) beschrieben wird. Sie schlagen vor, nach dem Prinzip „backcasting instead of forecasting" zu arbeiten, um in der Planung für nachhaltige Entwicklung einen sozialen Lernprozess anzustoßen. Backcasting statt forecasting beschreibt den Ansatz, statt der wahrscheinlichsten Zukunftsszenarien die erwünschten in den Fokus zu rücken, wobei neben Kausalität andere Kriterien, die beispielsweise aus Werten der Stakeholder abgeleitet sein können, in den Vordergrund gestellt und über Analyse und Engagement generiert werden. Sie drücken so Ergebnisse eines sozialen Lernprozesses aus welcher aus der gegenseitigen Auseinandersetzung der Unternehmen mit den Stakeholdern und gemeinsamer Visionsentwicklung entsteht. Über den sozialen Lernprozess entfaltet auch die NPM Diskurswirkung. Hugé et al. (2013) bieten eine Klassifikation von Nachhaltigkeitsdiskursen an. Sie unterscheiden zwischen:

- dem Integrationsdiskurs, dessen Grundüberzeugung die Vereinbarkeit von Entwicklungs- und ökologischen Zielen ist,
- dem Grenzdiskurs, der davon ausgeht, dass ökologische Grenzen zu respektieren sind und

- dem Veränderungsdiskurs, der den dringenden Bedarf zu Veränderungen bei Werten und in den sozialen Systemen im Zentrum hat (Hugé et al. 2013, S 191).

Die NPM schließt an den Veränderungsdiskurs an. Durch die NPM sollen Feedbackloops gestärkt werden welche die Vermittlung von Werten, Perspektiven sowie auch Herausforderungen und Kenntnissen zu Folge haben und eine Nachhaltige Entwicklung durch Ermöglichung von Entwicklungs- und Adaptionsformen begünstigen.

Ziel der NPM

Die *Nachhaltigkeitsprofilmatrix* (NPM) ist ein Assessmenttool für an Nachhaltigkeit interessierte Unternehmen und Regionen, das ihnen hilft, ihre Aktivitäten unter Nachhaltigkeitsgesichtspunkten zu reflektieren, die Nachhaltigkeitswirkungen zu untersuchen und zu identifizieren, welche Handlungsfelder sie adressieren können und wollen. Ziel war es, ein Werkzeug zu schaffen, das einfach zu nutzen und zu integrieren ist und gleichzeitig schnell verständliche ebenso wie in die Tiefe gehende Erkenntnisse erzeugt. Es basiert dabei auf Werten des Unternehmens und der einbezogenen Stakeholder und ermöglicht einen ganzheitlichen Blick auf das Unternehmen, seine Ziele, Handlungen und Wirkungen. Dabei werden die Werte des Unternehmens in den Blick genommen. Dadurch kann die NPM helfen, transformatives Potenzial im Sinne einer nachhaltigen Entwicklung aufzuzeigen. Die Anwendung der NPM erfordert einen breiten Blick welcher durch den Einbezug der Stakeholder geschaffen wird. Sie unterstützt Lern- und Klärungsprozesse und die Identifikation von Prioritäten, Einflussbereichen, Möglichkeiten und Hemmnissen.

Die NPM unterscheidet sich damit von reinen Indikatorensystemen. Statt das Erreichen extern gesetzter Ziele zu prüfen soll sie eine multiperspektivische und emanzipatorische Auseinandersetzung mit Nachhaltigkeit aus der Perspektive der eigenen Unternehmenstätigkeit sowie der Stakeholder fördern. Ein Ergebnis der Auseinandersetzung ist die Identifikation passender Ziele, in die externe Empfehlungen und Richtwerte einfließen können.

Nachhaltigkeit wird in der NPM aus drei Perspektiven (in der NPM Cluster genannt) betrachtet: 1. Ergebnisse, 2. Prozess und 3. Querschnittsthemen. Unter der ersten Perspektive werden ökologische, wirtschaftliche, soziale und kulturelle Aspekte erfasst. In der zweiten Perspektive werden Aspekte von Kooperation und Kooperation, Transparenz und Entwicklungsmöglichkeiten untersucht. In der dritten Perspektive stehen Aspekte im Vordergrund, die übergreifend relevant und zielweisend sind, nämlich Regionalität und regionale Wirkung sowie Gesundheit.

Die NPM begleitet über Anbieten von Struktur einen Evaluations- und Lernprozess, in dem Werte und Ziele kontinuierlich geschärft und überdacht werden. Sie zielt darauf ab in unklaren und mehrdeutigen Entscheidungssituationen zu helfen, die üblich sind beim Versuch nachhaltige Entwicklung umsetzbar zu machen. In Alltagssituationen wirken häufig konfliktäre Werte und Unsicherheit ist mehr als wahrscheinlich.

Aufbau der NPM

Die Nachhaltigkeitsprofilmatrix besteht hierarchisch aus drei Clustern (Perspektivensicht), mit gesamt 9 Kategorien zu je drei Indikatoren (27 Indikatoren gesamt). Die drei Cluster repräsentieren die Perspektiven zur Erfassung der Nachhaltigkeitswirkung: a) Querschnittsthemen, b) Impact sowie c) Verhalten. Die Kategorien erfassen ein ganzheitliches Spektrum von Nachhaltigkeit, und vertiefen jeweils in 3 durch das Unternehmen oder die Branche individuell definierte Indikatoren.

Jede Kategorie wird mithilfe von 3 Indikatoren befragt. Je Projekt werden die Indikatoren mit Planwert (SOLL-Zustand) und realem Wert (IST-Zustand) numerisch und verbal bewertet. Diese Bewertung erfolgt sowohl subjektiv als auch analytisch auf Basis von Daten welche belegt werden. Das Ergebnis, die Projektprofile, basiert auf der numerischen Bewertung. Jede numerische Einschätzung wird verbal begründet und mit Belegen (Dokumente, Fotos, Werte, etc.) hinterlegt. Die verbalen Begründungen dienen als Informationsgrundlage für interne Informationsflüsse ebenso wie der Transparenz und Nachvollziehbarkeit der Analyseergebnisse in der Außenkommunikation.

Aus der numerischen Bewertung der Unternehmenswerte, des Ist- und des Soll-Zustands werden die sogenannten Projektprofile in Form eines Spinnennetzdiagramms generiert. Diese Profile spiegeln Projekte aus der individuellen Sichtweise dieser speziellen Nachhaltigkeitserfassung wider. Die Profile sind als Modelle anzusehen und sind unter dem Motto „All models are wrong, but some models are useful" (Bagheri und Hjorth 2007, S 87) zu verstehen. Sie sollen als Unterstützung von Lern- und Entscheidungsprozessen dienen, indem sie selbst entwickelt werden und einen überschaubaren Eindruck ermöglichen.

Die NPM erfordert in der Anwendung starke Individualisierung. Cluster und Kategorien sind vorgegeben, sie müssen jedoch unternehmensspezifisch durch Definition der Indikatoren konkretisiert und operationalisiert werden, so dass die NPM zum Abbild des unternehmensspezifischen Nachhaltigkeitsverständnisses wird. Die Konkretisierung des Nachhaltigkeitsverständnisses ist entscheidend für die Wirksamkeit und Aussagekraft der Analyseergebnisse (vgl. Mitchell 1996) ebenso wie für ihre Verwendung. Auch dies geschieht über drei Perspektiven:

- Spezifische **Kernfragen** leiten den gedanklichen Reflektionsprozess und bilden unternehmensrelevante Fragestellungen ab.
- **Handlungsfelder** werden definiert, um Bereiche festzuhalten, in denen das Unternehmen aktiv ist bzw. aktiv sein kann.
- **Maßstäbe** konkretisieren die Ziele und Grundsätze, die das Unternehmen verfolgt.

Für die Projekte muss eine Kurzbeschreibung verfasst werden. Der Arbeitsverlauf wird, zur transparenz und späteren Übertragbarkeit in einer Logliste erfasst. Folglich in Tab. 1 werden Cluster, Kategorien und beispielhafte Indikatoren mit deren Leitfragen dargestellt.

Tab. 1 Darstellung der Cluster, Kategorien, beispielhaften Indikatoren und Leitfragen der NPM

Cluster	Kategorie	Indikator	Leitfragen
Querschnitt	Regionalität & regionale wirkung	Wissenstransfer & netzwerke	Trägt das projekt zur entwicklung von netzwerken und wissensaustausch in der region bei?
Querschnitt	Regionalität & regionale wirkung	Strukturelle bedeutung	Welchen beitrag leistet das projekt zur strukturellen entwicklung der entsprechenden region in bezug auf z. B. einkommensmöglichkeiten, infrastruktur?
Querschnitt	Regionalität & regionale wirkung	Entfernung von & bezug zum unternehmen	Wie nah stehen sich Ihr unternehmen, die jeweilige region, das projekt und die weiteren beteiligten in bezug auf z. B.: räumliche entfernung, unternehmensphilosophie, engagement?
Querschnitt	Gesundheitsaspekte	Arbeitsbedingungen & sicherheit	Welche standards werden verpflichtend eingehalten? Was geht über die Mindeststandards hinaus?
Querschnitt	Gesundheitsaspekte	Gesundheitswirkung	Wie fördert das projekt oder produkt gesundheit?
Querschnitt	Gesundheitsaspekte	Gesundheitsbildung	Welche themen werden transportiert? welche zielgruppen werden erreicht? wie erfolgreich ist die vermittlung?
Impact	Wirtschaftliche Faktoren	Förderung von Alternativen	Wie und mit welchen Ergebnissen werden wirtschaftliche Alternativen für die Beteiligten gefördert?
Impact	Wirtschaftliche faktoren	Geschäfts- & handelsbeziehungen	Wie lassen sich die geschäfts- und handelsbeziehungen in diesem projekt charakterisieren? Welchen standards genügen die beziehungen und vereinbarungen?
Impact	Wirtschaftliche faktoren	Wirtschaftliche tragfähigkeit	Ist das projekt für alle beteiligten wirtschaftlich tragfähig? Nach welchen kriterien wird die wirtschaftliche tragfähigkeit bemessen?
Impact	Soziale aspekte	Bildung, vernetzung & austausch	Wie mit welchen inhalten, zwischen welchen akteuren, mit welchen ergebnissen, findet im und durch das projekt bildung, vernetzung und austausch statt?
Impact	Soziale aspekte	Soziale gerechtigkeit	Wie wird soziale gerechtigkeit im projekt und von den projektbeteiligten gelebt? welchen standards sozialer gerechtigkeit genügt das projekt? Welche aspekte sozialer gerechtigkeit werden durch das projekt berührt und wie verändert?

Tab. 1 (Fortsetzung)

Cluster	Kategorie	Indikator	Leitfragen
Impact	Soziale aspekte	Förderung von kindern und jugendlichen	Welchen einfluss hat das projekt auf das leben von kindern und jugendlichen? Wie, mit welchen zielen und welchen ergebnissen werden kinder und jugendliche gefördert?
Impact	Ökologische aspekte	Schutz von lebensräumen und artenschutz	Welche auswirkungen haben das projekt und die beteiligten auf lebensräume und artenvielfalt? Welche lebensräume und arten sind betroffen? Wodurch und mit welchen ergebnissen trägt das projekt zum schutz von lebensräumen und zum artenschutz bei?
Impact	Ökologische aspekte	Ressourcenschutz	Wie, wodurch, in welchem Maß und mit welchen Ergebnissen beeinflussen das Projekt und die Beteiligten?
Impact	Ökologische aspekte	Klimaschutz	Wie, wodurch, in welchem Maß und mit welchen ergebnissen tragen das projekt und die beteiligten zum klimaschutz bei?
Impact	Kulturelle aspekte	Förderung kulturellen lebens	Wie, wodurch, auf welchen ebenen und mit welchen ergebnissen tragen das projekt und die beteiligten zum kulturellen leben bei?
Impact	Kulturelle aspekte	Erhalt des handwerks	Welche gewerke werden im projekt und von den beteiligten benötigt? Weshalb sind die gewerke erhaltenswert? Wie, wodurch auf welchen ebenen und mit welchen ergebnissen werden die gewerke gelebt und erhalten?
Impact	Kulturelle aspekte	Wahren von tradition	Welche traditionen werden im projekt und von den beteiligten bewahrt? Welche relevanz haben diese traditionen für eine nachhaltige entwicklung?
Verhalten	Verbindlichkeit & entwicklungsmöglichkeiten	Erfahrungen mit partnerInnen & zukünftige möglichkeiten	Welche charakteristischen erfahrungen gibt es mit den projektbeteiligten? Welche möglichkeiten für weitere zusammenarbeit und projekte gibt es? Welche besonderen potenziale gibt es?
Verhalten	Verbindlichkeit & entwicklungsmöglichkeiten	Langfristigkeit	Wie wichtig ist langfristigkeit für das projekt? Wie zusammenarbeit mit den projektpartnerInnen? Worin drückt die langfristigkeit sich aus? Wie wird diese verfolgt?

Tab. 1 (Fortsetzung)

Cluster	Kategorie	Indikator	Leitfragen
Verhalten	Verbindlichkeit & Entwicklungsmöglichkeiten	Vertrauen	Worauf basiert das Vertrauen? Wer gibt und wer empfängt Vertrauen?
Verhalten	Transparenz	Transparenz der beteiligten & rahmenbedingungen	Sind die rahmenbedingungen um das projekt bekannt? Sind alle beteiligten und die beziehungen untereinander bekannt? Sind die ziele, prioritäten, interessen und bedürfnisse der beteiligten klar und transportiert?
Verhalten	Transparenz	Transparenz von dokumentation, zertifizierung, kontrolle	Liegen alle notwendigen Informationen in der benötigten qualität vor? Sind alle schritte nachvollziehbar?
Verhalten	Transparenz	Transparenz der anforderungen, vereinbarungen, verantwortlichkeiten & evaluierung	Sind die anforderungen und verantwortlichkeiten im projekt geklärt und kommuniziert? Liegen die vereinbarungen allen vor, die sie benötigen? Sind maßnahmen zur evaluierung geklärt und kommuniziert?
Verhalten	Kooperation & kommunikation	Art der zusammenarbeit	In welchen bereichen wird zusammengearbeitet? In welcher form und wie intensiv findet die zusammenarbeit statt? Welche kultur der zusammenarbeit herrscht?
Verhalten	Kooperation & kommunikation	Kommunikations-muster, -wege & -arten	Wer kommuniziert mit wem? wie? auf welche art? Entspricht dies den erwartungen, bedürfnissen, wünschen des projekts und der beteiligten?
Verhalten	Kooperation & kommunikation	Übereinstimmung der ziele	Sind die ziele klar formuliert? Sind die ziele mit allen beteiligten besprochen? Werden die ziele von allen beteiligten kontinuierlich mitgetragen und verfolgt?

Methode

In der Entwicklung der NPM wurden Systemanalysen (Scholz und Tietje 2002), Wertbaumanalyse (WBGU 1999) und das Grazer Modell für Integrative Entwicklung (GMID) (Mader 2009, 2013b) als Analysemethoden der Testunternehmen herangezogen. Über diese Methoden sind verschiedene Aspekte in den Fokus gerückt und in die NPM eingeflossen. Die Systemanalyse stellt die Fragen: Welches System mit welchen Grenzen soll analysiert werden? Was sind die (entscheidenden) Einflussfaktoren? Wie und wie stark beeinflussen sie sich gegenseitig?

Durch eine Wertbaumanalyse (WBGU 1999) werden folgende Fragestellungen in de Fokus gerückt: Welche Werte leiten den Entscheidungsprozess? Wie ist die Wertehierarchie strukturiert? Über welche Kriterien lassen sich die Werte beurteilen? Auf welche Werte und Kriterien können sich die Beteiligten einigen?

Das GMID (Mader 2009, 2013b) betrachtet die Fragen: An welchen Zielen orientiert sich die Vision und Leadership des Unternehmens? Welche Beteiligungsformen von Stakeholdern finden statt? Welche Bildungs- und Lernmaßnahmen werden getroffen? Wie entstehen Innovationen? Zu welchen Graden werden Anforderungen an Nachhaltigkeitsprozesse erfüllt? Wo besteht Entwicklungspotential?

Entsprechend wird durch Verwendung der Matrix der Blick darauf gelenkt, wo die Grenzen des Einflussfeldes des Projektes bzw. der Unternehmens liegen und verlangt Konkretisierung, welche Einflussfaktoren im Unternehmen existieren (fixiert in der Spalte „Handlungsfelder"). Die Kriterien für die Wertbeurteilung sind konkretisiert in der Spalte „Maßstäbe". Die Unternehmenswerte sind auf einer 0-1-2 Skala hierarchisiert („Unternehmensprofil"). Das Cluster Transparenz etc. untersucht ausführlich die Prozessperspektive von Projekten und dem Unternehmen. Die NPM integriert und vereint dabei niedrigschwellig Aspekte, die in verschiedenen Methoden im Zentrum stehen und macht ihre Kernpunkte zugänglich für kleine Unternehmen, die die Methoden einzeln nicht anwenden würden.

Potenziale aus der Nutzung der NPM

Über die NPM werden niedrigschwellig und implizit Effekte aus den zur Erstellung verwendeten Methoden erzeugt (siehe Abb. 1). Mit Hilfe der NPM können intern Informationen gebündelt werden, die auf einer soliden und übersichtlichen Informationsbasis beruhen. Informationsflüsse können so kanalisiert werden, dass die Informationen all jene erreichen, die sie benötigen. Die Informationen werden folglich für die Außenkommunikationszwecken aufbereitet und weiterverwendet.

Die Erkenntnisse können zur Planung und Steuerung der Projekte verwendet werden. Die NPM kann den Prozess der ganzheitlichen Zielformulierung unterstützen, ermöglicht die Erfolgskontrolle auf der Nutzenebene und liefert Erkenntnisse, auf deren Basis Maßnahmen entworfen werden können.

Projekte können sich gerade in komplexen Zusammenhängen der nachhaltigen Entwicklung oftmals anders entwickeln als erwartet. In der NPM werden die beabsichtigten (SOLL Wert) und realen Wirkungen (IST Wert) dargestellt. Dadurch kann die NPM helfen

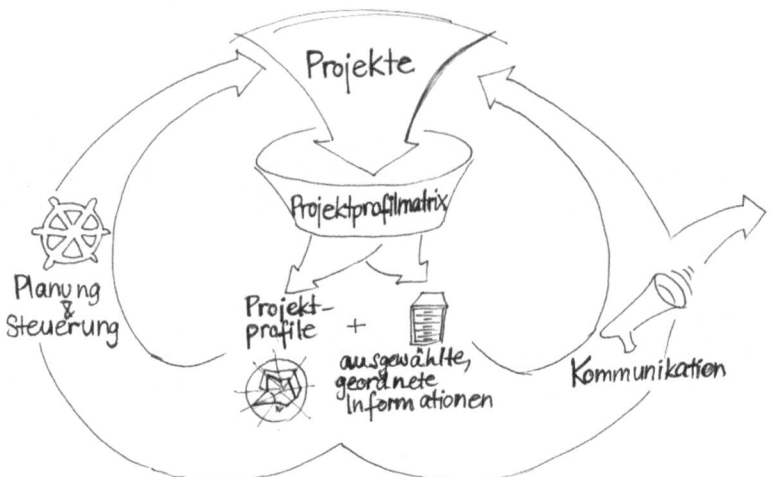

Abb. 1 Funktionsweise der Nachhaltigkeitsprofilmatrix

freie Potenziale aufzudecken und so Anpassungen in der Zielsetzung, dem Fokus und der Verteilung von Ressourcen ermöglichen.

2.2 Anwendung der Nachhaltigkeitsprofilmatrix

Die Anpassung der NPM ist besonders im ersten Umlauf betreuungsintensiv. Nach testweiser Umsetzung der NPM mit fünf Unternehmen aus dem Lebensmittel und handwerklichen Gewerbe stellte sich die ganzheitliche Betrachtungsweise als neue Erfahrung für Unternehmen heraus. Projekte welche bisher etwa zur Verringerung des CO_2 Ausstoßes als rein ökologisches Projekt betrachtet wurden (z. B. Fotovoltaik) werden durch die NPM in deren ganzheitlichen Wirkung und im Austausch mit Stakeholdern untersucht. Dabei kann etwa die soziale Wirkung durch begleitende Bildungsmaßnahmen, wirtschaftliche Effekte durch Beteiligungsformen oder auch weitere ökologische Effekte durch die Wahl der Fotovoltaik an Relevanz gewinnen und zu neuen Erkenntnissen führen. Diese Erfahrungen aus den Wechselwirkungen und systemischen Interrelationen von Aktivitäten führen zu neuen Erkenntnissen und Lerneffekten unter den beteiligten AkteurInnen. Die Beschreibung der Indikatoren ist deshalb in Fragen formuliert, welche die Auseinandersetzung mit den Wirkungen der Indikatoren weiter befördern soll.

Die Umsetzung erfolgt schrittweise: Erst werden die Indikatoren mit deren Fragen, Handlungsfeldern und Maßstäben an das Unternehmen angepasst. Dieser Prozess erfolgt idealerweise bereits unter Einbezug eines engeren Kreises an Stakeholdern. Als nächstes wird das SOLL-Profil erstellt, also beschrieben, was das jeweilige Projekt erreichen soll und auf einer 0-1-2-Skala bewertet. Abschließend wird der IST-Zustand in Relevanz zum SOLL-Zustand untersucht, qualitativ und quantitativ beschrieben und bewertet (0-1-2-Skala mit halben Schritten). Während der IST-Zustand beschrieben wird, ist damit zur rechnen, dass erste Ideen für Maßnahmen entstehen, die in der Maßnahmenspalte vermerkt werden sollten. Des Weiteren kommen Fragen auf, welche ohne Einbezug der Stakeholder wohl kaum zu beantworten sind. Etwa, wie trägt das Projekt zur kulturellen Entwicklung bei? Bei einer Fotovoltaikanlage mag diese Frage im ersten Anschein nicht im Vordergrund stehen. Bei genauerer Reflexion ergeben sich jedoch etwa durch Beteiligungsmodelle Möglichkeiten den lokalen Austausch zu fördern oder regional identitätsstiftend zu wirken. Es zeigt sich der Wert der systemischen Gesamtbetrachtung von Projekten unter Einbezug von Ideen, Werten und Erfahrungen von Stakeholdern. Erkenntnisse können zur weiteren Kommunikation und Planung von Projekten berücksichtigt werden. Zugleich ergibt sich dem Unternehmen ein Bild des wahren Impacts seiner Aktivitäten.

Die Anwendung kann durch unterschiedliche Vorgehensweisen erfolgen:

- Externe Beratung bringt neue Einblicke, kann jedoch auch zeit- und kostenintensiver sein.
- Internes Assessment fördert die Selbstreflexion, erfordert zugleich viel Selbstdisziplin und strategische Vorgehensweise um den Prozess durchgängig führen zu können.
- Peer Assessment ist eine Form, welche es branchenähnlichen Unternehmen ermöglicht gegenseitig einen Blick auf die Nachhaltigkeitsabläufe zu werfen. Die Chance liegt dabei darin voneinander zu lernen und bisher unbeachtete Möglichkeiten der nachhaltigen Entwicklung auszuloten. Natürlich erfordert diese Form ein starkes Maß an gegenseitigem Vertrauen. Schafft jedoch zugleich auch Synergien in der Effizienz der Entwicklung einer branchentypischen Nachhaltigkeitsprofilmatrix.

3 Schlussfolgerungen und Erkenntnisse

Zentraler Bestandteil der NPM ist es, das Wertesystem des Unternehmens sowie die Handlungsrelevanzen für die Unternehmenstätigkeiten zu erfassen. Dies geschieht in erster Linie während der Individualisierung der Matrix für das Unternehmen. Über die NPM werden die Werte und Prioritäten des Unternehmens fassbar. Es wird formulierbar und beschreibbar, worum es dem Unternehmen geht und macht die Vision nutzbar für die Kommunikation mit Stakeholdern, für die Identifikation von Konflikten und bildet eine Grundlage für Kooperationen.

In der Matrix ist die Betrachtung aller möglichen Anspruchsgruppen grundlegend integriert. Sie werden in fast allen Indikatoren berücksichtigt, in dem nach Beteiligten gefragt wird. Unter Beteiligten sind all jene zu verstehen, die direkt und indirekt an der kompletten Wertschöpfungskette teilhaben oder betroffen sind. Vielen Unternehmen ist nicht klar, wie viele Menschen dies tatsächlich sind und wie unterschiedlich die Beteiligung oder Betroffenheit aussehen kann. Dies zeigt sich immer wieder über Äußerungen, dass zu bestimmten Fragen kein Wissen vorhanden ist und die Erkenntnis auftritt, dass dieses Wissen über Austausch eingeholt werden muss. Die NPM fragt nicht direkt danach, welche

Anspruchsgruppen existieren, sondern vielmehr, welchen Einfluss das Projekt bzw. das Unternehmen auf bestimmten Themen und darüber auf Menschen hat.

Ebenso untersucht wird in der NPM, wie die Zusammenarbeit aussieht, gestaltet wird und welche Ziele in der Zusammenarbeit verfolgt werden. Die Indikatoren inspirieren zur Gestaltung von Nachhaltigkeitsprozessen und stellen Anforderungen an Transparenz und Dokumentation für nachvollziehbare und belastbare Informationen. Idealerweise erzeugt die NPM Neugier auf Stakeholder und öffnet den Blick für potenzielle gegenseitige Lerneffekte, indem sie Möglichkeiten der Weiterentwicklung über Zusammenarbeit vorstellbar macht.

Die NPM liefert umfassende Erkenntnisse, auf deren Basis Interaktion aufrichtig und auf Augenhöhe gestaltet werden kann. Die Betrachtung von Stakeholdern aus rein wirtschaftlichen Gesichtspunkten und Motivationen wird dadurch verhindert indem sie immer wieder in die Reflektion eingebunden werden und zu einem gemeinsamen Lernprozess beitragen.

Dieser Beitrag hat somit die Relevanz der Stakeholdereinbindung in Nachhaltigkeitsassessment aufgezeigt. Diese Relevanz wird auch wirtschafts- und nachhaltigkeitstheoretischer Sichtweise argumentiert sowie in Folge durch ein konkretes Assessmenttool, die Nachhaltigkeitsprofilmatrix dargestellt. Es zeigt sich, auch wenn die Einbindung mitunter mit Mühen verbunden sein mag, so überwiegen die Vorteile da Mühen, späterer negativer Folgen kurzsichtigen und einseitigen Handelns durch die Einbindung von Stakeholdern, oftmals vermieden werden können. Ja sie tragen durch die ganzheitliche Betrachtung und den systemischen Lernprozess zu nachhaltiger Entwicklung wesentlich bei.

Literatur

Bagheri A, Hjort P (2007) Planning for sustainable development: a paradigm shift towards a process-based approach. Sustain Dev 15:83–96

Carroll AB (1999) Corporate social responsibility. In business and society. Sage Publications 38(3): 268–295

Die Welt (2012) http://www.welt.de/fernsehen/article108534262/Die-dunkle-Seite-der-Energiesparlampe.html. Zugegriffen: 1. Sept. 2012

Freeman RE (1984) Strategic management: a stakeholder approach. Pitman Publishing, London

Harger JRE, Meyer F (1996) Definition of indicators for environmentally sustainable development. Chemosphere 33(9):1749–1775

Hugé J, Waas T, Dahdouh-Guebas F, Koedam N, Block T (2013) A discourse-analytical perspective on sustainability assessment: interpreting sustainable development in practice. Sustain Sci 8:187–198

Krank S, Wallbaum H, Gret-Regamey A (2013) Perceived contribution of indicator systems to sustainable development in developing countries. Sustain Dev 21:18–29

Mader C (2009) Principles for integrative development processes towards sustainability in regions: cases assessed from Egypt, USA and Sweden, Universität Graz. S 141

Mader C (2013) Humanistic management and sustainable transformation with regional scope on Germany, Austria and Switzerland. In: Kahn Sh, Amann W (eds) World humanism: cross cultural perspectives on ethical practices in organizations. Palgrave Macmillan, Basingstoke, pp 81–95

Mader C (2013b) Sustainability process assessment on transformative potentials: the graz model for integrative development. J Clean Prod 49:54–63

Mitchell G (1996) Problems and fundamentals of sustainable development indicators. Sustain Dev 4:1–11

Ness B, Urbel-Piirsalu E, Anderberg St, Olsson L (2007) Categorising tools for sustainability assessment. Ecol Econ 60:498–508

Pirson MA, Lawrence PR (2010) Humanism in Business - Towards a Pradigm Shift?. J Bus Ethiks 93:553–565

Roca LC, Searcy C (2012) An analysis of indicators disclosed in corporate sustainability reports. J Clean Prod 20:103–118

Scholz R, Tietje O (2002) Embedded case study methods: integrated quantitative and qualitative knowledge. Sage, Thousand Oaks

Spitzeck H (2011) An integrated model of humanistic management. J Bus Ethiks 99:51–62

Stein L (2010) Managementpraktiken unternehmerischer Nachhaltigkeit. Carl-Auer Verlag, Heidelberg, S 448

Von Kimakowitz E, Pirson M, Dierksmeier C, Amann W (eds) (2011) Humanistic management in practice. Palgrave Macmillan, Houndmills, pp 1–12

WBGU (1999) Welt im Wandel: Umwelt und Ethik. Metropolis, London, S 147

Dr. Mag. Clemens Mader ist wissenschaftlicher Mitarbeiter und Lehrender am UNESCO Chair 'Hochschulbildung für Nachhaltige Entwicklung' der Leuphana Universität Lüneburg, Deutschland sowie am Nachhaltigkeitsteam der Universität Zürich, Schweiz. Seine Forschungsschwerpunkte liegen in der Entwicklung von Analysemethoden regionaler und unternehmerischer Nachhaltigkeitsprozesse sowie der Untersuchung von Transformationsprozessen an der Schnittstelle von Gesellschaft, Politik , Bildung und Forschung. Studium der Umweltsystemwissenschaften und Doktorat in Humangeographie, Innovations- und Nachhaltigkeitsforschung der Universität Graz. 2006–2012 Gründer und Leiter des RCE Graz-Styria an der Universität Graz. Gastprofessuren und Lehrtätigkeiten an Hiroshima University (Japan), Leuphana Universität Lüneburg (Deutschland) und University of Novi-Sad (Serbien). Präsident der COPERNICUS Alliance – dem Europäischen Hochschulnetzwerk für Nachhaltige Entwicklung.

Anna-Theresa Leitenberger B.Sc. ist Studentin des Masterstudiengangs „International Area Studies" in der Martin-Luther-Universität Halle-Wittenberg. Sie ist Goldschmiedin und hat Umweltwissenschaften an der Leuphana Universität Lüneburg studiert. Ihr Schwerpunkt liegt in emanzipierenden Transformationsprozessen im Kontext von Nachhaltigkeit mit Fokus auf Handwerk und Diversity. 2011–2014 arbeitete sie an der Leuphana Universität in der Umweltplanung und im Innovationsinkubator zu den Themen Nachhaltigkeitsassessment in KMU, Nachhaltigkeit im Handwerk sowie Gender und Nachhaltigkeit.

Das Stakeholder-Management der AUDI AG

Peter F. Tropschuh und Antonia Wadé

Zusammenfassung

Die systematische Erfassung von Interessen und Erwartungen der Stakeholder ist zentraler Bestandteil eines erfolgreichen Stakeholder-Managements. Dazu müssen die wesentlichen Anspruchsgruppen zu den wesentlichen Themen eingebunden werden. Seitens der Wissenschaft oder gemäß den internationalen Berichterstattungsstandards gibt es allerdings kein Patentrezept zur Einbindung der Stakeholder in ein Unternehmen. Der folgende Beitrag beschreibt, wie Audi das Stakeholder-Management anhand der drei Prinzipien Inklusivität, Wesentlichkeit und Reaktivität in die Praxis umsetzt und welche Herausforderungen bei Unternehmen generell bestehen. Anhand konkreter Beispiele werden Dialoge mit internen und externen Stakeholdern erläutert und aufgezeigt, welchen Beitrag sie für das Unternehmen Audi leisten.

1 Die Entwicklung des Stakeholder-Managements bei Audi

Im Jahr 2011 hat Audi das Thema Nachhaltigkeit als eines von vier Handlungsfeldern unter dem Motto „Wir leben Verantwortung" in der Unternehmensstrategie verankert und auch den Dialog mit Stakeholdern (Kathy Beys 2013) als ein wesentliches Element verantwortungsvollen Handelns bei Audi festgelegt (vgl. Abb. 1). Nachhaltigkeit in Produk-

---

P. F. Tropschuh (✉) · A. Wadé
Corporate Responsibility, Politik, AUDI AG, 85045 Ingolstadt, Deutschland
E-Mail: cr@audi.de

A. Wadé
E-Mail: antonia.wade@audi.de

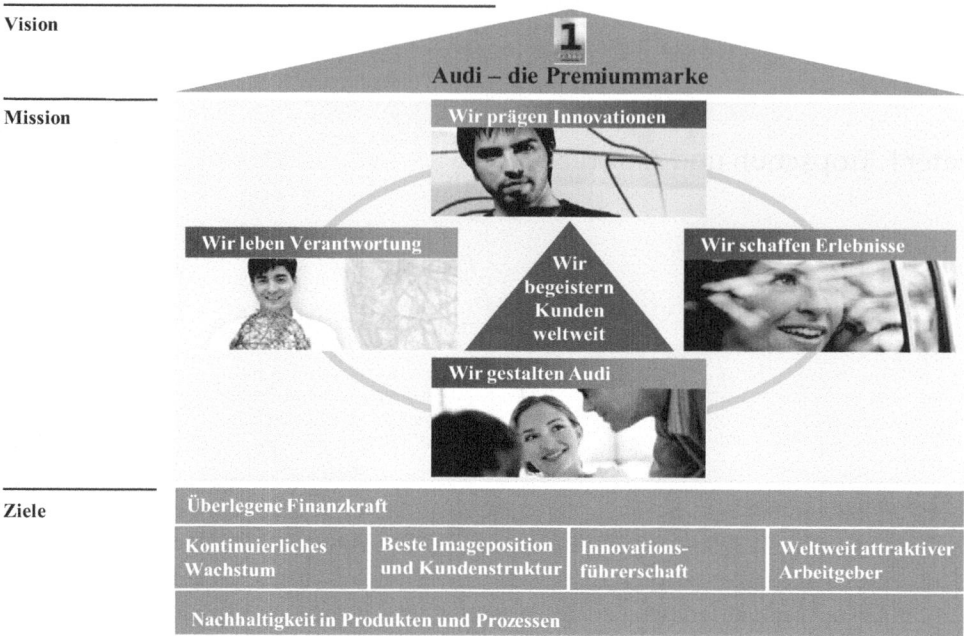

Abb. 1 Strategie 2020 der AUDI AG

ten und Prozessen wurde zudem als grundlegendes Ziel verankert. Die Bündelung und strategische Steuerung aller Nachhaltigkeitsaktivitäten erfolgt durch die Abteilung Corporate Responsibility, die unter anderem den Dialog und die Einbindung der Stakeholder im Rahmen eines übergeordneten Stakeholder-Managements zur Aufgabe hat.

Vor der Gründung der Abteilung Corporate Responsibility war das Stakeholder-Management bei Audi zwar nicht formal verankert. Dennoch stand das Unternehmen zuvor schon im regelmäßigen Austausch mit Stakeholdern: Der Dialog mit Nachbarn, Lieferanten, Kunden und Wissenschaftlern, mit Gewerkschaftsvertretern, Vertretern von Verbänden und NGOs war und ist bei Audi eine lang gelebte Selbstverständlichkeit. Seit vielen Jahren führen wir aus Gründen der Transparenz und Offenheit Gespräche mit Interessenvertretern – auch wenn diese lange nicht als „Stakeholderdialoge" bezeichnet wurden.

Heute ist das Stakeholder-Management fester Bestandteil der Audi Corporate-Responsibility-Strategie und umfasst deutlich mehr als den klassischen Dialog: Indem wir die Interessen und Erwartungen unserer Stakeholder systematisch erfassen, können wir unsere Nachhaltigkeitsstrategie und die Schwerpunkte unseres Handelns daran ausrichten. Das Stakeholder-Management dient damit als steuerndes System für unser Nachhaltigkeitsmanagement, indem die „richtigen" Themen gemeinsam mit den „richtigen" Anspruchsgruppen identifiziert und Lösungen erarbeitet werden (Oestreicher 2010). Unter dem Motto „Wir leben Verantwortung" pflegt Audi einen respektvollen Umgang mit den Stakeholdern, der von Wertschätzung geprägt ist.

Die Einbindung des Stakeholder-Managements in unsere Corporate Responsibility Strategie wurde durch zwei Aspekte maßgeblich gefördert. Zunächst verlangt die Berichterstattung zu Corporate Responsibility eine systematische und seitens unabhängiger Dritter nachprüfbare Einbindung der Stakeholder. Aus diesem Grund hat Audi ein Managementsystem eingeführt, das sich am internationalen Stakeholder Engagement Standard – kurz AA1000SES – orientiert (AccountAbility 2011). Das weltweit gültige Regelwerk dient der Prüfung des Nachhaltigkeitsmanagements und der Berichterstattung zu Nachhaltigkeit.

Die Grundprinzipien von AA1000 sind:
- Inklusivität (gezielte und systematische Einbeziehung der Stakeholder)
- Wesentlichkeit (gemeinsame Identifikation relevanter Themen mit den Stakeholdern)
- Reaktivität (systematische Reaktion auf die Impulse der Stakeholder).

Darüber hinaus waren Nachhaltigkeitsthemen, die uns als Unternehmen wichtig sind, aber außerhalb unseres unmittelbaren Einflussbereichs liegen, mit ausschlaggebend für die Entwicklung des Stakeholder-Managements. Die Einbindung von Stakeholdern in sogenannte „Multi-Stakeholder-Initiativen" (MSI) ist notwendig, da sie die Expertise und die Ressourcen unterschiedlicher Stakeholder verbinden, um sich gemeinsam dringenden gesellschaftlichen Herausforderungen zu stellen. Die Multi-Stakeholder-Initiativen ersetzen damit ein Stück weit gesetzliche Regelungen in Form von freiwilligen Selbstverpflichtungen (van Huijstee 2012).

2 Die Organisation des Stakeholder-Managements bei Audi

Die Abteilung Corporate Responsibility ist dem Vorsitzenden des Vorstands zugeordnet und bündelt dort die Maßnahmen in den Geschäftsbereichen. Sie ist zuständig für die Ausrichtung der Nachhaltigkeitsstrategie und berichtet direkt an den Gesamtvorstand der AUDI AG. Sie steuert das Stakeholder-Management mit dem Ziel, Erwartungen und Meinungen der Stakeholder in die Nachhaltigkeitsstrategie einzubinden. Außerdem verantwortet die Abteilung die Berichterstattung zur Nachhaltigkeit und die Teilnahme an Nachhaltigkeitsratings.

Die Ergebnisse aus den Stakeholder-Dialogen werden dem Gesamtvorstand der AUDI AG mindestens zweimal jährlich präsentiert und über den Arbeitskreis Corporate Responsibility in die Fachbereiche getragen. Der Arbeitskreis setzt sich aus jeweils einem Vertreter der sieben Geschäftsbereiche und einem Vertreter des Betriebsrats zusammen. Er trifft sich einmal im Monat und dient den Geschäftsbereichen zur Vernetzung und zum Austausch über nachhaltigkeitsrelevante Themen.

Abbildung 2 verdeutlicht die Einbindung des Stakeholder-Managements in die Audi Organisation.

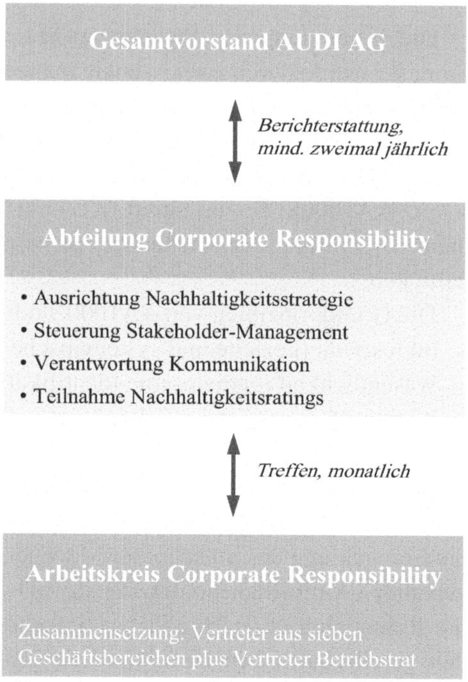

Abb. 2 Einbindung des Stakeholder-Managements in die Audi Organisation

Gesamtvorstand AUDI AG

Berichterstattung, mind. zweimal jährlich

Abteilung Corporate Responsibility
- Ausrichtung Nachhaltigkeitsstrategie
- Steuerung Stakeholder-Management
- Verantwortung Kommunikation
- Teilnahme Nachhaltigkeitsratings

Treffen, monatlich

Arbeitskreis Corporate Responsibility
Zusammensetzung: Vertreter aus sieben Geschäftsbereichen plus Vertreter Betriebsrat

3 Zum Prinzip der Inklusivität

Ein wichtiger Schritt beim Aufbau eines systematischen Stakeholder-Managements ist die Identifikation der wesentlichen Stakeholder-Gruppen und deren gezielte Einbindung ins Unternehmen (AccountAbility 2011). Audi konzentriert sich dabei auf Anspruchsgruppen, die auf unsere Geschäftstätigkeit unmittelbare oder mittelbare Auswirkungen haben (Oestreicher 2010). Die Stakeholder-Gruppen der AUDI AG werden in Abb. 3 dargestellt.

In der Literatur werden häufig auch Eigentümer, Analysten, Investmentgesellschaften oder Banken als Stakeholder-Gruppen von Unternehmen genannt (Freeman 1984; Oestreicher 2010). Diese Anspruchsgruppen haben wir unter der Gruppe „Geschäftspartner und Investoren" subsumiert, da die Volkswagen AG als größter Anteilseigner mit rund 99,55 % des Aktienkapitals an der AUDI AG beteiligt ist. Zwar werden die Aktien der AUDI AG an öffentlichen Börsen gehandelt, aber der Einfluss von Analysten und Investmentgesellschaften auf Audi ist vergleichsweise gering. Darüber hinaus spielen Banken als Kapitalgeber keine wesentliche Rolle für Audi. Zentraler Bestandteil der Audi Unternehmensstrategie ist es, die Investitionen aus dem laufenden Cash-Flow zu decken. Durch die hohe Selbstfinanzierungskraft entstehen weitreichende Investitionsspielräume. Die Abhängigkeit von Fremdkapital durch Banken ist für Audi daher nicht so ausschlaggebend wie für andere Unternehmen.

Auch die Lieferanten haben wir der Gruppe „Geschäftspartner und Investoren" zugeordnet. Hintergrund ist, dass Audi in Kooperation mit dem Volkswagen Konzern geeignete

Abb. 3 Audi Stakeholder-Gruppen

Geschäftspartner auswählt, um Synergiepotenziale optimal zu nutzen. Dem Beschaffungsmanagement des Volkswagen Konzerns liegt seit 2006 das Konzept „Nachhaltigkeit in den Lieferantenbeziehungen" zugrunde, das kontinuierlich weiterentwickelt wird. Darin hat der Volkswagen Konzern die Bedeutung von Umwelt-, Governance- und Sozialstandards in den Geschäftsbeziehungen mit den Zulieferern verankert. Darüber hinaus wird erwartet, dass Lieferanten auch nachhaltiges Handeln ihrer eigenen Zulieferer sicherstellen. Hauptansprechpartner für den jeweiligen Zulieferer ist im Volkswagen-Konzern die Marke, die am meisten mit diesem Lieferanten umsetzt.

4 Zum Prinzip der Wesentlichkeit

Gemäß AA1000SES müssen Unternehmen einen Prozess entwickeln, um gemeinsam mit den Stakeholdern die wesentlichen Themen für die Nachhaltigkeitsperformance zu identifizieren (AccountAbility 2011). Zur Ermittlung der Wesentlichkeit haben wir zunächst aus internen und externen Quellen (Branchenanalysen, Nachhaltigkeitsratings und Anforderungen von Berichtsstandards) 125 Nachhaltigkeitsthemen identifiziert, die für Audi relevant sind und aus diesen wiederum 35 übergeordnete Themen gebündelt bzw. ausgewählt. Daraus wurde ein Fragebogen konzipiert und die Themen bezüglich der Relevanz für Audi beziehungsweise der Performance von Audi mit einer Skala von eins bis fünf hinterlegt. Die Themen sind den fünf Bereichen Produkt, Umwelt (im Sinne von standortbezogenem Umweltschutz), Mitarbeiter, Gesellschaft und Wirtschaften zugeordnet, nach denen wir unser gesamtes Nachhaltigkeitsmanagement und -reporting aufgebaut haben.[1]

Für die Wesentlichkeitsanalyse erfolgten in einem ersten Schritt Experteninterviews, in denen 17 externe Experten und 17 Audi Vertreter zu den 35 übergeordneten Themen befragt wurden. Die Teilnehmer konnten ihre Beurteilungen qualitativ und quantitativ abgeben. Im Anschluss erfolgte eine Online-Befragung von 437 Vertretern der externen Anspruchsgruppen. Insgesamt antworteten 79 Personen, davon vorwiegend CR-Experten, Vertreter aus NGOs und der Politik sowie Geschäftspartner. Da unsere Kunden eine eigene Stakeholder-Gruppe darstellen, haben wir auch sie zu den wesentlichen Nachhaltigkeitsthemen befragt. Insgesamt 82 Kunden aus China, Deutschland und den USA nahmen an der Telefonbefragung teil. Schließlich wurden unsere Mitarbeiter an den Standorten Ingolstadt, Neckarsulm, Brüssel und Györ (Ungarn) gebeten, ihre Meinungen zu den wesentlichen Themen abzugeben. Rund 1.500 Mitarbeiterinnen und Mitarbeiter nahmen an der repräsentativen Befragung teil. Neben den externen und internen Stakeholdern fragten wir auch Vertreter des Audi Managements an den deutschen und internationalen Standorten nach deren Einschätzung zu den Nachhaltigkeitsthemen.

Aus den Ergebnissen aller Befragungen leitet Audi eine Materialitätsmatrix ab, die regelmäßig überprüft und angepasst wird. Die Materialitätsmatrix (Abb. 4) zeigt, dass

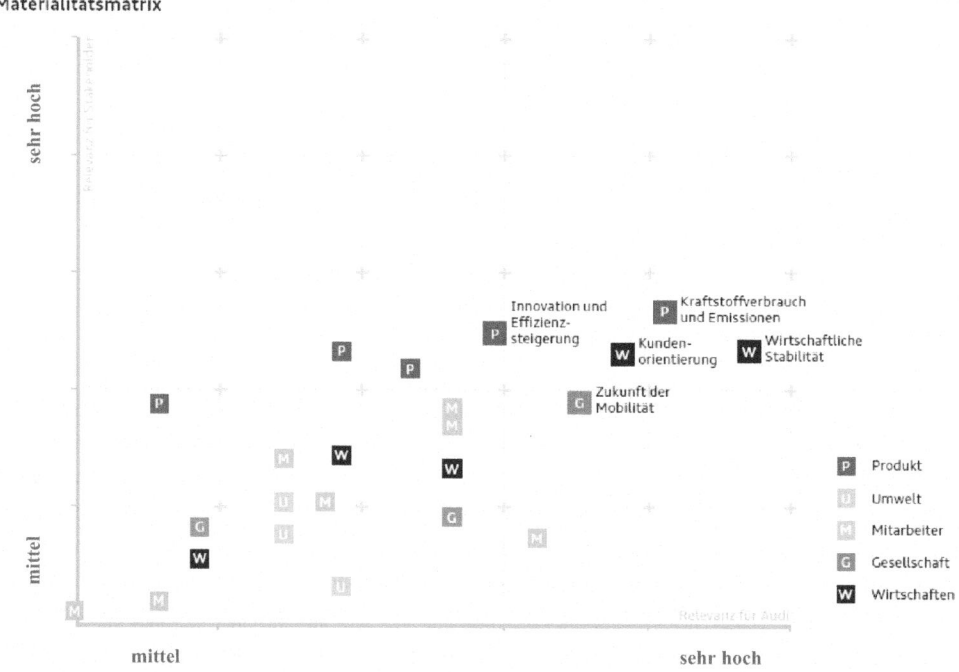

Abb. 4 Materialitätsmatrix der AUDI AG

---

[1] Der Bereich Wirtschaften umfasst neben der Lieferkette unter anderem die Themen Compliance, Corporate Governance, Kundenorientierung, Nachhaltigkeitsreporting und Risikomanagement.

produktbezogene Themen für die Stakeholder die höchste Relevanz besitzen, vor allem die Themen Effizienz und Kraftstoffverbrauch. Aber auch die wirtschaftliche Stabilität des Unternehmens und die Kundenorientierung (mit den Aspekten Qualitätssicherung, Kundenzufriedenheit, Daten- und Verbraucherschutz) werden von den Stakeholdern als besonders relevant eingestuft.

5 Zum Prinzip der Reaktivität

Die Abteilung Corporate Responsibility ist im Rahmen des Stakeholder-Managements für die Erstellung von Grundsätzen, das Festlegen von Nachhaltigkeitszielen, die Messung und Überwachung der Nachhaltigkeitsperformance sowie die Berichterstattung zu Corporate Responsibility zuständig. Aus den Dialogen mit unseren Stakeholdern erhalten wir wichtige Erkenntnisse zu Maßnahmen, die aus Sicht der Stakeholder erforderlich sind, und können diese mit unseren Nachhaltigkeitszielen abgleichen.

Zur Überwachung der Nachhaltigkeitsperformance nimmt der Audi Konzern regelmäßig am renommierten oekom research Rating teil. Dabei wurde das Unternehmen für sein überdurchschnittliches Engagement in Bezug auf Sozial- und Umweltverträglichkeit bereits mehrfach mit dem „Corporate Responsibility Prime-Status" ausgezeichnet. Die Erkenntnisse aus dem Nachhaltigkeitsrating fließen in die Leitlinien und Aktivitäten zur Stärkung unserer Unternehmensverantwortung ein. Regelmäßig tauschen sich die Mitarbeiter der Abteilung Corporate Responsibility mit den ausländischen Konzerngesellschaften aus, um das gemeinsame Verständnis von Nachhaltigkeit weiterzuentwickeln und Maßnahmen abzustimmen. Außerdem arbeiten sie im Konzern-Steuerkreis CSR & Nachhaltigkeit der Volkswagen AG mit, um konzernweit gültige Richtlinien zu entwickeln.

Unsere Berichterstattung zu Nachhaltigkeit basiert auf den Richtlinien der Global Reporting Initiative und unterliegt einer Prüfung durch unabhängige Dritte. Darüber hinaus erfüllt Audi die Kriterien des Deutschen Nachhaltigkeitskodex und bekennt dies durch eine jährliche Entsprechenserklärung. Als Mitglied im UN Global Compact veröffentlichen wir zudem jährlich einen Fortschrittsbericht. Damit wollen wir eine umfangreiche und ausgewogene Berichterstattung gegenüber unseren Stakeholdern sicherstellen.

6 Herausforderungen in der Praxis

Freeman bezeichnete 1984 in „Strategic Management" das Stakeholder Konzept als „simple", da aus seiner Sicht die Stakeholder einfach zu identifizieren seien.[2] In der praktischen Umsetzung stellt sich das Stakeholder-Management – vor allem die Forderung nach Inklusivität – nicht ganz so einfach dar. Als global agierender Konzern haben wir

---

[2] „It is ‚simple' because it is easy to identify those groups and individuals who can affect, or are affected by the achievement of an organisation's purpose." (Freeman 1984, S. 246).

beispielsweise Millionen von Kunden. Wie sichert man gemäß AA1000SES die gezielte und systematische Einbindung dieser Stakeholder? Nach welchen Kriterien sollen die Anspruchsgruppen ausgewählt werden und wie erreicht man jeden Einzelnen von ihnen?

Einige Unternehmen führen angesichts dieser Herausforderungen „offene" Stakeholder-Befragungen durch. Dabei wird bewusst keine Vorauswahl von Zielgruppen oder Individuen getroffen, um zu vermeiden, dass legitime Stakeholder-Interessen unberücksichtigt bleiben. Alle Interessierten können an der Befragung teilnehmen.[3] Wie greifen dann aber die Kriterien „gezielt" und „systematisch" im Sinne der Inklusivität?

Eine weitere Herausforderung betrifft die Durchführung der Wesentlichkeitsanalyse. Unternehmen, die sich dem Thema Berichterstattung zu Nachhaltigkeit erstmals stellen, merken schnell, dass sie trotz regelmäßiger Dialoge mit ihren Stakeholdern nicht unbedingt in der Lage sind, eine Wesentlichkeitsanalyse durchzuführen. Eine Wesentlichkeitsanalyse bedarf belastbarer und nachprüfbarer Daten, denn die Unternehmen müssen auch Externen gegenüber erläutern, wie die wesentlichen Themen im Detail festgelegt werden. Dass die Wesentlichkeitsanalysen heute in Form von Matrizen oder Balkendiagrammen dargestellt werden, hat nicht nur optische Gründe. Vielmehr belegen diese Darstellungen eine statistische Verifizierbarkeit gegenüber unabhängigen Dritten. Nur: Wie lassen sich Gespräche mit Stakeholdern in Matrizen erfassen? Wie erhält man statistisch valide Daten aus einem Fachgespräch? Dazu braucht es Daten, die dem subjektiven „Bauchgefühl" einen testierbaren Wert gegenüberstellen. Eine Lösung ist, dass Unternehmen die wesentlichen Themen mit Hilfe von Fragebögen ermitteln, bei denen die Relevanz von Themen anhand einer Skala oder durch Rankings festgelegt wird. Die Folge: Vor allem zivilrechtliche Organisationen, aber auch Nachhaltigkeitsabteilungen von Unternehmen, erhalten inzwischen eine Vielzahl an Fragebögen, deren Beantwortung kaum mehr bewältigbar ist.

Klar ist: Weder die wissenschaftliche Theorie noch die internationalen Standards zur Berichterstattung über Nachhaltigkeit geben derzeit einen „Königsweg" vor, wie eine Einbindung der Stakeholder in der Realität umgesetzt werden soll. Daher bleibt es den Unternehmen weitgehend selbst überlassen, ihren Weg zu finden.

7 Beispiele für das Stakeholder-Management bei Audi

Im Folgenden wird anhand einiger Dialogformate erläutert, wie Audi die Prinzipien der Inklusivität, der Wesentlichkeit und der Reaktivität konkret in seinem Stakeholder-Management umsetzt. Der Dialog „Unter Nachbarn" ist ein lokales Format mit einem begrenzten Kreis an Stakeholdern, der unmittelbare Konfliktlösungen am Standort zum Ziel hat. In der Aluminium Stewardship Initiative haben wir uns mit anderen Unternehmen entlang der Wertschöpfungskette von Aluminium zusammengeschlossen, um gemeinsam mit der Umweltorganisation International Union for Conservation of Nature (IUCN) einen

---

[3] Vgl. beispielsweise die Online-Stakeholder-Befragung der Daimler AG in den Jahren 2012 und 2013.

globalen Nachhaltigkeitsstandard für Aluminium zu entwickeln. Zuletzt werden die Vortragsreihe „Perspektive Verantwortung" sowie die Online-Plattform „Forum Verantwortung" vorgestellt, die unseren Mitarbeiterinnen und Mitarbeitern den Austausch zu nachhaltigkeitsrelevanten Themen ermöglichen.

Beispiel 1: Der kontinuierliche Dialog „Unter Nachbarn"
Der erste Dialog „Unter Nachbarn" fand am Unternehmensstandort Neckarsulm im Juli 2000 statt. Bei rund 26.000 Einwohnern und 16.000 Beschäftigten hat Audi einen großen Einfluss auf die Entwicklung dieser Region. Anlass des Dialoges war der Ausbau der Produktionskapazitäten in Neckarsulm, verbunden mit zahlreichen baulichen Maßnahmen. Es entstanden neue Gebäude für Produktion und Technische Entwicklung, ein neuer Besucherbereich schloss sich an, die Verkehrsinfrastruktur rund um das Werk wurde angepasst. Da das Werk an ein Wohngebiet grenzt, hatten die Baumaßnahmen unmittelbare Auswirkungen auf die Nachbarn des Standortes: vermehrter Schwerlastverkehr, höheres Lärmniveau und optische Veränderungen des Werkes.

Audi entschied sich, die Anwohner des angrenzenden Wohngebiets frühzeitig in das Geschehen einzubeziehen, und damit Konflikten vorzubeugen. Die Menschen sollten verstehen, warum die Baumaßnahmen notwendig waren. Sie sollten wissen, welche Gebäude an welcher Stelle entstanden und wie die zeitlichen Planungen dazu aussahen. Und vor allem: Sie sollten die Möglichkeit erhalten, Gehör zu finden für ihre Bedenken und Anregungen. Die Nachbarn, die von den Auswirkungen betroffen waren, wurden von Audi schriftlich zu einer Informationsveranstaltung eingeladen. 70 Anwohner ließen sich bei der ersten Veranstaltung über die geplanten Baumaßnahmen informieren und konnten ihre Fragen und Wünsche an die Werkleitung richten. Die Veranstaltung war so erfolgreich, dass 21 Monate später der zweite Dialog stattfand, mit 145 Anwohnern und unter Beteiligung der lokalen Presse. In den mittlerweile neun Veranstaltungen dieser Reihe hat Audi verschiedenste Themen mit den Nachbarn klären können und Beeinträchtigungen erfolgreich beseitigt: Eine Hotline ermöglicht es den Anwohnern heute rund um die Uhr Störungen zu melden, die eigenen Mitarbeiter sind sensibilisiert für die Belange der Anwohner, an neuen Gebäuden werden umfassende Schallschutzmaßnahmen umgesetzt, über Veranstaltungen wird im Vorfeld informiert. „Unter Nachbarn" hat sich zu einem vertrauensvollen Austausch entwickelt und für viele Anwohner ist der Dialog ein regelmäßiger und willkommener Blick hinter die Kulissen von Audi.

Beispiel 2: Die Aluminium Stewardship Initiative
Im Jahr 2013 ist Audi der „Aluminium Stewardship Initiative" (ASI) beigetreten, um mit Unterstützung der Umweltorganisation International Union for Conservation of Nature (IUCN) den ersten Standard für nachhaltiges Aluminium zu entwickeln.[4] Dabei legten die beteiligten Organisationen ethische, ökologische und soziale Kriterien fest, die für alle Stadien der Rohmaterialgewinnung, Produktion und Verarbeitung gelten. Im Dezember

---
[4] Vgl. Aluminium Stewardship Initiative.

2014 wurde der erste Teil des ASI Performance Standard (Principles and Criteria) veröffentlicht und soll zukünftig um weitere Aspekte ergänzt werden. Wesentliche ökologische und soziale Themen bei der Herstellung von Aluminium betreffen Audi zwar nur indirekt, denn als Hersteller von Automobilen befindet sich Audi, abgesehen vom Recycling, am Ende der Wertschöpfungskette. Doch unsere ökologische Produktverantwortung – das zeigen auch die Stakeholder-Befragungen – betreffen die Umweltauswirkungen unserer Fahrzeuge über den gesamten Lebenszyklus von der Rohstoffgewinnung und Produktion über den Fahrbetrieb bis hin zum Recycling. Als Leichtbau-Vorreiter haben wir daher großes Interesse an einem globalen Standard für nachhaltiges Aluminium, da Audi künftig mit zertifiziertem Aluminium die Umweltbilanz der Fahrzeuge weiter verbessern könnte.

Beispiel 3: „Perspektive Verantwortung" und „Forum Verantwortung"
Die Vortragsreihe „Perspektive Verantwortung" bietet Audi Mitarbeitern die Möglichkeit, mit Vertretern von NGOs, Wissenschaftlern und Politikern zum Thema Nachhaltigkeit in den Dialog zu treten. Zukunftsthemen, gesellschaftliche Entwicklungen und die damit verbundenen Chancen und Herausforderungen stehen im Mittelpunkt der Diskussionsrunden. Zu Gast waren beispielsweise Dr. Gerd Leipold, Vorsitzender Greenpeace International von 2001 bis 2009, und Prof. Dr. Hubert Weiger, Vorsitzender des Bundes für Umwelt und Naturschutz Deutschland (BUND). Die AUDI AG fördert durch diese Vortragsreihe den regelmäßigen Austausch mit Persönlichkeiten aus dem Bereich Nachhaltigkeit und bietet eine Plattform für den konstruktiven Austausch mit den Mitarbeitern.

Darüber hinaus können sich Audi Beschäftigte über die interne Online-Plattform „Forum Verantwortung" zum Thema Corporate Responsibility austauschen. Zahlreiche Mitarbeiterinnen und Mitarbeiter informieren sich regelmäßig im Audi Intranet und äußern ihre Erwartungen und Meinungen zu nachhaltigkeitsrelevanten Themen. Dieses Dialogformat ist für uns in zweifacher Hinsicht hilfreich: Als interne Stakeholder kennen die Beschäftigten die Prozesse im Unternehmen und können mit großer Expertise ihre Erwartungen äußern. Darüber hinaus können sie jenseits ihrer Rolle als Mitarbeiter immer auch andere Perspektiven einbringen: als Audi Kunden, als Nachbarn, als Teil der Gesellschaft. Die Abteilung Corporate Responsibility moderiert das Forum aktiv, verfolgt die Diskussionen aufmerksam und lässt die Erkenntnisse in die Nachhaltigkeitsarbeit einfließen.

8 Ziel des Stakeholder-Managements bei Audi

Ziel eines Stakeholder-Managements ist es, die Interessen und Bedürfnisse aller Stakeholder zu erfassen und eine weitgehende Konsistenz zwischen den Erwartungen der Stakeholder und den Entscheidungen des Unternehmens zu erreichen. Angesichts der Komplexität der Stakeholder-Landschaft und -Interessen ist dies eine große Herausforderung.

Unsere bisherige Erfahrung im Stakeholder-Management zeigen, dass die Anregungen und Expertise der Stakeholder wichtige Impulse für die Ausrichtung unserer Nachhaltigkeitsstrategie geben – auch wenn nicht jeder Dialog die Nachhaltigkeit unmittelbar verbessert oder zu konkreten Maßnahmen führt. Das kann und soll auch nicht der Anspruch an das Stakeholder-Management sein.

Vielmehr ist das Ziel des Stakeholder-Managements, gesellschaftliche Akzeptanz für Audi zu erreichen. Denn Reputation und ein glaubwürdiges Handeln bilden die Grundlage für die gesellschaftliche Akzeptanz und – darauf aufbauend – die Begeisterung der Kunden für unsere Produkte. Am Ende eines Dialog-Prozesses muss nicht immer Einigkeit herrschen. Zumindest aber soll ein wechselseitiges Verständnis der unterschiedlichen Ausgangslagen und Positionen bestehen – besser noch eine Verständigung darüber, wie eine gemeinsam anzusteuernde Lösung aussehen könnte.

Die Beispiele zu unseren Stakeholder-Dialogen zeigen, wie wir mit kleinen und großen Schritten gesellschaftliche Akzeptanz erreichen können: Dialoge helfen, Konflikte zu erkennen und zu lösen. Das gemeinsame Agieren in Stakeholder-Netzwerken ermöglicht es, die Bewältigung komplexer Nachhaltigkeitsthemen voranzutreiben. Mit Hilfe unserer Stakeholder erfahren wir die an Audi gerichteten gesellschaftlichen Erwartungen.

Die Dialoge tragen dazu bei, ein größeres Bewusstsein für nachhaltigkeitsrelevante Themen im Unternehmen zu schaffen und letztendlich den „Blick über den Tellerrand" sicherzustellen.

9 Ausblick

Die Sicherung der Unternehmensverantwortung sowie die Messung und Überwachung der Nachhaltigkeitsperformance sind zentrale Anliegen des Stakeholder-Managements. Es gilt, mit Hilfe der gewonnenen Erkenntnisse aus den bereits durchgeführten sowie zukünftigen Stakeholder-Dialogen neue Ziele der Nachhaltigkeitsstrategie festzulegen und bereits bestehende Ziele und Maßnahmen stetig anzupassen. Die Wesentlichkeit bestimmter Themen muss gemeinsam mit den zum Thema passenden Anspruchsgruppen identifiziert werden – bei einer Unternehmensgröße wie der des Audi Konzerns kein leichtes Unterfangen. Wichtig ist: Stakeholder-Management darf kein Selbstzweck sein. Es geht nicht darum, unsere Stakeholder zu befragen, damit formale Kriterien im Rahmen einer Berichterstattung oder eines Nachhaltigkeitsratings erfüllt sind.

Seitens Audi wollen wir vor allem den Ausbau systematischer Stakeholder-Dialoge und das gemeinsame Verständnis von Nachhaltigkeit an den internationalen Standorten vorantreiben. Durch konzernweit gültige Grundsätze stellen wir sicher, dass das Nachhaltigkeits- und Stakeholder-Management im Audi Konzern eine einheitliche Basis hat. Dazu entwickeln wir Dialogformate, die weltweit einsetzbar sind und somit zum steten Austausch und als Umfeldradar für neue Prozesse dienen.

Literatur

AccountAbility AA1000 Stakeholder Engagement Standard 2011, Final Exposure Draft, unter http://www.accountability.org/about-us/publications/aa1000-1.html (zugegriffen am 2. Mai 2015).
Aluminium Stewardship Initiative, unter http://aluminium-stewardship.org (zugegriffen am 2. Mai 2015).
Beys, K (2013) Lexikon der Nachhaltigkeit. Stakeholderdialoge, unter https://www.nachhaltigkeit.info/artikel/stakeholderdialoge_1571.htm (zugegriffen am 2. Mai 2015).
Freeman, R E (1984) Strategic Management. A Stakeholder Approach. Pitman, Boston
van Huijstee, M (2012) Initiatives: A Strategic Guide for Civil Society Organizations. Stichting Onderzoek Multinationale Ondernemingen Centre for Research on Multinational Corporations Amsterdam, S. 14.
Oestreicher, K (2010) Strategische Kommunikation und Stakeholdermanagement. Struktur, Implementierung, Erfolgsfaktoren. Publicis Publishing, Erlangen.

Prof. Dr.-Ing. Peter F. Tropschuh begann nach seinem Maschinenbau-Studium und der Promotion an der Technischen Universität München im Jahr 1988 seine Karriere bei der AUDI AG in der Technischen Entwicklung. Er war Leiter des Generalsekretariats und verantwortete unter anderem die Bereiche Entwicklung Fahrzeugprojekte und Wissenschaftsprojekte. 2006 wechselte er zur VOLKSWAGEN AG als Leiter AutoUni und Wissenschaftsprojekte. Seit Juli 2011 leitet er bei der AUDI AG die Bereiche Corporate Responsibility sowie Politikbeziehungen und Wissenschaftskooperationen (bis September 2014).

Dr. Antonia Wadé, Dipl-Kffr./MBA, begann ihre Tätigkeit im Jahr 2000 bei der AUDI AG im Bereich Finanzkommunikation und Finanzanalytik, ab 2004 war sie als Projektleiterin im Audi Forum Ingolstadt tätig. Seit 2012 verantwortet sie die Publizität zu Corporate Responsibility und ist unter anderem für das Stakeholder-Management zuständig.

Stakeholdermanagement bei der Flughafen München GmbH – gesellschaftliche Akzeptanz als strategischer Erfolgsfaktor

Hans-Joachim Bues, Vera Valerie Stelkens und Monica Streck

Zusammenfassung

Eingebettet in ein umfangreiches Netzwerk interner und externer Stakeholder-Gruppen haben Unternehmen heutzutage nicht nur eine finanzielle, sondern auch soziale, ökologische und gesellschaftliche Verantwortung. Begünstigt durch die zunehmende Demokratisierung der Kommunikationslandschaft konfrontieren Stakeholder Unternehmen mit gesellschaftlich relevanten Themen.

Vor diesem Hintergrund beschreiben die Autoren den Stakeholder-Management-Ansatz des Flughafens München. Dabei verdeutlichen sie, dass Stakeholder-Management ein zentrales Thema sowohl für die Unternehmenskommunikation als auch für das strategische Nachhaltigkeitsmanagement ist. Anhand verschiedener Stufen der Verantwortung gegenüber Stakeholdern wird erläutert, wie der Stakeholder-Dialog beim Flughafen München abläuft, wie die Interessen der Stakeholder bei strategischen Weichenstellungen berücksichtigt werden und welchen Stellenwert langfristige Stakeholder-Beziehungen für die Zukunftsfähigkeit des Konzerns haben. Außerdem erörtern die Autoren zentrale Chancen und Herausforderungen des Stakeholdermanagements aus kommunikativer und strategischer Perspektive und heben hervor, dass auch Stakeholder Verantwortung gegenüber Unternehmen tragen.

H.-J. Bues (✉) · V. V. Stelkens · M. Streck
Flughafen München GmbH, Nordallee 25, 85326 München, Deutschland
E-Mail: achim.bues@munich-airport.de

1 Stakeholdermacht und unternehmerische Verantwortung

Stakeholder – das „Zünglein an der Waage"? „The business of business is business" – das bekannte Zitat von Milton Friedman verdeutlicht, dass die Verantwortung von Unternehmen aus neoklassischer Perspektive begrenzt ist auf Gewinnmaximierung (Friedman 1970). Nach diesem Verständnis stehen die Bedürfnisse von Eignern und Aktionären im Vordergrund, während die Anliegen anderer Stakeholdergruppen nachrangig behandelt werden. Unternehmen sind daher mittlerweile gewöhnt, (Anteils-)Eignern ihre finanziellen Erfolge und Misserfolge erläutern zu müssen. Doch gerade im Kontext von Nachhaltigkeit und CSR werden die Verantwortlichkeiten von Unternehmen weiter definiert.

Da Unternehmen heutzutage in ein umfangreiches Netzwerk von internen und externen Anspruchs- oder Stakeholdergruppen eingebettet sind, beeinflussen unterschiedlichste Interessengruppen mit ebenso unterschiedlichen Bedürfnissen und Interessen die Außenwahrnehmung des unternehmerischen Handelns stärker. Unternehmen haben demnach einen breiteren Adressatenkreis zu bedienen. Firmen sind nicht mehr nur verantwortlich für finanzielle Profitabilität und Gewinnmaximierung, sondern werden auch in sozialer, ökologischer und gesellschaftlicher Hinsicht in die Pflicht genommen (z. B. Freeman 1984) – das Shareholdermanagement wurde zum Stakeholdermanagement.

Zudem hat sich in den letzten Jahren die Kommunikationslandschaft enorm gewandelt. Vor allem soziale Medien wie Facebook, YouTube und Twitter haben entscheidend dazu beigetragen, dass Stakeholder einem Unternehmen direkt und öffentlich Feedback geben können. Durch den „schreibenden" Zugang zu weltweit verbreiteten Medien können sie selbst Botschaften über Unternehmen initiieren und verbreiten und so Unternehmen durchaus Probleme bereiten (Hilker 2014).

Stakeholder konfrontieren Unternehmen mit für sie zentralen und gesellschaftlich relevanten Themen wie Umweltschutz, sozialem Engagement oder nachhaltigem Wirtschaften. Themen, die in der Gesellschaft diskutiert werden, werden früher oder später im unternehmerischen Kontext zu finden sein. Dies erzeugt einen steigenden Druck auf Unternehmen, mehr gesellschaftliche Verantwortung zu übernehmen und als „Corporate Citizen" aufzutreten. Damit ist gemeint, dass Unternehmen sich aktiv engagieren und als „verantwortungsvoller" Bürger in der Gesellschaft agieren.

Einseitige Kommunikation reicht dabei keinesfalls aus. Vielmehr müssen Unternehmen die Bedürfnisse und Interessen der Stakeholder in unternehmerische und strategische Entscheidungen integrieren, um langfristig erfolgreich und damit zukunftsfähig zu bleiben. Es bietet sich an, die Stimmen der Stakeholder als „Frühwarnsystem" für strategische Weichenstellungen im Unternehmen zu nutzen.

Stakeholdermanagement – zentrales Strategiethema für den Flughafen München Die Flughafen München GmbH (FMG), die mit ihren 14 Tochtergesellschaften den derzeit siebtgrößten Flughafen Europas betreibt (Flughafen München GmbH 2014a;

Stand: 31.12.2013), versteht Stakeholdermanagement als ein Thema von strategischer Relevanz.

Als Unternehmen in öffentlicher Hand – Gesellschafter sind der Freistaat Bayern (51 %), die Bundesrepublik Deutschland (26 %) sowie die Landeshauptstadt München (23 %) – muss die FMG vor allem ihrer Verantwortung gegenüber politischen und gesellschaftlichen Stakeholdern nachkommen. Dies gilt insbesondere, da am Flughafen München über 32.000 Menschen beschäftigt sind, der Flughafen als Beschäftigungsmultiplikator wirkt und positive ökonomische Effekte auf das Flughafenumland, den Freistaat Bayern und den Wirtschaftsstandort Deutschland hat (Flughafen München GmbH 2014a).

Im Folgenden wird beschrieben, wie der Flughafen München seine Verantwortung gegenüber Stakeholdern definiert, wie er für Stakeholder relevante Themen in den unternehmerischen Kontext integriert und welche Relevanz diese für die Zukunftsfähigkeit des Unternehmens haben.

Dabei wird zuerst das Stakeholderportfolio der FMG, das alle wesentlichen Stakeholdergruppen beschreibt, dargestellt. Thesenbasiert werden daran anschließend verschiedene Stufen der Stakeholderverantwortung inklusive der Bezüge zwischen Stakeholdern und Unternehmen am Beispiel des Flughafens München diskutiert. Für die strategische Entwicklung der FMG besonders wichtige Chancen und Herausforderungen des Stakeholdermanagements werden erörtert, bevor im Fazit verdeutlicht wird, dass sowohl Unternehmen als auch Stakeholder Verantwortung tragen.

2 Stakeholder-Portfolio der FMG

Aufgrund ihres komplexen Geschäftsmodells, ihres vielfältigen Serviceangebots und dem daraus resultierenden Kundenportfolio hat die FMG auf die Bedürfnisse zahlreicher Anspruchsgruppen einzugehen. Die zentralen acht Stakeholder-Gruppen sind in Abb. 1 dargestellt.

Ermittlung relevanter Stakeholdergruppen Die dargestellten Stakeholdergruppen von hervorgehobener strategischer Relevanz wurden mithilfe einer umfangreichen Stakeholderanalyse identifiziert. Anhand systematisierter Interviews wurden vor allem die Interes-

Medien	Passagiere & Besucher	Airlines & Luftverkehrsbranche
Ministerien & Behörden	Flughafen München	Mitarbeiter
Politik & Verbände	Geschäftspartner	Region

Abb. 1 Anspruchsgruppen der FMG

sen und Erwartungen der Stakeholderguppen zusammengefasst. Die Stakeholder wurden nach intern und extern sowie nach regionaler und überregionaler Herkunft klassifiziert. Außerdem wurden sie nach ihrer Haltung pro, contra oder ambivalent unterschieden.

Auf Basis dieser Klassifizierung wurden die Gruppen nach Relevanz priorisiert und zu den abgebildeten acht zentralen Interessengruppen verdichtet (vgl. Abb. 1). Hierbei wurden Bewertungsdimensionen wie Konfliktpotenzial, Chancen- und Risikopotenzial oder Öffentlichkeitswirksamkeit berücksichtigt. Dies unterstreicht, dass vor allem einflussreiche Stakeholder, die den Ruf und die Zukunftsfähigkeit eines Unternehmens entscheidend beeinträchtigen können, besonders kritisch und relevant für ein Unternehmen sind.

Vielfältige Dialogformen mit den Stakeholdern Die Dialogformen mit den Stakeholdergruppen sind vielfältig und zielgruppenspezifisch[1]. Die Frequenz des Dialogs variiert dabei von bedarfsabhängig über regelmäßig nach einem bestimmten Turnus bis hin zu permanent.

Beispielsweise sind Passagiere und Besucher primär an tagesaktuellen Informationen zum Flugbetrieb, einem Überblick zum Shopping- und Gastronomieangebot, Übersichtsplänen und Informationen zu An- und Abreise sowie Events und Sonderaktionen interessiert. Neben den Informationen auf der Konzern-Homepage wird der Dialog mit Passagieren und Besuchern vor allem über soziale Medien geführt. Das Social-Media-Team der FMG, das in der Unternehmenskommunikation angesiedelt ist, veröffentlicht auf den sozialen Netzwerken Facebook, Twitter und Youtube Fluginformationen, Eventankündigung und Mitmach-Aktionen. Sogenannte Themenverantwortliche fungieren als Schnittstelle zu den Fachabteilungen und bereiten die Themen für mehrere Kanäle auf. Ein Kanalverantwortlicher steht ihnen zur Seite und hilft, die Inhalte kanalgerecht zu formulieren und zu platzieren (Hilker 2014). Der Kommunikationsstil ist geprägt von knappen, verständlich formulierten Informationen. Zahlreiche Bilder und andere multimediale Elemente ergänzen die Texte und machen so die „Faszination Flughafen" medial greifbar.

Im Gegensatz zu Passagieren und Besuchern möchten die Mitarbeiter der FMG über konzerninterne News (z. B. über Erfolge, Projekte, Organisationsstruktur), über mitarbeiterbezogene Angebote (z. B. Weiterbildungs-, Sport-, Essensangebot), Mitarbeiter-Veranstaltungen (z. B. Town-Meetings, „Frühstück mit dem Chef", Strategie-Workshops) und Informationen zu den einzelnen Unternehmensbereichen und Ansprechpartnern informiert werden. Zentrale Informationsmedien sind hier die Flughafenzeitung Motion, das Konzern-Intranet eMotion sowie Veranstaltungen wie Betriebsversammlungen. Führungskräfte werden zusätzlich über einen speziellen News-Verteiler sowie halbjährlich stattfindende Strategie-Konferenzen informiert.

Da Anwohner der Region direkt vom Flughafenbetrieb betroffen sind, haben sie ein erhöhtes Interesse an Informationen über dessen Auswirkungen. Öffentliche Veranstaltungen dienen dazu, über kritische Themen wie Fluglärm, geplante Ausbaumaßnahmen

---

[1] Unter www.munich-airport.de/stakeholder kann eine vollständige Auflistung der Dialogformen und –medien mit den zentralen Anspruchsgruppen eingesehen werden.

und Umweltauswirkungen zu informieren und zu diskutieren. Themenspezifische Informationsbroschüren erläutern bestimmte Sachverhalte näher. Zum Thema Fluglärm veröffentlicht die FMG in der Broschüre „Fluglärm und Fluglärmschutz" Hintergrundinformationen zu Ursachen des Fluglärms, rechtlichen Vorgaben und Zahlen zum Thema. Ein anderes Beispiel sind Informations- und Kommunikationsmaßnahmen für Lieferanten und Dienstleister der FMG. Da der Flughafen München großen Wert auf regionale Wertschöpfung legt, schaffen Veranstaltungen und ein Flyer Transparenz über bestehende Liefer- und Leistungsbeziehungen sowie die Richtlinien bei der Auftragsvergabe.

3 Formen/Stufen der Verantwortung

Eine deskriptive Studie zum aktuellen Stand des Stakeholder Managements bei deutschsprachigen Unternehmen kommt zu dem Fazit, dass die Integration von Stakeholdern bei 42 % der befragten Unternehmen bei der Informationsgebung endet. Stakeholder-Konsultation (d. h. Einholen von Feedback der Anspruchsgruppen) und Stakeholder-Kooperation (d. h. Einbezug in Planungs- und Entscheidungsprozesse) setzen nur 22 % beziehungsweise 23 % der Unternehmen um (Lintemeier Stakeholder Relations 2013). Mit 12 % bildet die Partnerschaft mit Stakeholdern bislang eher die Ausnahme.

Ähnlich der Einteilung in der genannten Studie vertreten die Verantwortlichen des Flughafens München die Ansicht, dass die Beziehung von Unternehmen mit ihren Anspruchsgruppen ein mehrschichtiges Konstrukt mit aufeinander aufbauenden Stufen der Verantwortung ist. Abbildung 2 veranschaulicht dieses Verständnis:

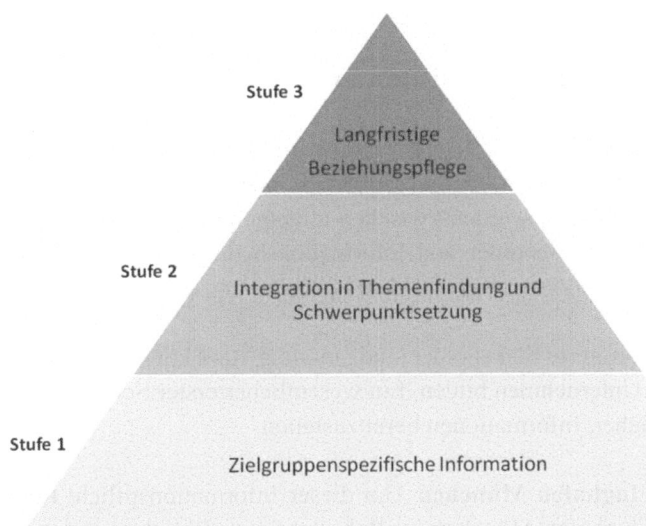

Abb. 2 Stufen der Stakeholder-Verantwortung

Auf der untersten Stufe der Verantwortung steht die zielgruppenspezifische Information von Stakeholdern. Heutzutage reicht es allerdings nicht mehr aus, Stakeholder eindimensional über Unternehmensereignisse in Kenntnis zu setzen. Vielmehr müssen die Ansichten und Interessen der Stakeholder in die strategische Themenfindung und Schwerpunktsetzung einbezogen werden. Dies wird durch soziale Medien immer stärker erleichtert. Auf der dritten und obersten Stufe der Verantwortung müssen Unternehmen in der Lage sein, zu erkennen, dass Stakeholder ihre Zukunftsfähigkeit maßgeblich beeinflussen und unter Umständen auch gefährden können. Daher ist eine langfristige Beziehungspflege unabdingbare Voraussetzung für Vertrauen und gegenseitige Akzeptanz.

Wichtig ist, dass eine „Verantwortungsstufe" immer Voraussetzung der nächsthöheren ist. Nur gut informierte, „mündige" Stakeholder können einen positiven Beitrag zur Themen- und Schwerpunktsetzung leisten. Denn durch die Integration dieser Themen in die Unternehmensstrategie, kann eine stabile Entwicklung gewährleistet werden. So werden die Zukunftsfähigkeit des Unternehmens und die langfristige Akzeptanz des Geschäftsmodells dauerhaft sichergestellt.

Außerdem haben die Stufen unterschiedliche zeitliche Bezüge. Während die Information der Stakeholder permanent und mit diversen, themenbezogenen und eher kurzfristig angelegten Kommunikationsmaßnahmen erfolgt, verläuft die Integration in Themenfindung und strategische Schwerpunktsetzung meist turnusmäßig (z. B. durch eine jährliche, an die Berichterstattung gekoppelte Befragung) und hat einen mittelfristigen zeitlichen Bezug. Auf oberster Ebene steht die dauerhafte Beziehungspflege mit Stakeholdern, die sich aus zahlreichen turnusmäßigen und ereignisbezogenen Maßnahmen zusammensetzt.

Im Folgenden werden die Stufen der Verantwortung anhand von Umsetzungsbeispielen aus Strategiearbeit und Nachhaltigkeitsmanagement des Flughafens München konkretisiert.

3.1 Zielgruppenspezifische Information

Worum es geht Unternehmen tragen die Verantwortung, ihre Anspruchsgruppen ausführlich und zielgruppenspezifisch über wesentliche Unternehmensbelange zu informieren. Dabei kann unterschieden werden zwischen allgemeinen, grundlegenden Informationen im Interesse aller Stakeholder und Informationsbedürfnissen, die für bestimmte Stakeholder-Gruppen von hervorgehobener Relevanz sind und daher themenbezogen vertieft werden.

Nur ausführlich informierte Stakeholder sind „mündig" und können sich ein ganzheitliches Urteil über das Unternehmen bilden. Ein wesentlicher erster Schritt von Seiten des Unternehmens ist es daher, Informationen bereitzustellen.

Ansatz/Umsetzung Flughafen München Um dieser Informationspflicht Rechnung zu tragen, zeichnet der Flughafen München im Rahmen seiner Berichterstattung ein ganzheitliches Bild. Seit 2010 veröffentlicht die FMG einen integrierten Bericht, der die Finanz- und Nachhaltigkeitsberichterstattung in einer zentralen Publikation vereint.

Integrierte Berichterstattung bedeutet für den Flughafen München, sein Geschäftsmodell nicht nur umfassend im Hinblick auf seine finanziellen, sondern auch auf die wesentlichen nicht-finanziellen Belange fokussiert darzustellen. Ein integrierter Bericht will alle Zielgruppen gleichermaßen mit der gleichen Sprache ansprechen. Neben dem jährlich erscheinenden integrierten Unternehmensbericht, der sowohl gedruckt als auch online als pdf-Datei veröffentlicht wird, ist die Kommunikation über die Konzern-Homepage (www.munich-airport.de) maßgebliches Medium der grundlegenden Stakeholder-Information. Hier liegt der Fokus neben allgemeinen Informationen zum Flughafen, den angebotenen Services sowie dem Unternehmen FMG auf tagesaktuellen Informationen zum Flugbetrieb und Unternehmensnews.

Die grundlegenden, allgemeinen Angaben im Integrierten Bericht und auf der Flughafen-Homepage werden durch eine anspruchsgruppenspezifische Kommunikation in anderen Medien vertieft. Zum Beispiel wird durch Pressearbeit näher auf die unterschiedlichen Interessen und Informationsbedarfe einzelner Stakeholdergruppen eingegangen.

3.2 Integration in Themenfindung und Schwerpunktsetzung

Worum es geht Unternehmen gehen immer mehr dazu über, Stakeholder frühzeitig in unternehmerische Entscheidungen zu integrieren. Dazu gehört auch, die Themen, die ein Unternehmen vorantreibt, unter Einbeziehung seiner internen und externen Effekte zu diskutieren.

Stakeholder fungieren auf diese Weise für ein Unternehmen als „Spiegel" der Gesellschaft, da sie Themen von gesellschaftlicher Relevanz -und oft auch Brisanz- auf die Unternehmensagenda bringen. Für die interne Entwicklung strategischer Themen ist die Sicht von außen förderlich, denn kein Unternehmen wirtschaftet in einem „luftleeren Raum". Vielmehr wird eine Vielzahl von Interessen durch verschiedenste gesellschaftliche Akteure an ein Unternehmen herangetragen. Im gesellschaftlichen Diskurs werden üblicherweise Themen vordiskutiert, die in einem unternehmerischen Kontext unter „verantwortungsvollem Handeln" verstanden und integriert werden sollten. Das Unternehmen als Corporate Citizen ist dadurch Teil einer gesamtgesellschaftlichen Entwicklung.

Beispielsweise brachten in den 1990er-Jahren zahlreiche Initiativen von Umweltschutzorganisationen das Thema Umweltschutz in den Mittelpunkt des öffentlichen Diskurses. Aufgrund des starken gesellschaftlichen Drucks wurden Unternehmen in die Pflicht genommen, sich zum Umweltschutz zu positionieren. Heute verschließt sich kaum ein Unternehmen mehr dem Thema; ganz im Gegenteil, Umweltschutz ist bei den meisten Unternehmen bereits zu einem integralen Bestandteil des Geschäftsmodells geworden.

Wenn ein Unternehmen seinen Stakeholdern die Möglichkeit gibt, ihre Meinung angemessen äußern zu können, erhalten die Stakeholder „Stimmgewicht" bei strategischen Fragen. So wird die Basis für Vertrauen sowie eine langfristige Akzeptanz geschaffen.

Ansatz/Umsetzung Flughafen München Die FMG nutzt vor allem die externe Berichterstattung als Vehikel, um Stakeholder in die Findung und Priorisierung relevanter Strategiethemen zu integrieren.

Dabei orientiert sich die FMG an den Leitlinien der Global Reporting Initiative (GRI). Nach GRI muss der Flughafen München über zahlreiche ökonomische, ökologische und soziale Aspekte seiner Geschäftstätigkeit berichten, wobei das Thema „Wesentlichkeit" seit Veröffentlichung des neuen Berichtsstandards G4 im Jahr 2013 noch stärker in den Fokus gerückt ist. Eine Organisation soll „ihre Stakeholder angeben und erläutern, inwiefern sie auf deren angemessene Erwartungen und Interessen eingeht" (GRI 2013, S. 9). Stakeholder sollen in den gesamten Prozess der Wesentlichkeitsermittlung einbezogen werden. Auch bei dem Ansatz, den die FMG verfolgt, beeinflussen die Stakeholder die Themen, die für den Flughafen München wesentlich sind.

Jährlich werden die Leser des Integrierten Berichtes, die gleichzeitig die zentralen Stakeholdergruppen des Unternehmens repräsentieren, zur Nachhaltigkeitskommunikation und -strategie befragt. Ziel der Stakeholderbefragung ist es zum einen, zu überprüfen, wie die Berichterstattung bei den Lesern ankommt. Beispielsweise frägt die FMG ab, über welche medialen Kanäle die Befragten am liebsten informiert werden möchten oder welche Kapitel des Berichts zu ausführlich beziehungsweise nicht ausreichend behandelt wurden. Zum anderen wird durch die Befragung die Bedeutung konkreter Schwerpunktthemen aus Nachhaltigkeits- und Strategiesicht ermittelt. Die Befragung erfolgt sowohl schriftlich in Form eines Briefes, der mit der Druckversion des Berichts versandt wird, als auch in Form einer Online-Befragung, die über die Konzern-Homepage abgerufen werden kann.

Im Jahr 2013 waren die Befragungsteilnehmer schwerpunktmäßig Mitarbeiter und Führungskräfte des Flughafens München (41 %), Geschäftspartner (19 %) sowie Passagiere und Besucher (13 %).

Bei der Datenauswertung werden die Befragten in die Kategorien interne und externe Stakeholder unterteilt. Während Mitarbeiter und Führungskräfte die internen Stakeholder repräsentieren, werden alle anderen Stakeholdergruppen den externen Stakeholdern zugeordnet. Diese Einteilung bildet die Basis für die beiden Achsen der Wesentlichkeitsmatrix.

In der Wesentlichkeitsmatrix (vgl. Abb. 3) stellt die FMG auf zwei Achsen dar, welche Bedeutung die einzelnen abgefragten Strategie- und Nachhaltigkeitsthemen für interne (x-Achse) und externe (y-Achse) Anspruchsgruppen haben. In diesem Zusammenhang bedeutet Wesentlichkeit die Schnittmenge zwischen dem, was aus unternehmerischer Sicht für das Unternehmen von strategischer Bedeutung ist, und dem, was aus Außensicht wichtig ist. Im oberen rechten Feld der Wesentlichkeitsmatrix befinden sich die Themen, die sowohl für Mitarbeiter und Führungskräfte als auch für externe Stakeholdergruppen von höchster Priorität sind. Dazu zählten für den Flughafen München 2013 unter anderem ein attraktives Produkt- und Dienstleistungsportfolio, die Reduzierung von Treibhausgasemissionen und die Mitarbeiterzufriedenheit. In einem Nachhaltigkeitsprogramm veröffentlicht die FMG konkrete Initiativen und Maßnahmen zu den wesentlichen Themen und zur Erreichung der strategischen Ziele.

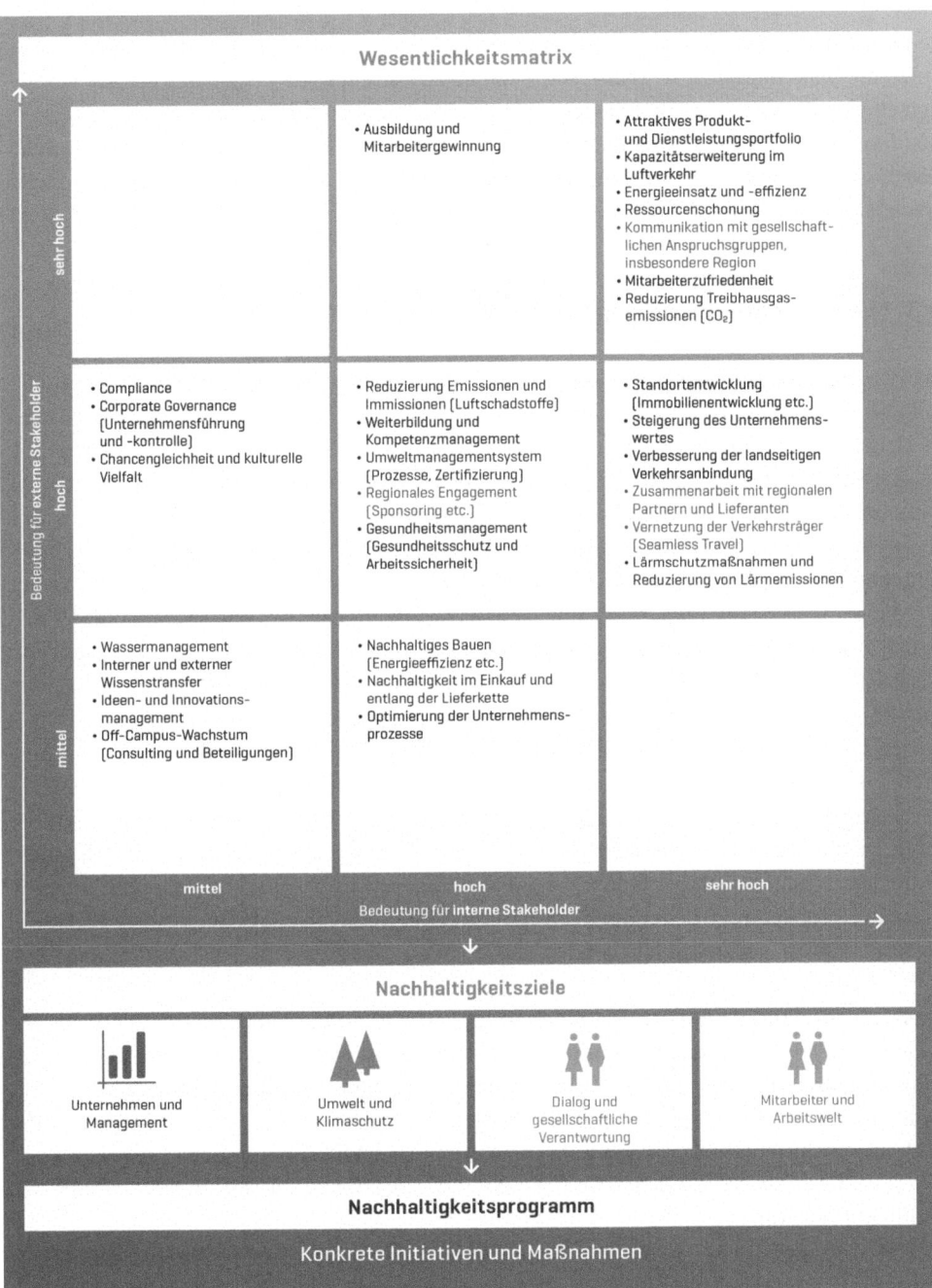

Abb. 3 Wesentlichkeitsmatrix der FMG 2013

Das bedeutet zusammengefasst, dass die FMG den integrierten Bericht sowohl dazu nutzt, die Stakeholder zu wesentlichen Themen zu befragen, als auch dazu, die als wesentlich eingestuften Themen und die zugehörigen Maßnahmen im Bericht zu veröffentlichen. Insofern spielt die Wesentlichkeitsmatrix nicht nur eine Rolle für die externe Berichterstattung, sondern dient auch zur thematischen Fokussierung der Strategiearbeit und des Nachhaltigkeitsmanagements.

3.3 Langfristige Beziehungspflege

Worum es geht Unternehmen sind nicht nur dafür verantwortlich, ihre Stakeholder punktuell zu informieren und zu konsultieren. Vielmehr sind vertrauensvolle Partnerschaften zwischen einem Unternehmen und seinen Stakeholdern Resultat einer langfristigen, von beiden Seiten aktiv gestalteten Beziehungspflege. Stakeholder akzeptieren ein Unternehmen nur dauerhaft, wenn sie über lange Zeit regelmäßig mit nötigen Informationen versorgt werden, kritische Punkte adressieren können und in unternehmerische und strategische Fragestellungen einbezogen werden.

Mangelnde Stakeholder-Akzeptanz kann dazu führen, dass kritische Stakeholder wichtige Pläne und Vorhaben eines Unternehmens durchkreuzen und im schlimmsten Fall dessen Ruf dauerhaft schädigen. Ein prominentes und vielzitiertes Beispiel war der in den 1990er-Jahren von der Umweltorganisation Greenpeace initiierte Protest gegen Shell anlässlich der Versenkung der Ölbohrplattform „Brent Spar" im Atlantik. Auch Nahrungsmittelkonzerne wie Nestlé oder Textilhersteller wie Nike sahen sich in der Vergangenheit bereits rufschädigenden Stakeholderboykotten ausgesetzt (Curbach 2008). Um zukunftsfähig zu bleiben, sind Unternehmen darauf angewiesen, von ihren Stakeholdern – insbesondere Nichtregierungsorganisationen – akzeptiert zu werden. Stakeholder erlangen demnach eine zentrale Bedeutung für die Reputation eines Unternehmens und wirken in diesem Sinne erfolgskritisch.

Ansatz/Umsetzung Flughafen München In Zukunft soll sich der Flughafen München gleichzeitig zum zentralen, multimodalen Verkehrsknotenpunkt und zum attraktiven Immobilienstandort weiterentwickeln. Daher hat die FMG eine Konzernstrategie 2025 mit strategischen Handlungsfeldern formuliert. Herzstück der Strategie 2025 ist das Zukunftsbild, das im internen Dialog mit Führungskräften und Mitarbeitern der FMG entwickelt wurde und die unterschiedlichen Stellhebel für eine nachhaltige Konzernentwicklung verdeutlicht (vgl. Abb. 4).

Das Zukunftsbild beinhaltet beispielsweise den Aspekt der partnerschaftlichen Standortentwicklung. Um diese zu erreichen, haben die Verantwortlichen des Flughafens München erkannt, dass eine langfristige, bedarfsgerechte Zukunftsentwicklung des Flughafens München nur im Dialog mit zentralen Stakeholder-Gruppen erfolgen kann. Vor allem Stakeholder-Gruppen wie Nichtregierungsorganisationen, umliegende Gemeinden und

Abb. 4 Zukunftsbild 2025 der FMG

politische Akteure als hauptsächlich Betroffene haben ein berechtigtes Interesse an einem ausführlichen Diskurs zu Ausbauvorhaben.

Beim Ausbauvorhaben 3. Start- und Landebahn war den Verantwortlichen der FMG von Anfang an bewusst, dass es sich um ein Projekt mit hohem Konfliktpotential handeln würde. Deshalb wurde großer Wert auf eine möglichst frühzeitige und umfassende Information der Öffentlichkeit, insbesondere aber der unmittelbaren Nachbarschaft gelegt. In Folge dessen informierte die Geschäftsführung der FMG die politischen Mandatsträger in der Flughafenregion im Rahmen eines persönlichen Termins unmittelbar im Anschluss an die Freigabe des Planungs- und Genehmigungsprozesses durch die Gremien des Unternehmens. Die Kommunikationsverantwortlichen des Unternehmens drängten zudem erfolgreich darauf, die gesetzlich vorgesehene Beteiligung der Öffentlichkeit im Rahmen der Genehmigungsverfahren durch ein zusätzliches Informations- und Beratungsgremium zu ergänzen. Im sogenannten „Nachbarschaftsbeirat" wurde die gesamte Planung inklusive der Suche nach einem geeigneten Standort für die neue Start- und Landebahn von Experten und Gutachtern detailliert erläutert. Beteiligt waren neben Landräten und Bürgermeistern der Region auch Vertreter der örtlichen Wirtschaft und anfänglich verschiedene Bürgerinitiativen. Im Ergebnis entwickelte sich zwar kein konsensualer Dialog im Rahmen einer Kompromisssuche zur Planung der neuen Start- und Landebahn. Dennoch kann festgestellt werden, dass durch die mittlerweile (Stand: Juni 2014) 14 Sitzungen des Nachbarschaftsbeirates die 3. Start- und Landebahn für den Flughafen München eines der am intensivsten kommunizierten und transparentesten dargelegten Großprojekte in der Bundesrepublik Deutschland darstellen dürfte. Die FMG veröffentlicht darüber hinaus sämtliche Planungs- und Genehmigungsunterlagen im Internet. Die klassische Medien- und Öffentlichkeitsarbeit im Rahmen von Pressemitteilungen, Pressekonferenzen sowie Flyern und Broschüren wurde ergänzt durch die Teilnahme der Geschäftsführung und anderer FMG-Vertreter an zahlreichen Podiumsdiskussionen und Informationsveranstaltungen. Die Kommunikationsaktivitäten des Unternehmens erstreckten sich auch auf Social-Mediakanäle wie Facebook und Twitter.

4 Chancen und Herausforderungen des Stakeholdermanagements

Kommunikation/Information – Chancen und Herausforderungen Begünstigt durch soziale Medien formulieren immer mehr Stakeholder immer mehr Ansprüche an ein Unternehmen. Stakeholder mit gleichen Interessen generieren auf diese Weise sogenannte „Teilöffentlichkeiten", die eine Reaktion von Seiten des Unternehmens erfordern. Da Unternehmen wie die FMG ein breites Spektrum an Anspruchsgruppen in ihre Geschäftstätigkeiten mit einbeziehen müssen, können sie aufgrund begrenzter Ressourcen (z. B. Barney 1991; Mahoney und Pandian 1992) nicht alle Interessen, die an sie herangetragen werden, gleichermaßen bedienen. Stattdessen müssen Stakeholderinteressen priorisiert werden (Harrison und St. John 1994). Aspekte wie Macht, Grad der Organisiertheit, Zugang zu Medien oder das „Zerstörungspotenzial" einer Stakeholdergruppe sind Entscheidungskriterien, um Schwerpunkte im Stakeholdermanagement zu setzen.

Aufgabe des Unternehmens ist es, in den Dialog zu treten und meinungsbildend zu agieren. Oftmals hat man die zusätzliche Herausforderung zu bewältigen, dass die Medien verzerrt berichten, da die Nachrichtenselektion von Nachrichtenfaktoren beeinflusst wird (z. B. Schulz 1976). Die Chance besteht darin, als erster kommunikative Akzente zu setzen und Themen transparent und verständlich darzustellen. Erst wenn es gelingt, aktiv passgenaue Informationen zu kommunizieren, kann man die öffentliche Meinung im Sinne des Unternehmens beeinflussen. Mit schneller und dialogorientierter Kommunikation kann ein Unternehmen Multiplikatoren gewinnen, was vor allem in Krisenzeiten hilfreich ist (Hilker 2014).

Zudem ist zu beachten, dass die Botschaften zielgerichtet kommuniziert und von den strategischen Zielen abgeleitet sein müssen. Gerade innerhalb der neuen Medien besteht die Kunst darin, die Erwartungen der jeweiligen Zielgruppe zu erfüllen und in ihrer Sprache zu sprechen. Kommunikative Schwerpunkte zu setzen ist notwendig, um sich inmitten der zunehmenden medialen Unübersichtlichkeit Gehör zu verschaffen. Andernfalls kann dies zu Reputationsschäden und einer Einschränkung der unternehmerischen Handlungsfähigkeit führen (Hilker 2014).

Umgang mit den Stakeholdermeinungen aus Sicht des Nachhaltigkeitsmanagements Das Unternehmen hat die Aufgabe, auf die Themen, die aus der Gesellschaft herangetragen werden, zu reagieren. Es muss klar und deutlich kommunizieren, wie diese Themen in unternehmerische Entscheidungen integriert werden und ob Maßnahmen und Projekte abgeleitet werden. So wird gesellschaftliche Akzeptanz geschaffen. Die FMG veröffentlicht die Umsetzung relevanter Themen im Rahmen des Nachhaltigkeitsprogramms (Flughafen München GmbH 2014a).

Neben der Erfüllung konkreter Stakeholderanliegen muss ein Unternehmen ein Gespür für allgemeine gesellschaftliche Interessen entwickeln. So kann es sich bereits im Vorfeld auf gesellschaftliche Veränderungen einstellen, unternehmerische Chancen nutzen und das Risikopotenzial senken.

Stakeholderdialoge sind eine Herangehensweise, um mit diesen gesellschaftlichen „Ansprüchen" umzugehen. Eine interessante Chance des Stakeholderdialogs ist es, die Ideen und Kritikpunkte der Stakeholder als Innovationsfelder zu begreifen.

Beim Flughafen München werden Kunden und andere Stakeholder im Rahmen des Innovationsmanagements um ein kritisches Feedback gebeten und können ihre Ideen einbringen. Bei der Weiterentwicklung des Produkt- und Dienstleistungsportfolios (Top-Thema in der Wesentlichkeitsmatrix, vgl. Abb. 3) wurde beispielsweise der Trend des demographischen Wandels aufgegriffen. Die FMG hat einen Innovations-Workshop konzipiert, bei dem die Bedürfnisse und Ansprüche der Zielgruppe 60+ aufgegriffen werden. In Zusammenarbeit mit dem Qualitätsmanagement wurden im Nachgang Maßnahmen abgeleitet, die das Reiseerlebnis verbessern sollen. Ziel ist dabei, den Dialog nicht nur auf einen einmaligen Workshop zu beschränken, sondern eine langfristige Beziehung mit den Ideengebern aufzubauen. Dadurch wird eine nachhaltige Entwicklung gefördert und erlebbar gemacht.

5 Fazit: Stakeholdermanagement als Kooperationsaufgabe von Unternehmenskommunikation und Nachhaltigkeitsmanagement

Gelungenes Stakeholdermanagement fördert eine nachhaltige Geschäftsentwicklung
Als öffentliches Unternehmen ist die FMG gegenüber einer Vielzahl von Anspruchsgruppen verantwortlich. Daher ist es für die FMG von besonderer Bedeutung, einen permanenten Austausch mit all diesen Anspruchsgruppen im Rahmen eines systematisierten Stakeholdermanagements zu führen. Das Stakeholdermanagement bezieht sich auf mehrere Stufen der Verantwortung gegenüber Stakeholdern (vgl. Kapitel „Stakeholder Relations. Nachhaltigkeit und Dialog als strategische Erfolgsfaktoren"): Zunächst tritt die FMG über verschiedene Kanäle in Dialog – bspw. mit Passagieren, Mitarbeitern, Medienvertretern oder politischen Akteuren. Die unterschiedlichen Interessenslagen verschiedener Stakeholdergruppen müssen über passende Kommunikationskanäle und mit maßgeschneiderten Inhalten bedient werden. Auf der nächsthöheren Stufe gilt es, die Bedürfnisse und Interessen aller relevanten Stakeholder zu erfragen und angemessen darauf zu reagieren. Dies enthält sowohl eine kommunikative als auch eine strategische Komponente. Die Demokratisierung der Kommunikationsmittel fördert dabei den Dialog, da alle Stakeholdergruppen ihre Interessen formulieren können. Auf der höchsten Stufe begreift der Flughafen München ein gelungenes Stakeholdermanagement als Chance für eine dauerhafte gesellschaftliche Akzeptanz und die Möglichkeit, das eigene Geschäftsmodell im Dialog mit den Stakeholdern weiter zu entwickeln.

Stakeholderdialog ist weit mehr als nur einseitige Kommunikation
Der Flughafen München zählt zu den Unternehmen, die Stakeholder aktiv konsultieren und mit ihnen kooperieren. Stakeholdermaßnahmen beinhalten keinesfalls nur einseitige Kommunikation. Neben individuellen Informationsmöglichkeiten wird großer Wert auf Formate gelegt, bei denen Stakeholder bei kritischen Themen mitdiskutieren und entscheiden können. Der Flughafen München wird zukünftig immer stärker auf den direkten Stakeholder-Dialog setzen.

Darüber hinaus nutzt der Flughafen München die Meinung von Stakeholdern als Grundlage für Strategiefindung und -umsetzung. Um die Stakeholder-Integration auch intern fruchtbar zu machen, werden Ziele und Maßnahmenpakete abgeleitet und umgesetzt. Damit wird auch für das Unternehmen Mehrwert geschaffen, beispielsweise durch Produkt- und Dienstleistungsverbesserungen.

Auch Stakeholder haben Verantwortung
Die neuen Formen des Austausches zwischen Unternehmen und Stakeholdern bringen neue Formen der Verantwortung mit sich. Nicht nur das Unternehmen ist seinen Stakeholdern gegenüber verantwortlich. Auch die Stakeholder als „externe Bewerter" tragen eine immer größer werdende Verantwortung. Einerseits ist das darin begründet, dass sie strategische Themen auf die Unternehmensagenda bringen und bewerten. Andererseits können sie gerade durch negative Aussagen in sozialen Medien die Reputation des Unternehmens massiv beeinflussen. Die neue Macht der Stakeholder ist nicht nur für den Unternehmer neu – auch für den Stakeholder. Denn er muss im Kontext eines unternehmerisch-gesellschaftlichen Diskurses größere Verantwortung übernehmen.

Der Schlüssel zu erfolgreichem Stakeholdermanagement liegt also nicht alleine im Zuhören, sondern vielmehr im Verstehen. Diese unternehmerische Herausforderung hatte einst Henry Ford so formuliert: „Das Geheimnis des Erfolgs ist, den Standpunkt des Anderen zu verstehen".

Literatur

Barney JB (1991) Firm resources and sustained competitive advantage. J Manage 17(1):99–120
Curbach J (2008) Zwischen Boycott und CSR. Eine Beziehungsanalyse zu Unternehmen und NGOs. Zeitschrift für Wirtschafts- und Unternehmensethik 9(3):392–395
Flughafen München GmbH (2014a) Perspektiven. Flughafen München: Bericht 2013. http://www.munich-airport.de/bericht. Zugegriffen: 23. Juni 2014
Freeman RE (1984) Strategic management: a stakeholder approach. Pitman, Boston.
Friedman M (1970, September 13) The social responsibility of business is to increase its profits. New York Times Magazine 122–126
Global Reporting Initiative [GRI] (2013) G4 Leitlinien zur Nachhaltigkeitsberichterstattung. Umsetzungsanleitung. http://www.globalreporting.org/resourcelibrary/German-G4-Part-Two.pdf. Zugegriffen: 23. Juni 2014
Greenley GH, Hooley GJ, Broderick AJ, Rudd JM (2004) Strategic planning differences among different multiple stakeholder orientation profiles. J Strategic Mark 12(3):163–182

Harrison JS, St. John CH (1994) Strategic management of organizations and stakeholders. West Publishing Company, Minneapolis

Hilker C (2014) Digital leader interview: Hans-Joachim Bues. http://www.digital-leader.de/digital-leader-interview-hans-joachim-bues/. Zugegriffen: 23. Juni 2014

Lintemeier Stakeholder Relations (2013) Stakeholder Integration. Zum Wertschöpfungsbeitrag von Unternehmenskommunikation und Nachhaltigkeitsmanagement. http://lintemeier-stakeholder.de. Zugegriffen: 23. Juni 2014

Mahoney JT, Pandian JR (1992) The resource-based view within the conversation of strategic management. Strategic Manage J 13(5):363–380

Ogden S, Watson R (1999) Corporate performance and stakeholder management: balancing stakeholder and customer interests in the U.K. privatized water industry. Acad Manage J 42(5):526–538

Schulz W (1976) Die Konstruktion von Realität in den Nachrichtenmedien. Alber, Freiburg

Hans-Joachim Bues hat politische Wissenschaften, Kommunikationswissenschaften und öffentliches Recht an der Ludwig-Maximilians-Universität in München studiert. Erste journalistische Berufserfahrungen sammelte er als freier Mitarbeiter und Reporter in der aktuellen Redaktion des Bayerischen Fernsehens. Danach wechselte er als Nachrichtenredakteur in das Presse- und Informationsamt der Bundesregierung. Anschließend wurde er Pressesprecher und Leiter der Presseabteilung bei der Flughafen München GmbH. Dort verantwortet er seit 1998 den Konzernbereich Unternehmenskommunikation und damit die Presse- und Öffentlichkeitsarbeit sowie die interne Kommunikation des zweitgrößten deutschen Verkehrsflughafens.

Vera Valerie Stelkens hat zunächst Kommunikationswissenschaften und Betriebswirtschaftslehre an der LMU München und an der Université de Montréal (Kanada) studiert. Ihren Master in Consumer Affairs mit den Schwerpunkten Nachhaltigkeit und Strategie hat sie an der Technischen Universität München und der Aarhus Universitet (Dänemark) absolviert. Im Rahmen ihrer Abschlussarbeit hat sie sich mit dem Thema Stakeholdermanagement bei Flughafenbetreibern beschäftigt. Sie ist seit 2013 im strategischen Nachhaltigkeitsmanagement der Flughafen München GmbH beschäftigt und dort zuständig für die Themen integrierte Berichterstattung, Stakeholderdialog und Wesentlichkeitsanalyse.

Dr. Monica Streck hat an der LMU München Betriebswirtschaftslehre mit den Schwerpunktfächern Strategisches Management und Controlling studiert. Zusätzlich hat sie an der Hochschule für Philosophie München Philosophie studiert und wurde 2005 im Fachbereich Wirtschafts- und Unternehmensethik promoviert. Seit 2006 ist sie bei der Flughafen München GmbH im Bereich der Konzernentwicklung beschäftigt und hat dort unter anderem das für die Flughafengesellschaft wettbewerbsrelevante Thema Nachhaltigkeit federführend vorangetrieben. Derzeit leitet sie im Bereich Konzernstrategie das strategische Nachhaltigkeitsmanagement.

Gelebtes Stakeholdermanagement in der RZB-Gruppe

Walter Rothensteiner und Andrea Sihn-Weber

Zusammenfassung

Seit knapp 130 Jahren verbindet Raiffeisen wirtschaftlichen Erfolg mit gesellschaftlich verantwortlichem Handeln. Die Geschäftstätigkeit der RZB-Gruppe berührt die Interessen vieler Anspruchsgruppen und Menschen in unterschiedlichen Ländern. Deshalb ist die Einbindung der Stakeholder einer der Handlungsschwerpunkte der Nachhaltigkeitsstrategie und ein Kernprozess des Nachhaltigkeitsmanagements. Im Vordergrund steht das Ziel, durch einen effektiven und regelmäßigen Dialog mit den Stakeholdern relevante Themen zu identifizieren, um damit zur Sicherung der Zukunftsfähigkeit des Unternehmens beizutragen.

Um in Zeiten globaler Interdependenz und sich stark verändernder wirtschaftlicher, gesellschaftlicher und ökologischer Rahmenbedingungen nachhaltigen Wert für die Stakeholder der RZB-Gruppe zu schaffen, werden drei zentrale Anliegen verfolgt: Wertschöpfung, Vertrauen und Transformation. Damit soll eine nachhaltige Entwicklung ermöglicht werden.

Der vorliegende Buchbeitrag beinhaltet erfolgreiche Initiativen und schwerpunktmäßig die Umsetzung des Stakeholdermanagements in der RZB-Gruppe. Bei der Einbindung der Anspruchsgruppen kommt eine breite Palette an Dialogformaten wie Fokusgruppen, Befragungen, Workshops oder Blogs zum Einsatz. Zentrales Dialogformat ist das jährliche Stakeholder Council mit den unterschiedlichsten internen und externen Vertretern der Stakeholdergruppen.

W. Rothensteiner (✉) · A. Sihn-Weber
Raiffeisen Zentralbank Österreich AG, Am Stadtpark 9, 1030 Wien, Österreich
E-Mail: walter.rothensteiner@rzb.at

A. Sihn-Weber
E-Mail: andrea.sihn-weber@rzb.at

© Springer-Verlag Berlin Heidelberg 2016
R. Altenburger, R. H. Mesicek (Hrsg.), *CSR und Stakeholdermanagement*,
Management-Reihe Corporate Social Responsibility, DOI 10.1007/978-3-662-46560-8_9

Im Rahmen der kontinuierlichen und umfassenden Einbindung der Anspruchsgruppen werden laufend Themen hinsichtlich ihrer Relevanz analysiert und bewertet. Die Ergebnisse aus den Stakeholderdialogen werden in den verschiedenen Nachhaltigkeitsgremien bearbeitet. Darüber hinaus werden konkrete Zielsetzungen und Maßnahmen zur Weiterentwicklung des Nachhaltigkeitsmanagements abgeleitet.

Einleitung

Die Vision der RZB-Gruppe ist es, mittelfristig eine führende Unternehmensgruppe in Bezug auf Nachhaltigkeit sowie unternehmerische Verantwortung zu werden. Zur RZB-Gruppe zählen die Raiffeisen Zentralbank Österreich AG (RZB AG), die Raiffeisen Bank International AG (RBI AG) mit 15 Netzwerkbanken in Zentral- und Osteuropa und verschiedene Beteiligungen mit insgesamt rund 56.000 Mitarbeitern.

In der RZB-Gruppe ist man überzeugt, dass professionelles und systematisches Engagement im Sinne der Nachhaltigkeit die Voraussetzung ist, Kunden und Stakeholder glaubwürdig mit Finanzdienstleistungsfunktionen bedienen zu können. Seit über 125 Jahren verbindet Raiffeisen wirtschaftlichen Erfolg mit gesellschaftlich verantwortlichem Handeln. Nachhaltigkeit ist daher traditionell ein zentraler Bestandteil der Geschäftspolitik der RZB-Gruppe. Neu hingegen sind Herausforderungen und Ansprüche, die es im Rahmen einer nachhaltigen Entwicklung von Wirtschaft und Gesellschaft aktiv zu gestalten gilt. Die RZB-Gruppe betreibt Nachhaltigkeit als aktives Engagement aus Tradition mit dem Ziel, ihren Wert langfristig zu steigern. Wertsteigerung wird dabei als umfassende Wertschöpfung verstanden, bei der wirtschaftliche, ökologische und soziale Verantwortung eine Einheit bilden. In ihrer Geschäftstätigkeit verfolgt die RZB-Gruppe ein strategisches und integriertes Verständnis von Nachhaltigkeit. Darüber hinaus entwickelt sie ihre gruppenweite Nachhaltigkeitsstrategie kontinuierlich weiter.

Der vorliegende Beitrag befasst sich schwerpunktmäßig mit der Umsetzung des Stakeholdermanagements in der RZB-Gruppe. Die folgenden Abschnitte beschäftigen sich zunächst mit der Nachhaltigkeitspolitik und -strategie sowie der Rolle als Gestalter einer nachhaltigen Entwicklung. Danach folgen das Stakeholdermanagement sowie das eng verbundene Thema der Wesentlichkeit und abschließend zwei Beispiele für erfolgreich umgesetzte Initiativen und Projekte.

1 Umfassende Nachhaltigkeitspolitik als Rahmen für die nachhaltige Unternehmensführung

Im Zuge der Weiterentwicklung und Evaluierung ihrer Nachhaltigkeitsstrategie hat die RZB-Gruppe 2013 auch ihre Nachhaltigkeitspolitik adaptiert. Implikationen aus dem Materialitätsprozess und der thematischen Schwerpunktsetzung im Rahmen der neuen Nachhaltigkeitsstrategie wurden in der Nachhaltigkeitspolitik entsprechend berücksichtigt. Diese definiert die grundlegenden Standards der Geschäftstätigkeit. Die darin formulierten

Grundsätze unterstreichen das Engagement der RZB-Gruppe für nachhaltige Geschäftspraktiken und gesellschaftliche Verantwortung. Die Nachhaltigkeitspolitik schafft den Rahmen für die nachhaltige Unternehmensführung und zeigt, wie die RZB-Gruppe Nachhaltigkeit in die unterschiedlichen Bereiche ihrer Geschäftstätigkeit einbettet: Governance, Kerngeschäft, Umgang mit Mitarbeitern und Kunden, Engagement für Gesellschaft, Klima und Umwelt. Die Nachhaltigkeitspolitik orientiert sich an bedeutenden internationalen Initiativen und Standards zur verantwortungsvollen Geschäftsführung, etwa dem United Nations Global Compact, der Deklaration über grundsätzliche Prinzipien und Arbeitsrechte der Internationalen Arbeitsorganisation (ILO) oder der OECD-Leitsätze für multinationale Unternehmen. Die Nachhaltigkeitspolitik ist für alle von der RZB-Gruppe oder in ihrem Namen ausgeführten Transaktionen, Tätigkeiten und angebotenen Dienstleistungen gültig.

2 Nachhaltigkeitsstrategie „Wir schaffen nachhaltigen Wert"

Um der Verantwortung als regional und international tätige Bankengruppe in allen Belangen einer nachhaltigen Entwicklung gerecht zu werden, gestaltet die RZB-Gruppe ihr Nachhaltigkeitsengagement umfassend und ganzheitlich. 2010 wurde mit der Entwicklung eines systematischen Nachhaltigkeits-Managementsystems begonnen. Dabei wurde besonders darauf geachtet, verschiedene fachbereichs- und nachhaltigkeitsspezifische Ansätze und Aktivitäten in einem gruppenweiten Strategieprozess zusammenzuführen.

2013 wurde die Nachhaltigkeitsstrategie „Wir schaffen nachhaltigen Wert" veröffentlicht (vgl. Abb. 1). Dadurch wurden die Wirksamkeit und der Umfang des Nachhaltigkeitsengagements erhöht. Die Strategie konkretisiert die kurz-, mittel- und langfristige

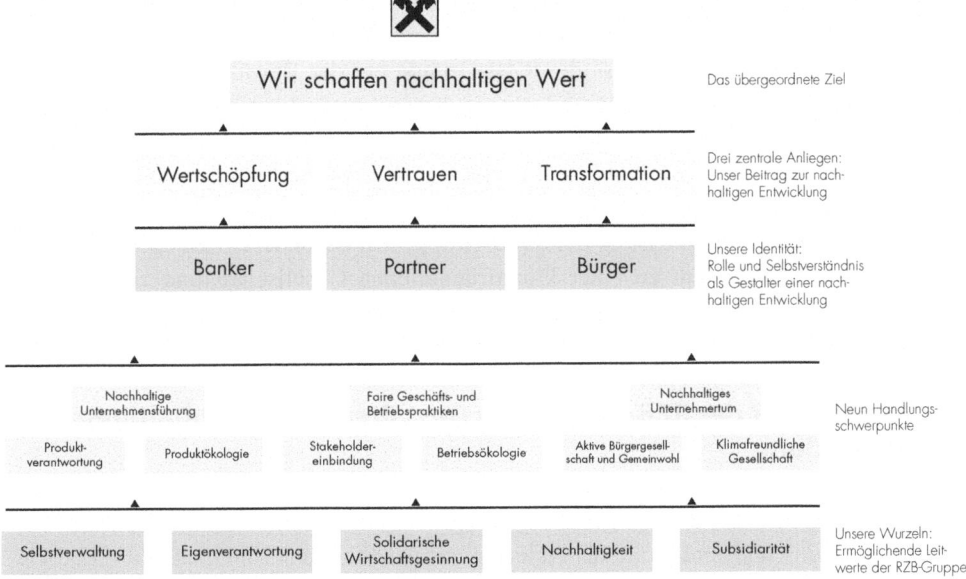

Abb. 1 Nachhaltigkeits-Dachstrategie der RZB-Gruppe

Zielsetzung über die gesamte RZB-Gruppe hinweg: aktives Engagement aus Tradition mit dem Ziel, umfassende Wertschöpfung zu schaffen, bei der wirtschaftliche, ökologische und soziale Verantwortung eine Einheit bilden. Die Nachhaltigkeitsstrategie formuliert die Rahmenbedingungen und neun zentrale Handlungsschwerpunkte für mehr Nachhaltigkeit zur schrittweisen Umsetzung in der RZB-Gruppe. Dabei wird auf Handlungsschwerpunkte fokussiert, die ein großes Wirkungspotenzial im Sinne einer nachhaltigen Entwicklung besitzen und die aus Sicht der Stakeholder und der RZB-Gruppe als wichtig erachtet werden.

Um in Zeiten globaler Interdependenz und sich stark verändernder gesellschaftlicher, ökologischer und wirtschaftlicher Rahmenbedingungen nachhaltigen Wert für die Stakeholder der RZB-Gruppe zu schaffen, werden drei zentrale Anliegen verfolgt, die als Beitrag zur nachhaltigen Entwicklung formuliert wurden: Wertschöpfung, Vertrauen und Transformation.

Der Begriff **Wertschöpfung** steht für die Absicherung des langfristigen Erfolgs der RZB-Gruppe durch eine nachhaltige Wertschöpfung. Darüber hinaus zählt die Förderung der Wettbewerbsfähigkeit und des Innovationsvermögens von Unternehmen sowie von Organisationen und öffentlichen Gebietskörperschaften dazu. Die RZB-Gruppe verfolgt dieses Ziel durch Steigerung der Effektivität und Effizienz bestehender und die Entwicklung neuer Wertschöpfungsstrukturen.

Anspruch ist es, erfolgreiches Wirtschaften mit der Verantwortung für Umwelt und Gesellschaft zu verbinden.

Vertrauen ist für die RZB-Gruppe eine wesentliche Voraussetzung, um erfolgreich zu wirtschaften. Sie baut auf das bestehende Vertrauen ihrer Kunden, Mitarbeiter, Aktionäre und weiterer Anspruchsgruppen. Nichtsdestotrotz ist es keine Selbstverständlichkeit und es bedarf einiger Anstrengung, dieses Vertrauen aufrecht zu erhalten bzw. es sich zu verdienen. Eine nachhaltige Unternehmensführung, faire und transparente Geschäfts- und Betriebspraktiken und die Einbindung der Anspruchsgruppen im Rahmen einer nachhaltigen Entwicklung sind in diesem Zusammenhang zentrale Bausteine.

Transformation bedeutet, dass die RZB-Gruppe bei der Bewältigung wichtiger gesellschaftlicher Herausforderungen und zwar insbesondere dort, wo sie einen Unterschied machen kann, ihre Rolle aktiv wahrnehmen will. Die Rolle als gesellschaftlicher Akteur bedeutet, Nachhaltigkeit und Wohlstand in der Gesellschaft bestmöglich zu ermöglichen und zu erhalten.

Als Unternehmensbürger ist es der RZB-Gruppe ein besonderes Anliegen mit ihrem Nachhaltigkeitsengagement zu einer klimafreundlichen Gesellschaft und zu einer von nachhaltigem Unternehmertum getragenen Bürgergesellschaft beizutragen.

3 Die Identität der RZB-Gruppe als Gestalter einer nachhaltigen Entwicklung

Im Rahmen der Entwicklung der Nachhaltigkeitsstrategie hat die RZB-Gruppe ihr Selbstverständnis und ihre Rolle als Akteur einer nachhaltigen Unternehmens- und Gesellschaftsentwicklung klar gefasst. Damit will sie die Nachhaltigkeitswirkung in allen

Aktivitätsfeldern sukzessive verbessern und die Umsetzung in der gesamten Gruppe sicherstellen. In allen Geschäftsfeldern handelt sie daher mit dem Ziel, verantwortungsvoller Banker, fairer Partner und engagierter Unternehmensbürger zu sein.

Diese Rollendefinition hat sich im Rahmen eines Multi-Stakeholder-Prozesses aus der Kernbotschaft der „CR-Strategie 2010 – Verantwortung zu übernehmen", entwickelt. Dabei wurden jene Bereiche, in denen sich die Geschäftstätigkeit der RZB-Gruppe auswirkt, festgelegt und die Verantwortung, die durch ihre Rolle entsteht, definiert.

Diese Verantwortung erstreckt sich auf die drei Bereiche Wirtschaft, Umwelt und Gesellschaft. Davon leitet sich die Verantwortung als Universalbank im Kerngeschäft, in der Beziehung zu den Stakeholdern sowie im Umgang mit Umwelt und Gesellschaft ab. Vor diesem Hintergrund entwickelte sich der Dreifach-Ansatz von „Banker, Partner und Bürger" als Basis für die Schaffung nachhaltigen Erfolgs.

3.1 Verantwortungsvoller Banker

Im Kern ist die RZB-Gruppe verantwortungsvoller Unternehmer, was sich in den Produkten, Leistungen und Prozessen widerspiegelt. Das Kerngeschäft wird als der wirkungsvollste Hebel für eine nachhaltige Entwicklung gesehen. Das beginnt bei einer nachhaltigen Unternehmensführung und Geschäftsintegrität. Es beinhaltet ebenso die finanzielle Sicherheit, den Schutz der Kundendaten sowie die Sicherheit unserer Produkte. Es führt über die schrittweise Weiterentwicklung unserer Finanzangebote und -dienstleistungen hin zu einem nachhaltigen Finanzprodukte-Portfolio. Die Vergabe von Krediten und die Veranlagung von Geldern gehören zur zentralen Verantwortung der RZB-Gruppe und sind daher die wichtigsten Aktionsfelder zur Schaffung von nachhaltigem Erfolg und Wirtschaften. In allen Geschäftsfeldern und Produkten wird danach gestrebt, langfristig ertragreiche Geschäftsbeziehungen aufzubauen, Sozial- und Umweltrisiken zu vermeiden und Chancen zur Verbesserung der Wertschöpfung, des Umweltschutzes wie auch der Sozialstandards zu nutzen.

3.2 Fairer Partner

Den Anspruchsgruppen gegenüber – wie Mitarbeitern, Kunden, Aktionären und weiteren Stakeholdern – handelt die RZB-Gruppe als fairer Geschäfts- und Dialogpartner. Im Rahmen der Geschäfts- und Betriebspraktiken wird großer Wert auf Verantwortung und Nachhaltigkeit gelegt. Die RZB-Gruppe versteht sich als Partner, der einen fairen und wertschätzenden Umgang mit seinen Stakeholdern pflegt. Transparenz, also das Berichten über das Nachhaltigkeitsengagement sowie das Offenlegen von messbaren Zielen, Maßnahmen und der Zielerreichung, bildet ein zentrales und übergreifendes Managementprinzip. Ein weiteres liegt in verantwortungsbewussten und fairen Marketing-, Vertriebs- und Vertragspraktiken. Die RZB-Gruppe pflegt und fördert mit ihren Anspruchsgruppen einen offenen und konstruktiven Dialog. Sie möchte die Erwartungen ihrer wichtigsten Stakeholder kennen und entsprechend ihrer Möglichkeiten handeln.

3.3 Engagierter Bürger

Die RZB-Gruppe versteht sich als engagierter Unternehmensbürger. Als solcher tritt sie aktiv für eine nachhaltige Entwicklung der Gesellschaft ein. Das Engagement als Unternehmensbürger reicht über das Kerngeschäft hinaus und hat zum Ziel, gesellschaftlichen Problemen entgegenzuwirken, nachhaltiges Wirtschaften zu fördern, sich für eine klima- und umweltfreundliche Gesellschaft einzusetzen und das Kulturleben sowie eine offene Bürgergesellschaft zu unterstützen. Vielfalt, Toleranz und Humanismus sind tragende Konstanten unseres Verständnisses als Gestalter einer zukunftsfähigen Entwicklung der Gesellschaft.

4 Umsetzung des Stakeholdermanagements

Die Geschäftstätigkeit der RZB-Gruppe berührt die Interessen vieler Anspruchsgruppen und Menschen in unterschiedlichen Ländern. Für die nachhaltige Unternehmensführung ist der offene und konstruktive Austausch mit den Anspruchsgruppen und das gemeinsame Finden von Lösungen besonders wichtig. Die Einbindung der Stakeholder ist deshalb einer der Handlungsschwerpunkte der Nachhaltigkeitsstrategie und ein Kernprozess des Nachhaltigkeitsmanagements. Im Vordergrund steht das Bemühen, durch einen effektiven und regelmäßigen Dialog mit den Stakeholdern relevante und sensible Themen zu identifizieren. Das ist insbesondere Aufgabe des Issue-Managements und der Materialitätsanalyse der RZB-Gruppe. Neben regelmäßigen Dialogen mit den unterschiedlichsten Anspruchsgruppen werden alle zwei bis drei Jahre Themen hinsichtlich ihrer Relevanz für die Stakeholder und die RZB-Gruppe analysiert und bewertet. Ergebnisse und kontroversielle Themen aus den Stakeholderdialogen werden in den Nachhaltigkeitsgremien weiter bearbeitet. Außerdem werden konkrete Zielsetzungen und Maßnahmen zur Weiterentwicklung des Nachhaltigkeitsmanagements abgeleitet.

Die RZB-Gruppe definiert als Stakeholder jene Personen und Personengruppen, die im Zusammenhang mit ihrer direkten oder indirekten Geschäftstätigkeit berechtigte Anliegen gegenüber dem Unternehmen haben (vgl. Abb. 2). Dazu gehören in erster Linie Mitarbeiter, Kunden, Eigentümer, Tochterunternehmen und Beteiligungen, Lieferanten sowie Geschäftspartner der RZB-Gruppe. Darüber hinaus gibt es eine Reihe weiterer Anspruchsgruppen, zu denen wechselseitige und regelmäßige Beziehungen bestehen.

Um Anspruchsgruppen verschiedene Möglichkeiten zu bieten, das Nachhaltigkeitsengagement kennenzulernen und sich aktiv einzubringen, wird eine breite Palette an Dialogformaten eingesetzt: Homepage, Blog, Intranet, Newsletter, Printmedien, Workshops und

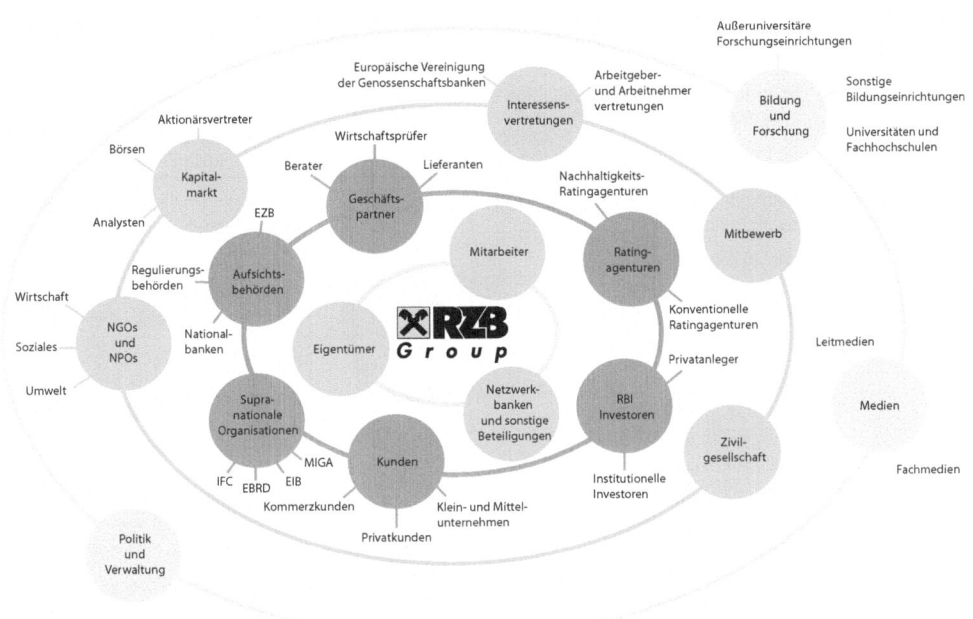

Abb. 2 Stakeholder-Gruppen der RZB-Gruppe

Dialogveranstaltungen, Befragungen, Trainings und die Beteiligung an lokalen, nationalen und internationalen Nachhaltigkeitsdialogen und -initiativen (vgl. Abb. 3).

Zentrales Dialogformat ist das jährliche Stakeholder Council mit den unterschiedlichsten internen und externen Vertretern der Anspruchsgruppen.

4.1 Organisatorische Verankerung der Nachhaltigkeitsagenden

Die organisatorische Verankerung von Nachhaltigkeit erfolgt auf Vorstandsebene, der Steuerungs- und Programmebene sowie der lokalen Umsetzungsebene (vgl. Abb. 4). Darüber hinaus erfolgt die Mitarbeit in verschiedenen Initiativen sowie nachhaltigkeitsrelevanten Mitgliedschaften.

Nachhaltigkeitsrat: Auf höchster Ebene hat die RZB-Gruppe bereits vor fünf Jahren ein „Erweitertes Corporate Responsibility-Komitee" eingesetzt, welches Ende 2012 in „Nachhaltigkeitsrat der RZB-Gruppe" umbenannt wurde. Dieses wichtige Nachhaltigkeitsgremium ist organisatorisch verankerter Bestandteil der Nachhaltigkeitssteuerung. Der Nachhaltigkeitsrat der RZB-Gruppe hat die Aufgabe, die Weiterentwicklung der Nachhaltigkeitsagenden beratend zu begleiten und deren Leistung zu evaluieren. Er unterstützt die Definition wesentlicher Handlungsbereiche und Schwerpunktsetzungen (Materialitätsanspruch), die Ableitung von Zielen und Maßnahmen und gibt Empfehlungen in der Entwicklung und Festlegung des jährlichen Nachhaltigkeitsprogramms ab. Der Nach-

Formen der Einbindung	Information	Dialog und Konsultation	Partizipation
Ziele	Schaffen von Transparenz, Informationsbereitstellung	Offener Austausch und Dialog zu Perspektiven, Erwartungen und Lösungsmöglichkeiten: Zuhören und lernen	Aktive Beteiligung, Zusammenarbeit, Initiativen setzen, Projekte realisieren
	Nachhaltigkeitsbericht nach GRI-Standard UNGC-Bericht „Communication on Progress" Teilnahme am Carbon Disclosure Project Nachhaltigkeitsinformation über die Unternehmens-Homepage Externe und interne Kommunikation (z. B. regelmäßige Beiträge im Mitarbeitermagazin INSIDE) sowie Öffentlichkeitsarbeit Teilnahme an Nachhaltigkeitsratings von Agenturen (z. B. oekom research, Sustainalytics, VIGEO) Beiträge in Fachbüchern	Stakeholder Council Fokusgruppen Umfragen und Erhebungen zu Nachhaltigkeitsthemen (z. B. Online-Befragung) eLearning Tool (interne Nachhaltigkeitsschulung) Social Media (Facebook RKI, Raiffeisen-interner Blog für Nachhaltigkeit und unternehmerische Verantwortung) Anlassbezogene Dialoge mit politischen Entscheidungsträgern sowie diverse Fachvorträge (z. B. an Universitäten) Organisation von Veranstaltungen (z. B. RKI Networking Events, ICEP Konferenzen)	Aktive Initiierung von Nachhaltigkeitsinitiativen (z. B. über die RKI) Mitarbeit in nationalen Initiativen (z. B. respACT) Mitarbeit in internationalen Initiativen (z. B. UNEP FI, UNGC, EACB, VfU) Unterstützung von Projekten (z. B. Kooperationen mit Fachhochschulen und Universitäten wie Studentenworkshops mit oikos Vienna) Einbindung von externen Anspruchsgruppen in unternehmensinterne Gremien (z. B. im Nachhaltigkeitsrat) Reguläre Meetings (z. B. Group-Meeting)

Abb. 3 Ausgewählte Dialogformate der RZB-Gruppe

haltigkeitsrat versammelt eine große Expertise aus den Bereichen Wirtschaft, Umwelt und Soziales. Dem Gremium gehören interne und externe Personen an. Neben dem Vorsitzenden – Dr. Walter Rothensteiner, Generaldirektor RZB AG – und Dr. Karl Sevelda, CEO RBI AG, sowie Dr. Johannes Schuster, Vorstandsdirektor RZB AG, sind Expertinnen und Experten unterschiedlicher Fachbereiche und Vertreter unserer Stakeholder Mitglieder des Nachhaltigkeitsrates.

Abteilung Nachhaltigkeitsmanagement: Die zentrale operative Einheit für das gruppenweite Nachhaltigkeitsmanagement ist im Vorstandssekretariat der RZB AG angesiedelt. Die Abteilung fokussiert und koordiniert die Umsetzung strategischer und operativer Maßnahmen für die RZB-Gruppe inklusive der RBI AG sowie der Netzwerkbanken. Darüber hinaus fungiert sie als Competence Center für Nachhaltigkeitsagenden der Raiffeisen Bankengruppe in Österreich samt Verbundunternehmen und Beteiligungen. Ziel ist es, Mehrwert für alle verbundenen Organisationen der RZB-Gruppe sowie deren Stakeholder zu generieren. Zu den Kernprozessen zählen neben dem Stakeholdermanagement, das Issue Management, transparentes Reporting und Monitoring sowie die Kommunikation der Nachhaltigkeitsperformance.

Gelebtes Stakeholdermanagement in der RZB-Gruppe

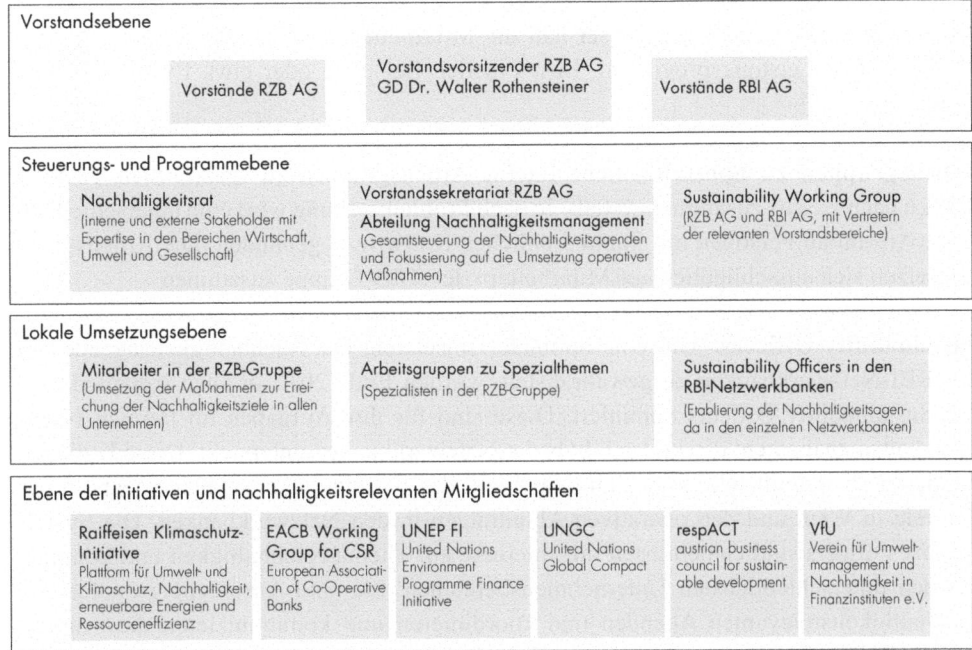

Abb. 4 Organisatorische Verankerung von Nachhaltigkeit in der RZB-Gruppe

Sustainability Working Group: Die Sustainability Working Group ist das unternehmensinterne Gremium in der Zentrale in Wien, welches die Nachhaltigkeitsstrategie und die damit verbundenen Ziele mitträgt, darüber hinaus die Nachhaltigkeitspolitik der RZB-Gruppe optimal mit den Unternehmenserfordernissen abstimmt und dafür sorgt, dass die operative Umsetzung der gemeinsam vereinbarten Ziele und Maßnahmen in allen Unternehmensbereichen forciert und sichergestellt wird. Die Arbeitsgruppe setzt sich aus Vertretern der relevanten Vorstandsbereiche sowie dem Nachhaltigkeitsmanagementteam zusammen und erstellt die Vorgaben für einzelne Arbeitsgruppen zu spezifischen Themen. Weiters entwickelt und koordiniert die Working Group alle nachhaltigkeitsrelevanten Policies, damit sämtliche Themen im notwendigen Ausmaß Berücksichtigung finden und eine Abstimmung mit den Zielen und Erfordernissen aller Unternehmensbereiche erfolgt. Die laufende Steuerung und Optimierung der operativen Umsetzung der nachhaltigkeitsrelevanten Ziele erfolgt in den einzelnen Abteilungen. Dennoch gehört es zum Aufgabenbereich der Sustainability Working Group, die Effektivität und Überprüfung der definierten Ziele und Maßnahmen zu gewährleisten.

Mitarbeiter in der RZB-Gruppe: Neue Mitarbeiter werden zunächst mittels eLearning für das Thema Nachhaltigkeit sensibilisiert. Alle Mitarbeiter werden über die verschiedensten Aktivitäten im Zuge der internen Kommunikationskanäle informiert und involviert. Darüber hinaus sind viele Mitarbeiter Teilnehmer am jährlichen Stakeholder Council. 2013 wurde ein Raiffeisen-interner „Blog zur unternehmerischen Verantwortung und Nachhaltigkeit" etabliert. Dieser hält die Mitarbeiter über aktuelle Studien, Aktivitäten aus dem Leistungsprogramm, Best Practice Beispiele oder etwa Events auf dem Laufenden.

Arbeitsgruppen zu Spezialthemen: Interne Arbeitsgruppen zu spezifischen Themen werden nach Bedarf zusammengestellt. Je nach Problemstellung wird eine unterschiedlich große Anzahl an Personen mit ihrem fachlichen Know-how gebündelt. Die Arbeitsgruppen setzen sich ausschließlich aus Mitarbeitern der RZB-Gruppe zusammen.

Sustainability Officers: Um eine optimale Umsetzung der Nachhaltigkeitsagenden in den RBI-Netzwerkbanken zu gewährleisten, wurden Ende 2012 in allen Netzwerkbanken Sustainability Officers nominiert. Diese sind für ihre Aufgaben im Bereich Nachhaltigkeitsmanagement direkt den CEOs der Netzwerkbanken unterstellt. Diese Kollegen fungieren als Schnittstelle zwischen dem Team des Nachhaltigkeitsmanagements in der Zentrale in Wien und den operativen Abteilungen in den Netzwerkbanken. Die Sustainability Officers sind Generalisten mit Interesse am Thema Nachhaltigkeit und kommen aus den unterschiedlichsten Unternehmensbereichen. Sie sind Ansprechperson für alle nachhaltigkeitsrelevanten Agenden und koordinieren und kommunizieren diese unternehmensintern. Sie unterstützen beim Erheben und Evaluieren nachhaltigkeitsrelevanter Unternehmensdaten und übernehmen Verantwortung für die Implementierung der entwickelten Nachhaltigkeitspolicies der RZB-Gruppe, ebenso wie für die daraus abgeleiteten und definierten Ziele und Maßnahmen.

Zusammenspiel der Gremien: Durch die umfassende interne und externe Verankerung der Nachhaltigkeit über das jeweilige Netzwerk der RZB-Gruppe wird eine größtmögliche Anzahl an Stakeholdern eingebunden. Auf den verschiedenen Ebenen werden unterschiedlichste Aufgabenstellungen erfüllt. Diese reichen von der Ideenfindung, der Beratung, dem Treffen von Entscheidungen bis hin zu Maßnahmen der Bewusstseinsbildung oder der Umsetzung strategischer und operativer Maßnahmen. Die Einbettung in der Vorstandsebene bewirkt, dass die Nachhaltigkeitsthemen top-down durchdringen. Für das Management und die Koordination der unterschiedlichen Gremien und der damit verbundenen Ansprüche ist das Team des Nachhaltigkeitsmanagements verantwortlich. Beim jährlichen Stakeholder Council treffen Vertreter der diversen Gremien zusammen und können im direkten Dialog ihre Standpunkte austauschen und ihre Themenschwerpunkte formulieren.

4.2 Dialog im Rahmen der jährlichen Stakeholder Councils

Ziele der jährlichen Veranstaltung sind der offene und konstruktive Austausch, das gemeinsame Lernen an relevanten Themen sowie die Entwicklung von Lösungsmöglichkeiten. Die RZB-Gruppe hat dadurch die Möglichkeit, ihre Nachhaltigkeitsstrategie und

-leistung mit den Anspruchsgruppen direkt zu reflektieren und kontinuierlich weiter voranzubringen. Mit dem Stakeholder Council verfügt sie über ein Dialogformat, das den kontinuierlichen Austausch mit den Stakeholdergruppen fördert und im Rahmen einer Veranstaltung bündelt.

Die Stakeholder Councils werden nicht nur als Teil eines professionellen Nachhaltigkeitsmanagements abgehalten. Vielmehr sieht die RZB-Gruppe diese Dialoge als nützliches Instrument, um den Umgang mit Chancen und Risiken zu optimieren. Nicht zuletzt bietet dieses Format ein enormes Innovationspotenzial.

Im November 2012 lud die RZB-Gruppe bereits zum dritten Mal zum Stakeholder Council ein. Dabei wurden intensive Gespräche mit 65 Vertretern von Geschäftspartnern, Nichtregierungsorganisationen, Organisationen aus dem Finanzsektor, wissenschaftlichen Einrichtungen, Regierungsorganisationen und Interessensverbänden, Managementvertretern und Mitarbeitern der RZB-Gruppe geführt. Zielsetzung war, die Stakeholder darüber zu informieren und zu diskutieren, mit welchem strategischen Verständnis die Gruppe ihre unternehmerische Verantwortung wahrnimmt. Konkret, wie dieses auch hinsichtlich der Erwartungen und Ansprüche der Stakeholder an die RZB-Gruppe ausgestaltet werden kann. Die Teilnehmer waren gefordert, sich aktiv einzubringen und konkrete Ideen und Empfehlungen zu erarbeiten, wie die RZB-Gruppe ihre Performance zu einzelnen Nachhaltigkeitsthemen verbessern kann.

In drei Workshop-ähnlichen Dialogrunden, die den entsprechenden Strategiebereichen der RZB-Gruppe entsprachen, wurden von den Stakeholdern zu den als besonders relevant erachteten Themenbereichen die Erwartungen identifiziert und konkrete Handlungsoptionen erarbeitet.

Dazu wurden den Arbeitsgruppen folgende Leitfragen gestellt:

- Wo steht die RZB-Gruppe im jeweiligen als prioritär zu bewertenden Thema?
- Was sind Ihre Empfehlungen und Ideen bezogen auf das Nachhaltigkeitsthema, um die RZB-Gruppe in diesem Handlungsbereich voranzubringen?
- Was kann die RZB-Gruppe konkret tun?

Beim Stakeholder-Council Ende 2013, das unter dem Motto der konzernweiten Nachhaltigkeitsstrategie – „Wir schaffen nachhaltigen Wert" – stand, diskutierten 60 hochrangige Vertreter der größten Anspruchsgruppen und arbeiteten intensiv in Kleingruppen an folgenden Aufgabenstellungen:

- Erwartungen zu nachhaltigen Produkten
- Chancen-, Innovations- und Risikomanagement
- Gewünschte zukünftige Stakeholder-Einbindung
- Work-Life-Balance für Mitarbeiter
- Bewusstseinsbildung für Nachhaltigkeit bei Mitarbeitern
- Nachhaltige Entwicklung in die Gesellschaft bringen
- Nachhaltigkeit im Unternehmertum

Die Themen leiten sich aus den Ergebnissen des letztjährigen Stakeholder Councils ab bzw. stammten sie aus der, Anfang 2013 durchgeführten, Online-Befragung.

Ende 2014 fand das Stakeholder-Council bereits zum fünften Mal statt. Im Vorfeld dazu diskutierte erstmalig eine Fokusgruppe mit 20 internen und externen Experten zum Thema „RZB-Gruppe 2025: Nachhaltige Zukunftsszenarien und -strategien". Die zusammenfassten Ergebnisse zu den Fragen „Welchen Themen muss sich eine zukunftsfähige Bankengruppe stellen?", „Welche Chancen und Risiken ergeben sich daraus, und welche Empfehlungen lassen sich für die RZB-Gruppe ableiten, damit diese im Jahr 2025 nachhaltig und erfolgreich agiert?" wurden danach im Stakeholder Council vorgestellt.

Eine weitere Fokusgruppe diente dem Sichtbarmachen von nachhaltigkeits- und geschäftsrelevanten Chancen und Risiken mittels der innovativen Methode der Sokrates Map. Diskutiert und bewertet wurde, welche Themen wesentliche Auswirkungen auf die RZB-Gruppe in sozialer, ökologischer und wirtschaftlicher Hinsicht haben und wie diese zusammenhängen. Durch das Aufzeigen von Wirkungszusammenhängen im Rahmen einer nachhaltigen Unternehmensentwicklung konnten relevante Handlungsempfehlungen abgeleitet werden. Konkretes Ergebnis der Fokusgruppe war ein internes Diskussionspapier, das zeigt, wo die Stärken und Schwächen einer nachhaltigen Unternehmensentwicklung der RZB-Gruppe liegen, und welche zentralen Hebelpunkte zur Verbesserung angedacht werden können.

Ziel der Veranstaltungen ist es, durch den Dialog eine kontinuierliche Weiterentwicklung der Nachhaltigkeitsleistung zu gewährleisten. Die verschiedenen Blickwinkel der Stakeholder und deren Erwartungen an die RZB-Gruppe bringen stets eine Fülle an Ideen und Anregungen. Diese Inputs werden analysiert und daraus konkrete nächste Schritte für das aktuelle Nachhaltigkeitsprogramm abgeleitet. Im Sinne unseres Nachhaltigkeitsauftrages wird das Stakeholder Council daher als „Green Meeting" zertifiziert.

5 Wesentlichkeit als Instrument zur Identifizierung und Priorisierung relevanter Themen

Das Nachhaltigkeitsmanagement folgt dem Anspruch der Wesentlichkeit (Materialität). Management von Nachhaltigkeit und unternehmerischer Verantwortung ist ein kontinuierlicher Entwicklungsprozess. Um dieses zu verbessern, wesentliche Nachhaltigkeitsthemen und Handlungsmöglichkeiten zu identifizieren und zu vertiefen, ist die RZB-Gruppe auf den Dialog mit ihren Anspruchsgruppen angewiesen. Im Rahmen der Wesentlichkeitsanalyse wird erhoben, welche Themen für die Stakeholder besonders relevant sind und welche Erwartungen sie an die RZB-Gruppe als international tätige Bankengruppe haben. Zudem wird intern definiert, welche Themen für die RZB-Gruppe für den nachhaltigen Geschäftserfolg von großer Bedeutung sind und diese transparent in den Dialog mit den Stakeholdern eingebracht. Die Identifikation und Priorisierung relevanter Themen orientiert sich an den von der Global Reporting Initiative (GRI) formulierten Prinzipien der Wesentlichkeit („Materiality") und der Einbindung von Stakeholdern („Stakeholder Inclusiveness").

Unter breiter Einbindung der Stakeholder werden jährlich die wesentlichen Handlungsbereiche des Nachhaltigkeitsengagements überprüft beziehungsweise evaluiert. Die Stakeholder werden umfassend befragt, welche Nachhaltigkeitsthemen für die Geschäftstätigkeit der RZB-Gruppe von besonderer Bedeutung sind. Die Ergebnisse aus diesem Materialitätsprozess fließen entsprechend in die Strategie ein.

5.1 Identifikation relevanter Themen

Ausgehend von der Rolle als verantwortungsvoller Banker, fairer Partner und engagierter Bürger hat die RZB-Gruppe mit ihrer Nachhaltigkeitsstrategie neun Handlungsschwerpunkte formuliert. Diese sind nach operationalisierbare Nachhaltigkeitsthemen und -aktivitäten differenziert.

Die Auswahl wesentlicher Themen erfolgt unter Bezugnahme international legitimierter Kriterienkataloge, wie GRI und anderer Standards und Regelwerke; ebenso aus den Rückmeldungen zum Nachhaltigkeitsbericht, dem jährlichen Stakeholder Council der RZB-Gruppe, der Online-Befragung von Stakeholdern, und aus Auswertungen von Anfragen, die von externen Anspruchsgruppen an die RZB-Gruppe gerichtet werden.

Wesentlich sind die Auswertungen von Gesprächen und Kommentaren mit den einzelnen Anspruchsgruppen wie Kunden, Mitarbeitern, Nichtregierungsorganisationen und Nachhaltigkeitsexperten, etwa im Rahmen von Befragungen und Arbeitstreffen oder spontanem Austausch sowie unternehmensstrategischer Schwerpunktsetzungen. Für die Identifizierung der Themen hat sich die RZB-Gruppe die Frage gestellt, ob diese gegenwärtig und künftig Einfluss auf die Unternehmenstätigkeit haben, und ob die RZB-Gruppe in der Lage ist, diese direkt oder indirekt zu beeinflussen. Alle identifizierten Themen sind den neun Handlungsschwerpunkten der Nachhaltigkeitsstrategie zugeordnet.

5.2 Themenpriorisierung durch aktive Stakeholder-Einbindung

Die Priorisierung identifizierter Themen hinsichtlich ihrer Wesentlichkeit basiert auf einem zweistufigen Ansatz. Im Rahmen des Stakeholder Council 2012 waren alle internen und externen Teilnehmenden eingeladen, identifizierte Themen hinsichtlich ihrer Wesentlichkeit zu bewerten. In einem zweiten Schritt wurde 2013 in einer umfassenden Online-Stakeholderbefragung um Priorisierung von Nachhaltigkeitsthemen und Bewertung der Wahrnehmung der Nachhaltigkeitsleistung der RZB-Gruppe gebeten. Über 600, interne und externe, Stakeholder wurden zu den vorausgewählten Nachhaltigkeitsthemen hinsichtlich Relevanz und Performance der RZB-Gruppe befragt. Zudem war die Möglichkeit gegeben, etwaige nicht abgedeckte Themen zu benennen.

5.3 Wesentlichkeitsanalyse

In der Wesentlichkeitsanalyse wurden die Ergebnisse der Stakeholder-Onlinebefragung 2013 in Relation zu den Ergebnissen einer Befragung und Diskussion unter den Mitgliedern unserer Nachhaltigkeitsgremien gesetzt und in Form einer Wesentlichkeitsmatrix im Nachhaltigkeitsbericht veröffentlicht.

2014 erfolgte die Festlegung auf die wesentlichen Aspekte und Leistungsindikatoren im Rahmen eines internen Workshops. Dessen Ziel war die Abgrenzung der als wesentlich eingestuften Aspekte hinsichtlich ihrer Auswirkungen, darüber hinaus auch im Hinblick auf die GRI G4-Konformität. Aus den Stakeholder Councils, selektiven Bewertungen zur Wesentlichkeit von Nachhaltigkeitsaspekten (die wir Ende 2014 mittels Fragebogen vor allem bei internen Stakeholdern durchgeführt haben), persönlichen Gesprächen mit Stakeholdern, Nachhaltigkeitsexperten und unseren Nachhaltigkeitsbeauftragten in der RZB-Gruppe ging hervor, dass die Ergebnisse der 2013 durchgeführten Onlinebefragung zur Priorisierung wesentlicher Aspekte sich nur geringfügig verändert haben. Ein Auditor mit internationaler Erfahrung mit Nachhaltigkeitsberichten von Finanzdienstleistern hat die getroffene Priorisierung der Aspekte und Leistungsindikatoren geprüft.

Für unser jährlich stattfindendes Stakeholder Council ist die Wesentlichkeitsanalyse ein wichtiger Baustein. Auf diese Weise können wir gezielter jene Themen auswählen, die wir vertiefend mit unseren Stakeholdern diskutieren.

5.4 Umsetzung der Stakeholder-Befragungen

Basierend auf den Outputs des Stakeholder Councils 2012 erfolgte die Planung einer umfassenden Online-Befragung. Im Februar 2013 wurde diese durchgeführt. Ziel war es, die Nachhaltigkeitsstrategie der RZB-Gruppe von den Stakeholdern reflektieren zu lassen, wesentliche Nachhaltigkeitsthemen zu priorisieren sowie die Nachhaltigkeitsleistung der RZB-Gruppe bewerten zu lassen. Über einen Zeitraum von drei Wochen konnten interne und externe Stakeholder an der Befragung teilnehmen.

Die für diese Befragung adressierten österreichischen sowie internationalen Key-Stakeholder der RZB-Gruppe umfassten insgesamt 608 repräsentative Personen aus den Bereichen Mitarbeiter, Eigentümer, Beteiligungen/Verbundunternehmen, Kunden und Geschäftspartner, Zivilgesellschaft (inklusive NPOs und Medien) sowie Politik und Institutionen.

Bei allen Nachhaltigkeitsthemen wurde innerhalb einer Skala von 1 bis 10 die Wesentlichkeit des Themas für die Stakeholder abgefragt. Um die wesentlichen Themen aber nicht nur zu priorisieren, wurden die Stakeholder auch zu der von ihnen wahrgenommenen Nachhaltigkeitsperformance (ebenfalls in einer Skala von 1 bis 10) zu den Themen befragt. Das Richtige, also die wirklich wesentlichen Themen zu bearbeiten, ist der RZB-Gruppe wichtig. Sie stellt sich daher die ebenso essentielle Frage, ob sie das Wesentliche auch bereits richtig tut, woran man erkennt, dass sie nicht nur auf die strategische, sondern auch auf die operative Komponente ihres Wirkens fokussiert.

Die abgefragten Handlungsfelder gliederten sich nach den strategischen Aktionsfeldern in der Nachhaltigkeit: verantwortungsvoller Banker, fairer Partner, engagierter Bürger. Insgesamt wurde zu 44 Einzelthemen die Einschätzung der Wesentlichkeit und Performance vorgenommen. Diese Themen beinhalten zusammengefasst auf die Nachhaltigkeit konzentrierte Aspekte von:

- Compliance und Führungsstruktur
- Strategische Bedeutung von Nachhaltigkeit
- Chancen und Risikomanagement
- Bonifikationssysteme
- Nachhaltige Produkte
- Werbung und Marketing
- Mitarbeiter
- Kunden
- Aktionäre
- Sonstige Stakeholder
- Gesellschaftliches Engagement
- Umwelt mit Schwerpunkt Betriebsökologie

Da sich die Priorisierung der wesentlichen Aspekte nur geringfügig änderten, wurde Ende 2014 eine fokussierte Online-Befragung ausschließlich mit internen Stakeholdern durchgeführt. Zielgruppe der Befragung waren 206 Personen aus den Bereichen RZB- und RBI-Führungskräfte, Sustainability Officers und CEOs der Netzwerkbanken. Damit wurde der Fokus primär auf jene internen Stakeholder gelegt, die als Entscheidungsträger und Multiplikatoren und in der operativen Umsetzung von Nachhaltigkeit tätig sind.

Ein weiteres Novum im Rahmen des Stakeholder-Councils war eine Wesentlichkeits- und Impactbewertung zur Wirkung und zu den Chancen eines vorbildlichen Nachhaltigkeitsmanagements in Form eines interaktiven Real-Time-Votings. Dazu wurden Fragen u. a. zur Relevanz einer konsequent verfolgten Nachhaltigkeitsstrategie für die Gruppe, nach Zukunftsthemen sowie den wichtigsten Stakeholdergruppen bei der Umsetzung der ambitionierten Nachhaltigkeitsstrategie gestellt.

5.5 Ergebnisse der Stakeholder-Befragungen

Mit den Befragungen sollen die signifikanten Themen, die die genannten Stakeholder sehen, um einerseits die Nachhaltigkeitsleistung kurz- bis mittelfristig in der RZB-Gruppe konzernweit voranzubringen, und andererseits wie Nachhaltigkeit bestmöglich zur Unternehmensentwicklung beiträgt, transparent gemacht und evaluiert werden.

5.5.1 Ergebnisse der Stakeholder-Befragung aus dem Jahr 2013

Sowohl von den externen, als auch von den internen Stakeholdern wurden Anfang 2013 folgende drei Themen als am wesentlichsten genannt:

- Compliance und Antikorruption
- Schutz der Kundendaten
- Sicherheit garantieren und Liquidität gewährleisten

Allen drei Themen wird auch eine sehr hohe Performance attestiert.

Die wichtigsten Themen, die alle unter den Top 10 bei den internen Stakeholdern 2013 genannt wurden sind:

- Aus- und Weiterbildung der Mitarbeiter sowie Mitarbeiterentwicklung
- Gesundheit und Zufriedenheit der Mitarbeiter
- Vielfalt, Chancengleichheit und faire Entlohnung
- Work-Life-Balance und Vereinbarkeit von Familie und Beruf

5.5.2 Ergebnisse der Stakeholder-Befragung aus dem Jahr 2014

Nachfolgend die ausgewählten Ergebnisse der internen Online-Befragung 2014.

- Die kurz- bis mittelfristig größten Herausforderungen für eine nachhaltige und erfolgreiche Unternehmensentwicklung (Top 5-Bewertungen):

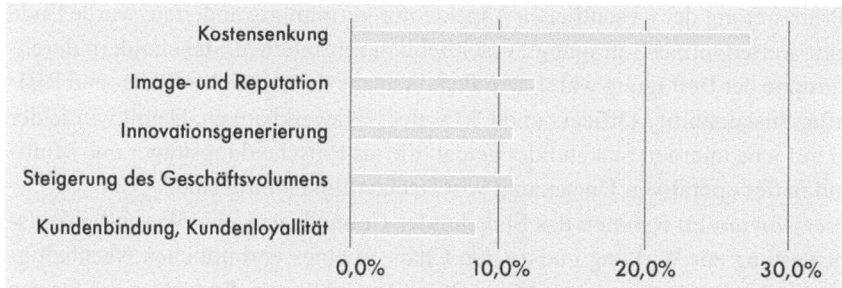

- Vorteile eines strategisch in das Kerngeschäft eingebetteten, konsequent verfolgten Nachhaltigkeitsmanagements (Top 5-Bewertungen):

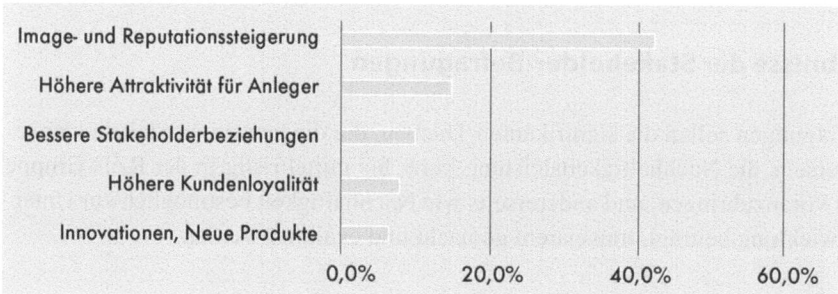

- Reihung der Stakeholdergruppen nach ihrer Wirkung auf die Nachhaltigkeitsagenda der RZB-Gruppe (Top 5-Bewertungen):

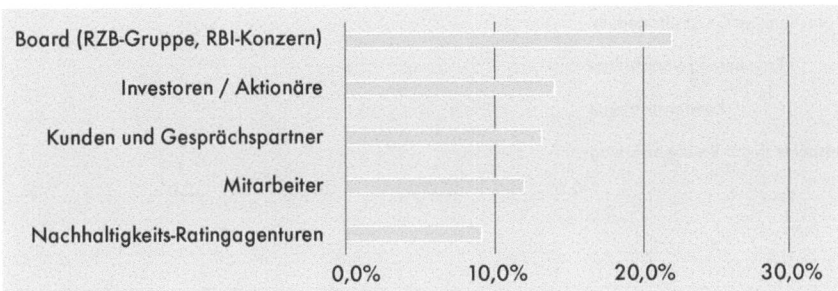

- Nachhaltigkeitsrelevante Themen (mittel- bis längerfristige Ausrichtung) mit der größten Auswirkung für die RZB-Gruppe bis 2025 (Top 4-Bewertungen):

  – ... wenn man „den Menschen und seine Bedürfnisse" in den Fokus stellt:

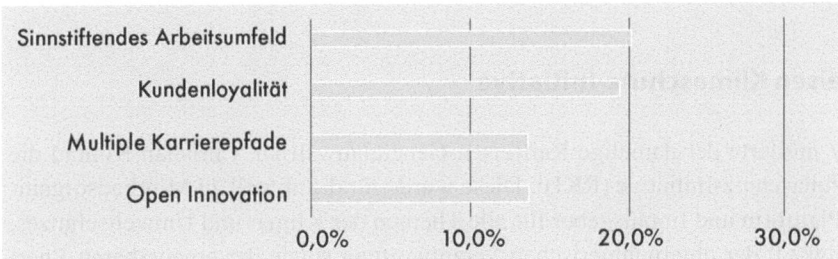

  – ... wenn man „Markttrends, neue Geschäftsmodelle und neue Technologien" in den Fokus stellt:

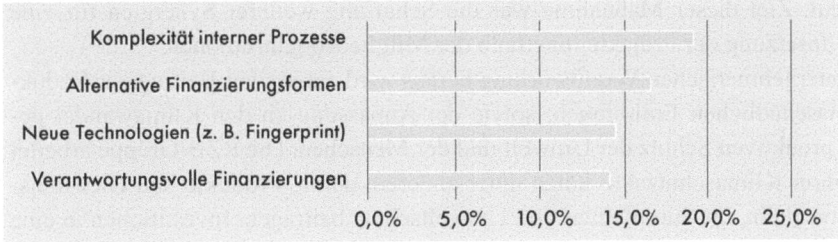

- … wenn man „Veränderungen bei Rahmenbedingungen, Politik und Governance" in den Fokus stellt:

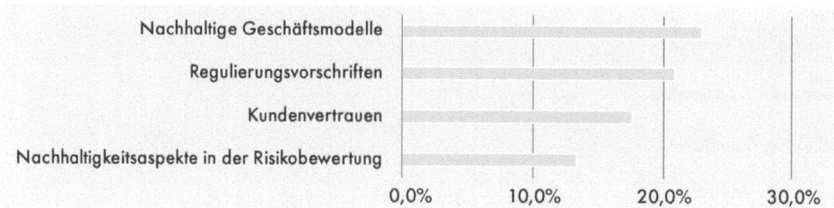

6 Beispiele für erfolgreich umgesetzte Initiativen und Projekte

Abschließend einige erfolgreich umgesetzte Initiativen und Projekte, die die Wichtigkeit eines umfassenden und ernst gemeinten Stakeholdermanagements bzw. Stakeholderengagements unterstreichen. Um der Rolle als engagierter Bürger gerecht zu werden, verfolgt die RZB-Gruppe das Ziel, Verantwortung für Umwelt und Gesellschaft zu übernehmen. Daher wurden exemplarisch die beiden folgenden Projekte ausgewählt:

6.1 Raiffeisen Klimaschutz-Initiative

Im Jahr 2007 initiierte der damalige Raiffeisen-Generalanwalt Dr. Christian Konrad die Raiffeisen Klimaschutz-Initiative (RKI)[1]. Diese wurde für die aktuell 23 Mitgliedsorganisationen als Plattform und Impulsgeber für alle Themen des Klima- und Umweltschutzes, der Nachhaltigkeit, der unternehmerischen Verantwortung sowie der erneuerbaren Energien und Ressourceneffizienz etabliert. Auf diese Weise wurde der Grundstein für das Stakeholderengagement der Mitarbeiter der Mitglieder gelegt. Die RKI hat sich mittlerweile gut etabliert und unterstützt die Bewusstseinsbildung der Mitarbeiter.

2012 wurde die RKI organisatorisch und räumlich in der RZB AG angesiedelt. Die Agenden werden seit diesem Zeitpunkt in der Abteilung Nachhaltigkeitsmanagement umfassend betreut. Ziel dieser Maßnahme war die Schaffung weiterer Synergien für eine verbesserte Umsetzung der Projekte innerhalb der Mitgliedsorganisationen.

Aus der unternehmerischen Verantwortung heraus wird ein aktiver Beitrag zur Reduktion der klimaschädlichen Emissionen, sowie der Anpassung an den Klimawandel geleistet – zum proaktiven Schutz der Umwelt und der Menschen. Die RZB-Gruppe arbeitet im Rahmen ihrer Klimaschutzaktivitäten unter anderem daran, Produkte und Dienstleistungen zu entwickeln, die zum Klima- und Umweltschutz beitragen, Investitionen in eine

---

[1] www.raiffeisen-klimaschutz.at.

klimafreundliche Zukunft zu unterstützen und die Kommunikation zum Thema Klimawandel zu fördern.

Die RKI fördert durch ihre Maßnahmen die Transformation hin zu einer klimafreundlichen und kohlenstoffarmen Gesellschaft durch ihre Möglichkeiten als Promotor in Wirtschaft und Gesellschaft. Darüber hinaus werden ausgewählte Projekte gefördert, die Wissen und Erfahrungen bündeln und auf breite Bewusstseinsbildung setzen. Die RKI unterstützt damit ein verantwortungsbewusstes Wirtschaften und ein nachhaltiges Wirtschafts- und Sozialmodell. Nicht zuletzt geht es auch darum, das Bewusstsein in der Öffentlichkeit für Nachhaltigkeit, Klimaschutz, Energieeffizienz und erneuerbare Ressourcen maßgeblich zu stärken.

Ein erwähnenswertes Projekt ist die Einführung der **Raiffeisen BioCard**^{TM2}: Die RKI führte im Herbst 2012 in Zusammenarbeit mit der RBI AG die Raiffeisen BioCard^{TM} in Österreich ein. Bereits 2010 wurde die Idee einer alternativen Kartenproduktionstechnik im Rahmen der Raiffeisen Klimaschutz-Challenge, einem internen RKI-Mitarbeiter-Wettbewerb, eingereicht und mit dem zweiten Platz ausgezeichnet. Als Kartenausgeber von Visa- und MasterCard-Karten evaluierte die RBI Card Service gemeinsam mit der Firma Gemalto, einem der weltweit führenden Experten für digitale Sicherheit, Lösungen aus erneuerbaren und abbaubaren Rohstoffen. Die Karte ist aus kompostierbarem Bio-Polymer auf Basis von Maisstärke hergestellt. Ihre Verpackung besteht aus Karton. Somit sind beide Hauptbestandteile zu 100 % biologisch abbaubar. Die Kartenausgabe erfolgte in einer exklusiven RKI-Sonderauflage von 6000 Stück im Oktober 2012 und wurde erstmals bei der Pressekonferenz anlässlich fünf Jahre RKI präsentiert.

6.2 H. Stepic CEE Charity

Das Engagement der Mitarbeiter zeigt sich auch im ehrenamtlichen und vom Unternehmen geförderten freiwilligen Engagement. Vielfältige Initiativen werden in diesem Zusammenhang im In- und Ausland unterstützt. Stellvertretend sei hier die von der Raiffeisen Bank International unterstützte H. Stepic CEE Charity[3] angeführt, die viele unterschiedliche Stakeholder an einen Tisch bringt. Zum einen Raiffeisen-Mitarbeiter in Wien, aber auch Kollegen an vielen zentral- und osteuropäischen Standorten. Nicht zuletzt die verschiedensten Partner wie beispielsweise Caritas Austria, Franz Hilf!, Diakonie, aber auch lokale NGOs. Zahlreiche Projekte wurden auf diese Weise bereits abgeschlossen, werden im Sinne der Nachhaltigkeit jedoch weiterhin noch betreut.

Das ehrenamtliche Engagement der Mitarbeiter garantiert, dass Spenden rasch und direkt, ohne Verwaltungskosten, bei den Begünstigten ankommen. Der Tätigkeitsbereich

---

[2] http://www.raiffeisen-klimaschutz.at/eBusiness/01_template1/829603695858519807-831034848284703446_845167664102591327_875052305336950662-852326502732347164-NA-1-NA.html.

[3] http://www.stepicceecharity.org/.

der Charity ist breit gefächert: Während Straßenkinder mit einer warmen Mahlzeit am Tag versorgt werden, bekommen Waisenkinder die Möglichkeit, in geordneten, familienähnlichen Verhältnissen aufzuwachsen. Unter anderem stellt die Charity Kindern und Jugendlichen ein sicheres familiäres Umfeld zur Verfügung, sei es nun durch ein Tageszentrum mit Betreuung oder ein Waisenhaus mit Pflegeeltern. Durch die Fürsorge und Unterstützung, die den Kindern andernfalls verwehrt bleiben würden, werden sie bestmöglich auf ein eigenverantwortliches Leben vorbereitet.

Eine ganz wesentliche Rolle spielen zudem Schul- und Ausbildungsmaßnahmen, denn Bildung hat nicht nur einen hohen Stellenwert in der Gesellschaft, sondern legt auch den Grundstein für eine sichere Zukunft. Ein Mangel an Bildung geht meist mit materieller Not einher. Deshalb ermöglicht die H. Stepic CEE Charity mit einer Reihe von Bildungsinitiativen Kindern und Jugendlichen mehr Chancen für eine bessere Zukunft. Durch die Förderung der schulischen und beruflichen Ausbildung im Rahmen der Projekte bemüht sich die Charity außerdem, die Selbsterhaltungsfähigkeit der Jugendlichen zu steigern.

Die Arbeit der H. Stepic CEE Charity hat den Anspruch, Vorzeigecharakter zu haben, um Nachahmer sowie viele Unterstützer und Förderer zu finden. Ziel ist es, bedürftigen Menschen Hoffnung zu geben, ihre Not zu lindern und im Idealfall Hilfe zur Selbsthilfe zu bieten. Die Betroffenen sollen aus der Armut heraus und in ein eigenverantwortliches, selbstständiges Leben geführt werden.

Alle Aktivitäten des Vereins sowie neue Hilfsprojekte bzw. Neuigkeiten von bereits bestehenden Projekten werden laufend über die Website www.stepicceecharity.org veröffentlicht.

7 Ausblick

Stakeholdereinbindung bzw. -management ist und bleibt ein zentrales Element der Nachhaltigkeitsarbeit der RZB-Gruppe. Dabei werden Formate wie das Stakeholder Council, Online-Befragungen, Fokusgruppen oder Real-Time-Voting-Möglichkeiten zur Ableitung von wesentlichen Aspekten und der Bewertung der Performance der RZB-Gruppe fortgeführt bzw. weiter ausgebaut. In Folge ist die Durchführung einer Online-Befragung mit dem Ziel, die bestehende Wesentlichkeitsmatrix umfassend zu aktualisieren, geplant. Basis sollen die in der Wesentlichkeitsanalyse dargestellten Themen sein. Eine Erweiterung der Befragung um Stakeholder der Netzwerkbanken ist dabei vorgesehen.

Ebenso wird das Gremium des Nachhaltigkeitsrats mit seinen Experten weiterhin dazu beitragen, dass die strategischen Überlegungen zur Nachhaltigkeitsarbeit der RZB-Gruppe bestmöglich umgesetzt werden.

Unbestritten ist, dass die Stakeholdereinbindung eine immer weitreichendere Rolle spielen wird. Dabei ist es wesentlich, sich auf die Sichtweisen der Stakeholder einlassen zu können, um mit ihrer Unterstützung Antworten auf Chancen, Herausforderungen und Risiken in der Geschäftstätigkeit finden zu können. Deren fortschreitende Komplexität macht es notwendig, von seinen Stakeholdern zu lernen. Zugleich erweitert sich aufgrund technischer Möglichkeiten und neuer Kommunikationskanäle, zum Beispiel im Zusammenhang mit der Nutzung von Social Media, der Kreis der Stakeholdereinbindung.

Ein Auftrag aus der bereits 2013 durchgeführten Online-Befragung ist die verstärkte Bewusstseinsbildung bei der großen internen Stakeholdergruppe der Mitarbeiter. Hier wird auf Maßnahmen wie den Raiffeisen-internen Blog zur Nachhaltigkeit und unternehmerischen Verantwortung gesetzt. Dieser ermöglicht nicht nur einen raschen Informationszugang, sondern bietet einen Austausch über verschiedene Organisationen hinweg. Darüber hinaus wird heuer ein – für alle neuen Mitarbeiter – verpflichtender eLearning-Kurs zum Thema Nachhaltigkeit etabliert.

Unter Stakeholderengagement versteht die RZB-Gruppe auch ihre aktive Einbringung in diverse gesellschaftliche Nachhaltigkeitsinitiativen. Beispielsweise nimmt die RBI AG seit 2011 am Carbon Disclosure Project teil. Dieses Initiative verfolgt das Ziel, mehr Transparenz in die Berichterstattung über Treibhausgasemissionen zu bringen, sowie diese zu verringern. Die RBI AG stellt im Rahmen dieses Programms freiwillig Informationen zu ihren CO2-Emissionen, ihren mit dem Geschäft verbundenen Klimarisiken und ihren Reduktionszielen bereit. Die besten Unternehmen werden im Carbon Disclosure Leadership Index (CPLI) zusammengefasst. Im Jahr 2014 wurde die RBI AG erneut in den CPLI aufgenommen. Darüber hinaus wurde sie zum zweiten Mal in Folge für ihre hohen CO_2-Einsparungen ausgezeichnet. Auch heuer ist eine Teilnahme der RBI AG am CDP geplant.

Die RZB-Gruppe forciert die Transformation hin zu einer nachhaltigen Gesellschaft. Deswegen nehmen ihre Vertreter, und speziell das Nachhaltigkeitsmanagement, immer wieder an Veranstaltungen, Vorträgen und Podiumsdiskussionen zu relevanten Themen teil, um ihrer Rolle als engagierter Bürger gerecht zu werden.

Weitere Initiativen bzw. Mitgliedschaften, in welche die RZB-Gruppe sich auch in Zukunft aktiv einbringen wird, sind die United Nations Environmental Programm Finance Initative (UNEP FI), der United Nations Global Compact (UNGC), der austrian business council for sustainable development (respACT), die European Working Group for CSR in der European Association for Co-Operative Banks sowie der VfU Verein für Umweltmanagement und Nachhaltigkeit in Finanzinstituten e.V.

Literatur

Nachhaltigkeitsbericht der RZB-Gruppe (2011/2012) Wir schaffen nachhaltigen Wert
Update 2013 zum Nachhaltigkeitsbericht der RZB-Gruppe 2011/2012
Nachhaltigkeitsbericht der RZB-Gruppe 2014 Zukunftsfähig durch Nachhaltigkeit

Dr. Walter Rothensteiner ist Vorstandsvorsitzender der Raiffeisen Zentralbank AG und zeichnet verantwortlich für die Bereiche Beteiligungsmanagement und Finanzen, Compliance, sowie Revision RZB-Gruppe und Vorstandssekretariat. Nach seinem Studium der Handelswissenschaften an der Wirtschaftsuniversität Wien trat er 1975 in die Raiffeisenlandesbank Niederösterreich-Wien ein und stieg rasch in führende Positionen auf – zuletzt zum Mitglied der Geschäftsführung. 1987 wurde er Vorstandsmitglied der Leipnik-Lundenburger Industrie AG und 1991 des Zuckerindustriekonzerns Agrana. 1995 wechselte er in die Raiffeisen Zentralbank. Zunächst fungierte er als stellvertretender Vorstandsvorsitzender, ehe er im Juni 1995 zum Vorsitzenden und Generaldirektor aufstieg. Seit Juni 2012 bekleidet er zusätzlich die Funktion des Generalanwalts des Österreichischen Raiffeisenverbandes. Dr. Walter Rothensteiner ist in zahlreichen Aufsichtsräten innerhalb und außerhalb des Raiffeisensektors vertreten.

Mag. Andrea Sihn-Weber ist studierte Betriebswirtin der Wirtschaftsuniversität Wien und zertifizierte CSR-Managerin. Seit Anfang 2012 leitet sie die Abteilung Nachhaltigkeitsmanagement in der Raiffeisen Zentralbank Österreich AG. Diese Aufgabe beinhaltet die Umsetzung aller nachhaltigkeitsrelevanten Maßnahmen für die RZB-Gruppe im In- und Ausland. Darüber hinaus ist sie Geschäftsführerin der Raiffeisen Klimaschutz-Initiative. Über diese Plattform werden unterschiedlichste Projekte im Bereich Klima- und Umweltschutz, erneuerbare Energien und Ressourceneffizienz umgesetzt. Weiters hält sie Vorträge zu verschiedensten Nachhaltigkeitsthemen und fungiert als Gastrednerin bei Podiumsdiskussionen. Ihre Berufslaufbahn startete sie 1988 beim amerikanischen Konsumgüterhersteller Procter & Gamble. Ende 1989 wechselte sie zur Raiffeisen-Leasing, wo sie viele Jahre als Marketing- und PR-Leiterin tätig war und die erfolgreiche Positionierung des Unternehmens im Bereich der Ökoenergie und Elektromobilität verantwortete.

OMV Resourcefulness und Stakeholder Management

Sonja Böhme, Simone Alaya, Jasmine Böhm und Franziska Richter

Zusammenfassung

Das integrierte, internationale Öl- und Gasunternehmen OMV mit rund 25.500 MitarbeiterInnen leistet einen wesentlichen Beitrag zur Energieversorgung Österreichs und seiner Kernmärkte mit rund 200 Millionen KundInnen in Mitteleuropa, Südosteuropa sowie der Türkei.

Die Nachhaltigkeitsstrategie der OMV, Resourcefulness, bildet durch die Schaffung von Win-Win Situationen für Unternehmen und Umfeld mit Schwerpunkten wie Bildung und Entwicklung, Umweltmanagement und Sicherung zukünftiger Energien, sowie Erfolgskontrolle unter Einbindung aller wesentlichen Stakeholder eine solide Basis für nachhaltiges und profitables Wachstum. Stakeholder Management stellt zunehmend ein strategisches Element in der Unternehmensführung dar. Es leistet einen wesentlichen Beitrag zur Sicherung der License to operate, zu aktivem Risiko- und Reputationsmanagement, sowie zur Attraktivität für nachhaltige Investments (SRI). Nicht zuletzt ist Stakeholder Management im Zeitalter der digitalen Vernetzung für OMV essentiell, um das Image eines guten Arbeitgebers und seiner Innovationsfähigkeit aufrechtzuerhalten und zu fördern.

Das größte börsennotierte Industrieunternehmen Österreichs, das in rund 30 Ländern tätig ist, legt in seinem Nachhaltigkeitsmanagement Wert darauf, Resourcefulness

S. Böhme (✉) · S. Alaya · J. Böhm · F. Richter
OMV Aktiengesellschaft, Trabrennstr. 6–8, 1020 Wien, Österreich
E-Mail: sonja.boehme@omv.com

S. Alaya
E-Mail: simone.alaya@omv.com

F. Richter
E-Mail: franziska.richter@omv.com

im Business zu verankern und Beiträge seiner Stakeholder zu evaluieren und entsprechend zu integrieren. Dazu dienen neben internen und externen Nachhaltigkeitsgremien (Advisory Boards) Dialoge mit Stakeholdern auf Vorstandsebene (Stakeholder Forum) oder die Stakeholder Einbindung auf Projektbasis (lokale Entscheidungsgremien mit AnrainerInnen). Um die Stakeholder Einbindung auf eine möglichst breite interne Basis zu stellen, wurde Resourcefulness in die Weiterbildung von Führungskräften und Talenten, die Karriereentwicklung, sowie in die bonusorientierten Zielvereinbarungen integriert. Das OMV Corporate Volunteering wird zudem eingesetzt, um den Dialog zwischen OMV und Anrainern zu fördern und vertrauensvolle Beziehungen aufzubauen und zu halten.

Die Herausforderungen für ein proaktives und umfassendes Stakeholder Management liegen zum einen im wachsenden Umfang der Anforderungen an international tätige Unternehmen durch lokale Stakeholder, globale Richtlinien, soziopolitische aber auch ökologische Rahmenbedingungen. Zum anderen liegen sie in der Tragfähigkeit eines nachhaltigen Stakeholderdialogs im Spannungsverhältnis von steigenden gesellschaftlichen Anforderungen an die OMV, zivilem Campaigning, sozialer Medien und globaler Anonymität.

1 Resourcefulness: Die Nachhaltigkeitsstrategie der OMV

OMV hat als integriertes Öl- und Gasunternehmen eine lange Tradition im Nachhaltigkeitsmanagement. Mit der wirtschaftlichen Verantwortung steigt jedoch auch die Verantwortung gegenüber der Gesellschaft und der Umwelt. Daher haben wir die OMV Nachhaltigkeitsstrategie entlang unserer Wertschöpfungskette definiert, denn der verantwortungsbewusste Umgang mit menschlichen und natürlichen Ressourcen ist eine entscheidende Voraussetzung für nachhaltigen Erfolg. OMV beschäftigt etwa 25.500 MitarbeiterInnen und ist in rund 30 Ländern tätig, in denen wir unsere Verantwortung, die Bedürfnisse und lokalen Anforderungen der Gesellschaft berücksichtigen. Wir wollen uns nicht mit Standardlösungen zufriedengeben, sondern aktive, innovative Lösungen suchen, die zu einer Win-Win-Situation für OMV, die Gesellschaft und die Umwelt führen – Resourcefulness ist dieser Weg. Mit Resourcefulness schaffen wir die Grundlage, um auf nachhaltige und verantwortungsvolle Weise profitabel zu wachsen. Wir setzen mit Resourcefulness ein Dach über die Themen Gesundheit, Sicherheit, Umwelt, Vielfalt, Business Ethics und Menschenrechte (siehe hierzu Abb. 1). Die Schwerpunkte liegen auf Programmen zu Bildung und Entwicklung („Skills to Succeed"), Umweltmanagement („Eco-Efficiency"), Sicherung zukünftiger Energien („Eco-Innovation") sowie Erfolgskontrolle unter Einbindung aller für uns wesentlichen Stakeholder. Unsere Mitarbeiterinnen und Mitarbeiter sind aktiver Teil unserer Initiativen. Wir unterstützen und ermöglichen ihr Engagement im Rahmen unserer Nachhaltigkeitsprojekte.

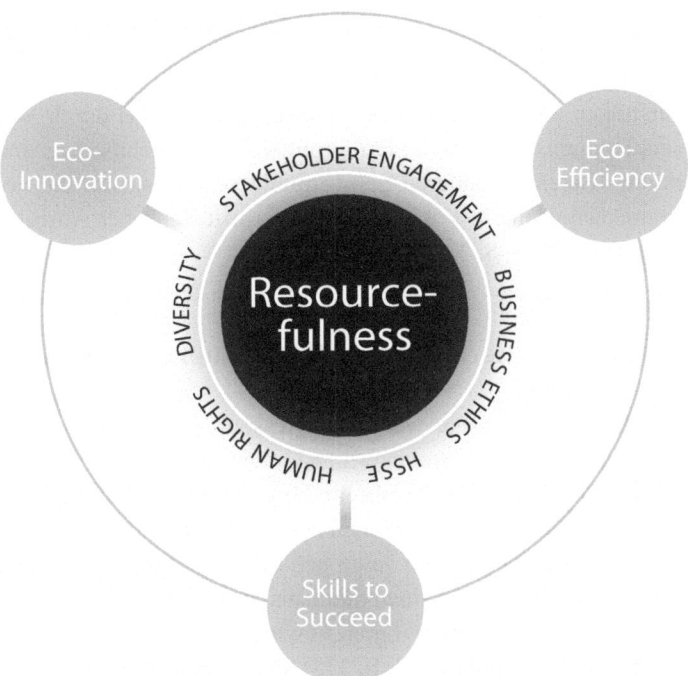

Abb. 1 Darstellung der Fokus- und Kernthemen der OMV Nachhaltigkeitsstrategie Resourcefulness. (OMV 2013, S. 9)

OMV Resourcefulness ist eine Grundvoraussetzung zur Erreichung unserer Geschäftsstrategie 2021 „Profitables Wachstum" (OMV 2012, S. 9) und hat die folgenden Zielsetzungen:

1.1 Sicherung der sozialen *license to operate*

Unter der sozialen *license to operate* verstehen wir das Einverständnis unserer Stakeholder, etwa der Anrainergemeinden, mit den OMV Geschäftspraktiken und der Art und Weise, wie das Unternehmen seine damit verbundene gesellschaftliche Verantwortung lebt.

Die Akzeptanz und das Einverständnis unserer Stakeholder – insbesondere der Anrainergemeinden – zu unseren Geschäftstätigkeiten ist Grundvoraussetzung für unseren wirtschaftlichen Erfolg und die Umsetzung unserer Geschäftsstrategie. Wir sind darauf angewiesen, dass uns die Mitglieder der Gesellschaft die notwendigen Freiräume gewähren, die Voraussetzung für unsere Aktivitäten sind. Die Schaffung von vertrauensvollen Beziehungen zu Stakeholdern durch verantwortungsbewusstes und nachhaltiges Handeln gehört daher zu unseren Kernaufgaben. OMV setzt international zahlreiche Initiativen, um vertrauensvolle Beziehungen zu Stakeholdern zu schaffen und sich über verantwortungsvolles Handeln zu differenzieren. Im Sinne eines aktiven Stakeholder Managements identifizieren wir unsere Stakeholder, treten in Dialog mit ihnen, um ihre Bedürfnisse und Meinungen kennenzulernen und kooperieren, um partnerschaftliche Lösungen zu ermöglichen. Wir unterstützen unsere Anrainergemeinden zum Beispiel durch lokale Beschäftigungsinitiativen, Bildungsprogramme, Förderung von Unternehmertum und lokale Lieferantenentwicklung. Einen besonderen Schwerpunkt setzen wir auf die Förderung von Bildungsprogrammen, mit einem Fokus auf Frauen in technischer Ausbildung und auf Unternehmertum (OMV 2013, S. 3).

1.2 Die besten MitarbeiterInnen und KundInnen gewinnen

Unsere MitarbeiterInnen sind unsere wichtigste Ressource. Menschen, ihre Talente und Kompetenzen, sind maßgeblich mitverantwortlich für den langfristigen Unternehmenserfolg von OMV. Zur Erreichung unserer Wachstumsstrategie brauchen wir engagierte MitarbeiterInnen; deshalb wollen wir 1600 TechnikerInnen neu einstellen (OMV 2013, S. 3).

In der wissenschaftlichen Diskussion zeigt sich deutlich, dass ein starkes gesellschaftliches Engagement von Unternehmen einen durchaus positiven Einfluss auf die Motivation und langfristige Bindung von MitarbeiterInnen, sowie die Attraktivität eines Arbeitnehmers am Arbeitsmarkt hat. So fand Rieth (2003, S. 378), dass „soziales Engagement die Motivation von Mitarbeitern steigern" und das „Image als attraktiver Arbeitgeber aufwerten" kann.

Weiters gibt es auch einen positiven Zusammenhang zwischen Corporate Social Responsibility und der guten Reputation bei unseren KundInnen. Ob sich ein Unternehmen für ökologische und soziale Belange einsetzt, kann bei der Entscheidung für oder gegen den Kauf eines Produktes ausschlaggebend sein. Promberger und Spiess (2006, S. 26) fanden beispielsweise, dass viele KundInnen „Gutes tun und ihr Gewissen beruhigen wollen, indem sie Produkte kaufen, die sie aktiv mit sozialer Verantwortung in Verbindung bringen".

1.3 Zugang zu neuen Ressourcen erhalten

OMV versorgt einen Markt von etwa 200 Mio. Menschen mit Energie. Aus Gründen der Versorgungssicherheit muss OMV daher auch im Bereich des Suchens und Produzierens von Öl und Gas die Anstrengungen verstärken, um kontinuierlich zusätzliche Möglichkeiten für organisches Wachstum zu erschließen.

Weiters nutzen wir unsere Kernkompetenzen, um alternative Energiequellen und neue Geschäftsfelder zu erschließen. OMV trägt seit 2013 zur Entwicklung eines Wasserstoff-Tankstellennetzes bei und unterstützt damit die Implementierung von Fahrzeugen mit Brennstoffzellen. 2013 vereinbarten wir einen Handlungsplan zum Aufbau eines Wasserstofftankstellen-Netzwerks für Brennstoffzellenfahrzeuge. (OMV 2013, S. 16)

Unsere hochinnovative BioCRACK™- Anlage der zweiten Generation in der Raffinerie Schwechat, die für den menschlichen Verzehr ungeeignete Biomasse wie Hackschnitzel oder Stroh zu Dieselkraftstoff verarbeitet, wurde für Dauertests mit unterschiedlichen Rohstoffen aufgerüstet (OMV 2013, S. 16).

Resourcefulness wird erst durch die Integration in unser Kerngeschäft wirksam. Dafür brauchen wir auch interne Unterstützung durch konsequentes Nachhaltigkeitsmanagement und das Engagement und die Einbindung unserer MitarbeiterInnen in Resourcefulness.

2 Stakeholder Management

Als integriertes Öl- und Gasunternehmen sind wir auf unseren Standorten in nahem Kontakt mit externen Stakeholdern. Wir pflegen den Dialog mit unseren lokalen Stakeholdern, insbesondere den Anrainergemeinden, um unsere Geschäftsentscheidungen und Herangehensweisen verantwortungsvoll zu hinterfragen, uns kontinuierlich zu verbessern und unsere *license to operate* zu erhalten.

Eine besondere Herausforderung im Bereich Stakeholder Management ist es, die Balance zwischen den Interessen aller Stakeholder zu halten. Zu unseren Stakeholdern zählen letztendlich nicht nur interne Stakeholder, wie unsere MitarbeiterInnen, sondern ebenso externe Stakeholder wie KundInnen, Lieferanten, Anrainergemeinden, Behörden, NGOs, Bildungseinrichtungen, EigentümerInnen und AktionärInnen. Eine weitere Herausforderung sehen wir darin, die nötigen Ressourcen und Einflussmöglichkeiten zu erlangen, um den Anforderungen unserer Stakeholder gerecht zu werden.

2.1 Die Rolle des Stakeholder Managements bei OMV

Zunehmend wird ein Stakeholder Dialog auf Unternehmensebene zum strategischen Erfolgsfaktor von Unternehmen. Doch ebenso sind lokale, projektbezogene Stakeholder Dialoge operative Erfolgsfaktoren auf regionaler und Projektebene. Ein leistungsfähiges Stakeholder Management ist ein wichtiger Grundstein für den Erfolg eines Unternehmens und kann vielfältige Vorteile bringen, etwa in Bezug zu:

- Sicherung der license to operate
- Aktives Risikomanagement (z. B. in Community Relations und Development, sowie Problemthemen der Zivilgesellschaft)
- Reputationsmanagement
- Wahrnehmung von gesellschaftlich verantwortlichen Ratings und Investments (Socially Responsible Investment – SRI)
- Personalmanagement (langfristiges Vertrauen der MitarbeiterInnen)
- Innovationsfähigkeit

Wir richten uns bei der Definition unserer Stakeholder nach der Global Reporting Initiative (2000, S. 10), die Stakeholder als juristische oder natürliche Personen definiert, bei denen davon ausgegangen wird, dass sie in beträchtlichem Maße von Aktivitäten, Produkten oder Dienstleistungen der Organisation betroffen sind. Sie lassen sich auch dadurch charakterisieren, dass ihre Aktivitäten die Möglichkeiten einer Organisation, ihre Strategien erfolgreich umzusetzen und Zielvorgaben zu erreichen, erheblich beeinflussen können. Dies schließt auch juristische oder natürliche Personen ein, die aufgrund von Gesetzen oder internationalen Vereinbarungen berechtigte Ansprüche an die Organisation haben. Stakeholder sind sowohl Organisationen und Personen, die an der Organisation beteiligt und in ihre Geschäftsaktivitäten involviert sind (ArbeitnehmerInnen, AnteilseignerInnen, Zulieferer etc.), als auch externe Dritte (Gemeinden, NGOs etc.). Unserem strategischen Ansatz folgend, identifizieren wir jene Gruppen, die von unseren Aktivitäten, Produkten oder Dienstleistungen betroffen sind, beziehungsweise die OMV darin beeinflussen oder hindern können, ihre Geschäftsstrategie und – ziele umzusetzen.

Es ist wesentlich für uns, unsere Stakeholder zu kennen und mit ihnen einen Dialog zu führen, um die Bedürfnisse und Blickwinkel der verschiedenen Gruppen kennenzulernen und sie mit unseren Handlungen zu vergleichen. Mittels Stakeholder Management verfolgen wir dabei hauptsächlich folgende Ziele:

- Unserer gesellschaftlichen Verantwortung gerecht werden
- Unsere *license to operate* sichern
- Stakeholder Ansichten in Erfahrung bringen und verstehen
- Aktuelle kritische Themen ansprechen und künftige Herausforderungen frühzeitig identifizieren
- Neue Möglichkeiten und Themenfelder im Bereich Nachhaltigkeit identifizieren
- (Lokale) Stakeholder in unsere Geschäftsaktivitäten einbinden
- Risiken in Verbindung mit Stakeholdern und deren mögliche Auswirkungen (z. B. auf das Unternehmensimage oder Geschäftsprozesse) managen

Nachhaltiges Handeln erfordert das Engagement mit internen und externen Stakeholdern. Gleichzeitig ermöglicht es uns, Themen und Erwartungen der Stakeholder besser antizipieren zu können. Eine gute Vertrauensbasis mit unseren Stakeholdern versetzt uns in die Lage, ein Umfeld zu schaffen, in dem wir wachsen können.

2.2 Employees' Engagement Programm für Resourcefulness

> Employees who share the company's sustainability values and vision are truly its most important asset. [...] As sustainability is gradually integrated into the strategies, policies and culture of the company, sustainability norms become part of everyone's mindset. (Willard 2009, S. 28)

Eine wesentliche Stakeholder Gruppe zur erfolgreichen Umsetzung und Weiterentwicklung einer firmenbezogenen Nachhaltigkeitsstrategie sind also die eigenen MitarbeiterInnen. Gelingt es, sie „ins Boot zu holen" und sogar dazu zu motivieren, „Leadership" zu übernehmen, können die dafür notwendigen Innovations- und Umdenkprozesse wesentlich effektiver umgesetzt werden und die Implementierung gelingt nachhaltiger. Als Gesicht des Unternehmens nach außen (z. B. zu KundInnen, GeschäftspartnerInnen, Communities und anderen Stakeholdern wie den eigenen Familien), können sie als glaubwürdige BotschafterInnen des Unternehmens, im Bestreben nachhaltig zu agieren, wirken. Das gelingt aber nur, wenn jede und jeder Einzelne davon überzeugt ist, dass das Unternehmen sich seiner gesellschaftlichen Verantwortung bewusst ist und der Rahmen geschaffen wurde, um einen aktiven Beitrag dazu leisten zu können. Sie sollen glaubwürdig ihre Eigenverantwortung für Resourcefulness innerhalb der OMV leben können.

Als OMV haben wir daher ein eigenes Employees' Engagement Programm initiiert und sind bereits im vierten Jahr einer erfolgreichen Umsetzung. Im Sinne eines chancenorientierten und aktiven Ansatzes ermutigen wir unsere MitarbeiterInnen, Verantwortung für Resourcefulness Projekte zu übernehmen und neue Initiativen zu starten. Viele dieser Projekte und Initiativen richten sich an externe Stakeholder. Wir wollen damit Win-Win-Lösungen fördern und bei unseren MitarbeiterInnen das Verständnis für die Bedürfnisse unserer externen Stakeholder (etwa Communities, Sozialverantwortliche InvestorInnen, an Nachhaltigkeit orientierte KonsumentInnen, NGOs) stärken. Im Gegenzug lernen unsere Führungskräfte und MitarbeiterInnen, wesentliche Stakeholder bereits von Anfang an in ihre Planungen einzubeziehen und damit Projekte erfolgreicher umzusetzen und diverse Stakeholder Interessen langfristig gewinnbringend gegeneinander abzuwägen. Zusätzlich zeigt sich OMV damit als Unternehmen, das Interesse hat, bestmöglich in gutem Einvernehmen mit allen Stakeholdern zu arbeiten und einen Mehrwert für alle Beteiligten zu schaffen.

Der Rahmen für eine erfolgreiche Einbeziehung unserer MitarbeiterInnen in unsere Nachhaltigkeitsstrategie wird bei OMV unter anderem durch folgende Maßnahmen geschaffen:

- *Resourcefulness wird in die Weiterbildung der Top-Führungskräfte und Talente eingebunden.* Für OMV sind in Bezug auf Nachhaltigkeit strategisch wichtige Projekte ein Pflichtbestandteil für die erfolgreiche Absolvierung der Ausbildung und werden als Gradmesser für bestehende Führungskompetenz genutzt. Sie ermöglichen das Lernen komplexer Zusammenhänge zu Resourcefulness Themen und stärken die Integration nachhaltiger Entscheidungen in das eigene Führungsverhalten.
- *Verpflichtende Resourcefulness Ziele wurden in bonusorientierte Zielvereinbarungen integriert.* Alle OMV MitarbeiterInnen mit bonusorientierten Zielvereinbarungen haben neben ihren Geschäftszielen jährliche Resourcefulness Ziele zu erfüllen, die ebenso am Jahresende bewertet werden. Dadurch wird ein positiver Anreiz geschaffen, Resourcefulness in den eigenen Alltag zu integrieren, sowie Verständnis und Eigenverantwortung für Nachhaltigkeit zu stärken. Die MitarbeiterInnen können auch eigene Initiativen einbringen und erhalten so die Möglichkeit mit selbstgewählten externen Stakeholdern (z. B. NGOs, Sozial- oder Bildungsinitiativen) in Kooperation zu treten und einen selbstbestimmten Beitrag zu regionaler Wertschöpfung und Bildung oder Umweltthemen zu leisten.
- *Corporate Volunteering* wird bereits seit mehreren Jahren eingesetzt, um aktiv auf externe Stakeholder, vor allem unsere Communities, zuzugehen, in Dialog zu treten und tatkräftig zu demonstrieren, dass ihre Anliegen ernst genommen werden und wir Interesse daran haben, unsere Rolle als Partner in der Region aktiv wahrzunehmen.

2.3 Stakeholder Forum

Auf Unternehmensebene einen aktiven und offenen Dialog mit seinen Stakeholdern zu suchen wird zunehmend zum strategischen Erfolgsfaktor von Unternehmen. Deshalb lädt der OMV Vorstand bereits seit 2005 zu regelmäßigen Stakeholder Foren in die Konzernzentrale in Wien, beziehungsweise seit 2009 in Bukarest ein. Ziel dieses jährlichen „get-together" ist es, die Erwartungen und Bedürfnisse unserer Stakeholder besser kennenzulernen und mit ihnen die Leistungen von OMV auf dem Gebiet der Nachhaltigkeit zu besprechen. Wir erhalten dabei ein Stimmungsbild, sowie Feedback und Einblicke in externe Sichtweisen. Dieses bereits bewährte Format wird laufend weiterentwickelt. So gibt es im Vorfeld und auch als Folgeveranstaltung des Forums Arbeitsgruppen zu ausgewählten Themen, mit denen OMV sich beschäftigt.

Seit der Entwicklung von Resourcefulness fokussieren wir den Austausch mit unseren Stakeholdern auf die Themen dieser Nachhaltigkeitsstrategie. Im Rahmen einer Folgeveranstaltung zum Stakeholder Forum im Jahr 2013 nahmen beispielsweise VertreterInnen von NGOs, öffentlichen Behörden, Unternehmen wie auch WissenschaftlerInnen, spezialisierte Interessengruppen und andere Stakeholder an Workshops zu Themen wie „Energieeffizienz", „Skills to Succeed: Bildung" und „Neue Energien" teil. So wird ein kontinuierlicher Austausch zwischen OMV und ihren Stakeholdern ermöglicht, von dem alle Beteiligten profitieren.

Zusätzlicher Austausch mit unseren Stakeholdern findet auch auf lokaler Ebene auf Initiative der lokalen Geschäftsleitungen statt. Dies wird prinzipiell regelmäßig organisiert, kann aber auch anlassbezogen stattfinden.

2.4 Stakeholder Gremien zur verantwortungsvollen Unternehmensführung

Um ein effektives Management und den Austausch zu der OMV Nachhaltigkeitsstrategie Resourcefulness zu sichern, haben wir tragfähige Governance Strukturen eingeführt, zu denen insbesondere zwei Gremien zählen.

- Das OMV *Resourcefulness Advisory Board (RAB)* ist ein externer Beirat aus zehn anerkannten ExpertInnen unter der Leitung des OMV Vorstandsvorsitzenden. Die Zusammensetzung der Mitglieder des Beirates zeichnet sich durch Fachexpertise zu unseren Fokusthemen aus. Neutralität und Diversitätsaspekte wurden in die Auswahlkriterien für Mitglieder miteinbezogen. Das RAB berät uns bei der Weiterentwicklung von Resourcefulness und gibt uns Rückmeldungen zu bereits eingeleiteten Maßnahmen und Projekten. Es leistet einen wichtigen Beitrag, indem es unsere Prioritäten kritisch hinterfragt und uns eine Außensicht auf unsere Vorhaben und unseren Fortschritt bietet. Das RAB informiert unsere internen Fachleute auch über Trends, Entwicklungen, Praxisbeispiele und neue Forschungsergebnisse aus ihrer Perspektive.

- Das OMV *Resourcefulness Executive Team (RET)* ist unser internes Steuerungsgremium für Nachhaltigkeit. Es tagt regelmäßig unter der Leitung des OMV Vorstandsvorsitzenden. Als Mitwirkende im RET sind je eine VertreterIn aller Geschäftsbereiche und eine VertreterIn für jeden Themenbereich von Resourcefulness vertreten. Das RET ist verantwortlich für die Weiterentwicklung der Strategie Resourcefulness und deren Umsetzung, sowie für die Überführung der Ergebnisse aus dem RAB in die Strategie und konkrete Handlungspläne.

Wie Abb. 2 zu entnehmen ist, liegt der Fokus im Nachhaltigkeitsmanagement der OMV darauf, Resourcefulness im gesamten Konzern voranzutreiben, sowie die Beiträge externer Stakeholder zu evaluieren und entsprechend zu integrieren (OMV 2013, S. 11).

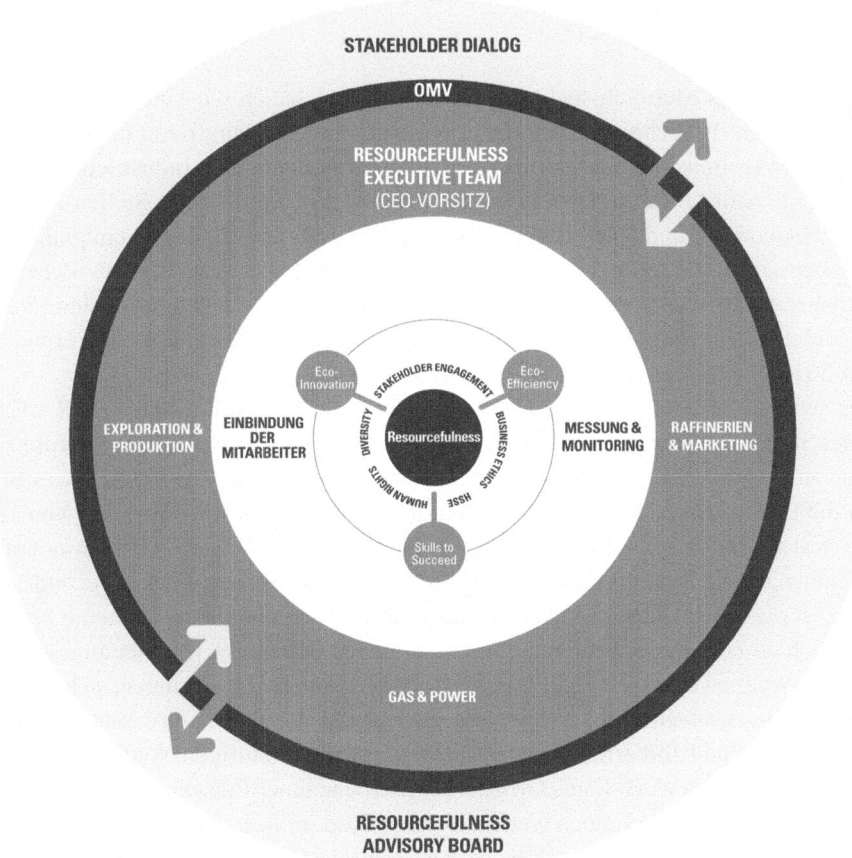

Abb. 2 Einbindung von internen und externen Stakeholder Gremien in die OMV Nachhaltigkeitsstrategie Resourcefulness. (OMV 2013, S. 11)

3 Stakeholder Einbindung in aktuelle Resourcefulness Projekte

Eine frühzeitige und ausreichende Einbeziehung von Stakeholdern ist Grundvoraussetzung für die erfolgreiche Umsetzung unserer Geschäftstätigkeiten und Initiativen. In diesem Kapitel werden daher Projektbeispiele vorgestellt, anhand derer unser strategischer Ansatz und die Vorgangsweise ersichtlich sind: Die Weiterentwicklung vom Dialog mit Stakeholdern zur intensivierten Konsultation und fortschreitend zur nachhaltig implementierten Zusammenarbeit.

Ein Beispiel erfolgreicher Stakeholder Einbindung ist die OMV Bildungsinitiative „Österreich sucht die Technikqueens", die 2012 im Rahmen von OMV Resourcefulness gestartet wurde und 2014 gemeinsam mit Siemens Österreich in eine zweite Runde ging.

3.1 Fallbeispiel: Österreich sucht die Technikqueens

Hintergrund Mit „Österreich sucht die Technikqueens" haben wir eine Initiative gestartet, um Mädchen für technische Berufe zu begeistern und so langfristig dem Fachkräftemangel in der Technik entgegenzuwirken. Gemeinsam mit anderen Industrieunternehmen in Österreich steht OMV vor der Herausforderung, ihre technischen Stellen mit qualifizierten Fachkräften und ExpertInnen zu besetzen. Laut Industriellenvereinigung (2013, S. 9) haben „acht von zehn Industrieunternehmen Probleme, qualifiziertes Personal in Zukunftsbereichen wie Technik, Produktion oder Forschung und Entwicklung zu finden". Zugleich liegt aber der Frauenanteil in technischen Berufen lediglich bei rund 15 % (SORA 2012, S. 16).

Hier setzt „Österreich sucht die Technikqueens" an. Wir beauftragten SORA (2012) mit einer Studie, die erheben sollte, was Mädchen daran hindert, technische Berufe zu ergreifen – und was sie zu einem Umdenken animieren könnte. Die Ergebnisse dieser Studie stellen die Basis unserer neuen Initiative dar. Insbesondere Mädchen im Alter von 14 bis 16 Jahren stehen noch vor der Entscheidung ihrer beruflichen Zukunft. Gemeinsam mit ihnen Visionen für die Zukunft zu entwickeln und sie für eine Karriere in der Technik zu begeistern, ist die Zielsetzung von „Österreich sucht die Technikqueens". Um die Mädchen bestmöglich zu erreichen, werden sie in einem ersten Schritt im Internet angesprochen. Ein Online-Wettbewerb soll möglichst viele Mädchen auf die Idee bringen, sich mit Technik auseinanderzusetzen und ihr Interesse an technischen und naturwissenschaftlichen Themen wecken und fördern. Die letzte Stufe dieses mehrstufigen Wettbewerbs ist ein Finalwochenende mit Workshops, Gruppenarbeiten und einer Präsentation vor einer Jury. Die engagiertesten jungen Frauen werden anschließend im Rahmen eines Mentoring Programms sowie mit Bildungsschecks längerfristig auf ihrem Weg in die Technik begleitet.

„Österreich sucht die Technikqueens" ist eine in dieser Form komplett neuartige Initiative. Die Mädchen werden mit dem bisher größten Gamification-Projekt in Österreich niederschwellig angesprochen und anschließend mit begleitendem Mentoring und zielgerichteten Bildungsschecks längerfristig begleitet. Zugleich entstehen aber keinerlei Verpflichtungen für die Mädchen. Wir möchten sie über Spaß, spielerische Herangehensweise und persönlichen Austausch für die Technik begeistern und zu einer technischen Laufbahn anregen.

Stakeholder-Einbindung: „Technikqueens Advisory Board" Um die Initiative laufend zu optimieren und weiterzuentwickeln, arbeiten wir mit einem eigens aufgesetzten Beratungsgremium zusammen. Das „Technikqueens Advisory Board" besteht aus sechs angesehenen externen und unabhängigen ExpertInnen, die sich im beruflichen Kontext mit Themen wie Mädchenförderung, Genderforschung, spielerischem Lernen und technischer (Aus-)Bildung auseinandersetzen. Durch ihre Erfahrungen unterstützen diese Personen die kontinuierliche (Weiter-)Entwicklung und Kommunikation von „Österreich sucht die Technikqueens".

Das Gremium tritt zweimal pro Jahr für eine Sitzung zusammen, um die Initiative zu diskutieren und mit dem Projektteam sensible Themen zu besprechen. Der oftmals kritische, aber immer besonders konstruktive Input der ExpertInnen wird evaluiert und entsprechend im Projektteam aufgenommen und fließt in die Gestaltung der Initiative mit ein.

Es sind verschiedenste Themen, zu denen das „Technikqueens Advisory Board" bereits sehr hilfreiche Expertise einbringen konnte. So wurde zum Beispiel die Gestaltung des Mentoring-Programms für „Österreich sucht die Technikqueens", im Zuge dessen über einen Zeitraum von über sechs Monaten mit den Mädchen zusammengearbeitet wird, die Ansprache der Mädchen, das Programm und die Kommunikation des Finalwochenendes intensiv mit den ExpertInnen diskutiert.

Während im Rahmen der „Technikqueens Advisory Board" Sitzungen die Initiative „hinter den Kulissen" diskutiert, kritisch beleuchtet, bewertet und weitergedacht wird, treten die Mitglieder des Gremiums zu besonderen Anlässen auch vor den Vorhang. Anlässlich des medialen Starts der Initiative im Jahr 2012 trat eine der Expertinnen als Botschafterin für Technikqueens aufs Podium; in der Jury für den Wettbewerb im Rahmen des Finalwochenendes ist das Gremium ebenfalls vertreten.

Stakeholder-Einbindung: Kontakt mit den Mädchen Die wichtigsten Stakeholder von „Österreich sucht die Technikqueens" sind selbstverständlich die Mädchen selber. Mit ihnen – also den direkten Nutznießerinnen der Initiative – steht das Projektteam von „Österreich sucht die Technikqueens" ebenfalls laufend im Kontakt. Eine professionelle Evaluierung des gesamten Wettbewerbs sowie des anschließenden Mentoring-Programms erfolgt durch das NPO Kompetenzzentrum der Wirtschaftsuniversität Wien mittels quantitativer Befragungen und qualitativer Interviews. Das Ziel ist, die Rezeption des Projekts durch die Mädchen und ihre Eltern zu erheben. So kann laufend auf Kritik eingegangen werden, und das Feedback der Befragten fließt in die Weiterentwicklung von „Österreich sucht die Technikqueens" ein.

Auch ein direkter Kontakt des Projektteams mit den Mädchen und ihrem sozialen Umfeld ist auf mehreren Ebenen gegeben und sichert so einen regen Austausch mit den unmittelbaren Stakeholdern. Beim Finalwochenende sind beispielsweise neben den Mädchen auch Begleitpersonen – zumeist jeweils ein Elternteil – eingeladen. Damit sollen sie auf ihre Rolle bei der Ausbildungs- und Berufswahl aufmerksam gemacht und über die Möglichkeiten in technischen Berufen informiert werden. Denn nur mit einer Einbindung dieser für die Jugendlichen so zentralen Stakeholder – nämlich der Familien – kann langfristig etwas bewegt werden. Mit den Mädchen selber steht das Projektteam insbesondere im Rahmen des Finalwochenendes und des Mentoring Programms laufend im persönlichen Kontakt, kann auf Fragen und Bedürfnisse der Mädchen eingehen und ist auch immer wieder Adressat von Lob, Kritik oder Verbesserungsvorschlägen. Eine eigens aufgesetzte offene Facebook Gruppe von „Österreich sucht die Technikqueens" ermöglicht überdies einen ortsungebundenen und ungezwungenen Meinungsaustausch mit den Mädchen.

3.2 Fallbeispiel: Skills to Succeed Programm Tataouine (Tunesien)

Hintergrund Unsere Verantwortung geht über die reine Ergebnisverantwortung hinaus. Wir nehmen unsere Verantwortung für Umwelt und Gesellschaft wahr, wo auch immer wir tätig sind. Durch nachhaltige Projekte zur Entwicklung von Anrainergemeinden und Lieferanten geben wir den Regionen, in denen wir tätig sind, etwas zurück und lassen sie an unserer Wertschöpfung teilhaben. Derzeit laufen etwa 300 Resourcefulness Initiativen in rund 25 Ländern. Durch unsere Nachhaltigkeitsinitiativen generieren wir einen wesentlichen Beitrag zur „*licence to operate*". Die Notwendigkeit solcher Aktivitäten zeigt auch das Zitat von John Ruggie (2011): „Sie haben uns nicht beachtet, als wir kleine Probleme aufgezeigt haben, daher mussten wir größere Probleme generieren."

Tunesien hat einen besonderen Stellenwert in der Geschichte von OMV. Die Erschließung dieses Landes in den frühen 70er Jahren stellte das erste ausländische E&P Projekt in der Geschichte des Konzerns dar. Tunesien bietet auch für die Zukunft ausgezeichnete Wachstumsmöglichkeiten für unsere Geschäftstätigkeit, insbesondere im Süden des Landes, in Tataouine, einer Region die seit Jahrzehnten ökonomisch vernachlässigt wird und unter der höchsten Armuts- und Arbeitslosenrate des Landes leidet. So sind rund 65 % der UniversitätsabsolventInnen, denen die notwendigen Qualifikationen für den Arbeitsmarkt fehlen, von Langzeitarbeitslosigkeit betroffen.

Die Herausforderung in Südtunesien ist demnach die Stimulierung der lokalen Wirtschaft und Verbesserung der Arbeitsmarktfähigkeit der lokalen Bevölkerung durch marktorientierte Vermittlung der nötigen beruflichen und unternehmerischen Fähigkeiten.

Hier setzt unsere Initiative „Skills to Succeed Programm Tataouine" in Kooperation mit Hilfswerk Austria International an. Es wurde ein Ausbildungszentrum für FacharbeiterInnen nach dem Vorbild des dualen Ausbildungssystems in Österreich geschaffen und durch eine Kooperation mit lokalen Behörden, berufsbildenden Einrichtungen und ExpertInnen in der Region Tataouine nachhaltig verankert. Weiters wurden Maßnahmen zur Unterstützung der lokalen Entwicklung von Unternehmertum gestartet. Dadurch fördern wir zum einen die Entwicklung der lokalen Wirtschaft in Anrainergemeinden und unterstützen zum anderen eine lokale Deckung des Bedarfs an qualifizierten Fachkräften für Aktivitäten der OMV und anderer Industrieteilnehmer.

Stakeholder Einbindung:Lokale Stakeholder und Community Council Bereits in der Phase der Definition der Projektidee wurden die wesentlichen Stakeholder identifiziert und im Rahmen von Stakeholder Dialogen anhand der Grundprinzipien Transparenz und Inklusivität über den gesamten Projektzeitraum laufend mit einbezogen.

Um die notwendigen Ausbildungsprogramme zu definieren, wurden Stakeholder Workshops unter Einbeziehung lokaler Lieferanten abgehalten, um die am Markt fehlenden Services und Fertigkeiten gemeinsam zu identifizieren. Diese Ergebnisse sind auch durch eine zusätzliche, lokal beauftragte „Baseline Studie" bestätigt worden, deren Ergebnisse wiederum offen und transparent mit den TeilnehmerInnen der Lieferanten Workshops und weiteren lokalen Stakeholdern in Anwesenheit des Gouverneurs von Tataouine und dem OMV General Manager in Tunesien gespiegelt wurden. Somit konnte ein breiter Konsens über die am südtunesischen Markt fehlenden Services und Fähigkeiten gefunden, und basierend darauf die Nachhaltigkeitsinitiative der OMV und die konkreten Schritte zur Umsetzung definiert werden.

Direkt im Anschluss an den ersten Workshop wurde der sogenannten „Community Council", bestehend aus lokalen Behörden, Vertretern der Zivilgesellschaft und OMV gegründet. Der „Community Council" wird in alle wichtigen Projektentscheidungen, wie etwa die Gestaltung der Trainingsprogramme, oder die Auswahlkriterien und das Prozedere für die Auswahl der TeilnehmerInnen an den Ausbildungsinitiativen und die Auswahl jener unternehmerischen Ideen, die unterstützt werden, einbezogen. Somit kann jegliches, von einer speziellen Interessensgruppe als ungerecht empfundene Auswahlverfahren, von vornherein ausgeschlossen werden.

Ein Jahr nach dem ersten gemeinsamen Workshop luden wir im Januar 2014 wieder nach Tataouine ein, um gemeinsam die umgesetzten Aktivitäten zu reflektieren. Auf Basis der gewonnenen Erkenntnisse können wir unsere Initiative laufend weiter verbessern, die Lücke von fehlenden Services und Fachkräften für die Region weiter schließen und durch die aktive Einbeziehung der Stakeholder eine Akzeptanz und Wertschätzung für unsere Tätigkeiten in der Region gewinnen.

4 Zukünftige Herausforderungen des Stakeholder Managements für OMV

Ein proaktives und umfassendes Stakeholder Management wird auch in Zukunft eine wichtige Grundlage für zukunftsfähiges Wirtschaften sein. Doch die Anforderungen, denen sich Unternehmen hierbei zu stellen haben, nehmen zu. Erwartungen der Stakeholder an Unternehmen steigen, eine zunehmende Vielfalt an Stakeholdern auf lokaler, nationaler und auch internationaler Ebene entsteht, und auch die Anforderungen durch globale Richtlinien, insbesondere im Bereich Nachhaltigkeitsberichterstattung und Stakeholder Management, steigen.

Durch die internationale Präsenz von OMV in etwa 30 Ländern ergeben sich vielfältige Ansprüche von Stakeholdern an unser Unternehmen. Unternehmen werden nicht mehr nur für ihre direkten Handlungen verantwortlich gemacht, sondern die von Unternehmen erwartete gesellschaftliche Verantwortung reicht teilweise neben der Zuliefererkette über den ganzen Produktlebenszyklus bis zur Verwendung und Entsorgung von Produkten (GRI 2013, S. 33).

Vor allem in der Öl- und Gasindustrie bestehen spezielle Herausforderungen im Umgang mit Stakeholdern. So liegen manche Fördergebiete in Regionen mit prekären Sicherheitslagen. Entsprechende Maßnahmen und Vorbereitungen werden uns auch weiterhin begleiten und in diesen Regionen gilt es in besonderem Maße, den Dialog mit den betroffenen Anspruchsgruppen aktiv zu suchen, um gemeinsame Lösungen ausarbeiten zu können.

Eine besondere Herausforderung liegt auch in der Inklusivität aller Stakeholder Gruppen. Während der Großteil zu einem offenen und konstruktiven Dialog bereit ist, gibt es immer wieder einzelne Stakeholder, die einen Dialog ablehnen, beziehungsweise sogar verhindern wollen.

Eine wesentliche aktuelle und auch zukünftige Herausforderung für Unternehmen im aktiven Stakeholder Management stellt sicher das Aufkommen und die vermehrte Nutzung sozialer Medien dar. War es bisher in vielen Fällen zufriedenstellend, die wesentlichsten Stakeholder laufend zu persönlichen oder formalisierten Gesprächen einzuladen und Kooperationen zu initiieren, wird es zunehmend nötig, eine große Masse an vielfach anonymen Stakeholdern zu berücksichtigen. So stellt sich zum Beispiel die Frage, ob es sich bei jedem Posting um einen „echten" Stakeholder mit einem „tatsächlichen" Bedürfnis in Verbindung mit den eigenen Aktivitäten handelt, oder ob im Internet platzierte Beschwerden weniger zielgerichtete und allgemeine Unmutsbekundungen darstellen. Der einfache und rasche Zugang und die Möglichkeiten der eigenen Identitätskonstruktion (Anonymität, Verwenden von Pseudonymen etc.) machen weiters eine eindeutige Identifikation der Stakeholder schwierig.

Die oben genannten Herausforderungen machen deutlich, dass Stakeholder Management für OMV ein fortwährendes Thema ist, welches sich laufend weiterentwickelt.

Wie es Carroll und Buchholtz (2014, S. 65) ausdrücken: „For sustainable development to become a reality, the stakeholder approach offers the best opportunity".

Literatur

Carroll A, Buchholtz A (2014) Business and society: ethics, sustainability, and stakeholder management. Cengage Learning, Stamford

GRI (Global Reporting Initiative) (2000) Leitfaden zur Nachhaltigkeitsberichterstattung. Global Reporting Initiative, Amsterdam. https://www.globalreporting.org/resourcelibrary/German-G3-Reporting-Guidelines.pdf. Zugegriffen: 23. Juni 2014

GRI (Global Reporting Initiative) (2013) G4 – Sustainability reporting guidelines. Implementation manual. Global Reporting Initiative, Amsterdam. https://www.globalreporting.org/resourcelibrary/GRIG4-Part2-Implementation-Manual.pdf. Zugegriffen: 23. Juni 2014

IV (Industriellenvereinigung) (2013) ZAHLEN, DATEN & FAKTEN – Arbeitsmarkt und Karrierechancen in Mathematik, Informatik, Naturwissenschaften und Technik. http://www.iv-net.at/iv-all/publikationen/file_610.pdf. Zugegriffen: 22. Mai 2014

OMV (2012) Geschäftsbericht 2012. OMV, Wien (kann auf der OMV-Website www.omv.com abgerufen warden)

OMV (2013) Nachhaltigkeitsbericht 2013. OMV, Wien (kann auf der OMV-Website www.omv.com abgerufen werden

Promberger K, Spiess H (2006) Der Einfluss von Corporate Social (and Ecological) Responsibility auf den Unternehmenserfolg. Working Paper 26. Lehr- und Forschungsbereich für Verwaltungsmanagement (Universität Innsbruck), Innsbruck

Rieth L (2003) Deutsche Unternehmen, Soziale Verantwortung und der Global Compact – Ein empirischer Überblick. Zeitschrift für Wirtschaft- und Unternehmensethik 4(3):372–391

Ruggie J (2011) Business and human rights: interview with John Ruggie (Zitat ins Deutsche übersetzt). http://business-ethics.com/2011/10/30/8127-un-principles-on-business-and-human-rights-interview-with-john-ruggie/. Zugegriffen: 4. Mai 2015

SORA (2012) Gender und Technik. SORA – Institute for Social Research and Consulting (im Auftrag der OMV Aktiengesellschaft; nicht veröffentlicht), Wien

Willard B (2009) The sustainability champion's guidebook. New Society Publishers, Gabriola Island

DI Dr. mont. Sonja Böhme leitet seit 2012 den Nachhaltigkeitsbereich der OMV Aktiengesellschaft und steuert die strategische Ausrichtung und operative Umsetzung zur Unterstützung der Geschäftsstrategie mit rund 300 Initiativen in rund 25 Ländern. Dabei baut sie auf der Erfahrung auf, die sie durch verschiedene leitende Positionen innerhalb der OMV seit 2004 gesammelt hat, wie z. B. Verkaufsleitung Kundengeschäft Österreich und Deutschland oder auch Performance Management im internationalen Kundengeschäft. Davor war Sonja Böhme bei der Firma Dow Chemicals in der Baustoffbranche tätig. Sonja Böhme studierte Gesteinshüttenwesen an der Montanuniversität Leoben und hat im Rahmen ihrer darauf folgenden Beschäftigung an der Universität in diesem Fachbereich auch promoviert.

Mag. Simone Alaya, MSc geprüfte Kommunikationsfachfrau, Seit 2004 bei OMV im Bereich der sozialen Nachhaltigkeit tätig, baute Simone Alaya bis 2010 das Corporate Social Responsibility (CSR) Management im Unternehmen auf. Dies umfasste die Nachhaltigkeitsberichterstattung, das Menschenrechtsrahmenwerk, Kommunikation von CSR, Issue – und Stakeholder Management, sowie die Interaktion mit Ratingagenturen. Zur Zeit liegen ihre Schwerpunkte im Bereich Stakeholder Analysen für Infrastrukturprojekte. Simone Alaya studierte Sprachwissenschaften und romanische Sprachen, Kommunikationsmanagement, sowie Systemisches Business Coaching und sammelte internationale Erfahrung durch Nachhaltigkeitsprojektmanagement in Nordafrika, Asien und Zentral- und Osteuropa, sowie in Frankreich, wo sie vier Jahre gelebt hat. Simone Alaya lebt zur Zeit in Niederösterreich.

Mag.[a] Jasmine Böhm, MBA ist seit 2011 in der OMV Aktiengesellschaft für die Themenbereich Employees' Engagement und Governance für Resourcefulness zuständig. In ihren Aufgabenbereich fallen die Entwicklung und Implementierung maßgeschneiderter Konzepte zur aktiven Einbindung der Führungskräfte und MitarbeiterInnen in die Umsetzung von Nachhaltigkeitsmaßnahmen in der OMV. Davor hat sie verschiedene Unternehmen zu den Themenbereichen Karrieremöglichkeiten für Frauen, Vereinbarkeit von Berufs- und Familienleben, sowie der Entwicklung und Umsetzung eines eigenen Diversity Management begleitet und war in internationalen Projekten zu den selben Themenbereichen tätig. Jasmine Böhm hat einen MBA Global Management der University of Minnesota und ist Magistra der Sozial- und Kulturanthropologie.

Mag. Franziska Richter, MES ist seit 2011 in der Nachhaltigkeitsabteilung der OMV Aktiengesellschaft tätig. Hier ist sie für Sozial- und Bildungsprojekte in Österreich zuständig und koordiniert die gesellschaftliche Ausrichtung des Unternehmens in seinen Kernmärkten Österreich, Rumänien und Türkei. Besonderes Augenmerk liegt dabei auf Bildung im Bereich der Technik, Naturwissenschaften und Energie. Richter studierte Sozial- und Kulturanthropologie, Europäistik und Kommunikationsmanagement. Vor ihrem Eintritt in die OMV prägte sie in NGOs und Bildungseinrichtungen die Kommunikationsarbeit mit. Im Rahmen von Auslandspraktika und -volontariaten konnte sie Arbeitserfahrung im europäischen, arabischen und indischen Raum sammeln.

Energiezukunft als gemeinsame Verantwortung wahrnehmen

Vertrauen der Stakeholder durch Involvierung stärken

Franz Benedikt Zöchbauer

Stakeholder-Involvierung schafft Werte

Zusammenfassung

Es ist eine Zeit des großen Wandels, in dem sich die Energiebranche derzeit befindet. Der Energiemarkt ist im Umbruch und neue Antworten sind gefragt. Eine sich daraus ableitende Konsequenz im Stakeholder-Management lässt sich bereits wahrnehmen: Sowohl die Anzahl als auch die Ansprüche der Stakeholder-Gruppen an die Akteure in der Energiewelt steigen. Wie Unternehmen damit umgehen, hängt mit ihrem eigenen Anspruch an das Stakeholder-Management zusammen.

Eine von Ernst & Young im Rahmen von „Growing Beyond – Wachstum für morgen" durchgeführte Studie zeigt mit der Einordnung des Stakeholder-Vertrauens als einen von vier zentralen Faktoren für den Unternehmenserfolg die steigende Bedeutung eines professionellen Stakeholder-Managements auf.

Für VERBUND ist der Dialog mit seinen Anspruchsgruppen von hoher Bedeutung, sei es bei konkreten Kraftwerksprojekten oder generellen energie- und umweltpolitischen Fragestellungen. In der Interaktion mit Stakeholdern liegt ein enormes Chancenpotential. Mit der Durchführung von neuen Dialogformaten wie Ideenlaboren, organisiert nach der „design thinking"-Methode, entwickelt VERBUND seinen Stakeholder-Dialog ständig weiter, um bewusst und mit neuen Formaten noch stärker gemeinsam an Lösungsbeiträgen zu den Herausforderungen der Energiezukunft zu arbeiten.

F. B. Zöchbauer (✉)
VERBUND AG, Am Hof 6a, 1010 Wien, Österreich
E-Mail: franz.zoechbauer@verbund.com

1 Energiemarkt im Umbruch: neue Antworten sind gefragt.

Es ist eine Zeit des großen Wandels, in dem sich die Energiebranche derzeit ohne Zweifel befindet. Jede Veränderung lässt Altes hinter sich und bringt Neues ans Tageslicht. Was die aktuellen Veränderungen für die etablierten Energieversorgungsunternehmen, man könnte sie auch als Routiniers bezeichnen, mittel- bis langfristig bedeuten, steht noch nicht fest.

Eine daraus jetzt schon ableitende Konsequenz lässt sich aber wahrnehmen: Sowohl die Anzahl als auch die Ansprüche der Stakeholder-Gruppen an die Akteure in der Energiewelt steigen. Wie Unternehmen damit umgehen, hängt mit ihrem eigenen Anspruch an das Stakeholder-Management zusammen: wie (inter-)agiere ich mit meinen Stakeholder-Gruppen? Auf welchen Dialog, auf welche Interaktion lasse ich mich ein? Wieviel Vertrauen schenke ich meinen Stakeholdern und wieviel Vertrauen wird meinem Unternehmen entgegengebracht?

Für das bessere Verständnis zum Stakeholder-Management und den gewählten Instrumenten von VERBUND erfolgt einleitend ein kursorischer Einblick in die aktuelle Marktsituation und den Herausforderungen der Elektrizitätswirtschaft, bevor nach einer Darstellung der Unternehmensstrategie von VERBUND auf die Fragestellungen zum Stakeholder-Management näher eingegangen wird.

1.1 Was bringt die Energiezukunft?

Eine sichere, leistbare und nachhaltige Energieversorgung zählt zu den wichtigsten Parametern für eine erfolgreiche Volkswirtschaft und trägt wesentlich zur Sicherung des gesellschaftlichen Wohlstands bei.

Eine im Auftrag von Oesterreichs Energie vom Gallup Institut durchgeführte Befragung ($n=1200$) vom April 2014 hat ergeben, dass die sichere Stromversorgung mit 46 % der österreichischen Bevölkerung der wichtigste Aspekt beim Thema Strom ist, gefolgt vom möglichst niedrigen Preis und der Herkunft des Stroms.

Im Zeitalter der Energiewende ist vieles im Umbruch – in der Energiewirtschaft als auch in der Energiepolitik. Klimaschutz steht seit Jahren auf der politischen Agenda vieler Entscheidungsträger. Die Senkung der CO_2-Emissionen und die dadurch angestrebte Begrenzung des globalen Temperaturanstiegs auf maximal 2 Grad als Beitrag zur Sicherung der Lebensgrundlagen auf der Erde ist ein oftmals diskutiertes Thema auf internationalen Konferenzen. Ein verpflichtendes internationales Abkommen oder eine zumindest abgestimmte internationale Vorgehensweise, die substantielle Erfolge in der Bekämpfung des Klimawandels bringt, gibt es nicht. Der globale CO_2-Ausstoß durch den Energieverbrauch nimmt weiterhin zu, sodass auch die Handlungserfordernis an Politik, Wirtschaft und Gesellschaft steigt.

Europa zeigt sich oft als Vorreiter einer ambitionierten Klima- und Energiepolitik. Nachdem 2008 die EU-Kommission das ersten Energie- und Klimapaket mit Zielhorizont 2020 verabschiedet hat, erfolgt 2014 die Diskussion über den neuen Kommissionsvorschlag mit den Zielsetzungen im Zeitraum von 2020 bis 2030. Für die Reduktion der CO_2-Emissionen wird eine Verdoppelung der Zielsetzungen vorgeschlagen, das heißt minus 40 % als verpflichtendes Ziel für die einzelnen Mitgliedstaaten. Beim Anteil der erneuerbaren Energien am Energieverbrauch ist ein europäisches Ziel von 27 % vorgesehen, was nicht mehr wie bisher auf die einzelnen Staaten heruntergebrochen wird.

Für die Umstellung der Energie- und insbesondere Stromversorgung auf erneuerbare Energiequellen und die Reduktion der CO_2-Emssionen haben die Staaten Europas unterschiedliche Voraussetzungen. Österreich hat dank seiner hohen Stromerzeugung aus Wasserkraft bereits bisher einen bedeutenden Anteil an erneuerbaren Energien im System. Deutschland erlebt durch die Energiewende eine radikale Änderung insbesondere seiner Stromversorgung. Mit dem Atomkraftausstieg und der Zielsetzung der Reduktion von CO_2-Emissionen kam es in den letzten Jahren und kommt es weiterhin zu einem massiven Ausbau der Stromerzeugung aus erneuerbaren Energien, deren Anteil binnen weniger als 20 Jahren von unter 5 % auf über 25 % angestiegen ist. Der Anstieg der erneuerbaren Energien in Deutschland basiert stark auf dem deutschen EEG, dem Gesetz zur Förderung erneuerbarer Energie, welches primär mittels fixer Einspeisetarife das Investitionsrisiko den Investoren abnahm. Die Energieversorgung war plötzlich nicht mehr das alleinige Gebiet von Energiekonzernen, sondern private Personen, Gewerbetreibende, Landwirte und viele mehr investierten in die Stromerzeugung aus Sonnen- und Windkraft, welche hohe und fixe Renditen versprach. Gleichzeitig kam es zu starken Wettbewerbsverzerrungen, da ein immer größer werdender Teil der Stromerzeugung nicht den Marktkräften unterworfen war, den Wettbewerb am Markt, insbesondere die Preise im Großhandel sowie die Preisbestandteile beim Kunden aber wesentlich beeinflusste.

Die Energiewende in Deutschland ist nicht ein Thema, dass auf ein Gesetz zur Förderung erneuerbarer Energie begrenzt werden kann. Es ist vielmehr eine systemische Herausforderung. Allein der Anstieg der Anzahl der Stromerzeugungsanlagen in Deutschland von einigen tausend Anlagen zu Beginn der 1990iger Jahre auf aktuell über 1,3 Mio. Anlagen verdeutlicht diese Entwicklung. Gleichzeitig bedeutet dies einen immensen Anstieg der Systemkomplexität. Dies auf technische und energiemarktwirtschaftliche Komponenten bezogen, aber auch im Kontext der Anzahl, Vielfalt und der Ansprüche von Stakeholdern.

1.2 Chancen erkennen, Perspektiven entwickeln

Der tiefgreifende Umbruch in der Strombranche hat zur Folge, dass die europäischen Stromversorger neue Geschäftsfelder entwickeln und ihre Kosten- und Kapitalstruktur verbessern müssen, um auch künftig am Markt erfolgreich bestehen zu können.

VERBUND begegnet den Herausforderungen aktiv und hat seine strategische Ausrichtung zur Erreichung der VERBUND Vision „Mit sauberem Strom geben wir der Zukunft Energie" konsequent weiterentwickelt. Konkret wurde die Strategie aufgrund der aktuellen Marktentwicklungen geschärft und die Kosten gesenkt: der VERBUND-Fokus liegt in der Stromerzeugung aus Wasser- und Windkraft, der optimalen Vermarktung der Eigenerzeugung in Österreich und Deutschland sowie dem Betrieb des österreichischen Höchstspannungsnetzes. Darüber hinaus wird die Wertschöpfungskette mit energienahen Dienstleistungen erweitert sowie bilden Investitionen in Forschung und Entwicklung die Basis für künftige Geschäftsmodelle.

1.3 Vertrauen der Stakeholder als zentraler Erfolgsfaktor

Welche Rolle kommt nun dem Stakeholder-Management zu, wenn sich das Marktumfeld für Unternehmen so gravierend verändert? Ist es ein reiner Kostenfaktor, der schnellstmöglich reduziert werden muss? Handelt es sich um ein „just-nice-to-have" oder doch um ein „must-have", welches einen hohen strategischen Mehrwert für das Unternehmen erbringen kann?

Eine von Ernst & Young im Rahmen von „Growing Beyond – Wachstum für morgen" durchgeführte Studie hat die Bedeutung des Stakeholder-Managements für den Unternehmenserfolg untersucht und kommt zu höchst interessanten Erkenntnissen. Die Kluft zwischen Unternehmen, die sich an neue Bedingungen anpassen können, und solchen, denen dies schwerfällt, wächst. Unternehmen mit einer guten Performance richten nach diesen Studienergebnissen ihr gesamtes Handeln an den folgenden vier Erfolgsfaktoren aus:

- Kundenbeziehungen: potenzielle Marktchancen für Produkte oder Dienstleistungen maximieren.
- Operative Agilität: Lieferfähigkeit in einem sich rasch wandelnden Markt verbessern.
- Wettbewerbsfähige Kosten: wirtschaftliche Nachhaltigkeit erhalten.
- Vertrauen der Stakeholder: engere Beziehungen mit Stakeholdern aufbauen.

Die Einordnung des „Stakeholder-Vertrauens" als einen von vier zentralen Erfolgsfaktoren für Unternehmen betont die Wertigkeit dieser Funktion gerade in Zeiten, in denen sich das Marktumfeld gravierend verändert und zukunftsweisende unternehmerische Entscheidungen erforderlich sind.

2 Stakeholder-Vertrauen durch Dialog und Involvierung stärken

Für VERBUND ist der Dialog mit seinen Anspruchsgruppen von hoher Bedeutung, sei es bei konkreten Kraftwerksprojekten oder generellen energie- und umweltpolitischen Fragestellungen. Die Zielsetzung von VERBUND ist ein offener und sachlicher Dialog mit seinen Stakeholder-Gruppen. Dazu wird der regelmäßige Kontakt mit Vertretern der relevanten Stakeholder-Gruppen gepflegt und ein ausgewählter Instrumentenmix eingesetzt. Im Dialog mit seinen Stakeholdern und in der Interessenvertretung orientiert sich VERBUND an Sachpositionen und bringt sein Wissen konstruktiv in die Entscheidungsfindung ein. VERBUND bekennt sich im Einklang mit seinem Unternehmensleitbild und seinen Grundwerten zu einem verantwortungsbewussten und nachhaltigen Verhalten.

2.1 Stakeholder-Befragung 2013: Reflexion und Impuls für Weiterentwicklung des Stakeholder-Managements

2013 führte VERBUND eine strukturierte Umfrage unter internen und externen Stakeholder in Österreich und Bayern durch, um insbesondere die aktuellen Erwartungshaltungen relevanter Stakeholder-Gruppen systematisch zu erfassen sowie bisherige Maßnahmen und Aktivitäten zu evaluieren.

In die Umfrage wurden folgende Stakeholder-Gruppen einbezogen: Großkunden, Mitarbeiterinnen und Mitarbeiter, Betriebsrat, Aufsichtsrat, Branchen- und Fachverbände, NGOs, Anrainer, Lieferanten, Vertreter von Wissenschaft, Forschungs- und Fachinstitutionen, Politiker, Behörden, Investoren und Medien.

Rund 380 Personen haben an der Online-Befragung teilgenommen und mit 62 Personen wurden Tiefeninterviews durchgeführt. Die Fragen betrafen einerseits die Erwartungen an den Stakeholder-Dialog von VERBUND und andererseits die Nachhaltigkeitsaktivitäten des Unternehmens.

Das Befragungsergebnis zeigte eine hohe Zufriedenheit mit dem Stakeholder-Management von VERBUND und eine hohe Zustimmung zur Unternehmensstrategie, die anhand der drei Bereiche „erneuerbare Energien und Netze", „regionaler Fokus auf Österreich und Bayern" sowie „Intensivierung der Kunden-Dienstleistungen" diskutiert wurde.

64 % der befragten Stakeholder zeigten sich mit dem Informationsaustausch von VERBUND sehr zufrieden oder zufrieden. Als wesentliche Stärken wurden genannt: die angenehme Gesprächsbasis, die rasche und hochwertige Informationsbereitstellung, die ehrliche und offene Art der Kommunikation sowie kompetente Ansprechpersonen. Darüber hinaus führten Stakeholder aus Deutschland vor allem die vertrauens- und respektvolle Kommunikation und den hohen Servicecharakter positiv an.

Verbesserungspotential zeigt sich bei Bekanntheit und Meinungsführerschaft. VERBUND solle einen zusätzlichen Kommunikationsschwerpunkt in Deutschland setzen. Allgemein solle VERBUND sein Know-how im Bereich der Stromtransport und erneuerbarer Energieträger noch stärker in die Konzepte und energiepolitische Debatte für das zukünftige Energiesystem einbringen. Darüber hinaus wünschen sich die Stakeholder weitere Kontinuität in der Kommunikation, dass noch transparenter und klarer kommuniziert wird, noch dialogorientierter agiert und die Stakeholder noch stärker eingebunden werden.

Im Rahmen der Stakeholder-Befragung 2013 wurde aus der Detail-Analyse aller Handlungsfelder und der Gegenüberstellung der externen und internen Sichtweise auch eine Wesentlichkeitsmatrix abgeleitet. Alle dargestellten Themen wurden von den Befragten als „wichtig" bis „sehr wichtig" beurteilt. Sie sind nicht nur wichtige Kommunikationsthemen, sondern zentrale Angelpunkte für die interne Bearbeitung und Weiterentwicklung (Abb. 1).

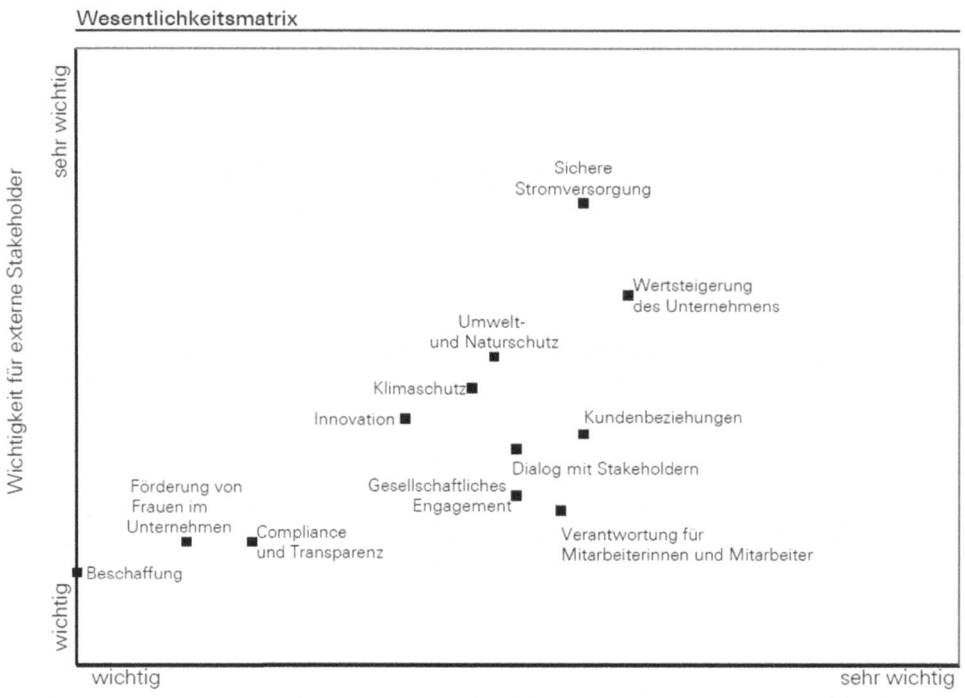

Abb. 1 Wesentlichkeitsmatrix VERBUND (Ergebnis der Stakeholder-Befragung 2013). (Quelle: VERBUND Nachhaltigkeitsbericht 2013)

2.2 Beispiele aus dem VERBUND-Stakeholder-Dialog

Der Dialog mit den relevanten Stakeholder-Gruppen wird im VERBUND durch die jeweils zuständigen Einheiten wahrgenommen. Seitens Public Affairs erfolgt der Dialog insbesondere mit Politik, Verwaltung, NGOs, Expertenorganisationen und Interessenvertretungen. Die nachfolgenden Beispiele betreffend VERBUND-Stakeholder Dialog sind Aktivitäten von Public Affairs, die oftmals in Kooperation mit anderen Konzerneinheiten organisiert werden.

- Mit der Publikation „Power Facts" werden Themen für Entscheidungsträger in Politik, Verwaltung und Wirtschaft periodisch aufbereitet sowie transparent und nachvollziehbar kommuniziert.
- Mit dem Veranstaltungsformat „Energie-Frühstück – VERBUND im Dialog" lädt VERBUND regelmäßige Stakeholder zum Diskurs ein. Neben der Präsentation neuester Studienergebnisse oder Erkenntnisse von führenden Energieexperten und Persönlichkeiten steht dabei der Dialog und Informationsaustausch im Vordergrund. Dabei ist ein kritischer Blick auf das jeweilige Thema gefragt. VERBUND will damit den

energiepolitischen und -wirtschaftlichen Diskurs anregen und einen Beitrag zum sich wandelnden Energiemarkt leisten.
- VERBUND-Dialog mit Umweltorganisationen: der Dialog mit Umweltorganisationen hat bereits Tradition im VERBUND und wird auf Vorstands – und Expertenebene durchgeführt. 2013 wurde mit dem Ökobüro, Greenpeace, Klimabündnis, Global 2000 und WWF im Rahmen eines Projektes ein gemeinsames Eckpunkte-Papier zu den zentralen energiepolitischen Herausforderungen und Handlungsoptionen für ein zukünftiges Energie-System erarbeitet.
- Mit der Stakeholder-Reihe „one day at VERBUND" wird ein auf jeweils einzelne Stakeholder-Gruppen fokussiertes Briefing-Format angeboten, in dem vertieft aktuelle Herausforderungen, Lösungsansätze und Positionen ausgetauscht und diskutiert werden.

2.3 Schwerpunkt: Live-Simulation (Planspiel) als Format für eine stärkere Involvierung

Die Komplexität der Herausforderungen im Strommarkt, die Vielfalt der Zusammenhänge und die Notwendigkeit nach systemischen Antworten erfordert auch im Stakeholder-Management den Einsatz von innovativen Methoden, um Themen bestmöglich zu kommunizieren und an zukunftsfähigen Konzepten mitwirken zu können.

2012 und 2013 organisierte VERBUND erstmal „Live-Simulationen" von Stakeholder-Dialogen oder anderes ausgedrückt sogenannte „Planspiele" mit Studierenden zur Energiezukunft. Die Zielsetzung dabei war bei relevanten Stakeholdern und Studierenden Bewusstsein für die Komplexität des Energiesystems schaffen, mögliche neue Maßnahmenvorschläge zu erarbeiten und darüber hinaus VERBUND am Arbeitsmarkt mit Zukunftsthemen zu positionieren.

Im Rahmen der Simulation wurden Studierende in Gruppen eingeteilt, die einzelne Stakeholder repräsentieren, und für diese Rolle von den jeweiligen Stakeholder-Vertretern gecoacht. Das Ziel der Simulation war es, Vorschläge zur Lösung der energiepolitischen Herausforderungen zu erarbeiten und sich im Rahmen eines Verhandlungsprozesses mit anderen Stakeholdern auf eine gemeinsame Konzeption und Maßnahmenvorschläge zu einigen.

Die drei durchgeführten Live-Simulationen behandelten die energiepolitischen Herausforderungen auf Ebene eines Bundeslandes, auf nationaler Ebene für Österreich sowie auf europäischer Ebene.

Bei der ersten im Mai 2012 durchgeführten Live-Simulation zum Thema „Energiezukunft gemeinsam sichern" in Wien, stand die nationale Ebene im Mittelpunkt. Die Studierenden wurden dabei nachfolgendem Inserat für eine Bewerbung eingeladen (Abb. 2).

Über den genauen Ablauf der Live-Simulation wurden die Studierenden aber erst unmittelbar am Beginn der Veranstaltung informiert.

Abb. 2 VERBUND Inserat/Bewerbung der Live-Simulation eines Stakeholder-Dialogs

- **Folgendes Szenario war die Ausgangslage für die Studierenden und Teilnehmer der Live-Simulation:**
  „Stellen Sie sich vor, die derzeit aktuelle Debatte über die Energiezukunft in Österreich wird weiter intensiviert. Daher werden die wichtigsten Köpfe der Energiewirtschaft an einen Tisch geholt, um eine Lösung für die künftige Versorgungssicherheit zu finden. Die österreichische Bundesregierung hat eine „High Level"-Stakeholder-Konferenz einberufen, mit dem Ziel eine Antwort zu finden, wie die Energiezukunft für Österreich bis zum Jahr 2030 aussehen soll. Zentrales Ziel der Konferenz ist die Entwicklung a) einer gemeinsamen Empfehlung hinsichtlich des angepeilten Energiemix 2030 sowie b) einer Definition der wichtigsten Meilensteine auf dem Weg zu diesem Energiemix-Ziel."
- **Setting:**
  5 hochrangige Experten bzw. Expertinnen coachten je 8 ausgewählte Studierende aus Österreich, die in einer Live-Simulation in die Rolle der Stakeholder schlüpfen. Als Stakeholder-Rollen wurden definiert: Energiewirtschaft, Umweltorganisationen, Verbraucher, Bundesregierung und Anrainer-Vertreter.
- **Überblick Ablauf**
  - Die Stakeholder-Gruppen verhandelten eine gemeinsame Empfehlung in bilateralen Meetings und finalisierten ihr gemeinsames Papier in einem Konferenz-Setting.
  - Parallel gab es einen fokussierten öffentlichen Diskurs als dynamisierenden Realitätskontext in Form von Presseaussendungen und Medienauftritten der Stakeholder.
  - Das Ergebnis wurde im Rahmen eines Auftritts der Vertreter von Regierung und Energiewirtschaft in der TV-Hauptnachrichtensendung präsentiert.
- **Rolle der Expertin/des Experten**
  - Briefing der Studierenden für ihre Rolle als Stakeholder
  - Coaching der Studierenden in den Verhandlungen mit den anderen Stakeholdern sowie im Umgang mit der medialen Dynamik
  - Reflexion der Live-Simulation am Ende des Nachmittags
  - Diskussion der Ergebnisse im Rahmen der Abendveranstaltung zur Präsentation des VERBUND-Nachhaltigkeitsberichts 2012

Die Live-Simulation wurde innerhalb von 3 h durchgeführt, um durch den aufgebauten Zeitdruck eine möglichst hohe Realitätsnähe und Dynamik im Verhandlungsprozess zu erzeugen, was gelang. Die Ergebnispräsentation und Involvierung der Teilnehmer der „Live-Simulation" bei der anschließenden Abendveranstaltung brachte Wertschätzung für die beteiligten Studierenden und es konnten dadurch die Ergebnisse direkt an die betroffenen Stakeholder kommuniziert werden. Das die Abenddiskussion durch die Involvierung Studierender zugleich sehr kurzweilig und erfrischend ablief, war ein Zusatzeffekt des Formats, was sehr positive Rückmeldungen der Teilnehmer hervorrief.

Der hohe Zeitdruck bei der „Live-Simulation" führte aufgrund der Rückmeldungen der Teilnehmer zu einer Adaption bei der Durchführung im Jahr 2013. Vor dem Beginn des Planspiels wurde eine allgemeine Briefing-Einheit vorgelagert, in der die einzelnen Coaches der verschiedenen Stakeholder-Gruppen Referate hielten, um allen Beteiligten die jeweilige Stakeholder-Sicht darzulegen und so die eigene Meinungsbildung zu unterstützen.

Der Nutzen der „Live-Simulation" lässt sich generell wie folgt darstellen:

- Beitrag zur Bewusstsein-Schaffung bei den relevanten Stakeholdern betreffend Komplexität des Wandels des Energiesystems.
- Unterstützung der Reflexion der eigenen Argumentation seitens der eingeladenen Stakeholder, die eine Coaching-Funktion einnehmen.
- Positive Wirkung auf die Reputation durch Anwendung innovativer und kreativer Stakeholder-Instrumente.
- Mehrfache Verwendung des Dialogs in der externen und internen Kommunikation.
- Studierenden die Möglichkeit geben, verschiedene Perspektiven wahrzunehmen und Einblicke in die Komplexität der E-Wirtschaft zu bekommen.

2.4 Notwendigkeit & Perspektive für ein innovatives Stakeholder-Management

Der Umbruch im europäischen Strommarkt setzt sich mit großer Dynamik fort. Damit sind auch die Marktteilnehmer weiterhin großen Veränderungen unterworfen. Diese Veränderungen betreffen auch die Anforderungen und die Aufgaben im Management der Stakeholder-Beziehungen. Die Ansprüche und die Anzahl der Stakeholder-Gruppen werden größer und die Herausforderungen komplexer. Gleichzeitig liegt in der Interaktion mit den Stakeholdern ein enormes Chancenpotential für Unternehmen. Dieses Potenzial wertschaffend für das Unternehmen und seine Stakeholder zu nützen erfordert auch die Anwendung neuer und innovativer Dialogkonzepte. Mit der Durchführung eines Ideenlabors, organisiert nach der „design thinking"-Methode, entwickelt VERBUND seinen Stakeholder-Dialog 2014 weiter, um bewusst und mit neuen Formaten noch stärker gemeinsam an Lösungsbeiträge zu den Herausforderungen der Energiezukunft zu arbeiten. In welchem Ausmaß Stakeholder-Netzwerke, aktives Beziehungsmanagement und die Involvierung von ausgewählten Stakeholdergruppen auch Beiträge für Geschäftsmodell-Innovationen und neue Wertschöpfungsoptionen leisten kann, wird sich bezogen auf die Energiewirtschaft in den kommenden Jahren noch zeigen. Ein Potenzial für wertvolle Beiträge ist jedenfalls vorhanden und die Nutzung sollte eine bewusste unternehmerische Entscheidung sein.

Literatur

Ernst & Young (2011) Growing Beyong – Wachstum für morgen: Vertrauen der Stakeholder. Die richtige Information zur richtigen Zeit richtig kommunizieren

Europäische Kommission (2014) Mitteilung der Kommission an das Europäische Parlament, den Rat, den Europäischen Wirtschafts- und Sozialausschuss und den Ausschuss der Regionen (COM(2014) 15 final): Ein Rahmen für die Klima- und Energiepolitik im Zeitraum 2020–2030, Brüssel

VERBUND (2014) Nachhaltigkeitsbericht 2013: Gemeinsam Chancen erkennen und Perspektiven entwickeln, Wien

Dr. Franz Benedikt Zöchbauer ist seit 2009 Leiter Public Affairs von VERBUND. Zuvor war er u. a. von 2007 bis 2009 als Prokurist und Leiter Corporate Development und Controlling in der VERBUND Renewable Power sowie von 2003–2006 im Bundesministerium für Land- und Forstwirtschaft, Umwelt und Wasserwirtschaft im Kabinett des Bundesministers tätig. Zöchbauer studierte an der WU Wien, wo er das Diplomstudium der Volkswirtschaft sowie das Doktoratsstudium der Wirtschafts- und Sozialwissenschaften erfolgreich abschloss. 2010 absolvierte er das Oxford Advanced Management and Leadership Programme an der Saïd Business School (University of Oxford). Ehrenamtlich ist er u. a. Mitglied des Aufsichtsrates der Raiffeisenbank Herzogenburg-Kapelln sowie Präsident vom Club Alpbach Niederösterreich.

Stakeholder-Engagement: Für Österreichs Glasrecyclingsystem so wichtig wie Glascontainer

Monika Piber-Maslo und Harald Hauke

Zusammenfassung

Seit fast 40 Jahren organisiert Austria Glas Recycling respektive ihre Vorläuferorganisation die Sammlung und Verwertung von Glasverpackungen in Österreich. Österreichs Glasrecyclingsystem ist mit jährlichen Recyclingquoten von rund 85 % seit Jahren im internationalen Spitzenfeld und gilt als best practice in der EU. Neben ‚herkömmlicher' Unternehmenskommunikation und Informationsarbeit ist der Dialog mit Stakeholdern von Beginn an eine zentrale Maßnahme zur Erfüllung des Kerngeschäftes. Glasrecycling ist Teamarbeit. Noch bevor der Begriff Stakeholder-Dialog seinen Siegeszug antrat, pflegten die Akteurinnen und Akteure des österreichischen Glasrecyclingsystems eine dialogische Kooperationsweise zur Stärkung der gemeinschaftlichen Innovationskraft.

Neben dem selbstverständlichen Dialog im Rahmen des daily business lädt Austria Glas Recycling regelmäßig zu Foren wie Stakeholder-Workshops zu verschiedenen Themen, Fahrer-Meetings speziell für die Fahrer der Glassammelfahrzeuge, Team-Workshops mit den Mitarbeiter(inne)n der Austria Glas Recycling zu fachlichen Inhalten ebenso wie zu Fragen des Zusammenarbeitens.

Die Vorgaben der Global Reporting Initiative sowie der ONR 192500 betreffend Wesentlichkeit und Stakeholder-Management unterstützen dabei, die Stakeholder-Analyse strukturiert durchzuführen und den Stakeholder-Dialog analysebasiert zu managen.

M. Piber-Maslo (✉) · H. Hauke
Austria Glas Recycling GmbH, Obere Donaustr. 71, 1020 Wien, Österreich
E-Mail: piber-maslo@agr.at

H. Hauke
E-Mail: hauke@agr.at

1 Erfolgsformel der Austria Glas Recycling: Dialog mal Kooperation

1.1 Verantwortungsvolles Glasrecycling braucht das zielgerichtete Zusammenwirken aller Stakeholder aus Verwaltung, Wirtschaft und Gesellschaft

Der Wert eines Dialogs hängt vor allem von der Vielfalt der konkurrierenden Meinungen ab.
Sir Karl Popper

2 Glasrecycling in Österreich – Überblick

Seit den 1970er Jahren sammeln und recyceln wir Glasverpackungen in Österreich. Für 1978 weist die Statistik 29.187 t aus, 1989 überstiegen die Sammel- und Verwertungsmengen erstmals die 100.000-Tonnen-Marke und seit 1996 sind Ergebnisse von über 200.000 t selbstverständlich (2013: 234.000 t).

Jährliche Recyclingquoten von rund 85 % belegen, dass der Großteil der Glasverpackungen stofflich verwertet wird und zur Produktion neuer Glasverpackungen eingesetzt wird.

Für die Altglassammlung stehen rund 80.000 Sammelbehälter an 32.000 gut gewählten Standorten (Sammelinseln, Recyclinghöfen, Altstoffsammelzentren etc.) in ganz Österreich bereit. Die Kommunen sorgen für Sauberkeit und bauliche Ordnung an den Standorten.

Die Entsorgungsfrequenzen sind regional angepasst von mehrmals wöchentlich bis ein Mal pro Monat. 155 Spezial-Lkws sind für die Sammlung und den Transport des Altglases zu den Glaswerken im Einsatz. Etwa 30 % des Altglases wird mit Spezialwaggons der ÖBB zur Glasindustrie geliefert.

Die Einsatzquote von Altglas in der österreichischen Verpackungsglasindustrie beträgt je nach Glasfarbe bis zu 90 %, das heißt, Altglas substituiert Primärrohstoffe in hohem Ausmaß. In Österreich produzierte Glasverpackungen bestehen im Durchschnitt aller Farben, Formen und Größen zu 2/3 aus Altglas.

Die Menschen in Österreich beteiligen sich zu einem hohen Ausmaß an der Altglassammlung, sie fühlen sich gut informiert und setzen ihr Wissen betreffend Glasrecycling in ihre alltägliche Praxis um. 89 % sind mit der Altglassammlung zufrieden oder sehr zufrieden, 85 % wünschen keine Änderungen. Insgesamt wird der Glassammlung die Schulnote 1,5 ausgestellt. (IMAS 2013)

Österreichs Unternehmerinnen und Unternehmer werden ihrer producer responsibility gemäß Abfallwirtschaftsgesetz und Verpackungsverordnung gerecht. Sie leisten den Lizenzbeitrag für Glasverpackungen und sichern damit die Finanzierung des Recyclingsystems. Die Lizenzquote beträgt seit Jahren über 90 %.

Der Lizenztarif ist seit 2009 stabil. Das ist auf die professionellen Kalkulationen und hohen Erfahrungswerte auf Seiten der Austria Glas Recycling und ihrer Partnerunternehmen zurückzuführen. Und es bedeutet Planungssicherheit für die Lizenznehmer.

Die Akteurinnen und Akteure nehmen Glasrecycling nicht nur als ‚business' wahr, sondern darüber hinaus als substanziellen Beitrag zu Abfallvermeidung und Ressourcenschonung (Stakeholder-Befragung der Austria Glas Recycling 2014). Die Branche bietet vielfältige Green Jobs mit individuellen Entwicklungsmöglichkeiten. Die Fluktuation ist gering, die Expertise verbleibt im System.

Es darf konstatiert werden: Für den Packstoff Glas (weniger technisch formuliert: für Glasverpackungen) ist der Materialkreislauf in einem sehr hohen Ausmaß geschlossen. Österreichs Glasrecyclingsystem gilt international als Vorbild für circular economy, die Expertise der Austria Glas Recycling und ihrer Partnerunternehmen ist gefragt. Recyclingquoten für Glasverpackungen von seit Jahren rund 85 % stehen durchschnittlichen Recyclingquoten in der EU von rund 70 % gegenüber. Die Stakeholder identifizieren sich in hohem Maße mit dem übergeordneten Zielspektrum Umweltschutz/Abfallvermeidung/Ressourcenschonung. Die Arbeitsmöglichkeiten werden als sinnstiftend wahrgenommen. Das österreichische System kann beispielgebend sein, für noch zu etablierende Altstoffsammelsysteme in der EU.

Wichtige Säulen des nunmehr fast vier Jahrzehnte währenden Erfolges und der stetigen Entwicklung sind konsequente und zielgruppenadäquate Kommunikations- und Informationsarbeit sowie der ständige und gut geführte Dialog mit allen internen und externen Stakeholdern. Austria Glas Recycling spielt dabei als Hauptverantwortliche für das Funktionieren des gesamten Glasrecyclingsystems eine federführende Rolle.

3 Austria Glas Recycling

Seit den 1970er Jahren lenkt das Non-Profit-Unternehmen Austria Glas Recycling GmbH das österreichische Recyclingsystem für Glasverpackungen. Anfangs organisatorisch eingebettet im Verein Austria Recycling (vormals Österreichische Produktionsförderungsgesellschaft). Seit 1989 agiert Austria Glas Recycling als eigenständige Gesellschaft der Glaswerke Vetropack Austria und Stölzle Oberglas.

In den 1990er Jahren goss der Gesetzgeber den gesellschaftlichen Auftrag hinsichtlich Verpackungsglasrecycling in Abfallwirtschaftsgesetz und Verpackungsverordnung (erstmals in Kraft getreten 1993) und beauftragte Austria Glas Recycling per Bescheid des BMUJF (nachmalig: BMLFUW) mit der Umsetzung (‚Genehmigung zur Errichtung bzw. zum Betreiben eines Sammel- und Verwertungssystem').

Der Non-Profit-Status der Austria Glas Recycling garantiert, dass die finanziellen Mittel ausschließlich der Organisation des Glasrecyclings dienen und Überschüsse stets ins System zurückfließen. Schlanke Verwaltung und flache Entscheidungsstrukturen (10 Mitarbeiter/innen, Vollzeitäquivalent 2012: 8.3) halten die Administrationsaufwendungen gering. Siehe Abb. 1

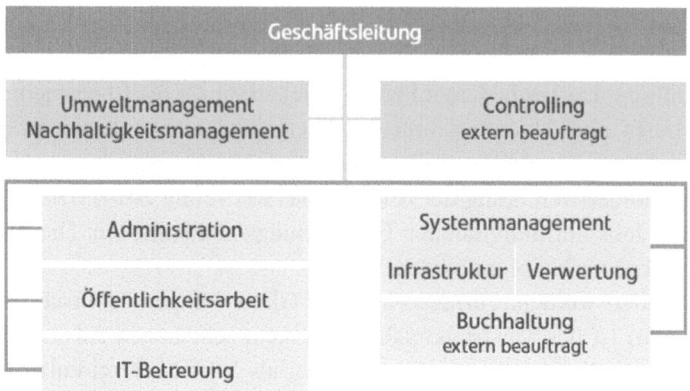

Abb. 1 Organigramm Austria Glas Recycling GmbH

2000/2001 integrierte Austria Glas Recycling ein Umweltmanagementsystem gemäß der europäischen Umweltmanagementnorm EMAS in die Führungsstruktur und erhob somit die kontinuierliche Verbesserung der Umweltleistung zum strategisch verankerten, von Geschäftsleitung und Aufsichtsgremium getragenen Programm. Seit 2001 veröffentlicht das Unternehmen jedes Jahr geprüfte Umwelterklärungen, seit 2007 kombiniert als Nachhaltigkeitsbericht. Es macht somit die Unternehmensleistungen in den Dimensionen wirtschaftlich, ökologisch, sozial/gesellschaftlich über das gesetzliche Ausmaß hinaus transparent und stellt sich der Kritik der Stakeholder.

2013 nahm Austria Glas Recycling auf Einladung des BMLFUW gemeinsam mit 10 weiteren österreichischen Vorreiterbetrieben punkto Nachhaltigkeit am vom BMLFUW initiierten Projekt ‚ONR 192500 verbreiten' teil. Ziel war die Evaluierung der auf der ISO 26000 basierenden österreichischen CSR-Norm sowie die Unterstützung der nachhaltigen Entwicklung der teilnehmenden Unternehmen.

Austria Glas Recycling realisierte im Zuge des Projektes zwei Maßnahmen, die bereits auf der Agenda des Unternehmens standen und durch eine SWOT-Analyse zur Nachhaltigkeit konkretisiert und geschärft werden konnten: Stakeholder-Befragung (Wesentlichkeitsanalyse) und Grünbuch ‚Nachhaltiges Recycling von Glasverpackungen in Österreich'. Zudem wurde die Implementierung der österreichischen CSR-Norm ONR 192500 vorbereitet und auf den Weg gebracht.

Die Umsetzung der Novelle des Abfallwirtschaftsgesetzes und der neuen Verpackungsverordnung wird ab 1. Jänner 2015 Änderungen für das österreichische Glasrecyclingsystem bringen, die derzeit (März 2014) noch nicht im Detail abgeschätzt werden können. Die Neuordnung soll verstärkt Wettbewerb auf Lizenzierungsebene etablieren. Es ist Konsens der Entscheidungsträger/innen in Verwaltung, Kommunen und Wirtschaft, dass Wettbewerb nicht auf Kosten von ökologischen und/oder sozialen Aspekten gehen darf. Das hohe Niveau der österreichischen Altglassammlung ist mindestens zu halten. Derzeit wird die zukünftige Ausgestaltung in breit angelegten, vom BMLFUW geleiteten Stakeholder-Veranstaltungen, an denen die Führungskräfte der Austria Glas Recycling teilnehmen, entwickelt. Das Umwelt- und Nachhaltigkeitsmanagementsystem trägt den Change-Prozess, da in den regelmäßigen Audits und Reviews zeitgerecht Szenarien antizipiert und mit dem gesamten Team diskutiert werden. Die Dialog-Kultur, die auch im Kernteam der Austria Glas Recycling stark ausgeprägt ist, macht die Integration aller Mitarbeiter/innen in den Veränderungsprozess gut möglich und stellt sicher, dass deren Expertise in die Neuordnung einfließen kann.

3.1 Vision der Austria Glas Recycling

Zweck der Austria Glas Recycling ist das Sammeln und stoffliche Verwerten gebrauchter Glasverpackungen. Welche Haltungen zählen bei der täglichen Arbeit, bei strategischen Entscheidungen? Vision, Leitbild und Umweltpolitik dienen der Orientierung.

Vision: *Wir machen Nachhaltigkeit <u>wirklich</u> wirklich.*

Das Recycling von Glasverpackungen in Österreich betreiben wir ganz aus dem Bewusstsein für eine zukunftsfähige Kreislaufwirtschaft. Austria Glas Recycling bildet das Herz dieses Systems, in welchem drei wesentliche Werte lebendig integriert sind:

- *Wertschaffung: durch den hohen Grad an Professionalität bei der Wiederverwertung der kostbaren Ressource und des edlen Werkstoffs Glas*
- *Wertschöpfung: dank des ungebrochenen Engagements für optimale Lösungen und wegweisende Innovationen im Glaskreislauf*
- *Wertschätzung: mittels achtsamen Dialogs mit unseren Partnern sowie der Bevölkerung und der Sorgfalt gegenüber Mensch und Natur.*

Austria Glas Recycling ist ein Leuchtturm für verantwortungsbewusstes Unternehmertum – heute wie morgen.

Unternehmensleitlinie und Umweltpolitik sind u. a. auf www.agr.at veröffentlicht.

3.2 Ziele der Austria Glas Recycling

Austria Glas Recycling erfüllt einen gesellschaftlichen Auftrag zu Umweltschutz und Ressourcenschonung und hat den Anspruch, das österreichische Glasrecyclingsystem ökonomisch erfolgreich, umweltfreundlich und in jeder Hinsicht verantwortungsvoll zu führen.

Die Ausgewogenheit von Wirtschaftlichkeit und Bedarfsgerechtigkeit sowie regionale Wirtschafts- und Wertstoffkreisläufe sind tragende Säulen des Sammel- und Recyclingsystems für Glasverpackungen in Österreich. Die zukunftsfähige Gestaltung zielt ab auf

- Die Weiterentwicklung des hohen Niveaus des österreichischen Glasrecyclingsystems.
- Die in jeder Hinsicht verantwortungsvolle Ausrichtung des Kerngeschäftes.
- Die Stärkung der circular economy.

Das heißt u. a.

- Steigerung der Qualität des gesammelten Altglases
- Steigerung der Sammel- und Recyclingmengen
- Steigerung der Einsatzquoten von Altglas
- Sicherung der Finanzierung des Glasrecyclingsystems
- Steigerung der Mitmachbereitschaft der Bevölkerung
- Positive Beeinflussung der Umweltaspekte von Glasrecycling

Das integrierte Umwelt- und Nachhaltigkeitsmanagementsystem (gemäß EMAS sowie ONR 192500) gewährleistet den kontinuierlichen Verbesserungsprozess und sichert effektives Handeln.

3.3 Aufgaben und Leistungen der Austria Glas Recycling

Austria Glas Recycling schließt den Kreislauf der Glasverpackungen durch

- Organisation der Verpackungsglassammlung aus privaten Haushalten und Betrieben in ganz Österreich gemeinsam mit privaten und kommunalen Entsorgungsunternehmen und den Kommunen.
- Ausgleich der teilweise divergierenden Interessen der beteiligten Unternehmen und Institutionen.
- Optimierung des Sammelsystems in wirtschaftlicher Hinsicht und entsprechend dem Bedarf der Bürgerinnen und Bürger.
- Bedarfsgerechte Lieferung des Sekundärrohstoffs Altglas an die Verpackungsglasindustrie.
- Übernahme der Verpflichtungen aus der Verpackungsverordnung für Lizenznehmer von Glasverpackungen.
- Abnahme- und Verwertungs-Garantie für alle lizenzierten Glasverpackungen gemäß Verpackungsverordnung.
- Service für Gemeinden und Abfallverbände
- Information der Öffentlichkeit zur richtigen Verpackungsglassammlung.

In über 500 Verträgen mit Kommunen (Gemeinden, Abfallwirtschaftsverbänden), privaten und kommunalen Entsorgungsunternehmen und der Verpackungsglasindustrie regelt Austria Glas Recycling die Details der Zusammenarbeit betreffend Sammelinfrastruktur (Sammelinseln, Sammelbehälter u. a.), Redistributionslogistik (Sammlung, Lieferung an die Glaswerke u. a.) und Recycling.

3.4 Austria Glas Recycling als corporate citizen

Austria Glas Recycling erfüllt gesellschaftlich erwünschte, ja notwendige Aufgaben im Bereich Umweltschutz und Ressourcenschonung. Die Verantwortlichen des Unternehmens verstehen dies als Auftrag, über die selbstverständliche Erfüllung des Kerngeschäftes hinaus Verantwortung zu übernehmen. Diese manifestiert sich unter anderem in der für 2014 geplanten Implementierung der ONR 192500 und der Mitwirkung an gesellschaftlichen Initiativen zu CSR und Nachhaltigkeit. Als Beispiele seien genannt:

- Mitwirkung beim CSR-Dialog Österreichs 2012: Erstellung eines österreichischen CSR-Aktionsplans durch die drei Bundesministerien *BMASK*, *BMLFUW* und *BMWFJ* unter Einbeziehung der Unternehmen, begleitet von unabhängigen Berater(inne)n
- Mitgliedschaft und Mitwirkung bei
  - Austria Recycling – Verein zur Förderung von Recycling und Umweltschutz in Österreich
  - ÖGUT – Österreichische Gesellschaft für Umwelt und Technik
  - respACT – Austrian Business Council for Sustainable Development
  - WKO – Nachhaltigkeitsagenda für Getränkeverpackungen

4 40 Jahre Entwicklung in Kooperation und Dialog

Glasrecycling ist Teamarbeit. Austria Glas Recycling (respektive die Vorläuferorganisation), Kommunen, Glaswerke, Entsorger, soziale Einrichtungen wie zum Beispiel Rotes Kreuz, und viele andere mehr organisierten auf kooperative Weise die systematische Sammlung von Glasverpackungen und deren Rückführung in den stofflichen Produktionskreislauf (Redistributionslogistik). Die gemeinschaftliche Innovationskraft ist eine zentrale Stärke und ermöglicht trotz des bereits erreichten hohen Niveaus stetige Weiterentwicklung und Verbesserung. Ungeachtet teilweise divergierender Interessen gilt es, das gemeinsame Ziel zu erreichen. Aufgabe der Austria Glas Recycling ist es daher auch, für langfristigen Ausgleich und effektive Balance innerhalb des Systems zu sorgen. Die bewusste und professionelle Pflege der Stakeholder-Beziehungen war und ist Managementaufgabe.

Folgende Tabelle (Abb. 2) gibt einen Überblick über die zentralen Stakeholder, deren Verhalten sehr wesentlich zum Gelingen von circular economy bei Glasverpackungen beitragen. Sie zeigt weiters, welche eigenen Interessen sie jeweils haben.

Stakeholder	Nutzen/Bedarf	Leistung/Beitrag
Abfallberater(innen)	Erhalten ausführliche Informationen und Daten betreffend Recycling von Glasverpackungen.	Sind wichtige Multiplikator(inn)en, übermitteln den Menschen in Österreich Wissenswertes zum richtigen Glasentsorgen und zum Glaskreislauf.
ARA AG	Bietet Entpflichtungsleistung für Glasverpackungen an.	Hebt als Treuhänder der Lizenzpartner Lizenzbeiträge für Glasverpackungen ein.
Bürger(innen)	Sauberkeit, Umweltschutz, Abgabemöglichkeit für Altglas, geringere Müllgebühren,	Entsorgen gebrauchte Glasverpackungen getrennt nach Weißglas und Buntglas,
Eigentümer	Erhalten das benötigte Altglas in der erforderlichen Qualität und Quantität. Können sich auf ein funktionierendes Glasrecyclingsystem verlassen und die Produktion ökologisch mit hohem Sekundärrohstoffanteil gestalten.	Garantieren die stoffliche Verwertung, zahlen Altstofferlös an Austria Glas Recycling, versorgen das Glasrecyclingsystem mit Know-how.
Entsorgungs- und Transportunternehmen (privat und kommunal)	Übernehmen Aufträge für Austria Glas Recycling, erhalten von Austria Glas Recycling pünktlich und verlässlich Entgelt.	Sammeln und transportieren das gesammelte Altglas, achten auf hohe Qualität und möglichst umweltschonende Fahrweise, sorgen für optimale Routen.
Gesetzgeber	AWG, VVO werden erfüllt, EMAS angewendet.	Macht realistische Vorgaben, gewährt Rechtssicherheit.
Glaswerke	Erhalten das benötigte Altglas in der erforderlichen Qualität und Quantität.	Garantieren die stoffliche Verwertung, zahlen Altstofferlöse an Austria Glas Recycling.
Kommunen (Gemeinden, Städte)/Verbände	Altglas wird garantiert entsorgt, erhalten von Austria Glas Recycling pünktlich und verlässlich Entgelt für die Errichtung, Instand- und Sauberhaltung der Sammelstellen.	Bieten Standorte für die Glassammlung an, sorgen für angemessene bauliche Ausgestaltung und Sauberkeit der Sammelstellen, informieren die Bürgerinnen und Bürger.
Inverkehrsetzer, Lizenznehmer	Übertragen ihre Verpflichtungen aus der VVO auf das Glasrecyclingsystem, können sich darauf verlassen, dass ihr Lizenzentgelt ausschließlich zweckgebunden der Finanzierung der österreichischen Altglassammlung dient.	Zahlen gewichtsabhängiges Lizenzentgelt via ARA an Austria Glas Recycling
Medien	Erhalten ausführliche Informationen betreffend Recycling von Glasverpackungen.	Sind wichtige Multiplikator(inn)en, übermitteln den Menschen in Österreich Informationen zum richtigen Glasentsorgen und zum Glaskreislauf.
Mitarbeiter(innen)	Arbeiten in einem vielfältigen Umfeld, können sich aktiv und kreativ einbringen und stetig weiterbilden	Halten als Know-how-Träger(innen) das österreichische Glasrecyclingsystem am Laufen und für dessen kontinuierliche Verbesserung.

Abb. 2 Stakeholder der Austria Glas Recycling, Auswahl, Status 2013

5 Stakeholder-Analyse

Der Analyse der Stakeholder-Beziehungen widmet Austria Glas Recycling regelmäßig Zeit. In Team-Workshops werden die Stakeholder auf Ebene der Institutionen und auf der Ebene der verantwortlichen Personen definiert, die Beziehung zu Austria Glas Recycling beschrieben, die Bedeutsamkeit für den Geschäftserfolg diskutiert und Dialogmöglichkeiten entwickelt. Ein umfassendes mindmap dient als Basis für diese wiederkehrenden Analysen. 2013 nahmen Geschäftsleitung und Umwelt-/Nachhaltigkeitsteam eine Diffe-

Stakeholder-Engagement

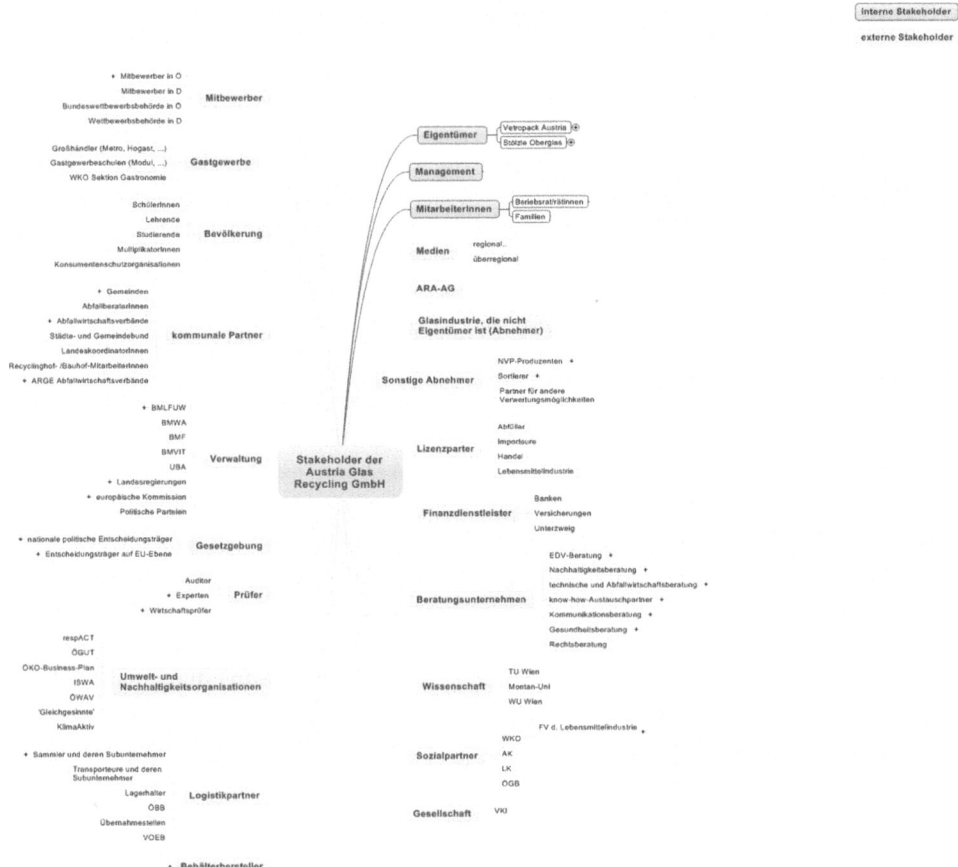

Abb. 3 Stakeholder der Austria Glas Recycling/Status 2013

renzierung und Neubewertung aller Stakeholder im Hinblick auf den Anspruch der nachhaltigen Unternehmensentwicklung sowie der Etablierung von verstärktem Wettbewerb bei den Recyclingsystemen für Verpackungen vor (Abb. 3).

Mittels standardisierter Umfrage innerhalb der internen Stakeholder wurde 2014 erhoben, wie die einzelnen Stakeholder-Gruppen eingeschätzt werden. Beurteilt wurde der Einfluss des Stakeholders, dessen Beeinflussbarkeit, sowie die Wesentlichkeit des Stakeholders. Es zeigt sich, dass alle identifizierten Stakeholder den Erfolg des österreichischen Glasrecyclingsystems beeinflussen. Austria Glas Recycling leitet aus diesem Ergebnis ab, dem Stakeholder-Engagement weiterhin zentrale Managementbedeutung beizumessen.

6 Stakeholder-Befragung (Wesentlichkeitsanalyse)

Im Jänner 2014 befragte Austria Glas Recycling rund 1700 Stakeholder zu wesentlichen Themen der Nachhaltigkeit und deren Relevanz für das österreichische Glasrecyclingsystem. Die Befragung ging implizit von einer sehr weitgehenden Verantwortung bzw. von weitreichenden Einflussmöglichkeiten des Glasrecyclingsystems aus. Orientiert an den Handlungs- und Berichtsfeldern der ISO 26000 respektive der Global Reporting Initiative erhob Austria Glas Recycling mittels online-Fragebogen die Einschätzung der Stakeholder und Partner auf einer Skala von 1 (wenig wichtig) bis 6 (sehr wichtig). Die Frage lautete ‚Wie wichtig ist der Beitrag des österreichischen Recyclingsystems für Glasverpackungen bezüglich …'.

445 Personen beantworteten die Fragen, das entspricht einer Rücklaufquote von 25,5 %. Diese in der Meinungs- und Marktforschung überdurchschnittlich hohe Rücklaufquote belegt das Interesse an den Themen und am Dialog mit Austria Glas Recycling.

Als besonders wesentlich erachten die Stakeholder den Beitrag des Glasrecyclingsystems zu den Handlungsfeldern Recycling (91 % sehr wichtig oder wichtig), Ressourcenschonung (87 %) und Abfallvermeidung (83 %), die als Kerngeschäft der Austria Glas Recycling bezeichnet werden können. Es zeigt sich, dass die Akteurinnen und Akteure im Glasrecyclingsystem ihre Tätigkeit nicht ausschließlich als business sehen sondern auch als substanziellen Beitrag zu den übergeordneten Zielen Abfallvermeidung und Ressourcenschonung rezipieren (Abb. 4).

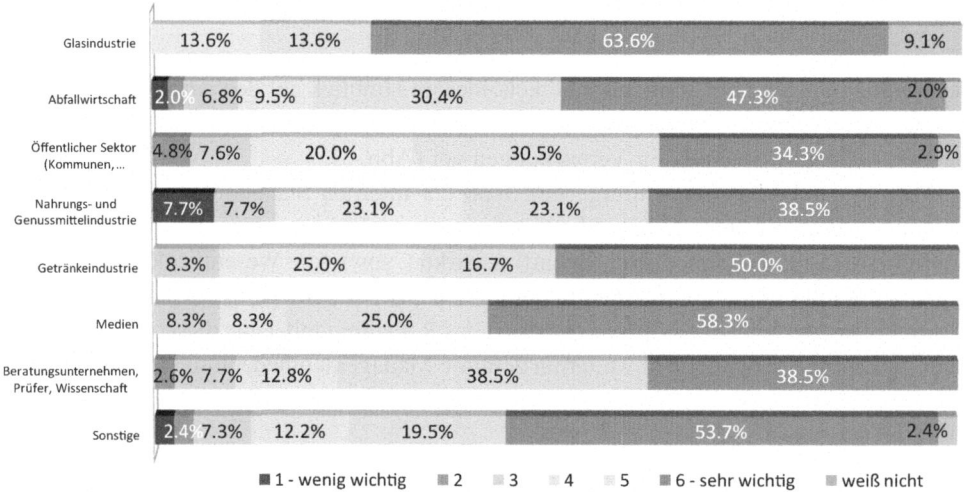

Abb. 4 Stakeholder-Befragung der Austria Glas Recycling 2014: ‚Wie wichtig ist der Beitrag des österreichischen Recyclingsystems für Glasverpackungen bezüglich …'

Sehr hohe Zustimmung erhielten die Handlungsfelder Information und Bewusstseinsbildung zu Kreislaufwirtschaft (82 % sehr wichtig oder wichtig), der Dialog mit den Stakeholdern (71 %) sowie Energieeffizienz und Klimawandel (jeweils 69 %). Die einzelnen Stakeholder-Gruppen zeigen teilweise differenzierte Einschätzungen. Die mittels offener Frage eingeholte Priorisierung von Themen – 3 wesentliche Handlungsfelder sollten genannt werden – stützt die Antworten der Bewertungsfragen und betont die Bedeutung von Bewusstseinsbildung und Öffentlichkeitsarbeit mit insgesamt 20 % Nennungen ausdrücklich (Abb. 5).

Die hohe Rücklaufquote zur Befragung sowie der hohe Zuspruch zum Dialog mit Stakeholdern bestärkt Austria Glas Recycling darin, diesen Dialog wie bisher als wesentliche Managementaufgabe zu betrachten und adäquat mit Ressourcen auszustatten. Die Geschäftsleitung wird die Ergebnisse mit Vertreter/innen der einzelnen Stakeholder-Gruppen diskutieren und Handlungsschwerpunkte ableiten. Besondere Berücksichtigung werden die Sichtweisen jener Stakeholder finden, deren Einfluss auf den Erfolg des österreichischen Glasrecyclingsystems gemäß Stakeholder-Bewertung groß ist. Derzeit ist geplant, die Befragung im 2- Jahres-Rhythmus durchzuführen.

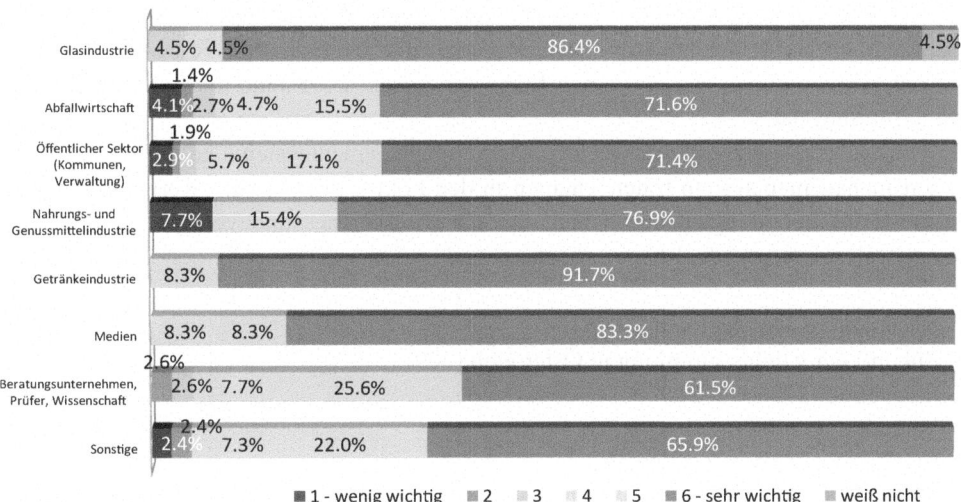

Abb. 5 Stakeholder-Befragung der Austria Glas Recycling 2014: ‚Wie wichtig ist der Beitrag des österreichischen Recyclingsystems für Glasverpackungen bezüglich …'

7 Spezielle Stakeholder-Maßnahmen

Neben dem ständigen, im Geschäftsalltag integrierten Dialog mit Vertreterinnen und Vertretern der Partnerunternehmen und Stakeholdergruppen bietet Austria Glas Recycling spezielle Foren und Veranstaltungen zur Vernetzung, zum Austausch der Akteur(inn)en abseits des daily business sowie zu konkreten Themen im Kontext Umwelt- und Nachhaltigkeitsmanagement mit dem Ziel, das Niveau des Glasrecyclingsystems weiter zu heben.

Im Folgenden sind ausgewählte regelmäßige Veranstaltungen für bestimmte Stakeholder-Gruppen vorgestellt.

7.1 Stakeholder-Workshops

Die Stakeholder-Workshops der Austria Glas Recycling gehen auf eine Initiative des Umweltteams vor über 10 Jahren zurück. Der kontinuierliche Verbesserungsprozess gemäß EMAS erfordert die positive Beeinflussung sowohl direkter als auch indirekter Umweltaspekte. Mit direkten Umweltaspekten sind solche gemeint, die das Unternehmen unmittelbar selbst beeinflussen kann. Zur Beeinflussung der indirekten Aspekte bedarf es der Mitwirkung anderer Unternehmen.

Um Potenziale zur Verbesserung der Umweltleistungen im Glasrecyclingsystem zu erkennen und mögliche Maßnahmen zu skizzieren, lud Austria Glas Recycling erstmals im Jahr 2004 zu einem Stakeholder-Workshop zum Thema „Umweltauswirkungen im Glaskreislauf". 24 Branchenkenner/innen diskutierten und entwickelten Verbesserungsmöglichkeiten und einigten sich auf einen Maßnahmenplan. 2005 fand die Evaluierung und Weiterführung statt.

Im Zuge der Weiterentwicklung des Umweltmanagementsystems zu einem Nachhaltigkeitsmanagementsystem traten Themen in den Fokus, die über das Kerngeschäft von Austria Glas Recycling hinaus gehen, für ein erfolgreiches und verantwortungsvolles Glasrecyclingsystem jedoch von Bedeutung sind:

- Nachhaltiges Management (2006)
- Zukunft der Altglassammlung in Österreich (2007)
- Innovation (2008)
- Veränderung (2009)
- Was leitet unser Handeln (2010)
- Vom Dialog zum Multilog – Welche Perspektiven und Möglichkeiten gewinnen Unternehmen/Organisationen und der einzelne Mensch dank neuer Formen von Netzwerken? (2011)
- Gala 35 Jahre Glasrecycling in Österreich (2012)
- Erfolg und Ethik. Widersacher im Geschäftsleben – Wie Corporate Social Responsibility (CSR) den Unternehmenserfolg stärkt. (2013)

Die 1-tägigen Workshops sind professionell moderiert von Mag. Monika Himpelmann (Gesunde Organisationen). Formate sind beispielsweise Whole Person Process Facilitation oder World Cafe. Ziel ist es, Ideenreichtum und Phantasie zu fördern, Denkräume zu öffnen und auch Vorschlägen Raum zu geben, die zum jetzigen Zeitpunkt nicht realisierbar scheinen. Kreative Einheiten wechseln sich mit umsetzungs- und praxisnahen ab. Die Veranstaltungen finden außerhalb der Büroräumlichkeiten statt. Wert gelegt wird auf Naturnähe und die Möglichkeit, ins Freie zu gehen und Arbeitseinheiten ‚im Grünen' zu absolvieren und auch damit den Blick über den Tellerrand zu erleichtern. Experteninputs bereichern die eigenen Erfahrungen der Teilnehmenden (30–40 Personen inklusive Team der Austria Glas Recycling).

Neben neuen Erkenntnissen und Erfahrungen bieten die Workshops Möglichkeiten zur Vernetzung und zum Gespräch in wertschätzender Haltung. Zahlreiche Projekte und Maßnahmen gehen auf Impulse im Rahmen eines Stakeholder-Workshops der Austria Glas Recycling zurück (deutliche Kennzeichnung der getrennten Kammern an den Glassammel-Lkw; einfach realisierbare wirksame Maßnahme zum Schutz des Altglases beim Transport; wachsende Bereitschaft der Stakeholder, aktiven Umweltschutz zu betreiben u. v. a. m)

Mit den Stakeholder-Workshops vermittelt Austria Glas Recycling, welche Themen aus Sicht des Unternehmens relevant sind und bietet den Partnerinstitutionen und -unternehmen zugleich die Möglichkeit, sich professionell damit auseinanderzusetzen und für das eigene Geschäft nutzbar zu machen.

Im Folgenden wird der zum Zeitpunkt des Verfassens des Textes (März 2014) kürzest zurück liegende Workshop, jener aus 2013, zusammengefasst.

Stakeholder Workshop Juni 2013: Erfolg und Ethik. Widersacher im Geschäftsleben

An Hand der eigenen Praxis sowie aktueller Herausforderungen und bereichert um die wissenschaftliche Expertise von Dr. René Schmidpeter, u. a. wissenschaftlicher Leiter am Zentrum für humane Marktwirtschaft, skizzierten die Workshop-Gäste und das Team der Austria Glas Recycling Handlungsoptionen für ihr Unternehmen/ihre Institution sowie das österreichische Glasrecyclingsystem im Spannungsfeld von Ethik und Ökonomik

Herrscht da überhaupt ein Spannungsfeld? Sehen wir näher hin:

„Ethik und Ökonomik – Handlungsoptionen in der Moderne" so der Titel der Vormittags-Session, die einen aktuellen theoretischen Überblick über ethische Theorien und Grundlagen, von der Systemtheorie bis zur Sozialkapitaltheorie sowie die Einführung in das Konzept des argumentativen Zweischrittes bot, das in einer Gruppenarbeit praktisch erfahrbar gemacht wurde. Gewonnene Erkenntnis: Sich selbst und Dialogpartner(inne)n klar werden lassen, ob eine Argumentation auf persönlicher Wertehaltung oder empirischen Bedingungen basiert, erweitert den Blick in komplexen unternehmerischen oder politischen Situationen und führt zu tragfähigeren, erfolgreicheren Entscheidungen.

„Unternehmen als gesellschaftliche Innovatoren" umschrieb das Programm der Nachmittags-Session, ebenfalls gestaltet als theoretisches Lernen und praktisches, aufs eigene Unternehmen bezogenes Durchdringen des Theorieinputs. An Unternehmen, so der Ansatz, steige die Erwartung sie mögen nur im Einklang mit den Interessen der Gesellschaft Gewinne erzielen. Eine Neubestimmung der Unternehmen als Teil der Gesellschaft und eine Neuausrichtung von Management ist die Folge. Die Bemühungen vieler Unternehmen, gesellschaftliche Verantwortung zu tragen, schlägt sich nieder in der Ausformulierung von Normen wie der ISO 26000, in Österreich als ONR 192500 umgesetzt. Diese Normen bewahren vor einer Beliebigkeit von CSR-Maßnahmen und unterstützen bei wirksamem, weil strategisch implementiertem Engagement. Im besten Fall – gemäß Porter-Modell – führt die gelungene Kombination von business case und social case zu einem Mehrwert für das Unternehmen und die Gesellschaft. Dies sei möglich, wenn Strategie, Innovationsmanagement und Wertschöpfungskette vom Anspruch an moralisches Handeln durchdrungen sind und Entscheidungen stets in allen Dimensionen der Nachhaltigkeit – ökonomisch, ökologisch, sozial – bewertet werden. Das sichere langfristigen Wettbewerbsvorteil für das Unternehmen und zugleich geringe bis keine negativen Auswirkungen auf Umwelt und Gesellschaft.

Dieser Ansatz entspricht dem Verständnis der Austria Glas Recycling von ganzheitlich verantwortungsbewusstem unternehmerischen Agieren.

7.2 Fahrer-Meetings

Den Fahrern der Glassammel-Lkw obliegt Verantwortung für einen zentralen Part der Qualitätssicherung im Redistributionsprozess. Sie haben darauf zu achten, dass Sauberkeit und Sorgfalt vom Sammelbehälter bis zum Abladen der Ladung im Glaswerk herrschen. Für Austria Glas Recycling sind sie folglich eine wichtige Ansprechgruppe.

Seit 2002 jährlich lädt Austria Glas Recycling daher die Fahrer der Altglassammel-Lkws zu einem 1-tägigen Meeting ein. Im Mittelpunkt steht der konzentrierte Austausch von Informationen zwischen den Fahrern und den Mitarbeiter(inne)n der Austria Glas Recycling zu aktuellen Themen und Problemen in der täglichen Glassammelpraxis. Exkursionen in Glaswerke erweitern das Verständnis für die hohen Qualitätsansprüche und heben die Motivation.

7.3 Team-Workshops

Mit Implementierung des Umweltmanagementsystems setzte Austria Glas Recycling zahlreiche Maßnahmen zur Etablierung einer partizipativen Unternehmenskultur. Neue Formen der Zusammenarbeit, der Erarbeitung von Lösungen und der Kommunikation wurden gesucht, gefunden, verworfen, neu gefunden.

Insbesondere das Umwelt- und Nachhaltigkeitsteam legt großes Augenmerk darauf, das Wissen aller in den kontinuierlichen Verbesserungsprozess zu integrieren. Gleichermaßen etablierte es Settings für eine wertschätzende Behandlung von Fragestellungen und Problemen, die auf der Ebene der Emotionen und Beziehungen zu Tage treten. Professionell moderierte Workshops, Rollenspiele, Stay-Ins zählen mittlerweile zu geschätzten Dialog-Formen.

Diese bewähren sich insbesondere auch im aktuellen Change-Prozess, der von den Team-Workshop-Reihen ‚AGR in Bewegung – AGR im Dialog' (2009, 2010) und ‚Fit für die Zukunft. Workshopreihe zur Vorbereitung auf kommende Veränderungen der relevanten Gesetzeslage' (2013, 2014) begleitet wird.

Mit ‚Fit für die Zukunft' wurden unter Orientierung am Organisationskompass bislang (März 2014) folgende Schwerpunkte gesetzt:

- Blick nach außen
- Blick nach innen
- Unternehmenssinn
- Unternehmensführung/Unternehmenswerte

Weitere Beispiel für interne Dialog-Maßnahmen mit dem gesamten Team:

- Nachhaltigkeitsfrühstück (2013)
- Sammelsystem gestalten und adaptieren. Prozessüberarbeitung (2013)
- Begrüßungscocktail für Dr. Harald Hauke als neuen Geschäftsführer. Kennenlern-Workshop als Start für eine gelingende Zusammenarbeit (2012)
- Schritte auf dem Weg der kontinuierlichen Verbesserung (2011)
- SWOT-Analyse (2010, 2011)

Der Wert der Workshops manifestiert sich unter anderem darin, dass Geschäftsleiter und Mitarbeiter/innen auf Augenhöhe kommunizieren können. Dem Geist der Workshops entspricht es, dass jede Meinung gleichwertig zählt und vorurteilsfrei behandelt wird. Hierarchie übergreifend offene Diskussionen, Kritik und Feedback sind möglich. Es ist schön zu sehen, wie im Laufe der Jahre das gegenseitige Vertrauen, das Respektieren anderer Sichtweisen und die Bereitschaft zur Offenheit gewachsen sind. Schwelende Konflikte, ob zwischen Teammitgliedern oder im Verhältnis zu den Führungskräften, bremsen ein kleines Team unmittelbar spürbar. Das ehrliche Streben nach gemeinschaftlichen Lösungen befeuert es hingegen ebenso unmittelbar spürbar. Die Eigenmotivation und Bereitschaft, sich zu engagieren, Verantwortung für Prozesse und deren Ergebnisse zu übernehmen, steigt.

7.4 Grünbuch ‚Nachhaltiges Recycling von Glasverpackungen in Österreich – Best in Glass'

Mit dem Grünbuch ‚Nachhaltiges Recycling von Glasverpackungen in Österreich' macht Austria Glas Recycling erstmals die Standards und Erfolgsfaktoren des österreichischen Glasrecyclingsystem in kompakter Form transparent. Zugleich weist sie den Weg in eine nachhaltige Zukunft, indem Potenziale aufgezeigt und good practice skizziert wird.

Dass das Grünbuch in diesem Kapitel Erwähnung findet, liegt an seiner Genese, die als Beispiel für die dialogische Arbeitsweise von Austria Glas Recycling gelten kann:

Das BMLFUW lud Austria Glas Recycling 2013 als eines von 10 nachhaltigen Vorreiterunternehmen ein, an der Evaluierung der Norm ONR 192500 mitzuwirken (Demonstrationsprojekt März bis Oktober 2013). Ziel des Projektes war einerseits, die Praxistauglichkeit der Norm insbesondere für KMU zu erheben und andererseits, die teilnehmenden Unternehmen in ihrer nachhaltigen Entwicklung zu unterstützen. Spezialisierte Beratungsunternehmen begleiteten den Prozess.

Im Rahmen einer SWOT-Analyse bezogen auf Nachhaltigkeit erkannte Austria Glas Recycling die Chance, durch Transparentmachen der aktuellen Standards und Aufzeigen notwendiger Weichenstellungen Richtung Nachhaltigkeit relevante Akzente für die zukunftsfähige Gestaltung des österreichischen Glasrecyclingsystems setzen zu können. Das Projekt ‚Grünbuch' konkretisierte sich.

Die Etappen

- Definition inhaltlicher Schwerpunkte (Oktober, November 2013)
- Diskussion mit Vertreter/innen von Partnerunternehmen und -organisationen sowie direkt oder indirekt vom Glasrecycling betroffenen Personen im Zuge von 2 parallelen Round Table-Diskussionen (November und Dezember 2013)
- Erarbeitung der Inhalte (Dezember 2013, Jänner 2014)
- Befragung von rund 1700 Stakeholdern/Wesentlichkeitsanalyse (Jänner 2014)
- Einbeziehung des Beirates (Jänner, Februar 2014)
- Vorstellung der Rohfassung via E-Mail an die Round Table-Teilnehmer/innen und Einladung zum Kommentieren (Februar 2014)
- Überarbeitung der Inhalte (Februar, März 2014)
- Veröffentlichung (April 2014)

An den Round Table-Diskussionen nahmen Vertreter/innen aus folgenden Branchen teil:

- Abfallwirtschaft
- Glasproduktion
- Handel und Import
- Kommunen
- Konsumentenschutz
- Logistik
- Nachhaltige Entwicklung
- Nahrungsmittelindustrie und Getränkeindustrie
- Sozialpartner
- Umweltmanagement
- Verwaltung/Ministerien

Das Grünbuch ‚Best in Glass' ist online auf http://www.agr.at/gruenbuch/ und zum Herunterladen auf http://www.glasrecycling.at/wp-content/uploads/2014/04/AustriaGlasRecycling_Gruenbuch_nachhaltigesRecyclingVonGlasverpackungen_2014.pdf

8 Abschließende Feststellungen

Unternehmen sind einem beständigen Wandel unterzogen. Sie werden gewandelt oder wandeln sich, passen ihren Sinn, ihre Leistungen, ihre Abläufe pro aktiv den Herausforderungen und Notwendigkeiten des Umfeldes, des Marktes, der Gesellschaft etc. an.

Der regelmäßige und vor allem ehrlich gemeinte Dialog mit den externen Stakeholdern unterstützt die kontinuierliche und den Notwendigkeiten entsprechende Entwicklung. Das österreichische Glasrecyclingsystem erfuhr seit seiner Etablierung eine Vielzahl von Veränderungen und Zäsuren. Es wird – so die optimistische Überzeugung der Verantwortlichen – viele weitere Wandlungen gut bewältigen.

Die Dialog-Kultur in der Innenbeziehung, zwischen Führungskräften und Mitarbeiter(inne)n, ermöglicht es, Veränderungsprozesse zeit- und kulturgerecht zu entwickeln. Die Mitarbeiter/innen verstehen Veränderung als Lern- und Erweiterungsmöglichkeit und tragen von sich aus aktiv dazu bei.

Die Dialog-Kultur in der Außenbeziehung fördert den Ausgleich divergierender Interessen im Hinblick auf gemeinsame Ziele. Die gemeinschaftliche Erarbeitung von Maßnahmen und Vorgehensweisen schafft Akzeptanz und erhöht deren Erfolgsaussichten.

Monika Piber-Maslo. Monika Piber-Maslo ist nach Studien an der WU Wien und Ausbildungen zur Public Relations-Managerin seit über 20 Jahren in der Abfallwirtschaft tätig, derzeit beim Non-Profit-Unternehmen Austria Glas Recycling. Neben der Unternehmenskommunikation zählt die Mitwirkung in der Stabstelle Umwelt-/Nachhaltigkeitsmanagement zu Ihren Hauptaufgaben. Die zielgruppenadäquate Informationsarbeit betreffend Glasrecycling liegt ebenso in ihren Händen wie die Redaktion der jährlichen Umwelterklärungen/Nachhaltigkeitsberichte, für die das Unternehmen mehrfach mit dem ASRA (Austrian Sustainability Reporting Award) sowie dem EMAS-Preis, dem Golden Pixel und dem Goldenen Hahn ausgezeichnet wurde.

Dr. Harald Hauke. Harald Hauke (*1967) studierte BWL in Linz. 1991 begann er bei Unilever in Wien zu arbeiten. Gleichzeitig absolvierte er an der WU Wien das Doktoratsstudium. Neben Geschäftsführungspositionen im Musik-/Verlagswesen, arbeitete er in internationalen Markenartikelunternehmen (Lindt & Sprüngli; vor Austria Glas Recycling knapp 10 Jahre für Nestlé, u.a. als Vertriebsgeschäftsführer von Nestlé Waters in Deutschland und als Global Customer Director in der weltweiten Zentrale von NW in Paris). Seit 1. März 2012 ist er GF der Austria Glas Recycling GmbH.

Nachhaltigkeitsresearch: Anforderungen an CSR und Stakeholdermanagement in Unternehmen

Reinhard Friesenbichler

Zusammenfassung

Nachhaltiges Investment – das heißt die Einbeziehung ethischer, sozialer und ökologischer Anforderungen in die Anlageentscheidung – ist besonders seit der Finanzkrise stark im Wachsen begriffen. Private und vor allem institutionelle Anleger (wie Pensionskassen, Kirchen und Sozialorganisationen) versuchen damit ihre Werthaltungen auch im Rahmen der Kapitalanlage zu verfolgen.

Die Ausgangspunkte sind bereits in den USA der 1920er Jahre zu finden und basierten auf religiösen Ansprüchen. In späteren Jahren waren es die Friedens- und die Umweltbewegung, deren Werthaltungen in Investmentkriterien transformiert wurden. Ab den 1990er Jahren ging die Initiative zunehmend von Nordamerika auf Europa über. Es entstanden moderne Produktkonzepte der „zweiten" und „dritten Generation" mit einer breiten Auffassung des Themas Nachhaltigkeit.

Die klassische Vorgehensweise bei der Nachhaltigkeitsanalyse beinhaltet die Anwendung von Ausschlusskriterien (z. B. Rüstung, Atomenergie) und Qualitätskriterien (häufig auf Basis des Stakeholdermodells). Auch Staaten werden in ähnlicher Form analysiert (z. B. Ausschluss von Ländern mit Atomwaffen und Todesstrafe bzw. Sozial- und Umweltpolitik als Positivkriterien). Sonstige Konzepte sind Themeninvestments (z. B. in Erneuerbare Energie), ESG Integration und gezieltes Einwirken auf Unternehmen durch Engagement. Die Aufgabe der Nachhaltigkeitsanalyse liegt meist bei sogenannten Nachhaltigkeits-Ratingagenturen.

R. Friesenbichler (✉)
rfu, Loquaiplatz 13/10, 1060 Wien, Osterriech
E-Mail: friesenbichler@erfu.at

Theorie und Praxis signalisieren, dass die bewährten Konzepte Nachhaltigen Investments zumindest keine Ertragsnachteile mit sich bringen. Einige Befunde sprechen für eine langfristige Outperformance, u. a. aufgrund des Informationsvorsprungs den die Nachhaltigkeitsanalye schafft.

1 Einleitung

1.1 Überblick

Nachhaltiges Investment[1] heißt, neben wirtschaftlichen Kriterien auch ethische, soziale und ökologische Anforderungen in die Anlageentscheidung einzubeziehen. Die Analyse ob bzw. inwieweit diese Anforderungen von den einzelnen Investmentmöglichkeiten erfüllt sind, ist die Aufgabe des Nachhaltigkeitsresearch. Nachhaltigkeitsanalysten – so die Bezeichnung der damit befassten Berufsgruppe – führen diese Beurteilungen aus externer Perspektive durch. Ihr Tätigwerden basiert i. d. R. nicht auf einer Beauftragung durch das zu analysierende Unternehmen sondern auf eigenem Antrieb bzw. auf der Nachfrage von nachhaltigkeitsorientierten Investoren, welche die Analyseergebnisse als Grundlage für ihre Anlageentscheidungen nutzen.

Im folgenden Kapitel soll erläutert werden 1) wie Nachhaltiges Investment bzw. Nachhaltigkeitsresearch funktionieren (Prozesse), 2) welche Anforderungen typischerweise an Unternehmen gestellt werden (positive und negative Kriterien) und wie diese Anforderungen operationalisiert werden können (Indikatoren) sowie 3) welche Zusammenhänge zwischen Nachhaltigkeit auf der einen Seite und Unternehmens- bzw. Investmenterfolg auf der anderen Seite bestehen.

1.2 Eine kurze Geschichte Nachhaltigen Investments

Der 1928 in den USA gegründete Pioneer Fund, stellt, auch wenn er modernen Anforderungen an Nachhaltiges Investment nicht mehr gerecht wird, den Vorläufer der Idee dar. Aufgelegt für sittenstrenge Protestanten, meidet der heute noch existierende Fonds Investments in die Branchen Alkohol, Tabak und Glücksspiel.[2] 1971 wurde, vor dem Hintergrund des Vietnamkriegs und der Friedensbewegung, in den USA der Pax World Fund als erster „moderner" Social Fund gegründet, der sowohl Negativ- als auch Positivkriterien nutzt. Ab den 1980er Jahren gelangte vor allem in Europa Umweltschutz zunehmend ins

---

[1] Dieser Begriff soll im Folgenden stellvertretend für alle Ansätze mit umfassenden extrafinanziellen Kriterien wie z. B. „Ökologisches Investment", „Ethisches Investment" oder „Socially Responsible Investment" (SRI) verwendet werden.

[2] vgl. Kinder et al. (1993), S. 12 ff.

öffentliche Bewusstsein. So entstanden in Skandinavien und Großbritannien und schließlich auch im deutschsprachigen Raum die ersten Umweltfonds.

In den 1990er Jahren ging die Initiative zunehmend von Nordamerika auf Europa über. Großbritannien und – in Kontinentaleuropa – die Schweiz sind in dieser Zeit die innovativsten Märkte. Es entstanden Produktkonzepte der „zweiten Generation", die durch folgende Eigenschaften charakterisiert werden können: 1) Nachhaltigkeit bzw. gesellschaftliche Verantwortung ist nicht nur über die Produkte sondern auch über Strategien und Prozesse wahrnehmbar und damit auch für Unternehmen relevant die nicht unmittelbar im Umwelt- und Sozialbereich tätig sind. 2) Es besteht ein positiver Zusammenhang zwischen wirtschaftlicher und ökologisch-gesellschaftlicher Performance, womit die diesbezügliche Unternehmensanalyse die klassische Finanzanalyse ergänzt. 3) Systematische Kriterien und Verfahren zur Quantifizierung von Nachhaltigkeit werden entwickelt. Output sind i. d. R. Scores oder Ratings und die Rangfolge der Bewertungen innerhalb einer Branche entscheidet über den Investierbarkeitsstatus („Best in Class"). 4) Nicht nur Aktien sondern auch Anleihen sind eine SRI-relevante Asset Klasse und es entstehen Konzepte zur Nachhaltigkeitsanalyse staatlicher Emittenten.

Im neuen Jahrtausend entstehen Nachhaltigkeits-Investmentkonzepte der „dritten Generation", die durch zunehmende Diversität gekennzeichnet sind. Sie 1) spannen einen weiteren Bogen zwischen den Polen der Renditeorientierung (z. B. in Form von ESG Risikoanalysen) und sozialem Impact, 2) erschließen dem Nachhaltigen Investment ein breites Spektrum an neuen Asset Klassen wie z. B. Immobilien, Microfinance oder Venture Capital, 3) setzen neue Instrumente wie Engagement und gezielte Ausübung von Aktionärsrechten ein und 4) kombinieren z. T. verschiedene Konzepte und Instrumente miteinander. Diese Ansätze der dritten Generation stellen den aktuellen Stand dar.

1.3 Nachhaltige Investoren

Ziel der Nachhaltigen Geldanlage ist es, die Werthaltungen von Investoren – z. B. Umweltschutz, soziale Verantwortung, Stakeholderorientierung, etc. – auch in der Sphäre der Geldanlage zu verfolgen. Gerade in der Gruppe der institutionellen Anleger existieren solche, deren Organisationszweck einem solchen „höheren Ziel" entspricht. Hierzu zählen z. B. Glaubensgemeinschaften, Umweltorganisationen, Gewerkschaften, Stiftungen, Vorsorgeeinrichtungen, etc. Aus diesem Grund sind institutionelle Anleger die dominierenden nachhaltigkeitsorientierten Investoren, wogegen das private Publikum eine überraschend geringe Rolle spielt. Dies bestätigt für den europäischen Raum z. B. die European SRI Study 2012[3] (bezieht sich auf Daten per Ende 2011). Die Dominanz der Institutionellen

---

[3] vgl. Eurosif (2012).

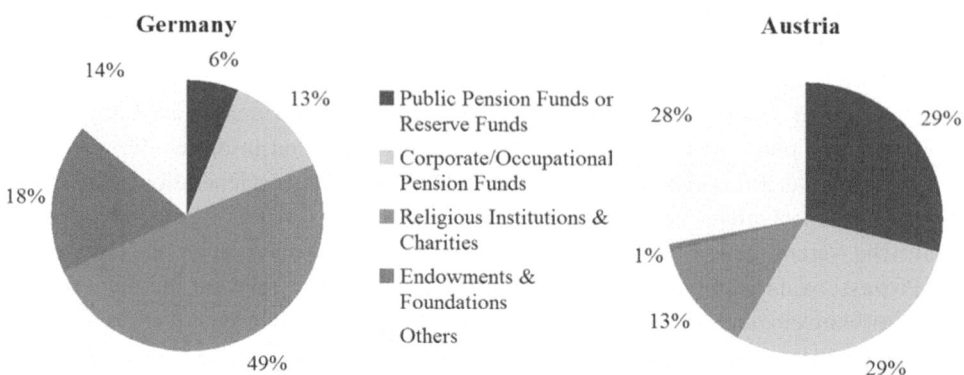

Abb. 1 Typologie institutioneller Nachhaltiger Investoren in Deutschland und Österreich 2011. (vgl. Eurosif 2012, S. 28 und S. 40)

geht sogar deutlich über jene hinaus, die im konventionellen Investmentmarkt vorzufinden ist.[4]

Für Deutschland geht die European SRI Study 2012 von rund 20 Mrd. € aus, die im Rahmen anspruchsvollerer Nachhaltigkeitskonzepte investiert werden. Für die Schweiz beläuft sich das entsprechende Volumen auf rund 30 Mrd. € und für Österreich auf knapp 4 Mrd. €. Während in Deutschland Kirchen und Sozialorganisationen die wichtigste Investorengruppe darstellen, dominieren in Österreich die Pensions- und Vorsorgekassen (Abb. 1).

In den USA, dem Heimatland des Socially Responsible Investments, wird alle zwei Jahre eine nationale Marktstudie des Forum for Sustainable and Responsible Investment (US SIF) publiziert. Diese gelangt per Ende 2011 auf ein SRI Volumen von knapp 4 Billionen Dollar bzw. einen Marktanteil von etwa 11 %.[5]

1.4 Nachhaltigkeits-Ratingagenturen

Die Leistung des Nachhaltigkeitsresearch wird nur selten von den oben genannten Asset Ownern selbst erbracht. Vielmehr hat sich für diese sehr anspruchsvolle Aufgabe ein eigener Markt von Anbietern entwickelt – die sogenannten Nachhaltigkeits-Research- oder Nachhaltigkeits-Ratingagenturen. Daneben existieren auch einige Spezialisten, die die Aufgaben des Engagements bzw. der Nutzung von Aktionärsrechten im Sinne der Nachhaltigkeit stellvertretend für die Asset Owner übernehmen oder reines Primärresearch in Form der Sammlung von nachhaltigkeitsrelevanten Rohdaten erstellen.

---

[4] Eurosif sieht sowohl 2009 als auch 2011 über 90 % der SRIs in Händen institutioneller Anleger, wogegen deren Gesamtbedeutung – d. h. einschließlich konventioneller Investments – bei rund 70 % liegt.

[5] vgl. US SIF Foundation (2012, S. 11).

Eine Studie von Novethic aus 2013 identifiziert weltweit sieben internationale und rund zwei Dutzend lokale Researchagenturen, sieben z. B. auf Aktionärsvertretung spezialisierte Dienstleister sowie drei Datenprovider.[6]

2 Konzepte Nachhaltigen Investments[7]

2.1 Auswahl über Ausschluss- und Positivkriterien[8]

Die klassische Vorgehensweise bei der Nachhaltigkeitsanalyse umfasst die Anwendung von zwei hintereinander geschalteten Analyseebenen – den Ausschluss- und den Qualitätskriterien[9] – und die nachfolgende Überprüfung von wirtschaftlichen Kriterien.

Ausgangspunkt ist 1) ein Basisuniversum – häufig in Form eines breiten Aktien- oder Anleihenindex[10] – aus welchem sich die zu analysierenden Anlagekandidaten rekrutieren. Die Anwendung der 2) Ausschlusskriterien scheidet im ersten Schritt jene Emittenten aus, die signifikant von diesen Kriterien betroffen sind. Im zweiten Schritte werden die 3) Qualitätskriterien angewendet. Resultat dessen sind i. d. R. Ratings oder Scores, deren absolute oder relative Ausprägungen (meist im Vergleich zu den anderen Unternehmen einer Branche) darüber entscheiden, welche Emittenten ins 4) Nachhaltige Anlageuniversum aufgenommen werden. Die dort enthaltenen Titel werden 5) einer wirtschaftlichen und anlagetechnischen Analyse unterzogen und im Falle eines positiven Ergebnisses 6) ins Portfolio aufgenommen. Dieser Prozess ist ein idealtypischer, der in der Praxis oft Varianten aufweist (Abb. 2).

Abb. 2 Typischer Investmentprozess inkl. Nachhaltigkeitskriterien. (Friesenbichler 2013, S. 7)

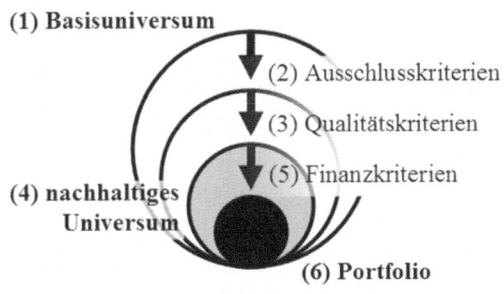

---

[6] vgl. Novethic (2013).

[7] vgl. PRI Association (2013); Die im Folgenden gewählte Struktur orientiert sich an jener des PRI Reporting Frameworks, dass einerseits drei Formen der „ESG-Incorporation" unterscheidet und andererseits „Active Ownership and Engagement" als eigenständiges Instrumentarium darstellt.

[8] Entspricht in der Struktur des PRI Reporting Frameworks dem Ansatz des „Screenings".

[9] Häufig auch bezeichnet als Negativ- und Positivkriterien.

[10] Z. B. wäre für ein europäisches Aktienportfolio der Index STOXX Europe 600 ein taugliches Basisuniversum, oder der S&P 500 für den US-Aktienmarkt.

Ausschlusskriterien

Ausschlusskriterien basieren auf der These, dass bestimmte Aktivitäten eines Unternehmens mit den Grundsätzen von Nachhaltigkeit, Ethik und gesellschaftlicher Verantwortung unvereinbar sind. Sind diese Kriterien in signifikantem Maß erfüllt, ist keine Kompensation durch entsprechend positive Ausprägungen in anderen Bereichen möglich[11]. Ausschlusskriterien für Unternehmen können sich 1) auf den Geschäftsgegenstand – d. h. auf die erstellten Produkte und Dienstleistungen – beziehen, 2) auf angewandte Technologien oder 3) auf Praktiken und Handlungsweisen (Tab. 1).

Qualitätskriterien

Via Qualitätskriterien soll die Nachhaltigkeit eines Unternehmens in möglichst all ihren Dimensionen und Aspekten gemessen werden. Grundmodelle für die Qualitätskriterien sind häufig das Drei-Säulen-Konzept der Nachhaltigkeit oder, wie in nachfolgendem Beispiel, das Stakeholdermodell (Tab. 2).

Den einzelnen Kriterien sind messbare quantitative und qualitative Indikatoren zugeordnet. Das nachfolgende Beispiel stellt dies für das Kriterium „Gesundheit und Sicherheit" in Bezug auf den Stakeholder Arbeitnehmer dar (Tab. 3).

Tab. 1 Strukturierung und Beispiele gängiger Ausschlusskriterien für Unternehmen. (vgl. Friesenbichler 2004, S. 275)

Ausschlusskriterien bezogen auf …		
(1) Geschäftsgegenstände	(2) Technologien	(3) Praktiken
• Alkohol und Tabak • Rüstungsgüter • Glücksspiel • Pornographie, Prostitution • Fossile Energie (Brennstoffe, Komponenten) • Nuklearenergie (Brennstoffe, Komponenten) • Chlor- und Agrochemie • Gentechnische veränderte Landwirtschaftsprodukte • Automobile, Luftfahrt etc.	• Fossile Energie (Nutzung zur Energieerzeugung) • Nuklearenergie (Nutzung zur Energieerzeugung) • Gentechnologie in der Landwirtschaft (Anwendung) • Gentechnologie in der Medizin (Anwendung) • Tierversuche etc.	• Massive Verletzung von Menschenrechten • Kinderarbeit • Massive Verletzung von Arbeitnehmerrechten • Massive Umweltschädigung • Diskriminierung von Frauen und Minderheiten • Geschäfte mit repressiven Regimen • Korruption • Aggressive Werbe und Vertriebsmethoden etc.

---

[11] Z. B. ist nach gängiger Praxis die Rolle eines Unternehmens als führender Lieferant von militärischen Waffen nicht ausgleichbar durch eine gute Behandlung der Mitarbeiter oder umfangreiche Sozialspenden.

Tab. 2 Beispiele für Qualitätskriterien in der Struktur des Stakeholdermodells

Umwelt	Personal	Gesellschaft
• Materialeinsatz • Energieeinsatz • Emissionen gefährliche Substanzen • Umweltstrafen etc.	• Arbeitszeit • Gesundheit und Sicherheit • Personalentwicklung • Familien-, Frauen- und Minderheitenpolitik • Entlohnung • Personalfreisetzung etc.	• Spenden- und Sponsoringpolitik • Engagement in der Standortgemeinde • Menschenrechte • Steuer- und abgabeninduzierte Aspekte etc.
Investoren	*Kunden*	*Lieferanten und Partner*
• Wertorientierung • Corporate Governance • Financial Reporting • Bonität • Aktionärsrechte • Investor Relations etc.	• Produktnutzen • Qualität • Preis-Leistungs-Relation • Service • Produktsicherheit und -information • Marketingstil etc.	• Überbindung von Standards auf Lieferanten und Partner • Kontinuität und Stabilität der Zusammenarbeit • Wettbewerbsstrategie • Einkaufspolitik • Zahlungsverhalten etc.

Tab. 3 Beispiele für Indikatoren anhand des Kriteriums „Gesundheit und Sicherheit" (Auszug aus dem Analyse- und Bewertungsmodell der rfu)

Stakeholder	Kriterium	Indikatoren
Mitarbeiter	*Gesundheit & Sicherheit*	*qualitativ* • Für welche Bereiche, Standorte oder Gesellschaften des Unternehmens existiert ein Gesundheits- und Sicherheitsmanagement/ welches? (OHSAS, spezielle produkt-/branchenbezogene Zertifizierungen, nicht zertifiziert) • Was sind die Aufgabenbereiche des Gesundheits- und Sicherheitsmanagements und wie ist dieses Managementsystem gestaltet? • Welche Programme bzw. Aktivitäten existieren betreffend gesundheitliche Risikovorsorge und Gesundheitsförderung? (z. B. Impfaktionen, Gesundheitsschulungen, Ergonomie, medizinische Untersuchungen, Burn-Out-Prävention) • Existieren spezielle Programme bzw. Aktivitäten für Standorte in Entwicklungs- und Schwellenländer bzw. für Arbeitsbereiche mit ausgeprägten Gesundheitsrisiken? • Was sind die gesetzlichen bzw. allgemeinen Standards sowie Usancen betreffend Gesundheit & Sicherheit am Arbeitsplatz in den jeweiligen Ländern/Regionen/Branchen der Geschäftstätigkeit?
		quantitativ • Anzahl Unfälle mit Todesfolge, Anzahl Unfälle (exkl. Unfälle mit Todesfolge) sowie durchschnittliche Ausfalltage pro Mitarbeiter nach Standorten/Ländern/Regionen

2.2 Themeninvestments

Während der oben dargestellte Auswahlprozess über Ausschluss- und Qualitätskriterien darauf abzielt ein möglichst breites Spektrum an Anlagemöglichkeiten zur Verfügung zu stellen, fokussieren Themeninvestments auf einzelne Branchen, Produkte oder Themen mit ausgeprägt positiver gesellschaftlicher, ethischer oder ökologischer Wirkung. Dies sind z. B. Investments in Erneuerbare Energie (Windparks, Solarmodulhersteller, Biomasseproduktion, etc.), Energieeffizienz (Maßnahmen und Technologien zur Reduktion des Energiebedarfs), Umwelttechnik (z. B. aus den Bereichen Abfallwirtschaft oder Emissionsreduktion), Wasser (z. B. Versorgungsinfrastruktur, Wasserreinigung, Verbrauchsenkung), Green Buildings (z. B. Objekte mit entsprechenden Zertifizierungen) oder soziale Infrastruktur (z. B. Krankenhäuser und Pflegeeinrichtungen, Bildungseinrichtungen).

Die Anwendung von Ausschluss- oder detaillierten Qualitätskriterien ist i. d. R. nicht nötig, da eine präzise Definition des Anlagethemas bereits ausreicht um unerwünschtes nicht bzw. die gesuchten Eigenschaften in hohem Maße im Portfolio wiederzufinden.

2.3 ESG Integration

ESG steht für Environmental, Social and Governance und ESG Integration meint die Einbeziehung solcher Aspekte in den Investmentprozess bzw. die traditionelle Finanzanalyse. Der Unterschied zu den beiden bisher dargestellten Konzeptionen ist kein prinzipieller sondern liegt in der Betonung der Verknüpfung konventioneller Kriterien der Unternehmens- bzw. Wertpapieranalyse mit ESG Aspekten. In der Praxis kann sich dies – muss sich aber nicht – äußern in der Durchführung durch Finanzanalysten und nicht durch spezialisierte Nachhaltigkeits-Analysten, im Fehlen von Ausschlusskriterien, in einer risikoorientierten Betrachtung, in einer ethisch wertfreien Deutung der Ausprägungen bzw. einer Interpretation primär der ökonomischen Relevanz und damit auch in einer anderen Motivationslage des Analysten bzw. Investors.[12]

2.4 Engagement

Engagement[13] ist das aktive Einwirken von Investoren oder einer diese vertretenden Organisation[14] auf einen Emittenten – insbesondere ein Unternehmen – mit dem Ziel dieses für Nachhaltigkeit zu sensibilisieren und zu einer Verbesserung der Nachhaltigkeitsleis-

---

[12] Als Beispiel seinen die ESG Kriterien der deutschen und europäischen Vereinigungen für Finanzanalyse DVFA und EFFAS genannt: vgl. DVFA; EFFAS (2010).

[13] Englisch auszusprechen: [ɪnˈɡeɪdʒmənt].

[14] Engagement-Aktivitäten sind mit einem hohen Maß an Aufwand und Sachkenntnis verbunden und deren Wirksamkeit korreliert mit dem Stimmen- bzw. Kapitalanteil. Aus diesem Grund haben sich Institutionen entwickelt, die die Rechte mehrer Investoren bündeln.

tung zu motivieren. Engagement erfolgt i. d. R. „von innen heraus", d. h. auf Basis einer bereits bestehenden Rolle als Aktionär und der damit verbundenen formellen oder faktischen Einflussmöglichkeiten. Formelle Gestaltungsinstrumente sind das Ausüben von Aktionärsrechten wie des Auskunftsrechts, des Rederechts oder des Stimmrechts an der Hauptversammlung sowie des Rechts ab einem bestimmten Kapitalanteil Tagesordnungspunkte oder Beschlussanträge für die Hauptversammlung einzubringen.[15] Informelle Einflussnahme beruht hingegen auf der mit höheren Kapitalanteilen verbundenen faktischen Gestaltungsmacht von Aktionären und funktioniert über den Dialog mit den Entscheidungsträgern im Unternehmen.

Gründe für Engagementaktivitäten sind in der Praxis stark negative Ausprägungen oder hohe Risiken hinsichtlich Nachhaltigkeit wie z. B. problematische Geschäftsfelder, Korruptionsskandale, das Fehlen von Strategien und Policies zu Themen wie Menschenrechte und Umweltschutz bei gleichzeitig starker Exposition, etc.

Im Gegensatz zu den bisher dargestellten Konzepten Nachhaltigen Investments, wo die Analyse eines Anlageobjekts ex ante erfolgt und über den Einstieg entscheidet, kann es beim Engagement-Ansatz legitim und sogar notwendig sein, in einem Unternehmen trotz oder gerade wegen bestehender Nachhaltigkeits-Defizite investiert zu sein. Wesentlich für die Wirksamkeit und Glaubwürdigkeit ist jedoch der konsequente Vollzug eines Ausstiegs aus einem Investment im Falle des Scheiterns der Engagement-Bemühungen. Der gezielte Exit, oft begleitet durch entsprechende Medienpräsenz, ist das ultimative Instrument einer Engagement-Politik.

2.5 Impact Investment

Bei Impact Investments steht die soziale Rendite im Vordergrund. Häufig sind die Anlagen projektorientiert und bewegen sich außerhalb der klassischen börsenotierten Instrumente. Beispiele sind Microfinance, Community Investment oder Social Entrepreneurship.[16]

3 Die Performance Nachhaltiger Investments

3.1 Einordnung von Nachhaltigkeitsanalyse und Nachhaltigem Investment[17]

Bevor die Effekte gesellschaftlicher und ökologischer Kriterien auf den Anlageerfolg beleuchtet werden, soll eine Einordnung der Nachhaltigkeitsanalyse und des Nachhaltigen Investments in den Kontext der Wertpapieranalyse und der Investmentstile erfolgen.

---

[15] vgl. Europäische Union; Rat der Europäischen Union (2007).
[16] vgl. Eurosif (2012, S. 21 ff.).
[17] vgl. Friesenbichler (2004), S. 270 f.

Die fundamentale Aktienanalyse versucht aus externer Sicht den zukünftigen Erfolg eines Unternehmens zu prognostizieren und darauf aufbauend einen Ertragswert als Näherung an den „echten" inneren Unternehmenswert zu ermitteln.[18] Aus dem Vergleich mit dem jeweils aktuellen Börsenwert werden Anlageempfehlungen abgeleitet. Diese Vorgehensweise steht in Zusammenhang mit der These, dass die intensive Beschäftigung mit den Märkten und Unternehmen zu einem Informationsvorsprung führt, der langfristig in eine Outperformance gegenüber einer Benchmark oder gegenüber dem Mitbewerb umgesetzt wird. Diese These („You can beat the Market!") begründet den aktiven Investmentstil. Und auch die Nachhaltigkeitsanalyse macht (zumindest ökonomisch) nur in einer Welt Sinn, in der aktives Investment funktioniert.[19]

3.2 Wirkungsmechanismen

Grundlage für Relevanz von Nachhaltigkeitskriterien für die Performance von Investments ist die Relevanz der Nachhaltigkeit für den wirtschaftlichen Erfolg der einzelnen Anlageobjekte in die investiert wird.

Nachhaltigkeit und Unternehmenserfolg
Führt man sich klassische Nachhaltigkeitskriterien vor Augen – z. B. jene aus Tab. 2 – so lässt sich schwerlich leugnen, das für den dauerhaften Erfolg eines Unternehmens ein zumindest impliziter Konsens mit den wichtigsten Stakeholdern über die Ziele, Leistungen und Verhaltensweisen des Unternehmens gefunden werden muss. Alfred Rappaport, der Erfinder des Shareholder Value, schreibt bereits in der Einleitung seines gleichnamigen Werkes: „Gelingt es dem Unternehmen nicht, die finanziellen Ansprüche seiner Stakeholder zu befriedigen, so wird es aufhören, eine lebensfähige Organisation zu sein. Mitarbeiter, Kunden und Lieferanten werden ihm einfach ihre Unterstützung entziehen."[20]

Der meist positive Zusammenhang zwischen den langfristigen Zielen der Aktionäre und jenen der sonstigen Stakeholder bzw. der Nachhaltigkeit sei an folgenden Beispielen illustriert[21]:

- Ein guter Umgang mit den Mitarbeitern fördert Zufriedenheit und Motivation. Diese Faktoren sind relevant für die ökonomischen Größen Materialaufwand (wegen Aus-

---

[18] I. d. R werden im Shareholder Value Modell Prognosen und Diskontierungen der Free Cash Flows durchgeführt.

[19] Im Gegensatz dazu legen die Efficient Market Hypothesis und das Capital Asset Pricing Model einen passiven Investmentstil nahe, denn es existieren keine (ausnützbaren) Informationen. Praktischer Ausdruck dessen ist die Strategie breite Indizes zu replizieren. In dieser Welt ist jegliche Wertpapieranalyse (so auch die Nachhaltigkeitsanalyse) und gezielte Titelauswahl (somit auch nachhaltiges Investment) nutzlos und sogar kontraproduktiv.

[20] Rappaport (1995, S. 13).

[21] vgl. Friesenbichler (2004, S. 273).

schuss), Produkthaftung (wegen Qualität), Nicht-Leistungslöhne (wegen Fehlzeiten), Produktionsmenge (u. a. wegen möglicher Streiks) sowie indirekt für das Innovationspotential.
- Gute Kundenbeziehungen, realisiert durch hohen Produktnutzen, Qualität, günstiges Preis-Leistungsverhältnis, Serviceleistungen etc., kommen letztlich auch dem Unternehmen zugute, denn Sie führen zu höherer Kundentreue (Nachhaltigkeit der Absatzmenge), einer Qualitätsprämie (höhere erzielbare Marge), positiven Imageeffekten (Wachstum der Absatzmenge), etc.
- Proaktives Umweltmanagement erkennt den wirtschaftlichen Nutzen von Ressourcenschonung (geringere Kosten für Inputfaktoren), Emissionsreduktion (Vorwegnahme einer laufenden Verschärfung umweltpolitischer Rahmenbedingungen – z. B. Umweltauflagen, Ökosteuern, Emissionszertifikate) und ökologischem Risikomanagement (Umwelthaftung, negative Imageeffekte durch Umweltunfälle).

Nachhaltigkeit und Anlageerfolg
Für den nachhaltigkeitsorientierten Investor gilt es, eben jene Unternehmen zu identifizieren, die aufgrund ihrer strategischen Ausrichtung an Nachhaltigkeit und Stakeholderinteressen langfristig auch den Shareholder Value erhöhen.[22] Dies zu beurteilen ist die Aufgabe der Nachhaltigkeitsanalyse (Abb. 3).

Während die klassische Fundamentalanalyse stark auf quantifizierbare Größen ausgerichtet ist – denn Sie muss schließlich am Ende des Tages einen Unternehmenswert liefern – versucht die Nachhaltigkeitsanalyse dort anzusetzen, wo es vermehrt um „weiche" und extrafinanzielle Erfolgsfaktoren geht. Nachhaltigkeitsanalyse stellt somit keine Alternative zu den konventionellen Methoden des Wertpapierresearch dar, sondern ergänzt diese[23].

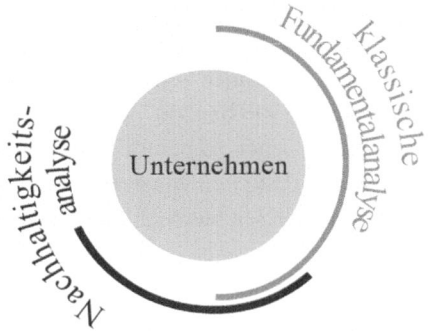

Abb. 3 Datenkranz der Aktienanalyse. (Friesenbichler 2013, S. 13)

---

[22] Oder jene Anlagemöglichkeiten zu identifizieren, die diesbezüglich unterdurchschnittlich abschneiden, um diese im Portfolio meiden zu können.

[23] Der Überschneidungsbereich zwischen Nachhaltigkeitsanalyse und Fundamentalanalyse (in Abb. 3 der Überlappungsbereich der beiden Bögen) stellt quasi die Region des ESG-Integration gemäß 2.3 dar.

Ein derart erweiterter Datenkranz ermöglicht fundiertere Anlageentscheidungen und sollte damit – langfristig und im Durchschnitt – auch zu einer besseren Performance beitragen.[24]

Neben diesem Informationseffekt kann auch der Antizipationseffekt ins Treffen geführt werden. Diesem gemäß nehmen nachhaltigkeitsorientierte Unternehmen künftige Entwicklungen früher vorweg und sind damit besser auf sich ändernde Bedingungen vorbereitet wie z. B. sich verschärfende Umweltgesetze, gestiegene Transparenzanforderungen, neue Technologien oder wechselnde Kundenpräferenzen.[25]

Ein Effekt der negativ auf den Anlageerfolg wirkt, konkret auf die Dimension des Risikos, ist die Tatsache, dass nachhaltige Anlagestrategien stets mit einer Einengung des Anlageuniversums verbunden sind. Gemäß Portfoliotheorie erhöhen Einschränkungen der Anlagemöglichkeiten das unsystematische Risiko[26] und schwächen damit den gewünschten Diversifikationseffekt ab. Dies trifft zweifellos auf nachhaltige Investments zu, deren Ausschluss- und Positivkriterien das Investmentuniversum teilweise massiv reduzieren. Diese Einschränkung betrifft in der Praxis jedoch jedes aktiv gemanagte Portfolio, denn die Selektion der „Besten" – seien es die Wachstumsträchtigsten, die Billigsten, die Bonitätsstärksten oder eben die „Nachhaltigsten" – klammert alle übrigen Anlagemöglichkeiten aus.[27]

3.3 Empirische Evidenzen

Es existiert bereits eine Vielzahl von Studien, die sich der Performancefrage empirisch nähern. Und auch deren Resultate sind – wenig überraschend – gemischt bis leicht positiv. Statt an dieser Stelle einzelne Arbeiten herauszugreifen, seien drei Metastudien dargestellt, die aufgrund der Breite der integrierten Untersuchungen eine hohe Aussagekraft besitzen sollten:

1. UNEP FI und Mercer (2007) haben die Metastudie „Demystifying Responsible Investment Performance" erstellt. Von den untersuchten 20 akademischen Studien aus dem Zeitraum 1996 bis 2007 konstatieren 10 einen Ertragsvorteil für Nachhaltige Anlagen, während sieben zu neutralen und drei zu negativen Resultaten gelangen. Des Weiteren wurden 10 Studien von Brokern untersucht, die ausschließlich zu positiven und neutralen Ergebnissen aus Sicht der Nachhaltigkeit gelangten.[28]

---

[24] vgl. Friesenbichler (2004, S. 279 ff.).
[25] vgl. Pinner (2012, S. 140 f.).
[26] Das Gesamtrisiko einer Veranlagung besteht aus einer systematischen (Marktrisiko) und einer unsystematischen (titelspezifischen) Komponente. Letztere kann durch breite Diversifikation (im äußersten Fall durch Investition ins Marktportfolio) eliminiert werden.
[27] vgl. Friesenbichler (2004, S. 278 f.).
[28] vgl. UNEP FI und Mercer (2007).

2. Sjöström (2011) setzt die Arbeit von UNEP FI und Mercer fort, indem sie 21 in der Zeit danach publizierte Studien verarbeitet. Ergebnis ist ein leichter Überhang jener Untersuchungen die eine Outperformance Nachhaltiger Portfolios identifizieren – nämlich fünf -, gegenüber sechs Studien mit gemischten, sieben mit neutralen und drei mit negativen Ergebnissen.[29]
3. Insgesamt neutral sind die Resultate zu denen Rathner (2012) in seiner Metaanalyse gelangt, die 25 Studien zur Performancefrage von Nachhaltigkeitsfonds verarbeitet, welche ihrerseits über 500 einzelne Vergleiche beinhalten. 72 % davon zeigen neutrale Resultate, wogegen 14 % bzw. 13 % für eine Under- bzw. eine Outperformance von Nachhaltigkeitsfonds sprechen.[30]

3.4 Conclusio zur Performancefrage

Aus der Perspektive der Theorie, und auch aus Sicht der Praxis gut nachvollziehbar, sprechen der Informations- und der Antizipationseffekt für eine Outperformance Nachhaltiger Anlagen, die Kapitalmarkttheorie mit dem Diversifikationseffekt und der Hypothese effizienter Märkte aber dagegen. Die beiden erstgenannten Argumente pro Nachhaltigkeit scheinen jedoch für die Anlagepraxis die deutlich höhere Relevanz zu besitzen. Die empirische Sicht, oben vertreten durch drei Metastudien, lässt sich in der Aussage zusammenfassen: keine signifikanten Unterschiede, aber mit leichten Vorteilen für Nachhaltige Investments.

4 Conclusio und Ausblick

4.1 Grenzen und Kritikpunkte

Nachhaltiges Investment akzeptiert Märkte, insbesondere die Kapitalmärkte, als potentiell nützliche Institutionen zur Allokation von Ressourcen und das Streben nach Gewinn als legitimes Motiv unternehmerischen Handelns. Nachhaltiges Investment versucht jedoch gesellschaftliche Verantwortung in das Agieren an den Börsen zu integrieren und diese damit der Ethik dienlich zu machen.

Die Lenkungswirkung ist jedoch meist einen indirekte. Transaktionen an den Börsen sind Sekundärmarkttransaktionen, d. h. das investierte Kapital wird nicht direkt dem Emittenten eines Wertpapiers zur Verfügung gestellt. Ausnahme davon sind Börsegänge bzw. Kapitalerhöhungen von Aktiengesellschaften bzw. Neuemissionen von Anleiheemittenten. Aber auch indirekt wirkt Nachhaltiges Investment, denn steigende Nachfrage nach

---

[29] vgl. Sjöström (2011).
[30] vgl. Rathner (2012).

nachhaltigen Unternehmen erhöht deren Börsenbewertung, senkt damit deren Kapitalkosten und schützt vor feindlichen Übernahmen.

Eine häufig vorgebrachte Kritik an Nachhaltigem Investment ist die Unschärfe und Subjektivität der Nachhaltigkeitsbewertungen. Dieses Argument ist nicht von der Hand zu weisen, ist jedoch für jegliche externe Unternehmensanalyse – so auch für die klassische Finanzanalyse – gültig, wenngleich es für die Nachhaltigkeitsanalyse, die sich weit in den Bereich der Soft Facts vorwagt, in besonderem Maße zutrifft. Sie aufgrund dieser Defizite bleiben zu lassen, kann jedoch nicht die Alternative sein, sondern es gilt sie durch Schärfung der Kriterien und Instrumente ständig weiterzuentwickeln.

Während die These Nachhaltige Investments brächten zwangsläufig einen Ertragsnachteil mit sich mittlerweile widerlegt sein dürfte, ist die Kritik an der sozialen und ökologischen Performance mancher Nachhaltigkeitskonzepte nicht ganz von der Hand zu weisen. Insbesondere Best in Class Konzepte opfern häufig das ethische Anspruchsniveau zu Gunsten eines möglichst breiten investierbaren Anlageuniversums. Nicht desto trotz sind auch „weiche" Konzepte legitim und konventionellen Anlagestrategien vorzuziehen, zumindest sofern die getätigten Einschränkungen und die zu erwartende ethische Performance klar kommuniziert werden.

Selten aber doch kommt es zu Widersprüchen zwischen gesellschaftlichen und ökologischen Zielen. Als Beispiel möge die Debatte um Biotreibstoffe dienen, die einerseits positiv auf Klima und Luftverschmutzung wirken sowie die Abhängigkeit von „problematischen" Erzeugerländern reduzieren, andererseits aber mit Lebensmitteln um Anbauflächen konkurrieren und zumindest temporär die Preise für Grundnahrungsmittel in die Höhe treiben können.

Zuletzt sei noch darauf hingewiesen, dass auch Nachhaltige Investments nicht vor Euphorie und Panik an den Börsen gefeit sind. Dies gilt besonders für enge Anlagethemen wie z. B. Solarenergie, Elektromobilität oder Windkraft, die in bestimmten Marktphasen dazu neigen „Green Bubbles" auszubilden.

4.2 Thesen für die Zukunft von Nachhaltigem Investment

Die dynamische Entwicklung des Marktes dürfte auch auf Sicht der nächsten 10 Jahre anhalten, kann aber sicherlich nicht bis zu einem Marktanteil von (annähernd) 100 % fortgeschrieben werden. Vielmehr dürften die explizit Nachhaltigen Investments an jener Stelle einen Plafond erreichen, an der die weniger nachhaltigen oder gar als ausgeschlossen identifizierten Anlageobjekte Bewertungsniveaus erreichen, auf denen sie trotz aller Risiken offensichtlich unterbewertet sind.

Es ist jedoch schon seit längerem beobachtbar, dass Kriterien aus dem Nachhaltigkeitsresearch zunehmend Eingang in die Toolkits konventioneller Analysten und Investoren finden und dort wertfrei z. B. für langfristige Risikoanalysen eingesetzt werden. Nachhaltiges Investment befindet sich also gleichzeitig in einem Prozess der Expansion und in einem Prozess der „Säkularisierung".

Literatur

DVFA; EFFAS (2010) KPIs for ESG – A guideline for the integration of ESG into financial analysis and corporate valuation. www.effas-esg.com/wp-content/uploads/2011/07/KPIs_for_ESG_3_0_Final.pdf. Zugegriffen: 1. Okt. 2013

Europäische Union; Rat der Europäischen Union (2007) Richtlinie 2007/36/EG vom 11.7.2007 über die Ausübung bestimmter Rechte von Aktionären in börsennotierten Gesellschaften. http://eur-lex.europa.eu. Zugegriffen: 27. Sept. 2013

Eurosif (2012) European SRI study 2012. www.eurosif.org/research/eurosif-sri-study/sri-study-2012. Zugegriffen: 3. Okt. 2013

Friesenbichler R (2004) Ethikanalyse. In Ruh H, Leisinger KM (Hrsg) Ethik im Management. Orell Füssli Verlag, Zürich, S 269 ff

Friesenbichler R (2013) Nachhaltiges Investment. Skriptum für den Lehrgang CSR Management an der FH des bfi Wien

Kinder P, Lydenberg SD, Domini AL (1993) Investing for good: making money while beeing socially responsible. Harpercollins, New York

Novethic (2013) Overview of ESG rating agencies. www.novethic.fr/novethic/upload/etudes/2013_overview_ESG_rating_agencies.pdf. Zugegriffen: 1. Okt. 2013

Pinner W (2012) Nachhaltig investieren & gewinnen. Linde Verlag, Wien

PRI Association (2013) PRI reporting framework 2013 main definitions. www.unpri.org/viewer/?file=wp-content/uploads/2013-14_PRI_RF_maindefinitions.pdf. Zugegriffen: 15. Okt. 2013

Rappaport A (1995) Shareholder Value. Wertsteigerung als Maßstab für die Unternehmensführung. Schäffer-Poeschl Verlag, Stuttgart

Rathner S (2012) The performance of socially responsible investment funds: a meta-analysis. www.uni-salzburg.at/fileadmin/oracle_file_imports/1759214.PDF. Zugegriffen: 3. Okt. 2013

Sjöström E (2011) The performance of socially responsible investment. A review of scholarly studies published 2008–2010. http://ap7.se/PageFiles/1095/The%20Performance %20of %20SRI.pdf. Zugegriffen: 3. Okt. 2013

UNEP FI, Mercer (2007) Demystifying Responsible Investment Performance. A review of key academic and broker research on ESG factors. www.unepfi.org/fileadmin/documents/Demystifying_Responsible_Investment_Performance_01.pdf. Zugegriffen: 12. Okt. 2013

US SIF Foundation (2012) Report on sustainable and responsible investing trends in the United States 2012. www.ussif.org/files/Publications/12_Trends_Exec_Summary.pdf. Zugegriffen: 4. Okt. 2013

Mag. Reinhard Friesenbichler geboren 1969, studierte nach einer Ausbildung zum Maschinenbauingenieur Betriebswirtschaft an der Universität Graz, Abschlussarbeit zum Thema Ethisches Investment. Erste berufliche Tätigkeiten als Techniker, Wirtschaftsjournalist und Geschäftsführer eines Finanzdienstleisters. Seit 1997 selbständig mit der rfu Unternehmensberatung, Wien, einem Unternehmen mit dem Tätigkeitsbereich Nachhaltiges Investment und Management. 2002 Mitgründer und Verwaltungsrat der BlueValue AG, Zürich. Diverse Lehraufträge und Aufsichtsratsmandate, Prüfer- und Gutachtertätigkeit sowie zahlreiche Publikationen.

Der WWF und seine Arbeit mit Unternehmen

Thomas Kaissl

Zusammenfassung

Der nachfolgende Artikel beschreibt die Arbeit des WWF mit der Wirtschaft und stellt die Prinzipien und Anforderungen für Kooperationen mit Unternehmen dar.

Der ökologische Zustand unserer Erde ist weltweit besorgniserregend und eine Trendwende hin zu einer umweltverträglichen Wirtschaft, die innerhalb der ökologischen Grenzen des Planeten agiert, ist derzeit nicht in Sicht. Der WWF – eine der größten und erfahrensten Naturschutz-Organisationen – setzt sich weltweit für den Erhalt der biologischen Vielfalt, eine naturverträgliche Nutzung erneuerbarer Ressourcen sowie die Vermeidung verschwenderischen Konsums ein. Die gesetzlichen Rahmenbedingungen der Politik, eine solche „echte" nachhaltige Entwicklung vorzugeben, sind nachwievor halbherzig, viel zu schleppend und werden nicht annähernd dem Ausmaß und der Dringlichkeit vieler Umweltprobleme gerecht. Folglich ist die Auseinandersetzung des WWF mit Unternehmen für mehr Natur- und Klimaschutz ein notwendiges Element in der insgesamten Arbeit des WWF, ist doch ein wesentlicher Anteil der Ressourcenübernutzung oder Umweltverschmutzung eine direkte Folge der Geschäftstätigkeit von Unternehmen. Hier liegt es auch an Organisationen wie dem WWF proaktiv auf diese Unternehmen zu zugehen und sie betreffend ihrer ökologischen Verantwortung in die Pflicht zu nehmen.

Solcherart Formen der Zusammenarbeit mit Unternehmen setzen allerdings wichtige Grundlagen sowie klare Anforderungen voraus, die hier dargestellt werden. Neben

T. Kaissl (✉)
WWF Österreich, Ottakrieger Str. 114, 1060 Wien, Österreich
E-Mail: thomas.kaissl@wwf.at

allgemeinen Kriterien, werden vor allem folgende Eckpfeiler bei Unternehmenskooperationen des WWF beschrieben: die „Naturschutz-Verpflichtung" des Unternehmens gegenüber dem WWF, Transparenz über die Kooperation inklusive einer etwaigen Bezahlung erbrachter Leistungen, sowie die Beurteilung jeder Kooperation im Voraus hinsichtlich ihres Nutzens für den Naturschutz und ihrer kommunikativen Wirkung.

In Folge werden drei beispielhafte Unternehmenskooperationen des WWF mit Unternehmen in Österreich kurz dargestellt – mit einer Versicherung, einem Lebensmittelhändler und im Rahmen einer branchenübergreifenden Klimaschutz-Unternehmensplattform.

Eine verantwortungsvolle Unternehmensführung gewinnt zwar an Bedeutung, das bisher Erreichte bleibt allerdings weit hinter den Möglichkeiten und Notwendigkeiten zurück. Von zentraler Bedeutung für mehr Schwung in Richtung Nachhaltigkeit bleiben bindende Regeln und Vorgaben durch die Politik. Freiwillige CSR-Maßnahmen können eine wichtige Ergänzung sein, unterliegen aber klaren Voraussetzungen und Anforderungen. Der WWF bemüht sich in dem Zusammenhang auch weiterhin, Unternehmen in die Pflicht zu nehmen und lösungsorientiert mitzuwirken, ein naturverträgliches Wirtschaften zu etablieren.

1 Planet Erde: Fünf nach Zwölf

„Nachhaltige Entwicklung bezeichnet eine Entwicklung, welche den Bedürfnissen der heutigen Generation entspricht, ohne die Möglichkeiten künftiger Generationen zu gefährden, ihre eigenen Bedürfnisse zu befriedigen." (verkürzte Definition aus dem Brundtland-Bericht der Weltkommission für Umwelt und Entwicklung 1987). Dieses Zitat ist wohl allen, die sich eingehend mit der Materie nachhaltige Entwicklung oder CSR beschäftigen, nur zu gut bekannt. Unfassbarerweise ist das gebetsmühlenartige Wiederholen dieser Botschaft seit beinahe 30 Jahren, immer noch notwendig. Seit damals nämlich haben Politiker und Konzernchefs das Adjektiv „nachhaltig" im Sinne der ökologischen Aufrüstung praktisch allen politischen oder unternehmerischen Themen bzw. Entscheidungen vorangestellt. Mehr und mehr Unternehmen setzen heute der Gewinnmaximierung das „Sahnehäubchen CSR" auf.

Ohne Zweifel ist es in den letzten Jahren in enger Zusammenarbeit mit Politik, Wirtschaft und der Zivilgesellschaft zwar gelungen, ein breites Bewusstsein für die Relevanz einer nachhaltigen Entwicklung bzw. verantwortungsvollem Wirtschaften zu schaffen und erste Umsetzungsbemühungen zu initiieren. Die Auswertung dieser Bemühungen muss vor dem Hintergrund der weltweiten Umweltsituation aber äußerst kritisch ausfallen.

Trotz aller „Anstrengungen" ist der ökologische Zustand unserer Erde weltweit äußerst besorgniserregend. Die Menschheit verbraucht global um 50 % mehr natürliche Ressourcen als erneuert werden können – in den westlichen Industrieländern um ein Vielfaches mehr. Wir verschulden uns nicht nur monetär sondern auch ökologisch von Jahr zu Jahr weiter und ein Ende ist nicht in Sicht. Besonders dramatisch ist die Situation in Bezug auf den Klimawandel, auf die Nutzung bedeutender Agrarrohstoffe oder auf die Ökosysteme Regenwälder und Meere (siehe WWF Living Planet Report 2012 als ein Beispiel für zahlreiche Umweltstudien mit ähnlichen Befunden). Gerade in Österreich, dem vermeintlichen „Umweltmusterland", ist die Schieflage besonders eklatant: Würde jeder Mensch so leben wie ein/e durchschnittliche/r Österreicher/in, wären aktuell die Ressourcen von knapp drei Planeten Erde nötig, um unsere derzeitigen Ansprüche zu erfüllen. Ohne Fachwissen ist klar, dass unsere Erde einen solchen Lebens- und Wirtschaftsstil langfristig nicht ermöglichen kann. Wir ruinieren Tag für Tag „ökologisches Kapital" für nachkommende Generationen zum Teil unwiderruflich.

Was mit einem nachhaltigen Lebens- und Wirtschaftsstil tatsächlich gemeint ist, ist eine sämtliche Lebens- und Wirtschaftsbereiche umfassende systemische Korrektur eingeschlagener Pfade, keine punktuelle und oberflächliche Kosmetik ausgewählter Teilbereiche. Ein Mineralölkonzern der sich in seinem CSR-Portfolio z. B. des rücksichtsvollen und naturschutzkonformen Baus einer neuen Erdöl-Pipeline rühmt, verfehlt das eigentliche Anliegen der Nachhaltigkeit, nämlich die umsichtige Reflexion über das grundsätzliche Kerngeschäft, der Gewinnung fossiler Energieträger mit ihren ökologischen Konsequenzen. Nachhaltigkeit richtig verstehen ist die ganzheitliche und ineinandergreifende Analyse aller Formen des Wirtschaftens und der damit verbundenen Auswirkungen auf Umwelt und Gesellschaft, ohne dabei Aspekte auszublenden bzw. nur oberflächlich anzuschneiden. In der Handhabe und Umsetzung verlangt dies somit eine kritische Durchleuchtung aller gesellschaftspolitischen Dimensionen der jeweiligen Geschäftätigkeit eines Unternehmens hinsichtlich ihrer Zukunftsfähigkeit. Die Schlüsselfrage lautet also: welche Parameter müssen in „Schlüsselbereichen" der Politik, Wirtschaft, beim Konsum, in der Bildung, im Verkehr u. v. m. einer Neuausrichtung unterzogen werden, um dem Prinzip einer nachhaltigen Entwicklung gerecht zu werden.

Dem Primat der Politik kommt in der Umsetzung einer nachhaltigen Entwicklung zentrale Bedeutung zu. Nur die demokratisch legitimierte, politische Steuerung ermöglicht es, Gestaltungsmaßnahmen und tiefgreifende Handlungen in Richtung Nachhaltigkeit zu initiieren und zu verankern. Solange allerdings die „Privatisierung der Welt" die treibende Kraft der Staaten kennzeichnet, internationale Börsen und Konzerne nationale Wirtschaftspolitiken maßgeblich diktieren, sich also eine Form von „Superkapitalismus" etabliert hat, wird, aller Vorraussicht nach, der Weg zur Nachhaltigkeit versperrt bleiben (Reich 2007).

Folgerecht ist es für den WWF mit seinen Naturschutz-Anliegen, zusätzlich zur politischen Arbeit und Einflussnahme auf globaler, EU- und Landesebene, unumgänglich, proaktiv Firmen anzusprechen um sie betreffend ihrer ökologischen Verantwortung in die Pflicht zu nehmen – sonst wird der WWF der Erreichung seiner ambitionierten Naturschutz-Mission niemals näher kommen. Unternehmen sind zu einem ganz wesentlichen Anteil Verursacher der ökologischen Krise und sollten daher als Teil des Problems auch Teil der Lösung sein.

Doch mit Firmen bilateral zusammenzuarbeiten oder auch nur z.B. an Runden Tischen einen Dialog zu führen um ihre Verantwortung einzufordern, mit Firmen in der Öffentlichkeit gemeinsam aufzutreten, für erbrachte leistungen Geld zu verlangen oder gar Firmen für eine gute Umweltschutz-Leistung anerkennend zu loben, erfordert klare Spielregeln. Im Gegensatz zu vielen sozialen oder karitativen NGOs („Socialwashing"?), müssen Umwelt-NGOs wie der WWF den drohenden Vorwurf von „Greenwashing" in der öffentlichen Wahrnehmung stets reflektieren und durch klare Richtlinien und Prozesse, vertraglich fixierten Zielen und vor allem durch eine ehrliche Kommunikation vermeiden. Die Anforderungen, die sich für den WWF und Unternehmen im Zuge einer Zusammenarbeit ergeben ist Inhalt der nachfolgenden Darstellung.

2 Der WWF und die Wirtschaft

Der WWF ist eine der größten und erfahrensten, global tätigen Naturschutzorganisationen. Ausgehend vom Hauptsitz der Umweltorganisation in der Schweiz arbeiten aktuell rund 5000 MitarbeiterInnen in ca. 100 Ländern an der Erreichung des Organisationszwecks: „Der WWF will der Naturzerstörung Einhalt gebieten und eine Zukunft gestalten, in der Mensch und Natur in Harmonie leben. Daher ist es das Ziel des WWF, die biologische Vielfalt der Erde zu bewahren, die naturverträgliche Nutzung erneuerbarer Ressourcen voranzutreiben und die Umweltverschmutzung sowie verschwenderischen Konsum zu verhindern."

Als Teil des globalen Netzwerks, hat sich der WWF in Österreich seit 1963 als eine der wichtigsten Stimmen für den heimischen Umwelt- und Naturschutz etabliert. Mit aktuell ca. 70 MitarbeiterInnen setzt sich der WWF in Österreich über konkrete Naturschutz-Projekte, politischem Lobbying (u. a. in Zusammenarbeit mit dem EU-Büro des WWF in Brüssel), Firmenkooperationen und Öffentlichkeitskampagnen für den Klimaschutz, den Erhalt der Biodiversität, den Erhalt einzigartiger Lebensräume in Österreich und international sowie für die Umweltbildung ein.

Die Abteilung Umwelt & Wirtschaft, leistet über die Auseinandersetzung bzw. direkte Zusammenarbeit mit Firmen einen Beitrag zum Naturschutz bzw. zur Reduktion des Ökologischen Fußabdrucks. Die langfristige Vision ist die Etablierung einer Gemeinwohl-Wirtschaft, die im Sinne eines Plusenergiehauses eine „netto-positive" Wirkung auf Natur und Umwelt hat. Das heißt vereinfacht, einen entstandenen Umweltschaden nicht einfach nur qualitativ und quantitativ wieder gut zu machen, sondern der Gesellschaft und Natur mehr zurückzugeben als entnommen wurde.

Über die letzten Jahre hinweg suchen mehr und mehr Firmen den Kontakt zum WWF um über die Umweltverträglichkeit ihres Unternehmens und Verbesserungsmöglichkeiten zu sprechen. Zusätzlich geht der WWF proaktiv auf jene Firmen zu, die in Bezug auf die inhaltlichen WWF Schwerpunkte relevant sind. Aktuell setzt der WWF in Österreich Kooperationen und Projekte mit ca. 20 Firmen unterschiedlicher Branchen um (siehe www.wwf.at/wirtschaft).

Die Arbeit des WWF mit der Wirtschaft hat viel mit dem seit einigen Jahren immer stärker behandelten Themenfeld CSR, also mit der freiwilligen unternehmerischen Verantwortung für ein sozial- und umweltverträgliches Wirtschaften zu tun. Die Dominanz der Wirtschaft gepaart mit Versäumnissen der Politik hat zur Folge, dass die Gesellschaft zu recht immer vehementer einfordert, dass Unternehmen Verantwortung für ihr Handeln übernehmen und Tätigkeiten, die nicht kompatibel mit einer nachhaltigen Entwicklung sind, gar nicht erst in Angriff nehmen bzw. zumindest stoppen.

In Zusammenhang mit diversen CSR-Engagements von Unternehmen ist für den WWF das grundsätzliche Selbstverständnis der Firmen ausschlaggebend für die Beurteilung wie tiefgehend diese Ausrichtung von Firmen beabsichtigt ist. Dominiert im Unternehmen nach wie vor eine stark „unternehmenszentrierte" Haltung – also die Überlegung wie eine nachhaltigen Entwicklung zum Unternehmen (als gegebene „Norm") „passt" (linke Seite der untenstehenden Abbildung) oder versteht sich das Unternehmen als ein Teil der Gesellschaft und beschäftigt sich demnach mit der (richtigen) Frage, nämlich wie das Unternehmen und die Geschäftstätigkeit mit einer nachhaltigen Entwicklung (als gegebener „Norm") zusammenpasst (rechte Seite der Abbildung 1). Die Herangehensweise an das Thema Nachhaltigkeit im Sinne dieser Reflexion mit den erforderlichen Schlussfolgerungen ist eines der Kernanliegen des WWF an Unternehmen. Das wird sinngemäß auch im international anerkannten Leitfaden der Global Reporting Initiative (GRI) mit dem Prinzip „Nachhaltigkeitskontext" für das Nachhaltigkeitsmanagement und der dazugehörigen Berichterstattung eingefordert (siehe www.globalreporting.org). Leider ist dieses Prinzip in der überwiegenden Mehrheit der diversen Nachhaltigkeitsinitiativen von Firmen ein viel zu wenig beachtetes Fundament jeglicher CSR-Maßnahmen und Projekte (Abb. 1).

Die Entwicklung hin zu mehr Integration von unterschiedlichen Anspruchsgruppen („Stakeholder") in das Nachhaltigkeitsmanagement von Firmen, hat letztlich auch dazu geführt, dass der WWF in den letzten Jahren von Firmen verstärkt eingebunden wurde, um seine Sichtweise und Erwartungen für Veränderungen der Geschäftstätigkeit von Firmen

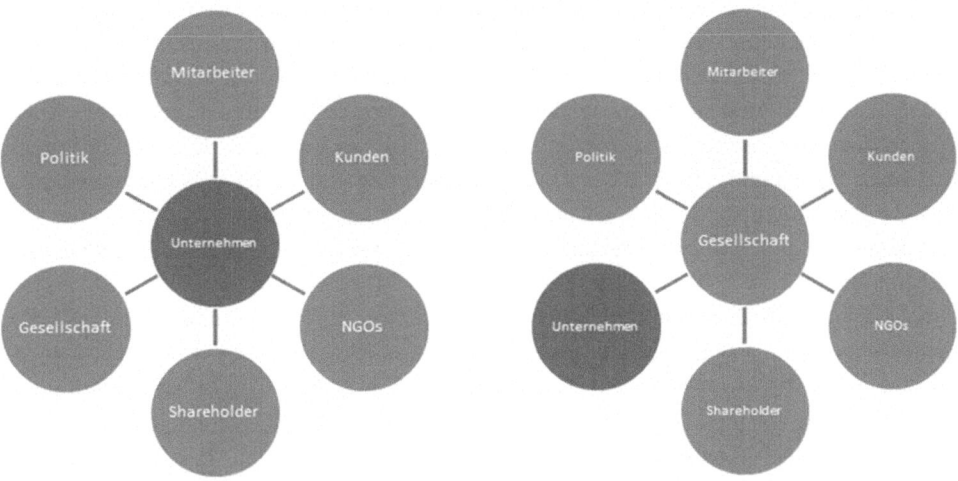

Abb. 1 Multi-Stakeholder-Prozess zur Auswahl geeigneter Nachhaltigkeits-Indikatoren

einzubringen. In manchen Fällen letztlich mit dem Ergebnis, die daraus gewonnenen Erkenntnisse im Rahmen einer Zusammenarbeit gemeinsam anzugehen.

In den Dialogprozessen mit Firmen verfolgt der WWF – naturgemäß abhängig von der jeweiligen Branche und Geschäftstätigkeit, Firmengröße, ökologischer Relevanz und „Fortschritt" des Unternehmens in Bezug auf Nachhaltigkeit – folgende grundsätzliche Ziele, die den notwendigen Handlungsbedarf aufzeigen und zu konkreten Umweltschutz-Maßnahmen führen sollen:

- Etablierung ökologischer Produktionsweisen sowie einer umweltverträglichen Beschaffung von Rohstoffen
- Schutz und Erhalt der Biodiversität bzw. wichtiger Ökosysteme
- Strategie zur Reduktion des eignen Ökologischen Fußabdrucks inklusive der schrittweisen aber vollständigen Umstellung von fossilen zu erneuerbaren Energieträgern
- Umleitung diverser Finanzströme nach Kriterien der Nachhaltigkeit hin zur Förderung von Natur- und Umweltschutz bzw. den Erhalt wertvoller Ökosysteme und Biodiversität
- Förderung eines Bewusstseins und Schaffung von Anreizen für umweltverträglichen Konsum

Der Ausgangspunkt des WWF ist zunächst die Konfrontation der Unternehmen mit der aktuellen ökologischen Situation und dem Handlungsbedarf. Wie steht es um unsere Umwelt, und in welchem Bezug dazu steht das jeweilige Unternehmen? Gibt es offensichtliche negative Umweltauswirkungen im Zuge der Geschäftstätigkeit oder entlang der Lieferkette? Als Konsequenz dieser Auseinandersetzung stellt sich beim betreffenden Unternehmen entweder eine ablehnende Haltung ein, weil es diese Reflexion gar nicht oder nicht mit dem WWF führen will, grundsätzliche anderer Meinung ist oder meist schlicht die Notwendigkeit für Änderungen ihrer Tätigkeiten nicht sieht. In dem Fall zieht sich der WWF entsprechend zurück und behält sich im Anlassfall je nach Relevanz für den WWF Ziele, Mittel und Möglichkeiten einen konfrontativen Zugang vor, der direkt an das Unternehmen oder die Öffentlichkeit gerichtet wird. Im Idealfall ergibt sich ein weiterführender Dialog, in dem es um den Austausch über Handlungsmöglichkeiten bzw. potentielle Maßnahmen zur ökologischen Verbesserung der Geschäftstätigkeit geht. Je nach konkretem Anlassfall, Thema und Intensität der Auseinandersetzung verfügt der WWF über einen für diese Zwecke im globalen Netzwerk aufgebauten Wissens- und Erfahrungsschatz, der von einzelnen Fachinputs bis zur direkten Begleitung bei der Umsetzung eines Engagements reichen kann.

Vom potentiellen Partnerunternehmen des WWF muss als Grundvoraussetzung für den vertiefenden Austausch und letztlich einer Kooperation, klarerweise die Bereitschaft gegeben sein, sich auf eine Zusammenarbeit mit dem WWF einzulassen. Also einer Institution, die eine „eigene (Naturschutz-)Agenda" verfolgt und die unter Umständen Forderungen stellt, die über die „Komfortzone" des Unternehmens hinausgehen. Die Außenwirkung einer Kooperation mit dem WWF/mit einer NGO sollte demnach vom Unternehmen insofern reflektiert werden, als dass es sich gegenüber der Öffentlichkeit mit einer transparenten Umweltverbesserungs-Verpflichtung „exponiert" und sich einer Kontrolle durch den WWF unterzieht.

3 WWF Firmenkooperationen – Anforderungen und Vorgehensweise

Unternehmen verdanken der Natur jene Ressourcen, die ihnen das Wirtschaften erst möglich machen. Ohne diese Ressourcen sind auf lange Sicht prosperierende Volkswirtschaften gar nicht denkbar. Deshalb kommt es darauf an, nachhaltig in den Grenzen eines Planeten zu wirtschaften, dessen Kapazität wir allerdings bereits jetzt überstrapazieren. Natur und Umwelt sorgsam zu behandeln, sind wir uns selbst und vor allem den kommenden Generationen schuldig. Aus dieser Überzeugung heraus arbeitet der WWF mit Firmen an konkreten Lösungen, die die Umwelt schützen und uns allen nützen.

Vorneweg ist zu sagen, dass der WWF die große Mehrheit der österreichischen Unternehmen in punkto Umweltengagement „im Mittelfeld" sieht. Die meisten Unternehmen in Österreich gehören weder zu leuchtenden Umweltvorreitern, noch zu eklatanten Umweltzerstörern. Die Mehrzahl der Unternehmen hat sich mit dem Thema Nachhaltigkeit, CSR oder Umweltschutz in irgendeiner Form auseinandergesetzt und setzt diverse Einzelprojekte mit mehr oder weniger weitreichenden Ansätzen um. An der Substanz dieser einzelnen Maßnahmen bzw. einer Einbettung in eine längerfristigen Vision auf Basis der Inputs relevanter Stakeholder erlebt der WWF jedoch nach wie vor selten. Hier versucht der WWF anzusetzen. Im Dialog und Austausch mit den Unternehmen wird versucht, den Handlungsbedarf aus Sicht des WWF klar zu machen, Verpflichtungen für ökologische Verbesserungen zu fixieren und diese transparent zu kommunizieren.

Der Bereich Umwelt- und Naturschutz in Verbindung mit Firmen umfasst eine enorme Bandbreite an Themen, von denen sich der WWF manchen intensiv (z. B. Klimaschutz, Agrarrohstoffe), manchen Themen gar nicht widmet (z. B. Abwässer, Chemikalien). Ausgehend von einer notwendigen Themenüberschneidung ist vor allem die Klärung des finalen Zwecks der angestrebten Zusammenarbeit die wichtigste Voraussetzung für eine Kooperation. In Anrechnung bisheriger Umweltschutz-Leistungen des Unternehmens, geht der WWF nur Firmenkooperationen ein, die eine vertraglich fixierte Umweltschutz-Verpflichtung des Unternehmens zum Inhalt haben. Erst darauf aufbauend werden alle weiteren Eckpunkte der Zusammenarbeit formuliert und fixiert.

Insbesondere die Aufrechterhaltung und Bewahrung der Glaubwürdigkeit und Unabhängigkeit des WWF sind die zentralen Aspekte, die im Vorfeld einer potentiellen Zusammenarbeit mit einem Unternehmen reflektiert werden müssen. Dabei spielen vor allem nachfolgende Prinzipien und Anforderungen an die Zusammenarbeit eine wesentliche Rolle:

Rahmen der WWF Umwelt & Wirtschaft Arbeit: Erfüllung der WWF Umwelt & Wirtschaft Prinzipien
Die vom WWF International vorgegebenen Prinzipien für die WWF & Wirtschafts-Arbeit bilden den Rahmen für die Auseinandersetzung bzw. Zusammenarbeit mit Firmen:

- Der WWF sieht den dringenden Handlungsbedarf für mehr Ökologisierung von Firmen für eine insgesamt nachhaltige Entwicklung und Erhaltung der natürlichen Ressourcen gegeben.
- Der WWF ist lösungsorientiert. Er geht proaktiv auf Firmen mit Relevanz für seine Naturschutz-Ziele zu, bringt diese Anliegen entsprechend vor und kann nach Erfüllung der Anforderungen auch eine direkte Zusammenarbeit eingehen.
- Der WWF realisiert in Kooperationen mit Firmen einen direkten Nutzen für die Natur bzw. einen Kommunikationsnutzen für inhaltliche Anliegen des Natur- und Umweltschutzes.
- Der WWF bezieht sich in einer Firmenkooperation ausschließlich auf den Umfang und Inhalt der Zusammenarbeit; die konkrete Zusammenarbeit ist nicht als generelles Einverständnis sämtlicher Tätigkeiten des Unternehmens oder gar Würdigung aller Firmenaktivitäten oder –entscheidungen abseits der Kooperation zu verstehen. Der WWF behält sich das Recht auf Kritik am Kooperationspartner vor.
- Der WWF ermutigt Firmen zur kontinuierlichen Verbesserung und Prüfung der Umweltleistungen durch unabhängige Dritte.
- Der WWF unterstützt im Umweltbereich ausgewählte „Umweltvorreiter-Firmen" um öffentliche Anerkennung für vernünftiges Umweltverhalten zu erhalten.
- Der WWF hebt Schäden, die der Umwelt durch Unternehmen oder Einzelprojekte angetan werden, negativ hervor.
- Der WWF forciert die Anwendung ökologischer Richtlinien, die über gesetzliche Anforderungen hinaus gehen.
- Der WWF hat klare Ausschlussbranchen, mit deren Unternehmen keine Form der Zusammenarbeit eingegangen wird.
- Der WWF akzeptiert nur finanzielle Unterstützung durch Unternehmenskooperationen, wenn diese im Einklang mit den Zielen des WWF stehen und dadurch seine Unabhängigkeit uneingeschränkt gewahrt bleibt.
- Der WWF versteht den Gebrauch des WWF-Logos nicht als „formales Umweltzertifikat" sondern als Kennzeichnung eines Engagements für den Natur- und Umweltschutz bzw. ökologischer Produkte bzw. Dienstleistungen.

Aus diesem übergeordneten Rahmen leiten sich nachfolgende allgemeine Anforderungen für Firmenkooperationen mit dem WWF ab:

- Die Firmenkooperation muss einen positiven Nutzen in Bezug auf die Mission des WWF liefern. Um dies zu erreichen, arbeitet der WWF vorzugsweise mit größeren Unternehmen zusammen, da diese mit ihrer Geschäftstätigkeit einen großen Einfluss

auf die WWF Naturschutz-Ziele haben. Das Unternehmen kann sowohl „fortgeschritten" in einzelnen Umweltthemen der Nachhaltigkeit als auch erst am Anfang oder auf dem Weg dorthin sein.
- Der WWF behält sich das Recht vor, den Firmenpartner im Fall unterschiedlicher Meinung zu kritisieren (gegebenenfalls auch öffentlich).
- Die Zusammenarbeit muss auf Transparenz beruhen, dh. der WWF legt mit dem Unternehmen die öffentliche Darstellung der vereinbarten Ziele (z. B. auf der WWF Website) vertraglich fest und man fixiert ein Monitoring bzw. eine Evaluierung der angestrebten Ziele.
- Genügend Abwägung zum Schutz der Marke WWF ist gegeben, dh. eine Abschätzung der potentiellen Risiken einer Zusammenarbeit werden immer im jeweiligen Einzelfall abgewogen, geprüft und nominierten Entscheidungsstellen zur Freigabe vorgelegt.
- Bei beiden Parteien sind genügend Ressourcen für die Zusammenarbeit eingeplant und budgetiert.
- Die Zusammenarbeit trägt dazu bei, positives Bewusstsein zu Natur- und Umweltschutzanliegen zu stiften; dementsprechend wird versucht, auch die Belegschaft des Unternehmens und/oder vor allem die Kunden direkt miteinzubeziehen.

Zusätzlich zu diesen allgemein gültigen Anforderungen, wird außerdem immer der Einzelfall anhand eines internen – bei geplanten größeren Kooperationen extern beauftragten – Firmenprüfungs-Prozesses analysiert und hinterfragt, ob die Zusammenarbeit inhaltlich und kommunikativ eingegangen werden kann. Neben dieser Vorab-Prüfung, spielen Erfahrungswerte ähnlicher oder ehemaliger Kooperationen im weltweiten WWF Netzwerk eine wichtige Rolle zur Bewertung der Qualität und Effekte einer geplanten Unternehmenskooperation.

Natürlich gibt es auch gesamte Branchen bzw. Firmen mit bestimmten Produktions- und Geschäftspraktiken, mit denen der WWF grundsätzlich keine Zusammenarbeit eingeht. Einige Beispiele dafür sind Unternehmen bzw. Branchen, deren Produkte unter die CITES-Bestimmungen fallen (CITES = Handel mit gefährdeten Tier- und Pflanzenarten), FCKW-haltige Produkte, die gesamte Kohle-, Öl- und Nuklear-Industrie (inklusive Zulieferbetriebe), PVC-haltige Produkte, Aluminium- oder Gold-Konzerne, Tabakindustrie, Firmen im Bereich der Waffen- und Kriegsgeräterzeugung sowie Firmen unterschiedlicher Branchen, die ihre Produkte in Projekten oder Anwendungsbereichen zum Einsatz bringen, wodurch unwiderrufliche Umweltschäden passieren (z. B. Praktiken einzelner Finanzinstitutionen, Geschäftspolitik einzelner Zulieferbetriebe von Komponenten für Großprojekte mit irreversiblen Umweltschäden etc.).

Anforderung: Naturschutz-Verpflichtung („Commitment") des Firmenpartners
Die Entscheidung des WWF für eine Zusammenarbeit mit einem Unternehmen liegt primär an der Naturschutz-Verpflichtung („Commitment") des Unternehmens gegenüber dem WWF. Diese vertragliche Verpflichtung hat klarerweise keinen „einklagbaren" rechtlichen Status, erzeugt allerdings durch die transparente Darstellung der Zusammenarbeit

automatisch eine Art Verbindlichkeit, der das Unternehmen alleine aus Reputationsgründen nur ungern nicht nachkommt. Die thematische Bandbreite für diese Verpflichtungen bezieht sich klarerweise auf die Fokusthemen des WWF, sie reichen vom Thema Klimaschutz über Agrarrohstoffe bis hin zu Projekten zur Reduktion des Ökologischen Fußabdruckes und zur Biodiversität.

Die Naturschutz-Verpflichtung gilt grundsätzlich für alle Firmenkooperationen des WWF, spielt aber bei (meist kleineren) Firmen, die bereits als „Vorreiter" im Umweltschutz gelten eine weniger bedeutende Rolle als bei (meist größeren) Firmen, die keine führende Position im Umweltengagement einnehmen bzw. die noch über großes Potential für Klima- oder Umweltschutz-Verbesserungen verfügen. Ähnlich verhält es sich oft mit nationalen Tochtergesellschaften internationaler Konzerne, mit denen vorzugsweise eine Zusammenarbeit mit der Konzernzentrale angestrebt wird, weil in den meisten Fällen dort die Firmenstrategie in wesentlichen Eckpunkten, so auch im Bereich Nachhaltigkeit, festgelegt wird.

Der WWF hat die Erfahrung gemacht, dass die Potentiale für substantielle Umweltschutz-Verbesserungen vor allem bei Firmen liegen, die gemeinhin nicht als „ökologisch engagiert" gesehen werden. Mit genau diesen, für die Erreichung der Naturschutz-Ziele essentiellen, aber in der öffentlichen Wahrnehmung unter Umständen als „zweifelhaft" eingestuften – Firmen eine Zusammenarbeit einzugehen, stellt den WWF in manchen Fällen vor eine Herausforderung. Auch deshalb ist die vertraglich fixierte Naturschutz-Verpflichtung mit dem Unternehmenspartner das wichtigste Element der Firmenarbeit.

Anforderung: Transparenz und Kommunikation
Transparenz einhergehend mit klarer Kommunikation ist ein essentielles Element, das die Glaubwürdigkeit bzw. das Verständnis für die Sinnhaftigkeit der Zusammenarbeit des WWF mit einem Unternehmen beeinflusst. Ganz wesentlich ist es dabei, an die allgemeine Öffentlichkeit (z. B. über die WWF Website) oder speziell an ausgewählte Zielgruppen (z. B. Kunden, Mitarbeiter) zu kommunizieren, warum es die Zusammenarbeit gibt, welche (ambitionierten) Ziele vereinbart sind und letztlich darüber ob diese im Verlauf der Kooperation erreicht wurden.

Die Naturschutz-Verpflichtung ist zentrales Element des Kooperationsvertrages sowie der Kommunikation nach außen. Diese Transparenz soll klarerweise auch eine berechtigte Erwartungshaltung der Öffentlichkeit gegenüber dem Unternehmen erzeugen, die bei Nichteinhaltung der fixierten Naturschutzziele zu negativen Effekten führen könnte (z. B. Reputationsverlust).

In der Praxis erleben wir oft, dass die gemeinsame Kommunikation rund um die Zusammenarbeit bzw. vor allem zu einzelnen Maßnahmen, seitens des Firmenpartners forciert wird. Ein CSR-Engagement im Rahmen einer Kooperation mit dem WWF wird von den Firmen meist auch für das Marketing genutzt, um einen positiven Reputationseffekt zu erreichen. Der WWF steht dem nicht grundsätzlich kritisch gegenüber, manchmal ist es sogar zu begrüßen, wenn Firmen ihr Engagement kommunizieren, damit Kunden auf einen Sortimentswechsel (z. B. Auslistung bestimmter Produkte) mittragen. Der Knackpunkt ist wie so oft die Intensität bzw. der „werbliche Charakter" der Kommunikation, der über die Glaubwürdigkeit entscheidet bzw. das Urteil der (kritischen) Öffentlichkeit bestimmt.

Firmenkooperationen funktionieren am besten, wenn beide Partner „auf derselben Wellenlänge sind". Der WWF erlebt in der Praxis immer wieder Situationen, wo es Meinungsverschiedenheiten gibt. Insbesondere wenn diese Kritik den Inhalt der Zusammenarbeit betrifft, sucht der WWF aktiv zunächst das Gespräch mit dem Firmenpartner um den Sachverhalt zu diskutieren bzw. behält sich in Folge vor, mit anderen z. B. möglichen Beteiligten, Involvierten oder Sachverständigen zu sprechen, um die WWF Sichtweise einzubringen und den Anliegen des Natur- und Umweltschutzes eine Stimme zu verleihen.

Die Kommunikation über die Zusammenarbeit wird so wie die inhaltlichen Ziele und Maßnahmen im Kooperationsvertrag schriftlich fixiert.

Anforderung: Bezahlung für WWF Leistungen
Im Rahmen von Firmenkooperationen verlangt der WWF für die insgesamte Betreuung der Zusammearbeit bzw. Erbringung von Fach- und Kommunikationsleistungen eine entsprechende Vergütung (z. B. Inputs zur Beschaffung, im Bereich Klimaschutz, gemeinsame Kommunikation zur Zusammenarbeit usw.). Diese Fachinputs sind sowohl auf operativer Ebene zu verstehen als auch auf strategischer Ebene.

Aktuell betragen die Einnahmen aus Projekten und Kooperationen mit Unternehmen 14% der Gesamteinnahmen des WWF in Österreich (siehe wwf.at/de/jahresbericht; globales WWF Netzwerk 10%). Der Großteil der Einnahmen des WWF Österreich (Stand 2013 ca. 70%) kommt von Einzel- bzw. Privatspendern (Stand 2013 ca. 110.000 Personen), die für konkrete Naturschutz-Projekte des WWF spenden. Diese Mittel werden dem entsprechenden Zweck gewidmet, werden demnach nicht für die Arbeit des WWF mit Firmen verwendet. Als Teil der insgesamten WWF Arbeit, ist naturgemäß auch der WWF & Wirtschafts-Bereich Gegenstand verpflichtender jährlicher Prüfungen durch externe Steuer- und Wirtschaftsprüfer.

Anforderung: Freigabe der WWF Firmenprüfung
Wenn der WWF sowie das Unternehmen beschlossen haben, eine Zusammenarbeit eingehen zu wollen, führt der WWF während der Vertragsgespräche eine Firmenprüfung durch. Dabei wird zum Unternehmen recherchiert, ob – teilweise naheliegende, teilweise unvermutete – Umweltprobleme oder sonstige Risiken bekannt sind bzw. fließen klarerweise auch die Informationen aus den Gesprächen mit dem Unternehmen ein. Das zweite Element der Prüfung ist die Darstellung der beabsichtigten Zusammenarbeit mit den geplanten Zielen und Ergebnissen, Kommunikationsmaßnahmen etc. Die Entscheidung für oder gegen die Zusammenarbeit wird schließlich sowohl aus Naturschutz-fachlicher als auch aus kommunikativer Sicht getroffen.

4 Beispiele – WWF Firmenkooperationen

Viele Unternehmen in Österreich setzen mittlerweile gemeinsam mit NGO-Partnern CSR-Projekte um. Viele Beispiele davon sind lobenswert und leisten einen wichtigen Beitrag zur Veränderung der Wirtschaft bzw. nachhaltigen Entwicklung. Insgesamt ist der Effekt der zahlreichen Umweltengagements von Unternehmen allerdings nach wie vor unzureichend um die großen Herausforderungen im Bereich Klima- und Umweltschutz zu bewältigen. Der WWF versucht das Niveau unserer Firmenarbeit sukzessive nach oben zu bringen um einen wichtigen Beitrag zu leisten.

Der WWF kooperiert mit Unternehmen unterschiedlicher Größe und aus verschiedenen Branchen. Nachfolgend werden drei Beispiele kurz dargestellt, wo die Zusammenarbeit mit dem jeweiligen Unternehmen einen Nutzen für den Natur- und Klimaschutz bringt. Der WWF ist in diesen Beispielen entweder die „treibende Kraft" in der Zusammenarbeit und somit wesentlich verantwortlich, das Engagement des Unternehmens eingeleitet zu haben bzw. agiert als „Verstärker" und „Promoter" eines Engagements, um der jeweiligen Maßnahme mehr Anerkennung zu verleihen und insgesamt die Notwendigkeit für solcherart Einsatz zu betonen.

Die Zusammenarbeit mit der Allianz Versicherung (weitere Infos unter www.wwf.at/investment-bewertung)

Dem Finanzsektor bzw. -markt kommt aus Sicht des WWF eine besondere Bedeutung auf dem Weg zu einer nachhaltigen Entwicklung bzw. Ökologisierung der Wirtschaft zu, denn hier haben globale Finanzströme und somit Investitionen in sämtliche Sektoren, Technologien und Bereiche des menschlichen Konsums ihren oftmals versteckten Ursprung. Deshalb ist es dem WWF Österreich seit Jahren ein Anliegen, den heimischen Finanzsektor auf die Chancen und Risken, die mit einer globalen gesellschaftlichen Verantwortung einhergehen, aufmerksam zu machen und sich gemeinsam für eine nachhaltigere Zukunft einzusetzen.

Vor diesem Hintergrund haben sich im Jahr 2010 die Allianz und der WWF in Österreich im Rahmen einer Kooperation entschlossen, ein Investmentbewertungsmodell für die Nachhaltigkeit des Veranlagungsvermögens der Allianz zu entwickeln und anzuwenden. Die Intention dabei ist es, mit diesem „Analyseinstrument" Kapitalströme gezielt Richtung Nachhaltigkeit lenken zu können und damit einen Beitrag zur Veränderung der Finanzmärkte zu leisten.

Konkreter Ausgangspunkt der Zusammenarbeit war die Bestimmung von wesentlichen Indikatoren für Staaten und Unternehmen, die eine umfassende und praxistaugliche Beurteilung nach ökologischen, sozialen und ökonomischen Kriterien ermöglichen. Zur Ermittlung dieser Nachhaltigkeitsindikatoren für Aktien, Staats- und Unternehmensanleihen initiierte der WWF einen Multi-Stakeholder-Prozess mit rund 70 Vertretern aus Wirtschaft, Wissenschaft und dem NGO-Sektor (siehe Abbildung 2). Diese Vertreter diskutierten dabei die zentralen Themen und Handlungsfelder der Nachhaltigkeit im Finanzmarkt. Aus diesem Stakeholder-Prozess wurden in Folge für die drei Säulen der

Nachhaltigkeit Ökologie, Ökonomie und Soziales, zentrale Indikatoren abgeleitet (sowohl qualitative als auch quantitative Indikatoren um die langfristige Entwicklung von Portfolios messbar beurteilen zu können). Für die Bewertung von Staaten wurden unter anderem Themen wie Energie und Klima, Biodiversität, soziale Gerechtigkeit, Bildung, Arbeit, öffentliche Investitionen sowie Steuer- und Schuldenpolitik berücksichtigt. Bei Unternehmen wurden unter anderem Aspekte wie Ressourcenintensität, Menschenrechte, MitarbeiterInnenzufriedenheit, CSR sowie Lobbying und Recht analysiert.

Zentraler Anspruch bei der Entwicklung des WWF-Investmentbewertungsmodells war ein maximaler Nachhaltigkeitseffekt bei gleichzeitig hoher Praxistauglichkeit. Insgesamt messen demnach maximal 60 Wesentlichkeits-Indikatoren die ökologische, soziale und ökonomische Leistung von Unternehmen und Staaten. Bisherige Modelle berücksichtigen bis zu mehrere hundert Kriterien und sind somit meist nur zu einem geringen Maße über Nischenanwendungen hinaus geeignet. Aus dem Multi-Stakeholder-Prozess entstanden in Folge Bewertungsmodelle für Staaten sowie Unternehmen. Das Staatenmodell greift auf Quellen international anerkannte Institutionen wie UN, WHO, OECD, Eurostat zurück und besteht ausschließlich aus quantitativen Indikatoren. Das Modell für Unternehmen besteht zu mehr als zwei Drittel aus quantitativen Indikatoren, vorwiegend aus der UN Global Reporting Initiative (GRI). Hier wird neben dem Reporting der Firma („Eigendarstellung") zusätzlich auch die „Fremddarstellung" durch Medien und NGOs recherchiert und bewertet.

In der konkreten Anwendung des Analyseinstruments muss man sich das Modell vereinfacht dargestellt als „Filter" vorstellen, der Investments mit negativer Wirkung auf eine nachhaltige Entwicklung „rot" markiert, während aus Nachhaltigkeitssicht positive Investments mit „grün" gekennzeichnet werden. Anhand dieser grundsätzlichen Mechanik lenken Fondsmanager die Veranlagungen schrittweise Richtung Nachhaltigkeit um. Hierbei spielen aus Sicht der Allianz auch das frühzeitige Erkennen und Managen von so genannten „ESG-Risiken" (Environmental, Social, Governance) für langfristig nachhaltiges Wirtschaften eine wichtige Rolle. Die Umsetzung steht nach entsprechender Entwicklungszeit nun am Anfang, die erreichten Meilensteine und Erfolge (z. B. spezifische Divestments, gezielte Investitionen in umweltfreundliche Bereiche o. Ä.) werden sukzessive kommuniziert.

Jedes Modell hat in der Aussagekraft seine Grenzen. Dies kann an fehlenden Indikatoren, schlechter Datenverfügbarkeit einzelner Indikatoren oder an fehlenden Standards und Benchmarks liegen. Aus diesen Gründen ist dieses Bewertungsmodell auf eine „evolutionäre" Weiterentwicklung ausgerichtet und bedarf einer regelmäßigen Untersuchung der Indikatoren, der Datenverfügbarkeiten sowie der Entwicklung von internationalen Standards und laufenden Trends (Abb. 2).

Besonders relevant für den WWF ist die Bereitschaft der Allianz, keine Nischenidee zu verfolgen, sondern ihr Kerngeschäft zu ökologisieren. Der Hebeleffekt ist bei dieser Kooperation besonders groß, da durch diese Maßnahme nicht nur die Allianz „grüner" wird, sondern auch ein direkter Einfluss auf den Finanzmarkt genommen wird. Im Sinne der Vision des WWF also ein mögliches Vorbild für notwendige Veränderungen hin zu einem nachhaltigen Finanzmarkt.

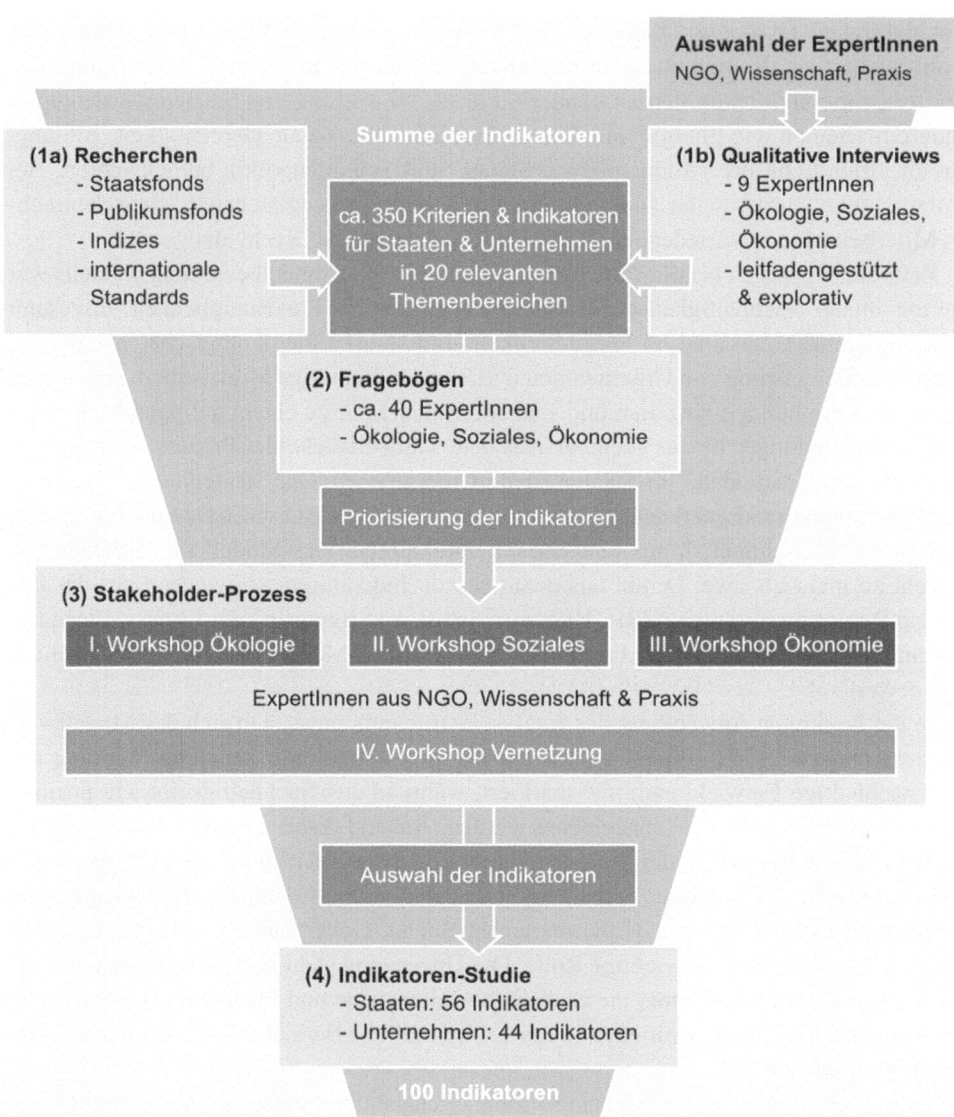

Abb. 2 *Links* das „unternehmenszentrierte" Selbstverständnis von Firmen, *rechts* die aus WWF Sicht richtige verstandene Selbstwahrnehmung von Firmen. (WWF International 2007)

Die Zusammenarbeit mit dem Lebensmittelhändler SPAR Österreich (weitere Infos unter www.wwf.at/spar)

SPAR Österreich hat sich 2011 im Rahmen der Zusammenarbeit mit dem WWF zur Umstellung des gesamten Fischsortiments zu nachhaltigem Fischfang verpflichtet. Damit soll verhindert werden, dass Produkte aus überfischen Beständen ins Regal kommen bzw. insgesamt ein wichtiger Beitrag zum Erhalt der Meere und Meeres-Artenvielfalt geleistet wird. In der Umsetzung der Zusammenarbeit wurde eine vollständige Sortimentsanalyse im Bereich Fische und Meeresfrüchte durchgeführt. Auf deren Basis wurden mit kontinuierlichen Bewertungen konkrete Maßnahmen gesetzt: SPAR hat stark überfischte Meerestiere ausgelistet und den Verkauf von nachhaltig gefangenem Fisch, Bio-Zuchtfischen und MSC-Produkten verstärkt. Neben der primären inhaltlichen Arbeit war und ist auch die Kommunikation zentral in der Zusammenarbeit: mit entsprechender Kommunikation sind Konsumenten zu gewinnen, wenn unter Umständen häufig gekaufte Fische aufgrund einer Auslistung nicht mehr erhältlich sind. Im Rahmen der Kommunikation spielt als Orientierungshilfe für Konsumenten auch der WWF Fischratgeber eine wichtige Rolle (siehe www.wwf.at/fischfuehrer). Anhand dessen kann der Kunde auf einem Blick feststellen, welche Fische er kaufen kann und bei welchen Vorsicht geboten ist.

SPAR hat als Handelsunternehmen durch seine Entscheidung für die Umstellung des Fischsortiments auch Einfluss auf seine Zulieferer und auf seine Kunden. Durch das umfassende Angebot kann die Nachfrage nach nachhaltigem Fisch beim Kunden gestillt und die Lieferanten ebenfalls zu einem Umdenken animiert werden.

Zusätzlich ist SPAR seit 2011 auch Mitglied der WWF CLIMATE GROUP (siehe auch weiter unten).

Die Kooperationen im Rahmen der WWF CLIMATE GROUP (weitere Infos unter www.climategroup.at)

Die WWF CLIMATE GROUP ist eine im Jahr 2007 vom WWF gegründete Plattform für Unternehmen, deren Partner sich freiwillig zu CO_2-Reduktionen, Förderungen klimafreundlicher Angebote sowie Klimaschutz-Bewusstseinsbildung bei den Mitarbeitern oder Kunden verpflichtet haben. Die aktuellen Mitglieder sind IKEA, SPAR, die Allianz Versicherung, der Getränkehersteller Pfanner, die Erste Group, der Technologiekonzern Fronius sowie das Kommunikationsunternehmen gugler. Die Unternehmen verbindet das gemeinsame Ziel im Zuge der Zusammenarbeit ihre direkten und indirekten CO_2 Emissionen zu reduzieren. Dabei ergreifen die Unternehmen in unterschiedlichen Bereichen Maßnahmen: Reduktion des Strom- und Wärmeverbrauchs, Umstieg auf erneuerbare Energiequellen, Umstellung der Fuhrparks auf umweltfreundlichere Fahrzeuge und Förderung von energieeffizienten Produkten. Zur Erreichung der Ziele werden jährlich mit dem WWF Maßnahmenpläne erstellt bzw. abgestimmt.

Bis dato konnten über 500.000 Tonnen CO_2 innerhalb der gesamten WWF CLIMATE GROUP seit ihrer Gründung vor sechs Jahren eingespart werden. Die größten Reduktionen erzielten die Unternehmen dabei mit Maßnahmen im Bereich elektrischer Energie, z. B. mit dem Umstieg auf Ökostrom.

Im Rahmen der Kommunikation sind Klimaschutztipps und -anreize für Mitarbeiter und Kunden ein weiterer wesentlicher Baustein der WWF CLIMATE GROUP. Die Partnerunternehmen verfügen gemeinsam über rund 55.000 Mitarbeiter und eine Vielzahl an Kunden als wichtige Multiplikatoren für ein klimabewusstes Handeln. Um ein Bewusstsein für Nachhaltigkeit und Klimaschutz zu schaffen, nutzen die Unternehmen regelmäßig ihre Kommunikationskanäle wie Mitarbeiter- und Kundenmagazine, Intranets, Unternehmens-Websites, Newsletter oder soziale Netzwerke.

Im Jahr 2012 initiierte die WWF CLIMATE GROUP eine österreichweite „Stromspar-Initiative" für Privathaushalte. Vier Wochen lang wurden über die Partnerunternehmen und dem WWF vergünstigte Angebote und einfach umsetzbare Stromspartipps angeboten – von stromsparenden Produkten bis hin zu einer eigens entwickelten Ratgeber-App. Mit den im Rahmen der Initiative verteilten und verkauften LED-Lampen und Steckdosenleisten konnten Österreichs Haushalte nicht nur ökologisch sondern auch finanziell profitieren.

Die Idee, die hinter WWF CLIMATE GROUP steckt, ist es, führende österreichische Unternehmen unterschiedlicher Branchen einzuladen, ein Stück des Weges im Bereich Klimaschutz gemeinsam zu gehen. Dabei war es wichtig, Firmen unterschiedlicher Branchen anzusprechen, um eine Vorbildwirkung für andere Unternehmen zu erreichen.

5 Fazit und Ausblick

Zusammenfassend stellt der WWF fest, dass das Thema verantwortungsvolle Unternehmensführung mehr und mehr an Bedeutung gewinnt. Für den WWF liegt dies einerseits schlicht und ergreifend an der zunehmenden Verschlechterung relevanter sozialer und ökologischer Faktoren der Umwelt und Gesellschaft (z. B. Klimawandel, Armut u. v. m.), also dem zunehmenden Handlungsdruck, der von diesen beklagenswerten Entwicklungen ausgeht. Andererseits auch daran, dass die Gesellschaft insgesamt vernetzter, informierter und kritischer wird was die Praktiken von Firmen anbelangt. Das Tun und Handeln von Unternehmen – insbesondere „schädliche" Tätigkeiten – wird schneller publik und verbreitet.

Freiwillige CSR Maßnahmen sind ein wichtiges Tool. Das Engagement der Unternehmen in diesem Bereich liefert wichtige Beiträge zur Lösung unserer sozialen und ökologischen Probleme. Es ist allerdings kein Allheilmittel.

CSR kann keine bindenden Regeln und Standards ersetzen, die die Politik vorgibt. Jedes Commitment der Wirtschaft ist besser als kein Commitment, allerdings wirft gerade die Freiwilligkeit des Konzepts in schwierigen Situationen Zweifel an ihrer Wirksamkeit auf. Manche Unternehmensverbände scheinen CSR dazu benützen zu wollen, bindende globale Umweltregeln für die Wirtschaft – und insbesondere für multinationale Konzerne – zu verhindern oder zu unterminieren.

CSR kann auch nicht für eine ökologische Kostenwahrheit sorgen. Die ökologischen Kosten von Produkten – wie z. B. Verschmutzungen, unwiderrufliche Zerstörung von Lebensraum oder Klima-Auswirkungen – spiegeln sich im Marktpreis von Produkten nicht wieder. Und auch durch CSR wird ein Produkt, das auf Kosten der Umwelt produziert und transportiert sein, nicht teurer. Marktmechanismen reichen nicht aus, um ökologische Kosten zu reduzieren. Ökologische Kostenwahrheit ist eines der wichtigsten Nachhaltigkeitsthemen, wenn die Kosten für billig und schmutzig produzierte Güter nicht weiterhin von der Allgemeinheit – meist in den produzierenden Ländern – getragen werden sollen. CSR kann dieses Manko nicht auffangen.

Und schließlich kann CSR kein unökologisches Verhalten legitimieren. Baut ein Unternehmen z. B. ein Kohle- oder Atomkraftwerk, einen zerstörerischen Staudamm, für den Menschen zwangsumgesiedelt werden müssen, oder eine Papierfabrik, die Regenwald zerstört, kann es auch nicht vom ambitioniertesten CSR-Leitbild reingewaschen werden.

Wenn Unternehmen sich aktiv dem Thema Nachhaltigkeit stellen, nehmen sie aus WWF Sicht eine „Integrationsherausforderung" an, dh. dass neben den klassischen ökonomischen Anforderungen zusätzlich auch ökologische und soziale erfüllt werden müssen. Im Abgleich dieser drei – oft widersprüchlichen – Intereressenslagen, gewinnt fast immer der ökonomische Aspekt, weil Unternehmen nun mal auf profitables Wirtschaften ausgerichtet sind. Oft bringt dieses Ziel einen („trivialen"?) sozialen Grundnutzen mit sich, in dem Sinne als dass Menschen eine Arbeit bekommen bzw. das Einkommen davon die (familiäre) Lebensgrundlage darstellt. Zahlreiche Beispiele bestätigen jedoch, dass gerade auch im sozialen Bereich viele Anliegen der ökonomischen Maxime geopfert und nicht umgesetzt werden. Die ökologische Dimension bleibt aus WWF Sicht oft am ehesten auf der Strecke – es sei denn, die Umweltmaßnahme geht mit einer Kosteneinsparung einher (z. B. im Bereich Klimaschutz). Für den WWF geht diese „win-win-Situation" in Ordnung – wichtig dabei ist allerdings glaubwürdig zu kommunizieren, dass die Motivation solcher CSR-Maßnahmen auch (oder primär?) aus dem ursächlichen ökonomischen Anspruch des Unternehmens heraus kommt.

Aus WWF Sicht gelingt nur wenigen Unternehmen eine wirklich substantielle Umsetzung der Anforderungen einer nachhaltigen Entwicklung im Sinne aller drei Dimensionen. Die Antwort kann nun nicht nur darin bestehen, den Firmen mehr öko-soziale Verantwortlichkeit abzuverlangen oder zu erwarten, dass NGOs einen „Kapitalismus mit menschlichem Antlitz" schaffen. NGOs sind nützliche Einrichtungen, doch sie können kein Ersatz für demokratische Prozesse sein, in denen wir als Bürger und Arbeitnehmer die Vorstellungen unserer Gesellschaft formulieren (Reich 2007).

Von zentraler Bedeutung für mehr Schwung in Richtung Nachhaltigkeit ist, wie eingangs erwähnt, die Politik – nur die politischen Verantwortlichen können verbindliche Vorgaben bzw. Gesetze definieren, damit Unternehmen zumindest Mindeststandards in allen drei Dimensionen der Nachhaltigkeit nicht unterschreiten. Ein auf den ersten Blick vielleicht wenig relevantes Beispiel für verstärkte politische Vorgaben an Firmen im Bereich CSR, ist die EU-Richtlinie zur Offenlegung nichtfinanzieller und die Diversität betreffender Informationen durch bestimmte große Gesellschaften und Konzerne. Obwohl diese Vorgabe in der aktuellen Fassung bei weitem nicht das Gewicht hat, das sich der WWF zur eingeforderten Transparenz von Großkonzernen wünscht, so ist sie doch zumindest ein erster Schritt die Auseinandersetzung von Unternehmen mit dem Themenfeld Nachhaltigkeit verstärkt zu initiieren.

Neben diesem Handlungsauftrag der NGO-Vertreter an die Politik bleibt die Einbindung und Auseinandersetzung mit unterschiedlichen Stakeholdern weiterhin essentiell. Im Sinne des zukünftigen Stakeholder-Managements wünscht sich der WWF von Unternehmen demzufolge:

- die Bereitschaft, dem Input von NGO-Stakeholdern auch strategisch nachzukommen – auch wenn er „schmerzhafte", weil finanzielle, Einschnitte in bestehende Geschäftspraktiken zur Folge hat. Meist verbleibt die Integration der Stakeholder-Inputs auf operativer bzw. Projektebene, wo also einem vorgebrachten Anliegen mit Einzelmaßnahmen nachgekommen wird, ohne das ursächliche Kerngeschäft schrittweise zu hinterfragen und gegebenenfalls zu verändern.
- wenn Firmen sich am GRI Leitfaden für ihr Nachhaltigkeitsmanagement und –reporting orientieren, dann mehr Beachtung der Prinzipien des Leitfadens (vor allem dem Nachhaltigkeitskontext, Wesentlichtkeit, Vollständigkeit, Einbeziehung der Stakeholder) sowie der Qualitätskriterien (Ausgewogenheit, Klarheit, Genauigkeit, Aktualität, Vergleichbarkeit, Zuverlässigkeit).
- generell mehr Transparenz in der Darstellung der Geschäftstätigkeit, um als externer Stakeholder besser verstehen zu können, wo mögliche Ansatzpunkte und Potentiale für Umweltverbesserungen liegen könnten.
- die Umsetzung von Stakeholder-Dialogen bevorzugt in „kleinerem Kreis" – unsere Erfahrung ist, dass sich niemand richtig „gehört fühlt" in Runden mit mehr als 10 Vertretern.
- die unbedingte Verknüpfung des CSR-Engagements mit dem Kerngeschäft des Unternehmens. Zusätzliche philanthropische Initiativen sind zu begrüßen, es darf aber nicht dabei belassen werden.

Der Erfolg bzw. die Profitabilität eines Unternehmens lässt sich am besten an seinem Aktienkurs bzw. seiner Bilanz ablesen. Es gibt jedoch kein vergleichbares Maß für die Umsetzung und Beurteilung der Stakeholder-Interessen. Zwar wurden Anstrengungen unternommen und es gibt einige Ansätze, keiner davon aber hat es bis dato aber zum Durchbruch, dh. zu einer „Mainstream-Anwendung" geschafft. Aktuell regieren Unternehmen nachwievor primär auf die Stakeholder-Gruppe Aktionäre bzw. Eigentümer und Kunden. Das echte Berücksichtigen der Interessen vieler weiterer Stakeholder führt automatisch zu Interessenskonflikten und gegensätzlichen Anforderungen. Der WWF bemüht sich demnach auch verstärkt über die – große und auch oft schwierig zu fassende – Zielgruppe der Konsumenten/Kunden von Unternehmen Bedürfnisse, Erwartungen, Anliegen zu transportieren – schwierig genug, sich bei Kunden in der Vielzahl an tagtäglichen Botschaften und Informationen Gehör zu verschaffen.

Der WWF wird weiterhin als konstruktiver und lösungsorientierter Partner auftreten und Firmen in ihre Pflicht nehmen. Das Ziel ist und bleibt ambitionierte Umweltschutzmaßnahmen hin zum nachhaltigen Wirtschaften zu bewirken.

Literatur

Jeanrenaud J, Boulos M, WWF International (2007) One planet business: the challenge of corporate responsibility. Gland. CSR & Accountability, www.sustdev.org

KPMG, WWF (2010–2013) Wirtschaftsbarometer Klimaschutz, siehe www.wwf.at/de/menu27/subartikel2360/

Reich R (2007) Superkaptialismus – Wie die Wirtschaft unsere Demokratie untergräbt. Campus Verlag, Frankfurt

WWF (2012) WWF Living Planet Report 2012. wwf.panda.org/about_our_earth/all_publications/living_planet_report/

Mag. Thomas Kaissl leitet den Kompetenzbereich Umwelt & Wirtschaft beim WWF in Österreich im Sitz in Wien. Als Teil des globalen WWF Netzwerks, setzen sich er und sein Team für eine Ökologisierung der Wirtschaft ein, dh. es geht um die direkte Zusammenarbeit mit Unternehmen zur Reduktion deren Ökologischen Fußabdruckes. Der Fokus dabei liegt in den Bereichen Klimaschutz, umweltfreundliche Beschaffung und Produktion sowie um den Erhalt der Biodiversität. Seine beruflichen Stationen vor dem WWF waren die UNEP und Ernst & Young. Herr Kaissl hat Internationale BWL und Biologie an der Universität Wien studiert und einen Abschluss des Lehrgangs ‚Renewable Energy in CEE' der TU Wien.

Smart Engagement: State of the Art Stakeholder Engagement

John Aston

Dieser Text basiert auf dem dritten Kapitel des Buches „Smart Engagement: Why, What, Who and How" (DoShorts 2014), der Autoren John Aston, astoneco management, und Alan Knight, Social Impact Partners.

Zusammenfassung

Intelligente Unternehmen im 21. Jahrhundert sind jene, die sich den Veränderungen der gesellschaftlichen Anliegen, Erwartungen, Risiken und Chancen am besten anpassen. Ein „Smart Business" zeichnet sich dadurch aus, dass nachhaltige Ergebnisse generiert werden, und zwar durch „Smart Engagement". Die Unternehmensführung verschafft dadurch sowohl ihrem Unternehmen als auch der Gesellschaft einen Mehrwert und gelangt zu Resultaten, die nicht nur finanziell und technisch erfolgreich, sondern auch sozial und ökologisch annehmbar und nachhaltig sind. „Smart Engagement" ist ein Programm, das in das Kerngeschäft integriert wird und bei Planungen als Raster für erfolgreiche Geschäfte dient. Diese Vorgehensweise richtet sich nicht nach einer abstrakten Prozessrichtlinie, vielmehr ist der Weg vom „Smart Business" hin zum „Smart Engagement" geradlinig und folgt einem praktischen Ansatz, der darauf fokussiert, nachhaltige Ergebnisse mit Wertschöpfung zu generieren. Der Buchbeitrag zeigt anhand von praxisnahen Beispielen, wie die Einbeziehung von Interessensgruppen in Projekte und Prozesse gelingen und zu tiefgreifenden Resultaten führen kann.

J. Aston (✉)
astoneco management, Fraggle Rock Farm, Rahona East, Carrigaholt, Co. Clare, Ireland
E-Mail: john.aston@astoneco.com

1 Smart Engagement & Smart Business

Viel wurde bislang über Stakeholder Engagement geschrieben – wohl ein Hinweis auf die wachsende Bedeutung dieser Thematik für erfolgreiche Unternehmen, Geschäfte und Organisationen. Inzwischen gibt es auch eine Vielzahl an Ratgebern und Standards, die erklären, wie die Einbeziehung von Interessensgruppen in Projekte und Prozesse funktioniert.

Obwohl dieses Wissen eine wertvolle und notwendige Kompetenz darstellt und gewährleistet, dass das Engagement dem Unternehmen einen Mehrwert bringt, ist es wichtig vorerst einen Schritt zurück zu treten, um das größere Bild dahinter sehen zu können und zu fragen: warum engagieren Sie sich als Unternehmen?

Stakeholder Engagement hat einen klaren Zweck. Wer diesen nicht erkennt, vergeudet Zeit und Ressourcen – seine und die der anderen. Der internationale Stakeholder Engagement Standard AA1000SES (2011) betont dies eindeutig in seinen Hauptkapiteln 2 und 3. Diese beinhalten: *„Verpflichtung und Integration", „Einbindung der unternehmerischen Governance"* und *„Einbindung der Organisationsstrategie und des operativen Betriebs"* sowie *„Zweck, Rahmen und Stakeholder".* Nur der abschließende Abschnitt (Kapitel „Stakeholder Relation Management als Kern der Führungsaufgabe") fokussiert auf den Engagement-Prozess.

Das spiegelt auch der Stand der Technik im Stakeholder Engagement wieder, der sicher stellen soll, dass ein Geschäft ein sogenanntes *„Smart Business"* wird beziehungsweise ist. Ein *„intelligentes Geschäft"* ist ein Geschäft, das Resultate liefert (oder Wirkungen), die nicht nur finanziell und technisch erfolgreich, sondern auch sozial und für die Umwelt annehmbar und nachhaltig sind. Im 21. Jahrhundert betrachten wir jene Geschäfte als intelligent, die sich am besten den Veränderungen in der Gesellschaft und ihren Erwartungen sowie den Gefahren und Möglichkeiten anpassen und die wissen, wie man nachhaltige Resultate generiert.

Diese Art von Stakeholder Engagement wird als *Smart Engagement* (Aston und Knight 2014) bezeichnet. Viele Unternehmen sprechen über Stakeholder Engagement, aber nur wenige tun dies in einer Weise, die zum Geschäftserfolg beiträgt. Häufig engagieren Unternehmen die falschen Menschen zu den falschen Themen und zur falschen Zeit. Sie brauchen sowohl bei der Planung als auch bei der Umsetzung zu viel oder auch zu wenig Zeit. Mitunter rutschen sie in einen PR-Modus und versuchen eher, den Prozess zu managen als sich zu engagieren. Sie unterminieren Beziehungen, indem sie Erwartungen schaffen, die nur selten erfüllt werden können, oder sie investieren in Aktivitäten und treffen Entscheidungen, die nur ein paar Menschen tatsächlich wollen. Solche Unternehmen betreiben kein *Smart Engagement.*

Smart Engagement ist ein Partizipations-Prozess, der mit den Interessensvertretern und Stakeholdern gestaltet und implementiert wird und in akzeptierten, rechenschaftspflichtigen und nachhaltigen Leistungen und Ergebnissen resultiert.

Durch *Smart Engagement* ist Stakeholder Engagement in die laufende Planung, Umsetzung und Organisation von Entscheidungen und Aktivitäten integriert, damit das Unter-

Abb. 1 Smart Engagement ermöglicht Smart Business

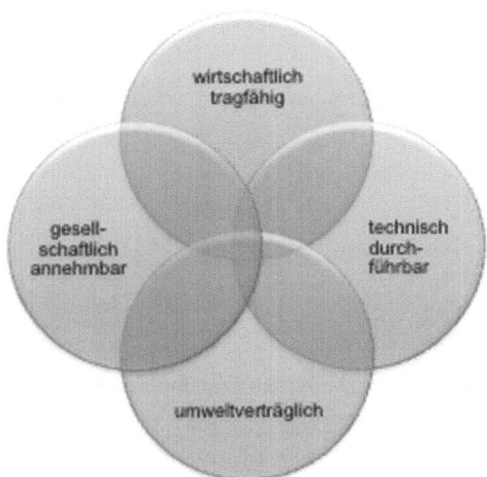

nehmen erfolgreich und nachhaltig geführt werden kann. In einer Welt, in der die elektronische Kommunikation so weit verbreitet und schnell ist (E-Mail, YouTube, Facebook, Twitter, Instagram etc.) und Fehler oder vermeintliche Fehler öffentlich sind, bevor man es bemerkt und in der die Akteure mehr und mehr Einfluss auf die Effektivität und Effizienz der Arbeitsabläufe und Ziele haben, ist mehr und mehr integriertes Engagement in Geschäftsprozessen erforderlich.

In der Tat, Smart Businesses warten nicht, bis Sie unter Druck sind oder in Schwierigkeiten bevor sie sich einbringen. Sie erkennen, dass das Engagement von Stakeholdern eine außergewöhnliche Quelle für neue Ideen und Innovationen sein kann und ihnen das sogar einen Wettbewerbsvorteil ermöglicht. Sie sehen, dass der Aufbau von Beziehungen und Partnerschaften ihre Reputation verbessert und ihnen Zugang zu Chancen ermöglicht, die sonst nicht zur Verfügung gestanden wären. Klugen Unternehmen ist zudem bewusst, dass das Engagement mit sachkundigen Stakeholdern zu einem besseren Verständnis von Risiken und Möglichkeiten führen kann und Risiken dadurch leichter gehandhabt oder sogar verringert werden können. Und es ist ihnen bewusst, dass die Unterstützung ihrer Partner wichtig ist, um Genehmigungen zu erhalten und Lizenzen bedienen zu können (Abb. 1).

Smart Engagement hat eine fundamentale Funktion im *Smart Business* und ist Ausgangspunkt für kluge Geschäfte. *Smart Engagement* funktioniert am besten und schafft den höchsten Wert in Organisationen, deren Strategie darin besteht, kluge Ergebnisse zu generieren. Entscheidungen und Aktionen, die auf *Smart Engagement* basieren, erzielen *Smart Outcomes*. Um diese klugen Ergebnisse zu erreichen, benötigt man Komponenten wie eine ideale Führungsqualität, die Einbindung der Governance, eine adäquate Strategie, ein klares Geschäftsmodell und Managementsystem sowie Innovationskraft.

Abb. 2 Nehmen Sie den Kopf aus den Sand: ein Fall für *Smart Engagement*

2 Umsetzung im Unternehmen

Der Schlüssel zu *Smart Engagement* ist ein vollständiges und umfassendes Verständnis des Begriffs „Stakeholder". Also: was ist „the Stake", der Anteil, und wer sind die „Holders", die Eigentümer? In der Praxis ist die Definition von „Stake" ein iterativer Prozess: dieser wird auf Grundlage der Ansichten der involvierten Menschen während des Einsatzes angepasst und festgelegt. Die daraus resultierenden Stakeholder Engagement-Fragen ‚Warum', ‚Was' und ‚Wer' tendieren dazu, immer klarer und realitätsbezogener zu werden je weiter der Engagement-Prozess voranschreitet. Viele Organisationen scheitern in ihrem Engagement, weil sie diese Fragen eben nicht ausreichend gestellt und letztlich nicht klärend beantwortet haben (Abb. 2).

Diese erforderliche Klarheit zu schaffen, ist eine umfangreiche interdisziplinäre und ressortübergreifende Übung, die unter dem wachsamen Auge der Führungsperson(en) der Organisation passieren sollte. Die Prüfung des strategischen und operativen Zwecks des Engagements ist für das Erlangen der Klarheit essentiell.

Sobald diese existiert, können wir den verfügbaren Richtlinien in internationalen Standards wie AA1000SES folgen.

Zu den allgemeinen strategischen und operativen Gründen für Stakeholder Engagement gehören:

- ein besseres Verständnis und eine adäquatere Reaktion auf Risiken, um Gelegenheiten und Chancen zu ermöglichen;
- über Entwicklungen zu informieren, um (Ein)verständnis zu gewährleisten sowie Rückmeldungen und Anregungen für Maßnahmen und Strategien zu erhalten;
- Vertrauen, soziales Kapital und gesellschaftliche Teilhabe aufzubauen;
- strategische Entscheidungen gemeinschaftlich zu treffen, um durch ein stärkeres Team besser unterstützt zu werden;

- Missverständnisse und Verzögerungen zu minimieren, die aufgrund schlechter Kommunikation entstehen;
- Unterstützung und Motivation zur Veränderung zu aktivieren;
- Ressourcen wie Wissen, Menschen, Geld und Technologie zu bündeln;
- Probleme zu lösen, Ziele zu erreichen oder Verbesserungen zu implementieren;
- Planung, Tests, Design, Genehmigungen und Teambuilding zu ermöglichen.

2.1 Strategische Herausforderungen

Üblicherweise beruht die Strategie auf jenen Methoden und Plänen, von denen man sich den gewünschten zukünftigen Zustand erhofft. Die strategischen Herausforderungen haben allerdings häufig mit Aspekten der äußeren Umgebung zu tun, die berücksichtigt und behandelt werden müssen, um die gewünschten Ergebnisse erzielen zu können. Das externe Umfeld bezieht sich meist auf jene Dinge, die eine Organisation in der Regel nicht kontrollieren kann, die aber einen maßgeblichen Einfluss auf deren Erfolg oder Misserfolg haben.

Organisationen nennen diese Aspekte häufig „Gefahren und Chancen" und gliedern diese in folgende Kategorien:

- **Politisch:** „Fallen unsere Änderungsmaßnahmen unter geltendes Recht bzw. gibt es gesetzliche Bedingungen für unser Engagement?"
- **Makroökonomisch:** „Werden wir in eine Rezession fallen und werden die Zinsen steigen?"
- **Sozialkapital:** „Werden uns Konsumenten oder Gemeindevertreter attackieren, werden wir die gesellschaftliche Berechtigung zur Führung unseres Betriebes verlieren?"
- **Naturkapital:** „Werden die benötigten Rohstoffe knapp und teurer, werden die Kosten für die Abfallbeseitigung höher?"
- **Lieferanten und Partner:** „Werden die Lieferanten die Qualität der Lieferungen halten, sind die Entscheidungen und Aktionen der Lieferanten nachhaltig, werden die wichtigen Partner sich zurückziehen oder sauer reagieren?"
- **Mitbewerber und Nachfrage:** „Werden unsere Konkurrenten Innovationen vorstellen, die einen Effekt auf die Nachfrage unserer Produkte und unser Service haben?"

> **Fallstudie 1: Goldbergbauunternehmen**
> Ein Goldbergbauunternehmen erhielt während einer Periode nationaler Privatisierungen eine Lizenz zur Nutzung einer Goldlagerstätte. Noch bevor das Unternehmen eine Betriebsgenehmigung erhielt, begann es Geld zu investieren, gestaltete und entwickelte das Projekt und versuchte Aktionäre davon zu überzeugen, wie erfolgreich sie damit sein werden. Zur selben Zeit und ohne deren Wissen, war der

Zivilgesellschaft mehr und mehr klar geworden, dass das Unternehmen die Lizenz auf korrupte Weise erhielt und sie daher dieses Unternehmen nicht als Partner in ihrem Land sehen wollten. Daher attackierten sie das Unternehmen: das Bild, das sie von diesem zeichneten war ein Symbol für alles, was in ihrem Land falsch lief.

Als Antwort darauf machten die Anwälte des Unternehmens unzählige Präsentationen vor den Vorständen der Unternehmensgesellschaft sowie vor Gericht, um zu zeigen, wie legal das Vorgehen sei. Das Unternehmen gab Millionen für lokale und nationale Öffentlichkeitskampagnen aus. Die Zivilgesellschaft wiederum focht das Genehmigungsverfahren in jedem Schritt an, häufig fokussiert auf die Entscheidungen der Behörden und nicht nur auf jene des Unternehmens. Obwohl das Unternehmen viele Rechtsfälle gewann, wurde eine Erlaubnis zur Nutzung der Lagerstätte auch nach zehn Jahren nicht gewährt. Ein Hinweis an dieser Stelle: Auch wenn eine Organisation nur wenig Kontrolle über solche externen Aspekte hat, muss sie diese verstehen – dadurch kann sie in der Lage sein, die Geschehnisse in gewisser Weise zu beeinflussen.

Eine erfolgreiche Organisation beobachtet und verfolgt Veränderungen, analysiert diese und versucht wenn möglich sie vorher zu erkennen und an ihnen teilzuhaben. Es gibt eine Reihe von Möglichkeiten, dies zu tun: die Nachrichten in den Medien zu verfolgen, einen Forschungsauftrag zur Thematik in Auftrag zu geben oder bereits publizierte Forschungen ausfindig zu machen und zu studieren – oder von Anfang an mit den beteiligten Personen zu sprechen; – mit anderen Worten, man kann die Stakeholder einbinden. Dieses Engagement bedeutet nicht, das Beobachten, Lesen und Analysieren bleiben zu lassen, sondern alles zu tun, um zu einer fundierten und nachhaltigen Entscheidung zu gelangen.

Diese Vorgehensweise ermöglicht es zu verstehen, warum Menschen in gewisser Weise handeln und warum sie genau diese Position einnehmen – über die faktischen Beweise hinaus. Wie Verhaltensökonomen und Soziologen betonen, handeln Menschen nicht immer rational. Bei Unsicherheit oder bei einem Mangel an Beweisen oder Vertrauen, handeln Menschen auf Basis ihrer Werte, Intuitionen, Annahmen und Überzeugungen. Entscheidungen, die allein auf der Grundlage tatsächlicher Beweise der Marktlage gefällt werden, können Unternehmen in Schwierigkeiten bringen. Daher ist es wichtig, sich auf die betroffenen Menschen im Prozess einzulassen, um eben deren Werte, Intuitionen, Annahmen und Überzeugungen zu verstehen. Für eine soziale und gesellschaftliche Akzeptanz der Prozesse müssen die generierten Leistungen und Ergebnisse auf diesem Verständnis beruhen.

Das heißt nicht, dass Organisationen grundsätzlich rational und Stakeholder irrational handeln. Weit gefehlt – oft ist es gerade umgekehrt. Vielmehr bedeutet es: wir sollten unsere strategischen Entscheidungen auf der Grundlage eines Verständnisses der gemeinsamen Werte, Bedürfnisse und Interessen machen. *Smart Engagement* ermöglicht uns den

Zugang zu diesem Verständnis. Wenn man dies berücksichtigt, während man das strategische Ziel festlegt, ist es oft hilfreich die beiden folgenden Fragen zu stellen:

- Verstehen wir tatsächlich die Risiken und Chancen unserer Umgebung?
- Wird es uns helfen, die Risiken und Chancen besser zu verstehen, wenn wir uns auf die relevanten Stakeholder einlassen, und auch zu erkennen, wie wir auf sie reagieren müssen?

Wenn die Antwort auf die erste Frage „Ja" lautet, dann sind sie mit ihren Stakeholdern schon gut verbunden. Ist die Antwort auf die zweite Frage ebenso „Ja", dann sollten sie sich mit ihren Stakeholdern in Verbindung setzen. Lautet die Antwort „Nein", was möglich ist, dann gibt es keinen Grund sich zu engagieren.

Ein wesentlicher letzter Punkt: Eine Strategie ist im Grunde die Artikulation einer Richtung, der eine Organisation folgen sollte. Das bedeutet in der Praxis, dass alle Entscheidungen konsequent in Übereinstimmung mit diesen Strategien getroffen und an ihnen gemessen werden müssen. Ein guter Anfang könnten die folgenden Fragen sein:

- Welche Entscheidungen müssen gefällt werden? – und danach
- Wird das Engagement uns helfen, bessere Entscheidungen zu treffen?

Fallstudie 2: Ein großes Bauunternehmen
Ein großes Bauunternehmen hat eine rechtliche Verpflichtung, Stakeholder am Projekt zu beteiligen und ist sich bewusst, dass die Gesetzgebung folgendes fordert:
- eine strategische Umweltprüfung (SUP) & eine Umweltverträglichkeitsprüfung (UVP);
- einige internationale Abkommen, die eine Auswirkung auf das Geschäft haben können, zum Beispiel „Aarhus" und „Espoo Conventions"; (Aarhus Konvention, Espoo Konvention)
- ein Bekenntnis zu den „Equator Principles". (Äquator-Prinzipien)

Das Engagement des Unternehmens wird von der internen PR-Abteilung verwaltet und vom Rechtsteam unterstützt. Die Aktivitäten sind auf die gesetzlichen Anforderungen beschränkt und beinhalten auch die Offenlegung von Informationen sowie die Durchführung öffentlicher Treffen mit den betreffenden Akteuren.

Bei mehreren vorangegangenen Projekten verliefen die gesetzlich vorgeschriebenen öffentlichen Beratungssitzungen feindselig. Die Firma erkannte, dass ein hohes Ausmaß an Misstrauen zwischen ihr und den externen Stakeholdern vorherrschte.

Aufgrund dieser Erfahrung und einiger weiterer ähnlicher Situationen, erkannte die Unternehmensführung, dass die gesetzlich vorgeschriebenen Stakeholder Engagement-Programme eine Organisation nicht ausreichend dazu befähigen, die möglichen Geschäftsrisiken zu entschärfen. Ebenso wenig würden diese die notwendigen

> internen und externen Handlungskompetenzen ausreichend unterstützen. Zudem wurde dem Unternehmen bewusst, dass es durch die vorangegangenen Maßnahmen die Kriterien der „vorherigen Zustimmung und Einverständniserklärung" ihrer Finanzorganisationen nicht erfüllen könne (zum Beispiel Equator Principles). Also gingen Sie zurück ans Reißbrett um ihr Stakeholder-Engagement strategischer zu betrachten.

2.2 Betriebliche Herausforderungen

Bei Arbeitsprozessen geht es darum, jene Leistungen (Produkte, Dienstleistungen, Prozesse, Nebenerzeugnisse) zu generieren, die eine Strategie vorschlägt, um zu strategischen Ergebnissen zu gelangen (gewünschter zukünftiger Zustand).

Die betrieblichen Herausforderungen bestehen darin, die Produktion dieser Leistungen möglichst gut zu planen, zu implementieren, zu überwachen, zu bewerten und darüber zu berichten. Also haben Sie die richtigen Leute, den nötigen Einsatz, den passenden Prozess und noch vieles mehr zu erbringen um Produkte und Dienstleistungen zu liefern, die technisch realisierbar, wirtschaftlich tragfähig, gesellschafts- und umweltverträglich sind. Das sind die Herausforderungen im Zusammenhang mit den Produktionsmitteln, die es zu kontrollieren gilt.

Betriebliche Herausforderungen und Lösungen stehen zunehmend im Zentrum der Erwartungen der Stakeholder. Sie sind nicht lediglich eine interne Angelegenheit. Daher gilt: interne und externe Stakeholder repräsentieren eine wertvolle Quelle für Ideen im Sinne betrieblicher Verbesserungen.

Unternehmen fassen diese operativen Aspekte häufig in folgenden Kategorien zusammen:

- **Wirtschaftlich:** „Wie gut verwalten wir unsere Finanzen?"
- **Reputation:** „Wie gut managen wir unser Marken-Image und das in uns gesetzte Vertrauen?"
- **Humankapital:** „Wie gut führen wir Menschen?"
- **Intellektuelles Kapital:** „Wie gehen wir mit geistigem Eigentum um?"
- **Arbeitssicherheit und Gesundheit:** „Wie gut organisieren wir Gesundheit und Sicherheit am Arbeitsplatz?"
- **Anlagenkapital:** „Wie gut verwalten wir unsere Anlagen und Ausrüstung?"
- **Umweltkapital:** „Wie gut gehen wir mit Abfall, Störfällen und Ressourcen um?"
- **Qualität:** „Wie gut managen wir Pünktlichkeit, Qualität und Lieferservice?"

Es ist also überaus sinnvoll, das Engagement als Tool zur täglichen Planung, Ausführung und Verwaltung von betrieblichen Maßnahmen zu verwenden. Neue Perspektiven bringen neue Ideen. Und „alte Hasen" kennen bestehende Verfahren und das Equipment in- und auswendig und wissen daher, wo Verbesserungen möglich sind.

Externe Stakeholder in innerbetriebliche Angelegenheiten einzubinden setzt gute Nerven und Vertrauen voraus. Man teilt Informationen über sein Unternehmen, von denen man vielleicht den Eindruck hat, dass diese vertraulich sind oder dass sie keinen positiven Eindruck hinterlassen. Man gesteht ein, dass man vielleicht nicht auf alles eine Antwort hat; man muss sich darauf einlassen zuzuhören und – möglicherweise sogar noch wichtiger – auf das, was man hört, zu reagieren und entsprechend zu handeln.

Die gute Nachricht ist, dass diese Form von Engagement nicht nur Vertrauen benötigt – wenn Stakeholder Engagement gut umgesetzt wird, bildet es auch Vertrauen, das nicht nur betrieblichen sondern auch sozialen Mehrwert bringt. Vertrauen wird belohnt. Vertrauen umgibt das, was wir denken, tun und sprechen. Es verbessert den Ruf. Es bildet eine Gemeinschaft. Es baut die Moral der Mitarbeiter auf. Es bildet Teams. Die Fragen, die im Zuge der betrieblichen Herausforderungen gestellt werden sollten, sind ähnlich jenen der strategischen Herausforderungen:

- Wurden alle betrieblichen Risiken und Möglichkeiten vollständig verstanden?
- Wird das Engagement dazu beitragen diese besser zu verstehen und wird es bei der Entwicklung innovativer Wege helfen, um den gesellschaftlichen und betrieblichen Wert des Unternehmens zu verbessern?

Wenn die Antwort auf die erste Frage „Nein" lautet, dann sollte ein Engagement-Prozess durchgeführt werden. Wenn die Antwort auf die zweite Frage „Ja" lautet, dann sollte ebenso Stakeholder-Engagement durchgeführt werden.

Häufig wird die Einbeziehung von Akteuren in betriebliche Angelegenheiten vorerst vom Management in Erwägung gezogen, weil es im Betrieb ein Problem gibt, das man benennen möchte. Wenn dem so ist, sind folgende Fragen nützlich:

- Welche betrieblichen Probleme haben wir?
- Wird die Einbindung von Akteuren dabei helfen, eine bessere Lösung für das Problem zu finden?

Fallstudie 3: Konsumgüterunternehmen
Ein großes Konsumgüterunternehmen hat rund um den Globus 40.000 Lieferanten. Über viele Jahre hinweg produzierte das Unternehmen ein Produkt, von dem manche annahmen, dass es ein Gesundheitsrisiko darstellt. Eine auf Kampagnen spezialisierte NGO wurde beauftragt, um das Produkt und das Unternehmen in Frage zu stellen – mit dem Ziel, das Produkt vom Markt zu nehmen. Was das Unternehmen eben nicht wollte.

Trotz der Bedenken über die geäußerten Gesundheitsrisiken war dieses Produkt der größte Verkaufsschlager und das Unternehmen hatte den Eindruck, die Fakten würden seitens der Gegner nicht korrekt dargestellt. Sie versuchten daher mit der NGO in Verbindung zu treten – die NGO wollte allerdings nicht mit ihnen sprechen.

Das Unternehmen nahm freiwillige Verhaltensregeln für die Vermarktung des Produkts auf und betrieb Forschung, um das Gesundheitsrisiko beurteilen zu können. Trotzdem wollte die NGO den Dialog nicht aufnehmen – sie hatten bereits einen Einfluss auf den Markt und auf die Marke des Unternehmens.

Das Konsumgüterunternehmen beschloss, dass es sich nicht aus eigener Kraft auf die Herausforderung durch die NGO einlassen konnte und beauftragte nun einen Experten. Obwohl dieser nicht in der Lage war, zwischen den beiden Parteien zu vermitteln, konnte er doch eine unabhängige Multi-Stakeholder-Gruppe etablieren, die sich eher mit den Problemen der Produktkategorie als mit dem Produkt des Unternehmens selbst beschäftigen sollte. Durch die Unabhängigkeit dieses Verfahrens und aufgrund der Glaubwürdigkeit der Experten, die den Prozess leiteten, war die NGO schließlich bereit ebenfalls daran teilzunehmen.

Als Teil des Prozesses evaluierte die Multi-Stakeholder-Gruppe Produktinhalte und Lieferanten anhand einer Reihe von internationalen Umweltschutz- und ethischen Arbeitsschutz-Standards. Dann trat sie mit allen Lieferanten in Verbindung, um eine Reihe von strengen und nachhaltigen Beschaffungs-Standards zu entwickeln und zu implementieren, die festlegten, wie das Unternehmen und seine Lieferanten zusammenarbeiten sollten. Jetzt hält das Unternehmen regelmäßigen Kontakt mit diesen Lieferanten – auch weil die Lieferanten häufig Anregungen und Empfehlungen geben, wie die Produktqualität und die betriebliche Effizienz zu verbessern wären. Alle Empfehlungen werden ausgewertet und wenn diese nachhaltig und auch wirtschaftlich für das Unternehmen sinnvoll sind, werden sie umgesetzt. Die Zusammenarbeit mit den Lieferanten brachte dem Unternehmen eine eindeutige Verbesserung der Materialeingänge und ein besseres Verständnis seiner Produkte seitens der Öffentlichkeit.

Vertrauen wird verstärkt, wenn Stakeholder – intern oder extern – in die Entscheidungsfindung involviert und nicht nur konsultiert werden (wenn sie also nur um ihre Meinung gefragt werden, aber nicht am eigentlichen Prozess der Willensbildung teilhaben können). Dies in der Praxis umzusetzen ist allerdings keine leichte Aufgabe. Wenn man Stakeholder in den Prozess involviert, heißt das nicht, dass man sich als Führungsperson seiner Verantwortung entzieht. Vielmehr ist es ein verantwortungsbewusster Umgang mit der Verantwortung. Wir erkennen immer wieder, dass das Einbeziehen von Stakeholdern in die Entscheidungsfindung bessere Entscheidungen und bessere Resultate bringt.

Die Zusammenfassung des ersten Schrittes ist: finden Sie immer heraus warum ein Engagement notwendig ist. Ohne einen klar definierten Zweck wird das Engagement meistens nicht viel bringen und Sie vielleicht sogar im Prozess zurückwerfen.

3 Erläuterung zur Entscheidungsfindung

Unterscheiden Sie zwischen den Entscheidungen, die gemacht werden müssen und den Informationen, die diese unterstützen. Zur Veranschaulichung: manchmal ist es schwierig, strategische Entscheidungen zu treffen ohne dabei operative Überlegungen einzubeziehen. Wie können Sie wissen, ob die Erhöhung der Produktivität des Backoffice eine bessere Wahl ist, als den Fokus im Wettbewerb von nun an eher auf die Qualität als auf den Preis zu legen, solange Sie die Kosten der Implikation, der notwendigen Fähigkeiten und der Wissensanforderungen oder der technischen Machbarkeit nicht kennen? Sie benötigen die betriebswirtschaftlichen Informationen ihres Engagements – und dafür müssen Sie Stakeholder in ihren Prozess integrieren, die über betriebliches Wissen verfügen. Die wichtige strategische Frage lautet daher: Welche strategische Option wählen wir in Anbetracht der steigenden Zahl jener Konkurrenten, die ihr Backoffice in Billiglohnländer auslagern? An diesem Punkt werden zwar keine operativen Entscheidungen getroffen, aber es fließen Informationen über die Arbeitsprozesse und diese haben auch eine Rückwirkung auf dieselben.

Andererseits mag es effizient sein, einen Engagement-Prozess zu gestalten, der beides beinhaltet: einen strategischen und einen operativen Zweck. Zum Beispiel: Sie haben vielleicht gerade eine schlecht gehende Produktlinie und müssen die Entscheidung treffen, ob sie diese aus ihrem Angebot nehmen oder nicht. Wenn ihr strategischer Entschluss lautet, der Produktlinie neues Leben einzuhauchen, dann ist es sinnvoll, das Engagement fortzusetzen und herauszufinden, wie die Produkte wieder am Markt Anklang finden.

3.1 Ergebnisse und Leistungen

Sie sollten immer versuchen, ihren strategischen Zweck in Bezug auf die Ergebnisse zu beschreiben – oder in Bezug auf den zukünftigen Zustand, den sie erreichen wollen. Wie im obigen Beispiel erwähnt: wenn sie den Zweck verfolgen, wettbewerbsfähig zu bleiben, ohne Arbeit in Billiglohnländer auszulagern, dann machen Sie das, weil das Ergebnis, das Sie erreichen möchten ist: wettbewerbsfähig zu sein und gleichzeitig die lokale Beschäftigung aufrecht zu erhalten.

Ein strategisches Engagement beinhaltet auch die Leistungen. In diesem Beispiel ist die Leistung die Entscheidung, ob sie über die Qualität und nicht über den Preis am Markt konkurrieren. Leistungen werden gewählt, weil diese der beste Weg sind um ein gewünschtes Ergebnis zu erzielen.

> **Fallstudie 4: Bau einer Autobahn**
> Während der Errichtung einer Autobahn – der Kunde war der Staat und der Vertragspartner eine angesehene Baufirma – kam es in einem Bauabschnitt zu Schwierigkeiten, weil die Bezugsquelle für das Füllmaterial nicht mehr erreichbar war.

Das führte zu Schwierigkeiten bei der Erfüllung des Vertrags und der Staat löste dieses Problem, indem er der Baufirma einen Steinbruch „übergab" und diese aufforderte mit diesem weiterzuarbeiten. Auf den technischen und geologischen Karten sah der Ort gut aus. In der Realität allerdings war der nun vorgesehene Abbauort nur 100 Meter vom nächst gelegen Haus einer kleinen Ortschaft entfernt, was auch beim Abtransport des Materials zu Problemen führte. Weder der Staat noch das Unternehmen nahmen mit der lokalen Bevölkerung Kontakt auf – obwohl ein Teil der Autobahn-Finanzierung aus EU-Mitteln stammte.

Als die Bewohner des Ortes begannen nachzufragen, was die Bulldozer dort taten, fanden sie rasch heraus, dass das Unternehmen keine Genehmigung für den Abbau hatte. Sie können sich vorstellen, welchen Lärm und Staub die Bewohner 24 h lang über sich ergehen lassen mussten. Nachdem der Bau der Autobahn bereits eine beschlossene Sache und schon im Gange war, beschloss die Dorfgemeinschaft, sich auf die Verbesserung der Situation zu konzentrieren, anstatt die Bulldozer zu blockieren. Deshalb organisierten sie sich in einer Gruppe um sicherzustellen, dass das Umweltmanagement verantwortungsvoll umgesetzt und das Gebiet nach Abschluss der Bauarbeiten ebenso verantwortungsvoll wieder hergestellt wurde.

Die Treffen der Gruppe mit dem Bauunternehmen und der Behörde waren von einem Mangel an Bereitschaft zum Dialog geprägt. Daher konzentrierte sich die lokale Gemeinschaft darauf, die Problematik durch Filmaufnahmen und Fotos auf der Internetplattform Youtube zu kommunizieren. In der Folge begann das Unternehmen enger mit der Gemeinde zusammen zu arbeiten um nachhaltigere Ergebnisse zu erzielen. Der Resultat war schließlich eine verbesserte Staub- und Lärmkontrolle und – sobald die Autobahn fertig gestellt war – die Wiederherstellung der Hügel, so wie es zwischen den Beteiligten vereinbart worden war. Die Renaturierung des Gebietes zu einem künstlich angelegten Hügel erfolgte durch 3000 Lkw-Ladungen Erdreich und die Pflanzung von 8000 Bäumen.

3.2 Der Engagement-Prozess

Sobald wir Klarheit über die Fragen Warum, Was und Wer im Sinne von *Smart Engagement* erlangt haben, arbeiten wir an der Implementierung des Smart Engagement-Prozesses. AA1000SES (2011) Kapitel „Stakeholder Relation Management als Kern der Führungsaufgabe" gibt dazu eine gute Richtlinie vor. Wenn sie mit der Identifizierung und Kategorisierung der Stakeholder beginnen, vergessen Sie nicht, dies nach dem „Warum" (Zweck) und dem „Was" (Rahmen) des Engagements zu tun. Zu Beginn ist es hilfreicher Gruppen oder Organisationen ausfindig zu machen, als Einzelpersonen.

Eine Frage die häufig gestellt wird ist: „Wie viel Aufmerksamkeit benötigt jede einzelne Interessensgruppe? In der Praxis ist es nicht notwendig, mit jeder Gruppe im selben

Abb. 3 Das Smart Engagement Managementsystem AA1000SES (2011)

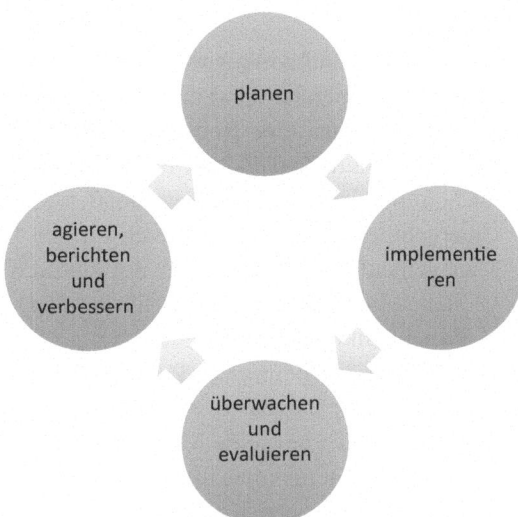

Ausmaß in Kontakt zu treten. Die Einbindung von Interessensgruppen auf der jeweils passenden Ebene ist eine zentrale Managementaufgabe". Abschnitt 4.1 der AA1000SES gibt eine Anleitung dazu, von der Begleitung, der Information und Beratung bis hin zur Partnerschaft und Empowering.

Teamfähigkeit ist der Schlüssel zum Erfolg. Und im Smart-Engagement ist das Team sowohl extern als auch intern zu bilden. Akteure, die sich ermächtigt fühlen – also informiert, beraten, involviert und ausgestattet mit einem Set an Partizipationsmöglichkeiten – wirken besser im Prozess mit, als jene, die das Gefühl haben, dass die Karten gegen sie sind. Das macht es wertvoll, in diesen Prozess Ressourcen zu investieren.

Fallstudie 5: Europäisches Rohstoffunternehmen
In vielen Regionen tendieren Unternehmen (und viele andere Formen von Organisationen, inklusive Regierungen, NGOs, UN-Institutionen und andere internationale Organisationen) bislang dazu, vorwiegend mit dem Bürgermeister oder anderen relevanten gewählten Beamten in Verbindung zu treten. Das Unternehmen dieser Fallstudie meinte jedoch, dass dies nicht mehr länger so funktioniere: aus praktischer Sicht und nach der Risikobewertung hat es keinen Sinn, eine lange Geschäftsbeziehung mit einem Bürgermeister aufzubauen, der auf begrenzte Zeit sein Amt ausübt und vielleicht sogar konfliktträchtige Verpflichtungen zu jenen eingegangen ist, die ihm bei der Wahl behilflich waren. Dagegen erwies es sich als vorteilhaft, mit einem breiten Spektrum von Gruppen den Dialog aufzunehmen, die ebenso breit gestreute Bedürfnisse, Werte und Interessen repräsentieren. Mit diesen kann man ausgewogene Ergebnisse generieren – besser als mit bestimmten Personen, die die Resultate durch private Interessen verzerren können.

> Um sich verantwortungsvoll auf den Dialog und die Partizipation mit den Stakeholdern vorzubereiten und diese dann auf wirksame Weise zu unterstützen, führte das Unternehmen eine Reihe an Pilot-Engagement-Projekten durch und zwar in Form von Multi-Stakeholder-Foren zum Dialog und zur Klärung von Fragen der lokalen Entwicklung in der betreffenden Region. Während dieser Phase bildete das Unternehmen intern Kompetenzen für den Einsatz und erstellte ein Engagement-Management-Prozedere, das die AA1000SES (2011) beinhaltete:
> - Stelle einen Bezugsrahmens für die Stakeholder betreffende Geschäfte und das Projektrisikomanagement bereit;
> - Hilf' bei der Bildung von Partnerschaften, um gemeinsam Geschäfts- und Community-Ziele nutzbar zu machen;
> - Halte Dich an bewährte Methoden der Geschäftsentwicklung, bei der Unterstützung der Unternehmen und der Stakeholder in ihrer nachhaltigen Entwicklung;
> - Baue ihre internen Kompetenzen aus, damit diese effektiv in ihren Gemeinschaftsinvestitions-Programmen genutzt werden können;
> Schaffe eine übergreifende Strategie, um profitables Wachstum zu erzielen und gleichzeitig nachhaltig und verantwortungsvoll zu agieren.

Sobald das oben Besprochene gemeistert wurde, sind Sie bereit für ein erfolgreiches Engagement mit den Interessensvertretern. Wie jede andere betriebliche Aufgabe, ist auch hier ein Managementsystem erforderlich. Das *Smart Engagement-Managementsystem* basiert auf einem einfachen Deming-Modell: plan, do, check, act. In diesem Fall: planen, implementieren, überwachen und evaluieren, agieren, berichten und verbessern (Abb. 3).

Literatur

Aarhus Konvention: völkerrechtlicher Vertrag, der jeder Person Rechte im Umweltschutz zuschreibt. http://www.aarhus-konvention.de/. Zugegriffen: 28. April 2015

Äquator-Prinzipien (Equator Principles) freiwilliges Regelwerk von Banken zur Einhaltung von Umwelt- und Sozialstandards im Bereich der Projektfinanzierung. http://www.equator-principles.com/. Zugegriffen: 28. April 2015

Aston J, Knight A (2014) Smart engagement: why, what, who and how'. Dōshorts sustainable business collection

Deming-Modell nach William Edwards Deming: Pionier im Bereich des Qualitätsmanagements http://www.deming.de. Zugegriffen: 28. April 2015

Espoo Konvention: Verfahren zur grenzüberschreitenden Umweltverträglichkeitsprüfung. http://www.unece.org. Zugegriffen: 28. April 2015

Internationaler Stakeholder Engagement Standard AA1000SES (2011) http://www.accountability.org und www.aa1000ses.net. Zugegriffen: 28. April 2015

John Aston hat 20 Jahre Erfahrung in Strategie- und Projektdesign, Management und Kommunikation in den Ländern Irland, England, Kanada, Frankreich, Österreich, Slowakei, Rumänien, Bulgarien, Türkei, Südafrika, Simbabwe und Jemen. Seine Sachkenntnisse umfassen die Bereiche Bodenschätze, Energie- und Infrastrukturprojekte für den privaten Sektor, die Weltbank sowie nationale Regierungen als auch Projektgestaltung und Implementierung, Umweltmanagement, soziale Verantwortung und Capacity building. Er war Technikberater, Vicepräsident einer Bergbaugesellschaft und Mitglied eines technischen Komitees, das den internationalen Stakeholder Engagement Standard AA1000SES (2011) schuf. Seit 2006 verwaltet John Aston sein eigenes Unternehmen für co-kreative Projekte zur Schaffung nachhaltiger Ergebnisse. Außerdem ist er Lehrbeauftragter an verschiedenen Universitäten. Er absolvierte ein Studium in Bau- und Umweltingenieurwesen in Irland und Frankreich, ist ein staatlich geprüfter europäischer Ingenieur, hat einen Master-Abschluss in Umweltmanagement des Imperial College, London und ist Co-Autor eines Buches zu Stakeholder-Engagement mit dem Titel Smart Engagement: Why, What, Who & How.

The manufacturer's authorised representative in the EU is Springer Nature Customer Service Centre GmbH, Europaplatz 3, 69115 Heidelberg, Germany. If you have any concerns regarding our products, please contact ProductSafety@springernature.com

Printed and bound by CPI Group (UK) Ltd, Croydon, CR0 4YY

23/03/2026

02076736-0019